GÄRTEN DES JAHRES

Die
50 schönsten
Privatgärten

PARTNER UND JUROREN

Jens Spanjer
Präsident Deutsche Gesellschaft
für Gartenkunst und
Landschaftskultur DGGL e.V.
Stiftung Schloss Dyck

Elisbeth Lesche
Freie Landschaftsarchitektin bdla

Andrea Kögel
MEIN SCHÖNER GARTEN
BurdaLife

August Forster
Bundesverband Garten-, Landschafts- und Sportplatzbau e.V.

Frank Wollmann
KANN GmbH Baustoffwerke

Konstanze Neubauer
Autorin

GÄRTEN
DES
JAHRES
CALLWEY VERLAG
GARTEN+LANDSCHAFT
MEIN SCHÖNER GARTEN
BGL, BDLA, DGGL
KANN

Stiftung Schloss Dyck
Zentrum für Gartenkunst
und Landschaftskultur

GÄRTEN DES JAHRES

Die
50 schönsten
Privatgärten

CASSIAN SCHMIDT
KONSTANZE NEUBAUER

CALLWEY

INHALT

ab Seite 16

ab Seite 24

ab Seite 40

04 05

6	Einleitung
12	Jury
14	**1. Preis / Auszeichnungen**

1. Preis
16 Das Spiel von Licht und Schatten
Erlangen, Bayern
Otel · Heidrich Landschaftsarchitekten

Auszeichnungen
24 Japanische Ästhetik am Starnberger See
Seeshaupt, Bayern
Design Associates

32 Die Schönheit grüner Geometrie
Bad Zwischenahn, Niedersachsen
Koch + Koch Gartenarchitekten
mit Carsten Wragge

40 Das Ideal des Englischen Landschaftsparks
Meerbusch, Nordrhein-Westfalen
WKM Weber Klein Maas Landschafts-
architekten

48 **Projekte**

50 Vom Begleitgrün zur Stadtoase
Stuttgart, Baden-Württemberg
LAMPArier

56 Blick über die Reling
Stuttgart, Baden-Württemberg
Pfrommer + Roeder Freie Landschafts-
architekten BDLA

60 Der schwebende Terrassengarten
Augsburg, Bayern
Manuela Wolff Landschaftsarchitektin

64 Über den Dächern der Stadt
Aachen, Nordrhein-Westfalen
Brigitte Röde Planungsbüro Garten
und Freiraum

70 Stadtgarten-Idylle am Rhein
Benrath, Nordrhein-Westfalen
Gartenwerk sander. schumacher. gmbh.co.kg

74 Baden in Unendlichkeit
Michaelnbach, Oberösterreich
neuland GmbH

78 Eine Hommage an
Englands „Arts and Crafts"-Gärten
Goch-Viller, Nordrhein-Westfalen
Frank Fritschy Garten- und Landschafts-
architektur

84 Vorhang auf für einen Villengarten
Riehen, Schweiz
Martin P. Abrahamse Landschaftsarchitekt

88 Im Gartenlabyrinth, *Erfurt, Thüringen*
Mann Landschaftsarchitektur

92 Schattenspiele im Altstadt-Höfchen
Eltville, Hessen
Scholtissek Landschaftsarchitektur

98 Nachdenken über Materialität
Falkenberg, Bayern
KLAK Gartenmanufaktur Landschafts-
architektur

102 Wechselspiel der Formen, *Icking, Bayern*
Inspired by nature

106 Terrassentrio mit südlichem Flair
Rhein-Neckar-Kreis, Baden-Württemberg
Freiraumplanung Preuß

112 Cottage-Garten für Genießer
Uelzen, Niedersachsen
Zinsser KG

116 Zwischen Kontemplation und Badevergnügen, *Worpswede, Niedersachsen*
Jensen Landschaftsarchitekten

120 Der Vergangenheit auf der Spur
Würzburg, Bayern
droll & Lauenstein Landschaftsarchitekten

126 „Grünes Zimmer" mit Aussicht
Bottighofen, Schweiz
Ernt Gartenbau + Planung AG

130 Geometrie für ein Hamburger Stadthaus
Hamburg
Flora Toskana, Hilde-Lena Burke, umgesetzt
von Wandrey Garten- und Landschaftsbau GmbH
– Gärtner von Eden

134 Lebendige Landschaft aus Stein
Bad Neuenahr-Ahrweiler, Rheinland-Pfalz
GartenLandschaft Berg

ab Seite 92

ab Seite 162

ab Seite 234

140	In der Natur angekommen *Gottmadingen, Baden-Württemberg* GRIMM garten gestalten	208	Farbenfroher Familiengarten *Lüneburg, Niedersachsen* Zinsser KG
144	Kühle Fassade – lebendiges Umfeld *Tübingen, Baden-Württemberg* H. Janssen GmbH Co. KG, Reutlingen	212	Ein Stadtgarten in Hamburg, *Hamburg* WES LandschaftsArchitektur mit Maxie Strauch Gartenarchitektur
148	Gerahmte Dolomiten *Andrian, Südtirol, Italien* Helene Hölzl Landschaftsarchitektur	218	Karibische Gefühle im Oberland *Schaftlach, Bayern* Fuchs baut Gärten GmbH – Gärtner von Eden
154	Freie Sicht – und doch nicht auf dem Präsentierteller *Sindelfingen, Baden-Württemberg* Freiraumplanung Sigmund	222	Mediterrane Lebensart im Wienerwald *Wolfsgraben im Wienerwald, Österreich* Dorothee Marx Garten- und Landschaftsplanung
158	Urlaubsgefühle mit Weitblick *Freiburg, Baden-Württemberg* Fautz die Gärten, Axel Fautz GmbH	226	Idealbild einer voralpinen Landschaft *Merlischachen, Schweiz* raderschallpartner ag landschaftsarchitekten bsla sia
162	Ein Patchwork-Garten im Burgenland *Deutschkreuz, Burgenland, Österreich* 3:0 Landschaftsarchitektur	230	Naturnaher Genießer-Garten, *Kißlegg, Bayern* Herrhammer GbR – Gärtner von Eden
168	Staudenvielfalt statt Einheitsgrün *Waakirchen, Bayern* Fuchs baut Gärten GmbH – Gärtner von Eden	234	Ganz großes Kino, *Rethmar, Niedersachsen* Petra Pelz Freie Landschaftsarchitektin
172	Der ganze Garten – eine Bühne *Niedersulz, Weinviertel, Niederösterreich* DI Doris Haidvogl & DI Jakob Dunkl	240	Ein Garten mit Schwung *Königstein im Hochtaunus, Hessen* Petra Hirsch Gartenplanung
178	Willkommen daheim! *Neu-Ulm, Bayern* Claudia Zink Büro für Freiraum- und Gartenplanung	244	Wohlfühl-Garten für eine Bauhaus-Villa *Wunstorf, Niedersachsen* Birgit Hammerich Landschaftsarchitektin
182	Erinnerung an alte Gräfte *Dülmen, Nordrhein-Westfalen* Frank Kösters, Dipl.-Ing. Innenarchitekt	248	Für Ästheten und Genießer *Nordrhein-Westfalen* Gartenplan Esken & Hindrichs GmbH Gärtner von Eden
188	Kochen unter freiem Himmel *Jüchen, Rheinkreis Neuss, Nordrhein-Westfalen* Gartenplus – Die Gartenarchitekten	252	Ideale Verschmelzung mit einer Auenlandschaft *Deutsch Evern, Niedersachsen* Zinsser KG
192	Am Meer der Erinnerung *Bad Zwischenahn-Dreibergen, Niedersachsen* Horeis + Blatt Partnerschaft	256	Die erträgliche Leichtigkeit des Garten-Seins *Bamberg, Bayern* Galabau Albrecht – Gärtner von Eden
198	Leben auf allen Ebenen, *Neumarkt, Bayern* Gartnhartner – Schober – Spötl Landschaftsarchitekten BDLA Stadtplaner	260	Kloster-Kräuterkunde *Kamp-Lintfort, Nordrhein-Westfalen* Cornelia Merkamp
202	sans-souci – auf Italienisch! *Südwestlicher Gardasee, Italien* Anita Fischer Landschaftsarchitektin	268	Adressen / Bildnachweis
		272	Impressum

EINLEITUNG

Von Cassian Schmidt

W

Was sind die aktuellen Trends in der privaten Gartenkultur? Gibt es in Privatgärten vielleicht schon Anzeichen auf zukünftige Entwicklungen hinsichtlich der Gestaltung, der Materialwahl oder der Pflanzenverwendung? Sind Problemlösungen zu aktuellen ökologischen Fragen erkennbar, beispielsweise dem Umgang mit Ressourcen oder der Vermeidung von Eingriffen in sensiblen Landschaftsbereichen? Diese Fragen stellte sich im Juli 2015 unter anderem auch die Jury bei der intensiven Begutachtung und Auswahl der „50 besten Privatgärten 2016" aus dem deutschsprachigen Raum. Über 150 Gartenprojekte waren von Landschaftsarchitekten und Betrieben des Garten- und Landschaftsbaus zum Wettbewerb eingereicht worden, der 2015 zum ersten Mal vom Callwey Verlag und Garten+Landschaft sowie weiteren Partnern ausgelobt wurde. Da die Wettbewerbsauslobung bewusst keine einschränkenden Vorgaben hinsichtlich der Größe, Lage oder der Gartenstile gemacht hatte, wurde eine große Bandbreite von unterschiedlichen Gartentypen eingereicht. Eine Auswahl der besten Gärten wird in dem vorliegenden Buch erstmals gezeigt.

Die Beispiele reichen von repräsentativ bis naturnah, von architektonisch-streng bis informell-dynamisch oder von pflanzenreich-üppig bis puristisch-minimalistisch. Dennoch muss man sich bewusst sein, dass die Auswahl bei Weitem nicht die ganze Palette gegenwärtiger Privatgartengestaltung abbildet. Obwohl gut 36 Millionen Deutsche (über 14 Jahre) einen Garten besitzen oder zumindest bewirtschaften, leisten sich nur die wenigsten davon einen Landschaftsarchitekten. Natürlich ist dies nicht zuletzt auch eine Frage des Geldbeutels. Die im Buch präsentierten Gärten sind also eine eigene Liga für sich: meist wurden sie im Kontext zu architektonisch anspruchsvollen, modernen Wohnhäusern in Traumlagen oder in Verbindung mit aufwendig renovierten historischen Gebäuden und gutbürgerlichen Stadtvillen angelegt. Sie sind keinesfalls Mainstream, sondern Avantgarde, sie zeugen vom guten Geschmack und den soliden finanziellen Möglichkeiten der Auftraggeber.

Geplant und realisiert wurden die Gärten ausschließlich von Profis, allerdings nicht nur von größeren, namhaften Planungsbüros, sondern häufig auch von weniger bekannten, kleineren Büros und Ausführungsbetrieben.

Wenn man sich die durchweg hochkarätig gestalteten Privatgärten anschaut, wird man feststellen, dass auf den ersten Blick keine einheitlichen Trends zu erkennen sind. So vielfältig die Wünsche der Bauherren und so charakteristisch die Handschriften vieler Planer sind, so eigenständig scheinen auch deren Lösungen hinsichtlich der Freiraumgestaltung zu sein. Jede Planungsaufgabe hat eben ihre eigenen Anforderungen und Herausforderungen. Darauf sollte der Architekt reagieren, indem er beispielsweise den Genius Loci, den Geist des Ortes, intuitiv erfasst und planerisch berücksichtigt. Dies kann sich in der geschickten Einbeziehung oder Überhöhung der örtlichen Gegebenheiten, der Verbindung von Garten und umgebender Landschaft oder dem Herausarbeiten regionaler Eigenheiten durch Materialien und Pflanzenauswahl widerspiegeln. Erst all diese Kriterien zusammen, machen einen guten Gartenentwurf einzigartig, unverwechselbar und letztlich nicht wiederholbar.

So wundert es nicht, dass die vorgestellte Palette der Projekte vom Familien- und Reihenhausgarten bis zum großzügigen Villengarten reicht und der kleine Gartenhof oder die Dachterrasse in der Stadt genauso vorkommt, wie der ländliche Garten am Stadtrand. Außerdem sind weitläufige, parkähnliche Gärten mit grandiosen Fernblicken vertreten. Einige wenige Beispiele setzen sich aber auch mit historischen Kontexten auseinander, und manchmal gewähren uns die Planer sogar seltene Einblicke in ihren eigenen Privatgarten.

Den 1. Preis erhielt das Büro Orel + Heidrich für die Gestaltung eines großzügigen Hausgartens, dessen sehr schlüssiges Raumkonzept auf verschiedenen Ebenen aus dem Ort heraus entwickelt wurde und dessen Freiräume einen klaren Bezug zur Architektur des Wohnhauses zeigen. Ein vorhandener, hochstämmiger Kiefernbestand wurde geschickt in das Konzept integriert und trägt mit seinem lichten Schattenwurf ganz wesentlich zur besonderen Atmosphäre des Gartens bei. Streng formale Elemente wie Holzdecks, ein Pool und Mauern kontrastieren mit informellen, sensibel abgestimmten, üppigen Staudenpflanzungen.

Einen Sonderpreis der Jury erhielt ein Projekt des Büros Design Associates, das sich mit der Renaturierung einer Feuchtwiesen-Landschaft in Seeshaupt befasste. Die Herausforderung war hier die besondere Berücksichtigung ökologischer Belange in einem sensiblen Seeuferbereich. Ebenfalls mit Sonderpreisen ausgezeichnet wurden ein Hausgarten in Bad Zwischenahn in der Kategorie „Grüne Architektur" (Koch + Koch Gartenarchitekten mit Carsten Wragge) und ein weitläufiger Villengarten in der Kategorie „Englischer Landschaftsgarten" (Büro WKM Weber Klein Maas).

D

Die ausgewählten Beispiele bieten häufig Einblicke in sehr persönliche Gartenwelten, die sonst nur den Besitzern und guten Freunden vorbehalten sind. Nicht jeder Bauherr will allerdings seinen Garten in einem Buch veröffentlicht sehen und so werden wir immer nur einen kleinen Teil realisierter Privatgartenprojekte zu Gesicht bekommen. Aber gerade in dieser Exklusivität der Einblicke liegt natürlich auch der Reiz des vorliegenden Buchs, denn besuchen und besichtigen können wir die vorgestellten Gärten ja leider nicht. Wir können uns aber mithilfe der wunderbaren Bilder und erläuternden Texte in die Gärten hineindenken und versuchen, ihre Einzigartigkeit zu erfassen. Jeder der vorgestellten 50 Gärten ist ein Unikat. Die Gärten zeugen vom Einfühlungsvermögen des Planers, dem handwerklichen Geschick der ausführenden Firmen, sie erzählen aber auch Geschichten vom Prozess ihrer Entstehung und den individuellen Wünschen der Auftraggeber.

Als Planer ist es oft gar nicht so leicht, diese Wünsche zu ermitteln und zu einem schlüssigen Entwurf zu bündeln. Dabei muss der Architekt behutsam vorgehen, zuhören, geschickt steuern und dabei immer sein künstlerisches Gesamtkonzept im Auge behalten, ohne die Bauherrenschaft zu bevormunden. Natürlich träumt jeder Gestalter insgeheim von jenen großzügigen, finanziell unabhängigen Auftraggebern, die ihm möglichst freie Hand bei seiner Arbeit lassen. Aber solche planerischen Freiheiten sind doch eher die Ausnahme. Wenn Kunden sich dazu entschließen, sich einen Garten planen zu lassen, dann müssen sie dem Landschaftsarchitekten erst einmal Vertrauen entgegenbringen, und die Chemie zwischen Architekt und Kunde muss stimmen, sonst wird es mühsam. Viele Landschaftsarchitekten, vor allem größere Büros, geben sich deshalb erst gar nicht mit der meist zeitaufwendigen und im Verhältnis zur Bearbeitungsfläche oft wenig lukrativen Privatgartenplanung ab. Sie überlassen das Feld lieber gleich dem Garten- und Landschaftsbau. Das muss nicht die schlechtere Variante sein. So zeigen einige Beispiele im Buch, dass Planung und Ausführung aus einer Hand zu hervorragenden Ergebnissen führen kann. Es kann sogar vorteilhaft sein, wenn der Bau des Gartens eine gewisse Spontaneität beinhaltet, wenn auf den Ort unmittelbar reagiert werden kann und das Endergebnis nicht von vornherein feststeht, sondern das Bauen vor Ort als Teil des schöpferischen Prozesses begriffen wird.

Es fällt auf, mit welcher Materialfülle Hausgärten heutzutage ausgestattet werden. Das Sortiment an diversen, mehr oder weniger passenden Gartenaccessoires ist fast unüberschaubar angewachsen. Da besteht leider häufig die Gefahr, dass der Garten nur noch mit einem Sammelsurium an austauschbaren Versatzstücken dekoriert wird – angefangen bei der Möblierung bis hin zu pseudo-japanischen Steinlaternen. Eine gute Gestaltung zeichnet sich dagegen durch gezielte und sparsame Verwendung der Materialien und die Beschränkung der Stilmittel auf das Wesentliche aus. Dies zeigen viele der abgebildeten Gärten in vorbildlicher Weise. Je kleiner der Raum, desto präziser muss die Wahl der Materialien und Elemente erfolgen, die miteinander korrespondieren und sich in unterschiedlicher Anwendung wiederholen. In den präsentierten Gärten spielen bei der Gestaltung von Belägen, Treppen und Mauern fast immer Natursteine eine wesentliche Rolle. Durch die Gesteinswahl gelingt es am einfachsten, schlüssige regionale Bezüge in der Gestaltung herzustellen.

Aber welche Elemente verleihen den Gärten denn nun ihre eigenen, unverwechselbaren Stimmungen und Atmosphären? Es sind die Pflanzen. Sie zählen unzweifelhaft zum wichtigsten und ursprünglichsten Baustoff in der Landschaftsarchitektur und damit auch zu den wesentlichen Gestaltungsmitteln eines jeden Gartens. Privatgärten bieten – im Gegensatz zum Öffentlichen Grün – immer noch die besten Voraussetzungen für eine differenzierte Pflanzenverwendung mit Stauden und Gehölzen. Denn die Besitzer sind eng mit ihrem Garten verbunden, sie leben in ihm und so garantieren sie auch für dessen nötigen Unterhalt. Sie erledigen die Pflege entweder selbst oder sie engagieren Gärtner dafür. Betrachtet man die ausgewählten Gartenbeispiele einmal genauer, so kann man im Wesentlichen sechs unterschiedliche Stilrichtungen der Gestaltung und beim Umgang mit der Pflanze identifizieren, die jeweils ganz verschiedene Pflegekonzepte benötigen und vor allem einen unterschiedlich hohen Pflegeaufwand generieren.

—

Der pflanzenreiche, vielseitige Cottage-Garten

Etwa ein knappes Viertel der vorgestellten Gartenanlagen repräsentiert den üppigen Garten im Stile des englischen Cottage-Gartens mit vielen verschiedenen, oft nicht alltäglichen Stauden, Gräsern und besonderen Gehölzen. Der Charakter ist heiter-ländlich, überbordend, vielseitig, romantisch bis naturalistisch. Die Farbpalette der Pflanzenauswahl liegt häufig im Violett-, Purpur- und Rosabereich. Typisch sind blütenreiche Stauden, aber auch Kräuter mit Zierwert, die sich in ländlichen Bauerngärten finden würden: Akelei, Fingerhut, Purpur-Sonnenhut, Iris, Pfingstrose, Salbei, Lavendel, Wermut, Paukenschläger-Lauch (*Allium*), Rosen und Hortensien.

Solche Gärten verlangen eine besonders intensive Beziehung zur Pflanze und zeugen von speziellen Kenntnissen der Besitzer, die auch die Pflege überwiegend selbst übernehmen. Trotzdem engagieren sogar versierte Gartenliebhaber hin und wieder einen Landschaftsarchitekten. Er soll ihnen vor allem dabei helfen, dem Garten einen festen gestalterischen Rahmen zu geben. Der Planer entwickelt ein Gesamtkonzept für notwendige Funktionen und Wegeführungen, dem sich die Pflanzenleidenschaft sinnvoll unterordnen kann. Die Besitzer bilden sich bei Gartengesellschaften und Seminaren weiter und wissen meist genau, was wann im Garten zu tun ist. Sie haben gelernt, mit der pflanzlichen Dynamik umzugehen, sie leben leidenschaftlich für ihren Garten und nehmen sich die nötige Zeit für ihn.

Dieser Gartentypus liegt häufig in ländlicher Umgebung oder befindet sich im Kontext historischer Gartenanlagen, kann aber auch eine bürgerliche Stadtvilla oder Blockbebauung der Jahrhundertwende begleiten. Der Charakter ist klassisch-konservativ, meist passend zum historischen Wohnhaus.

Diese Gärten sind entweder durch Formschnitthecken und -gehölze (Kastenlinden) architektonisch in unterschiedliche Bereiche („Gartenzimmer") gegliedert oder folgen einer informellen, freien Formensprache. Manchmal sind sie auch eine Kombination aus beiden Stilen. Der Charakter ist häufig entweder von den formalen englischen „Arts and Crafts"-Gärten inspiriert oder von den mediterranen Parterre-Gärten der Renaissance (z. B. Garten von Flora Toskana). Stauden spielen vor allem im englisch inspirierten Typ eine wesentliche Rolle, geordnet nach Farbthemen, und in formalem Rahmen präsentiert.

Ein fast schon archetypisches Element ist in diesem Zusammenhang der „Weiße Garten", der seine Vorbilder unter anderem in den berühmten Gärten von Sissinghurst Castle hat. Grüntöne liefern den Rahmen für helle, elegante Blütenfarben. Buchs- oder Eibenhecken, ergänzt durch Buchskugeln, Eibenkegel oder -quader, sind gern genutzte, historisierende Motive. Mit ihrer geschnittenen Präzision, den unterschiedlichen Höhen und den nuancierten Grüntönen können diese grünen Architekturen auch für sich allein eine faszinierende Wirkung entfalten. Bestes Beispiel dafür ist der Parterre-Garten eines Ritterguts bei Dülmen (Frank Kösters Innenarchitektur). Pergolen, Laubengänge, Gartentore, Bänke, Gartenpavillons und dekorative Gefäße vervollständigen die Wirkung wie beim Projekt der Wiederherstellung und Weiterentwicklung eines historischen Gartens bei Würzburg (droll & lauenstein Landschaftsarchitekten).

Pflegetechnisch ist dieser Gartentypus der wohl aufwendigste, denn er bedarf spezieller Kenntnisse, ständiger Pflegeeingriffe und vor allem Schnittmaßnahmen. Wird ein solcher Garten auch nur wenige Wochen vernachlässigt, ist sein auf Perfektion und Akkuratesse beruhender Zauber dahin.

Der formale Garten mit grüner Architektur

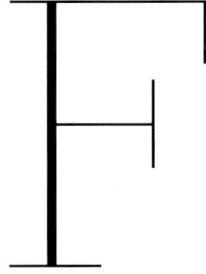

GARTENTYPEN

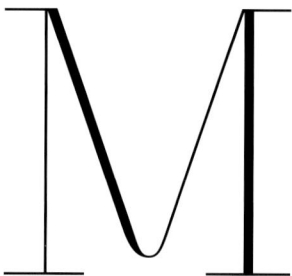

Der minimalistische Garten

„Less is more" heißt hier die Devise. Passend zu einer modernen, reduziert-schlichten Architektursprache des Wohnhauses wird auch von der Gartengestaltung Zurückhaltung erwartet. Die strikte Begrenzung auf das Wesentliche bei Farben, Formen und Materialien drückt sich auch in einer äußerst sparsamen, auf wenige Arten konzentrierte Pflanzenverwendung aus.

Die Gestaltung ist puristisch und beschränkt sich manchmal auf großzügige Rasenflächen, die teils sanft modelliert werden. Stauden treten zurück, allenfalls werden grafisch wirkende Gräser geduldet oder klare, ornamentale Pflanzenformen eingesetzt. Die Pflanzenauswahl ist sehr überlegt, und die Grünelemente sind präzise und spannungsvoll platziert. Der Minimalismus kann aber auch von Einflüssen asiatischer, insbesondere japanischer Gartenkultur inspiriert sein. Die Inszenierung der Leere in Form von Kiesflächen ist ein öfters genutztes Motiv, das an asiatische Zen-Gärten erinnert. Steinsetzungen und dynamisch wirkende, wolkenartig geschnittene Formgehölze, die meist als Bodendecker flächige Verwendung finden, erinnern ebenfalls an gängige Motive, die dem japanischen Kulturkreis entlehnt sind (Freiraumplanung Sigmund, Inspired by nature, Mann Landschaftsarchitektur). Auch Pflanzen wie Japanischer Ahorn, Bambus, Kiefer und Zierkirsche, die gemeinhin als Symbole des asiatischen Gartens gelten, werden gern und manchmal etwas zu häufig verwendet. Die Bilder wirken auf den ersten Blick dynamisch, manchmal landschaftlich, sie sind in Wirklichkeit aber präzise inszeniert und durch ständigen Schnitt kontrolliert. Pflanzliche Dynamik wird nicht geduldet.

Auffällig ist, dass diese Gärten eher von größeren Büros geplant wurden, die ansonsten ihren Schwerpunkt mehr im Bereich öffentlicher Freiräume oder der Stadtplanung haben als in der differenzierten Pflanzenverwendung. Insofern mag der Minimalismus hin und wieder auch Ausdruck geringerer Kenntnisse in der Pflanzenverwendung sein. So banal, einfach und vermeintlich pflegeleicht diese Gärten zunächst auch erscheinen mögen, so aufwendig sind sie letztlich doch in der Pflege. Ihre stimmige Wirkung kann sich nur entfalten, wenn für ein ständiges Trimmen der Pflanzenbestände gesorgt wird. Jeder aus der Form heraustretende Zweig, jedes vergilbte Blatt fällt sofort auf und stört die optische Wirkung. Im Gegensatz zu komplexeren, dynamischen Staudengärten kann das Pflegemanagement hier allerdings auch von weniger qualifizierten Personen durchgeführt werden.

—

Dieser Gartentypus, den man auch als Designgarten bezeichnen könnte, ist mit Abstand am häufigsten unter den eingesandten Gärten vertreten. Das hat seinen Grund: durch eine klare, rechtwinklige Formensprache lassen sich die unterschiedlichen Funktionen eines Gartens in Bezug zum Wohnhaus am einfachsten und effektivsten ordnen und unterbringen. Auch die Materialverwendung ist deutlich einfacher, da weniger Verschnitt entsteht als bei organischen Formen. Der architektonische Garten führt im Prinzip das Raumkonzept des Hauses in den Garten fort. Heute haben Gärten neben der Repräsentation noch viele weitere Aufgaben und Funktionen zu erfüllen. Im Raumkonzept untergebracht werden müssen beispielsweise Sandkästen und Spielgeräte, Baumhäuser, Sitz-, Ruhe- und Grillplätze, Sichtschutzmauern und Zäune, Pools, Wasserbecken oder Teiche, Holzdecks, Hochbeete fürs Gemüse, eventuell sogar eine Außenküche. Dieser Gartenstil scheint mit seiner klaren Gestaltungssprache im Trend zu liegen, vor allem bei den eher jüngeren „Häuslebauern" aus dem gehobenen Mittelstand, die auf ein gewisses Design in Haus und Garten Wert legen, aber nicht zu viel Arbeit in die Pflege investieren wollen. Sie möchten den Garten in ihrer knappen Freizeit lieber ausgiebig nutzen, Gäste einladen und genießen.

Die Pflanzenverwendung ist deshalb eher robust bis simpel. Die Auswahl beschränkt sich auf bewährte Standards wie *Miscanthus sinensis* 'Gracillimus' und andere robuste Gräser, dazu kommen *Alchemilla*, *Geranium* sowie Lavendel, Salbei oder Katzenminze. Auch die ein oder andere Buchskugel, alternativ auch ein paar Eibenquader und natürlich die fast schon obligatorische Ballhortensie 'Annabell' (*Hydrangea arborescens* 'Annabelle') scheinen in fast keinem Designgarten zu fehlen. Die häufig hochpreisigen, mehrstämmigen Solitärgehölze haben einen malerischen und idealerweise etagenförmigen Habitus und wachsen auf Dauer möglichst wenig über ihre Liefergröße hinaus. Typisch sind Pagoden-Hartriegel (*Cornus controversa*), Japanischer Blütenhartriegel (*Cornus kousa*), Japanischer Ahorn (*Acer japonicum*) und Zieräpfel (*Malus-Hybriden*). Meist sind die architektonischen Gärten zurückhaltend monochrom grün, jedoch können einzelne farbige, manchmal an die Pop-Art erinnernde Akzente, den nötigen Pfiff bringen. Rote Mauerscheiben, magentafarbene Outdoor-Sitzsäcke oder übergroße, rostfarbene Pflanzgefäße sorgen im Designgarten für Aufmerksamkeit und Kontraste.

Der moderne architektonische Garten

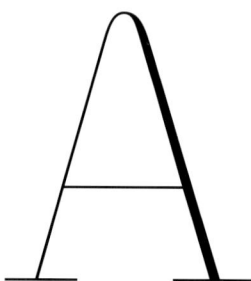

N

Der naturalistisch-landschaftliche Garten

Die im Buch gezeigten landschaftlichen Gärten arbeiten häufig mit der großen Geste. Sie sind deshalb eher weitläufige Landschaftsparks nach englischem Vorbild denn klassische Hausgärten. Sie gehen gestalterisch oft in die freie Landschaft über oder profitieren zumindest wesentlich von spektakulären Ausblicken in Täler und Flussauen oder auf Seen und Gebirge. Meist prägt ein alter Baumbestand die Grundstücke. Die Gestaltung nimmt sich eher zurück, versucht aber mit starken, linearen Elementen wie Mauern, Terrassierungen, Wegen und Stegen klar ablesbare Kontraste zur Natur zu schaffen. Naturhaft wirkende Vegetation wird entweder als Wiesen- oder Staudenansaat bewusst im Garten inszeniert oder als schon vorhandene Vegetation ins Gestaltungskonzept integriert.

Das behutsame Steuern solch naturnaher Vegetation spart vor allem Pflegekosten. Gelungene Projekte sind ein Park am Zwischenahner Meer (Horeis + Blatt Partnerschaft), ein großzügiger Park am Gardasee (Anita Fischer Landschaftsarchitektin) und ein weitläufiger Landschaftsgarten bei Meerbusch (WKM Landschaftsarchitekten). Bleiben die Eingriffe gering und geht die Gestaltung sensibel mit den Gegebenheiten um, können diese Gärten wichtige ökologische Funktionen übernehmen und sogar als Trittsteine im Artenschutz dienen. Dass dies möglich ist, zeigt das Projekt des Büros Design Associates, das sich mit der Renaturierung einer sensiblen Feuchtwiesen-Landschaft befasste.

Dieser Gartentypus entspricht dem intimen, umschlossenen „hortus conclusus". Einige Beispiele im Buch zeigen die erstaunlichen Möglichkeiten und Potenziale, die sich in solchen Situationen trotz begrenzten Raumverhältnissen durch geschickte Gestaltung bieten. Selbst aus einem kleinen Hinterhof oder einem beengten, von Bebauung umschlossenen Stadtgarten lassen sich grüne Oasen entwickeln. Typischerweise sind diese Gärten eher architektonisch und in der Materialwahl reduziert, dennoch können durchaus Elemente eines großen Gartens enthalten sein, nur eben ein paar Nummern kleiner. Die Staudenrabatte wird dann zum üppig bepflanzten Pflanzkübel auf dem Holzdeck, der Teich mit Sumpfzone wird zum bepflanzten, wassergefüllten Gefäß, das formale Wasserbecken mutiert zur flachen Wasserschale. In der Vertikalen können Schling- und Kletterpflanzen selbst bei beengten Verhältnissen noch für Grün sorgen. Interessant sind auch üppige Bepflanzungen mit fast subtropischem Charakter. Dank der oft sehr geschützten Lage solcher Gärten können manchmal selbst empfindliche Exoten wie die Chinesische Hanfpalme verwendet werden.

Der intime Gartenhof und kleine Stadtgarten

Und zum Schluss noch ein grundsätzlicher Gedanke zum Umgang mit dem Pflanzenmaterial. Jeder Planer beruft sich wie selbstverständlich auf seine Pflanzenkenntnisse. Aber werden Landschaftsarchitekten dem hohen Anspruch des versierten Umgangs mit dem oft widerspenstigen, unkalkulierbaren Baustoff Pflanze auch tatsächlich gerecht? Robert Schäfer bringt das Dilemma der zunehmenden Pflanzenabstinenz in der Landschaftsarchitektur in einem Editorial zum Thema „Gestalten mit Pflanzen" (Topos Nr. 37, 2001) auf den Punkt: „Pflanzen sind Lebewesen mit besonderem Habitus und speziellem Charakter, vielseitig form- und verwendbar. Ja sie verhalten sich zum Teil so anarchisch, dass sich Architekten vor ihnen fürchten. (...) Überhaupt: wenn Biomasse, dann wohlgeordnet, berechenbar, geometrisch. Und schon wäre das Feindbild perfekt. Denn manche Pflanzen wachsen noch, wenn das Haus bereits zerfallen ist. Landschaftsarchitekten sollten weniger Berührungsängste haben, entstammt doch ihr Beruf aus dem des Gärtners, der in langjähriger Praxis die Sprache der Pflanzen zu verstehen gelernt hat."

Die für das Buch ausgewählten Beispiele belegen eindrucksvoll, dass sich gerade im Bereich der Privatgärten die vielfältigsten Möglichkeiten für eine differenzierte Pflanzenverwendung bieten. Dafür ist es allerdings notwendig, dass sich Gartenbesitzer wie auch Landschaftsarchitekten weiterhin intensiv mit dem Pflanzenmaterial auseinandersetzen, etwas Neues ausprobieren und dazulernen. Das vorliegende Buch bietet dazu eine Fülle von inspirierenden Anregungen.

JURY

PRÄSIDENT DGGL
Jens Spanjer

AUTORIN
Konstanze Neubauer

CHEFREDAKTEURIN „MEIN SCHÖNER GARTEN"
Andrea Kögel

PRÄSIDIUM BDLA
Elisabeth Lesche

PRÄSIDENT DES BGL
August Forster

KANN GMBH BAUSTOFFWERKE
Frank Wollmann

(V.L.N.R.)

1. Preis
Auszeichnungen

Orel + Heidrich — 1. PREIS

Das Spiel von Licht und Schatten

LAGE DES GARTENS
Wohngarten: Formale Strenge trifft Üppigkeit – Licht trifft Schatten. Erlangen, Bayern

GRÖSSE DES GARTENS
870 m²

PLANUNGSBÜRO
Orel + Heidrich Landschaftsarchitekten

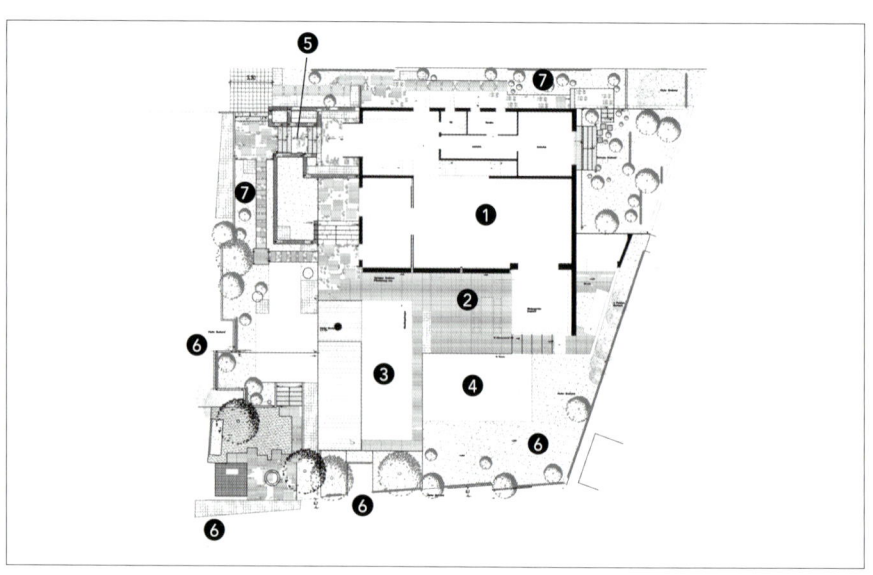
1

GRUNDRISS

PLAN
1 Wohnhaus
2 Terrasse
3 Pool
4 Rasen
5 Natursteinmauer
6 Kiefernbestand
7 Staudenbeete

1 Zur klaren Architektur des Hauses passt der formal gestaltete Garten mit rechteckigem Pool.

2 Wie auf einer Waldlichtung: Die alten Kiefern sorgen für ein Spiel aus Licht und Schatten auf dem Holzdeck und der Rasenfläche.

3 Sonne und Staudenbeete satt: Der Eingangsbereich mutet mit seiner üppigen Bepflanzung und den Mauern aus Dolomit mediterran an.

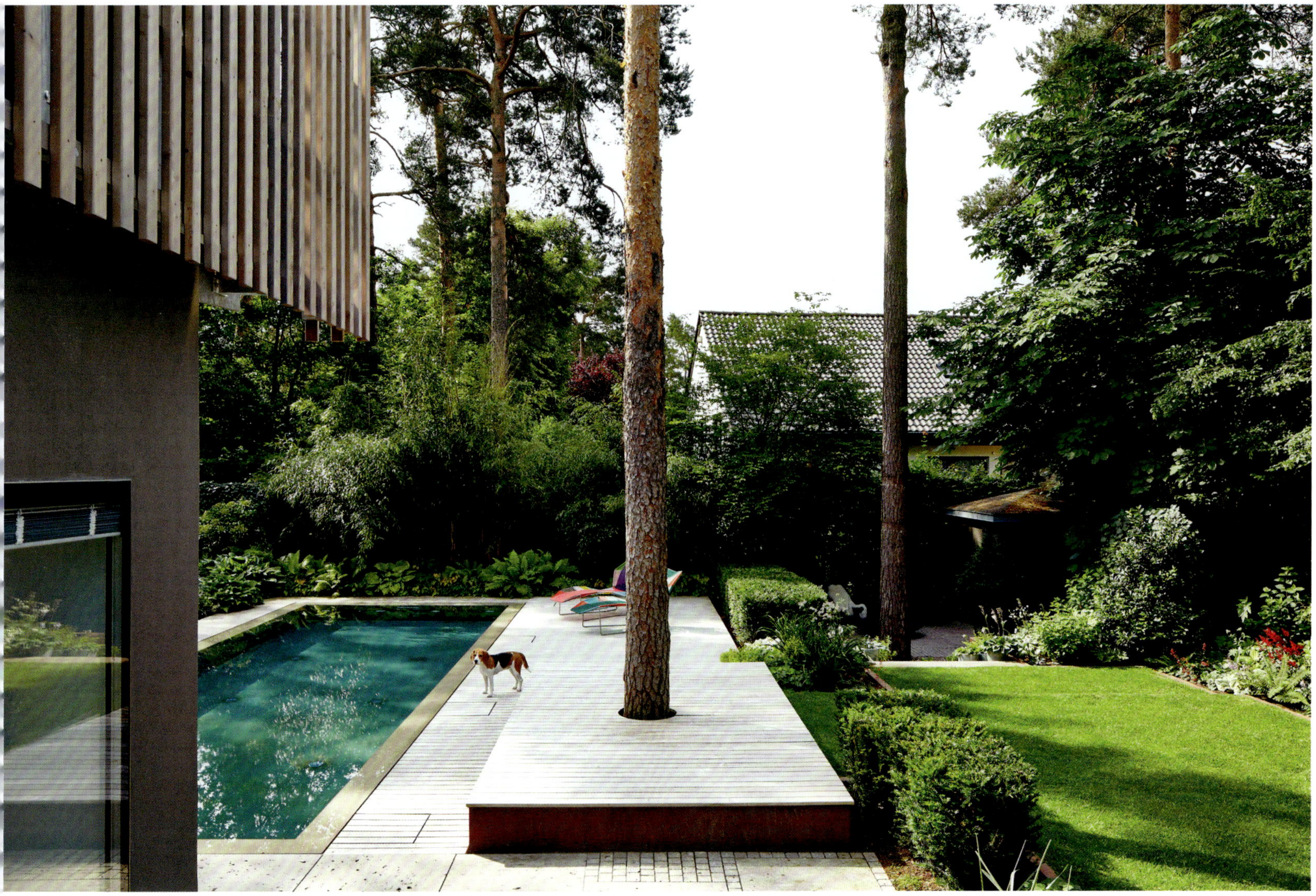

2
3

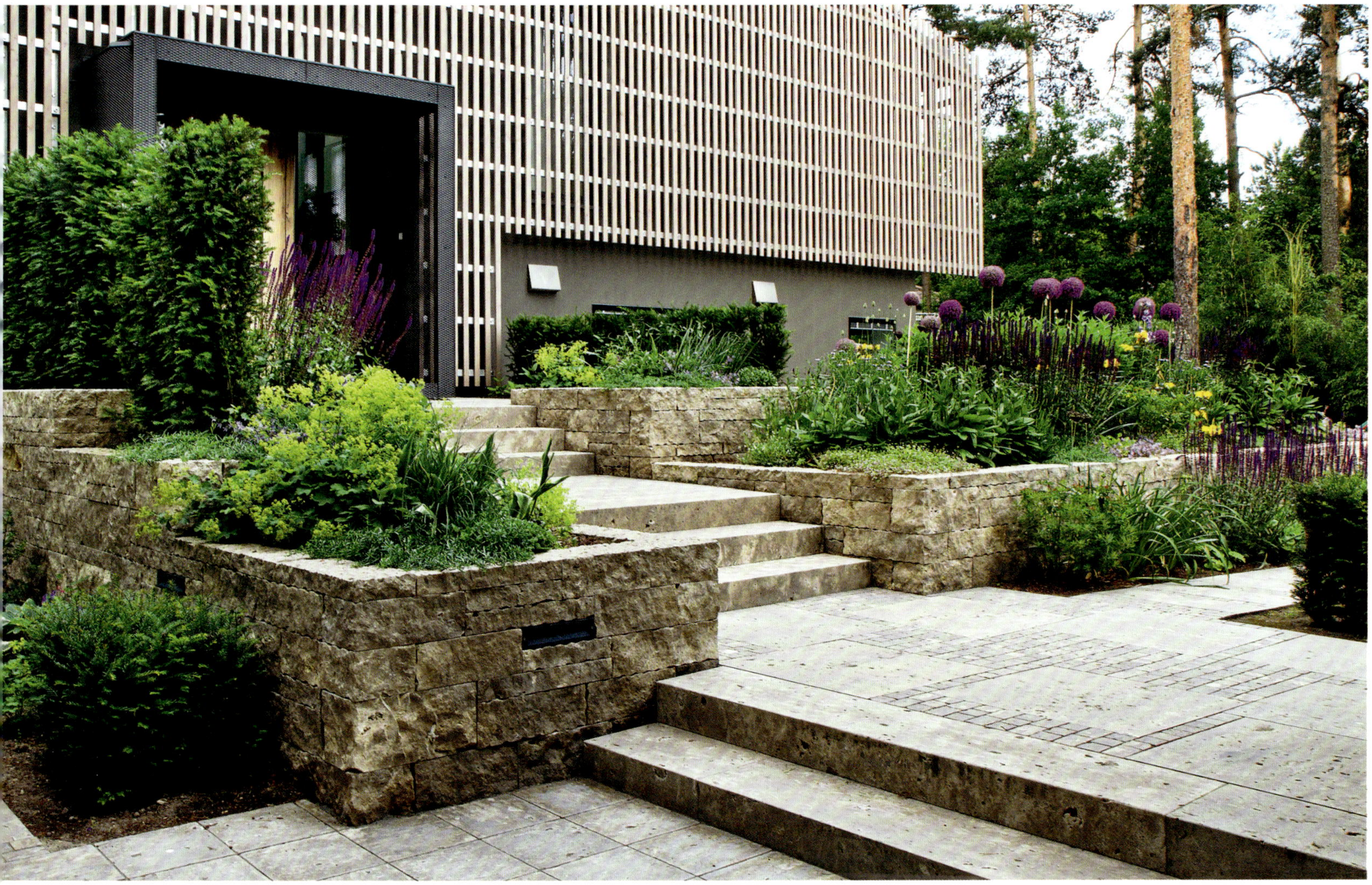

URTEIL DER JURY — Orel + Heidrich — 1. PREIS

Lebensfreude pur: Zu jeder Jahreszeit nimmt der Garten ein anderes Gesicht an – im Frühjahr sorgen die Zwiebelblüher für Farbe.

Die Jury wählte den von Orel + Heidrich geplanten Hausgarten zum „Garten des Jahres 2016", da die Gestaltung in Form, Struktur und Materialität eine gelungene Verbindung zur Architektur des Wohnhauses herstellt, ohne dabei aufdringlich zu wirken.

Zugleich schafft die Einbindung des vorhandenen Kiefernbestands den Bezug zur Umgebung. Trotz intensiver Gestaltung bleibt die Pflanze dominierendes Element des Gartens. Die gelungene Kombination von Stauden sowie der gut gewählte Einsatz von Gehölzen bringen Leichtigkeit und zurückhaltende farbliche Akzente in den Garten.

Jens Spanjer

„Strenge Architektur und klare Raumstrukturen treffen auf üppige Beetgestaltung und bilden eine harmonische Einheit."

ANDREAS HEIDRICH

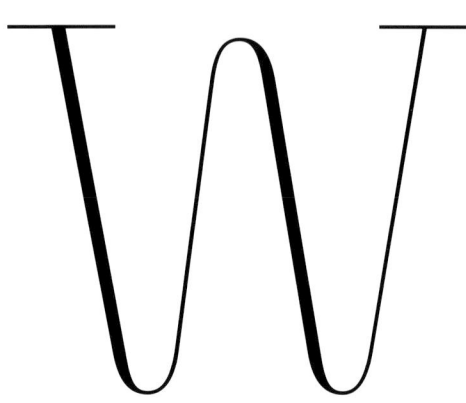

Wer den Garten betritt, fühlt sich sofort an eine Waldlichtung erinnert. Mildes Licht dringt durch die lockeren breiten Baumkronen, die ihr Spiel mit Licht und Schatten auf dem Holzdeck treiben. Vögel sind dort oben zu Hause, finden Nahrung und Lebensraum. Fährt der Wind in die Kronen, hört man ein helles Rauschen.

Es sind alte Wald-Kiefern *(Pinus sylvestris)*, die im lockeren Verband auf nahezu jedem Grundstück hier stehen. Die Baumveteranen sind typisch für die Gegend – sie galt es, als prägendes Element zu erhalten, als sanften Übergang zum Wald.

Zu dieser besonderen Atmosphäre kam ein großes Haus mit neuer Gebäudefassade, sehr modern innen und außen, und der Wunsch der Bauherren nach einem Pool. Für Andreas Heidrich war klar, dass zur Architektur des Wohngebäudes am besten ein formaler Garten mit klaren Raumstrukturen passt. Seine Gestaltung nimmt daher die strengen Linien des Hauses auf. Einen Kontrapunkt dazu setzen die üppigen Stauden. „So wird das formale Konzept nicht als kühl und hart, sondern als strukturiert und lebendig empfunden", erklärt der Landschaftsarchitekt.

Mehrere ineinander übergehende Gartenräume bieten verschiedene Sitzplätze und ergeben zusammen doch eine Einheit: eine großzügige Terrasse, ein schattiger Sitzplatz mit Feuerstelle und ein Pool mit Holzdeck, in das eine der alten Kiefern integriert wurde. Mit seiner strukturreichen Rinde in verschiedenen Braun- und Grautönen wirkt der kerzengerade Baum wie eine riesige Skulptur.

Eine ganz andere Atmosphäre herrscht dagegen im sonnigen Eingangsbereich, der mit mediterranem Flair empfängt. Er ist mit Natursteinmauern aus Kelheimer Dolomit terrassiert; massive Blockstufen führen als großzügige Stufenanlage zum Hauseingang. Ungefiltert fällt das Licht auf den hellen strukturreichen Naturstein und die üppigen Staudenbeete mit lichthungrigen Arten wie Duftnessel *(Agastache)*, Salbei *(Salvia nemorosa* 'Caradonna') und Sonnenhut *(Echinacea)*.

Immergrüne wie Portugiesische Lorbeer-Kirsche *(Prunus lusitanica)*, Eibe *(Taxus baccata)* und Efeu *(Hedera helix)* bieten Sichtschutz und bilden gleichzeitig das wintergrüne Gerüst. Im Bereich des Pools wiegen sich die filigranen Halme des Bambus *(Phyllostachys aureosulcata* 'Spectabilis') und rascheln leise im Wind. Hortensien *(Hydrangea* in Sorten) verbreiten romantisches Flair, Blattschmuckschönheiten wie Funkien *(Hosta* in Sorten), Farne und Frauenmantel lockern den Gehölzrand mit ihren üppigen Blättern auf. Dazu gesellen sich Gräser, Kräuter und Zwiebelpflanzen in hoher Stückzahl. „Wir überpflanzen, damit Unkraut keine Chance hat und sich der Pflegeaufwand in Grenzen hält. Manche Arten werden unterdrückt und gehen verloren. Doch der Garten ist ein dynamischer Prozess im Gegensatz zum statischen Gebäude", sagt Andreas Heidrich. Vielleicht macht ja gerade das den Reiz eines Gartens aus, das Dynamische, das sich Verändernde. Für die Bauherren ist es in jedem Fall der schönste Garten weit und breit – für die Jury war er es auch.

Die Terrasse ist aus dem gleichen edlen Material, dem Kelheimer Dolomit, aus dem auch die Natursteinmauer am Eingang besteht.

Trotz intensiver Gestaltung – die Pflanzen bleiben das dominierende Element dieses Gartens.

GÄRTEN DES JAHRES — Design Associates — AUSZEICHNUNG

Japanische Ästhetik am Starnberger See

LAGE DES GARTENS
Renaturierung einer Feuchtwiesen-Landschaft; Seeshaupt am Starnberger See, Bayern

GRÖSSE DES GARTENS
5.800 m²

PLANUNGSBÜRO
Design Associates

1

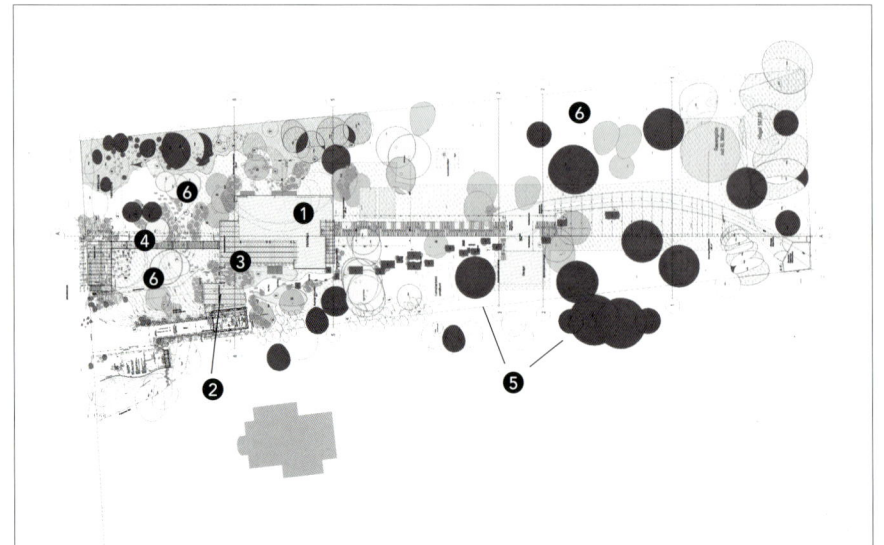

GRUNDRISS

PLAN
1 Wohnhaus
2 Bootshaus
3 Holzterrasse
4 Steg
5 Birken
6 Feuchtwiese

1 Boots-, Sauna- und Haupthaus sind in Form und Material zurückhaltend gestaltet.

2 Der Steg führt zu einer Plattform am See. Ein Stück der ursprünglichen Uferlandschaft ist wiederhergestellt.

Mit ihrer herben Schönheit wecken Haus, Feuchtwiesen und hohe Birken Assoziationen an Skandinavien.

Eine ungewöhnliche Entscheidung verhalf diesem Garten zu seinem besonderen Charakter: dem vorhandenen Rasen wurde durch Rückbau der Dränage das Leben schwer gemacht, zugleich jedoch eine Einladung an die Gewächse heimischer Uferwiesen ausgesprochen. Diese nahmen dankend an und gehören heute zu den poetischen Protagonisten einer natürlich anmutenden Gartenlandschaft.

In gelungener Verbindung von gestalterischer Klarheit und respektvollem Dialog mit der umgebenden Landschaft schaffen präzise bauliche Elemente einen Kontrast zu ungezähmt wachsenden Feuchtwiesen und flächigen Staudenpflanzungen.

Elisabeth Lesche

GÄRTEN DES JAHRES — Design Associates — AUSZEICHNUNG

„Architektur und Garten fangen die Stimmung der angrenzenden Osterseen mit ihren charakteristischen Feuchtwiesen ein."

STEPHAN MARIA LANG

Die Familie wünschte sich einen Ort, bei dem Haus und Natur miteinander verschmelzen – nach dem Vorbild der japanischen Kultur. Zu dem Ensemble gehören Boots-, Sauna- und Haupthaus – zurückhaltend in Form und Material. Das Haus besteht im Innern aus einem Betonkern, darüber legt sich eine 50 cm dicke „Schindelhaut" wie eine Origami-Faltung – die Schindeln tauchen am Boots- und Saunahaus wieder auf. Auf dem nass-gewischten Boden des Haupthauses spiegelt sich die Landschaft wider, als fließe sie durch den Raum hindurch. „Die vorhandene Natur verlangte nach Einfachheit in der Materialwahl und Schlichtheit der Gewächse, die Holzverschalung setzt eine schöne Patina an, und Betonfertigteile stehen in feinem Kontrast zur organischen Umgebung", sagt Stephan Maria Lang. Dabei muss nicht alles wie geleckt aussehen, Patina ist durchaus erwünscht – so sieht es die japanische Wabi-Sabi-Architektur vor, von der sich Lang gern inspirieren lässt.

Architektur und Garten fangen die Stimmung der angrenzenden Osterseen mit ihren charakteristischen Feuchtwiesen ein, Birken und Gräser wecken Assoziationen an die Landschaft Skandinaviens. Man betritt das Grundstück durch eine Waldlichtung – erst dann öffnet sich der Garten. Zwischen See und Haus liegt eine Feuchtwiese, unterbrochen durch Holzstege und aufgelockert mit weiß blühenden Hainsimsen *(Luzula sylvatica; Luzula nivea)*, die Leichtigkeit und Bewegung in den Garten bringen. Der Vorbesitzer hatte die Feuchtwiese durch Dränage trockengelegt und englischen Rasen kultiviert, das passte nicht zu dieser Landschaft. Also wurde die Drainage gekappt, sodass die Feuchtwiese wieder durchkam – jetzt bildet sie natürliche Inseln auf der Rasenfläche. Hohe Birken rahmen sie wie auf einer Waldlichtung ein; Mädesüß *(Filipendula ulmaria)* hat sich angesiedelt. Ein Stück der ursprünglichen Uferlandschaft wurde wiederhergestellt und durch behutsame Eingriffe „poetisch überhöht".

Zwei Eichen, am unteren Stamm zusammengewachsen, beschatten die Plattform am Seeufer. Von Osten fällt Licht durch die Bäume und schafft eine mystische Atmosphäre, besonders wenn Nebel über dem See liegt. Hier herrscht Harmonie zwischen geordneter und wilder Landschaft, ein feines Wechselspiel aus Kultiviertheit und Natürlichkeit.

Für Lang ist das Ensemble nicht vollkommen – und das ist seiner Meinung nach auch gut so: „Sind die Dinge komplett durchgestylt, lässt sich fast nichts mehr umgestalten, auch wenn die Menschen in eine neue Lebensphase eintreten." Die Vollkommenheit liegt im Unvollkommenen, so sieht es zumindest die japanische Philosophie. Auch die Natur ist nicht perfekt und ständigen Veränderungen unterworfen – dieses Spiel wurde hier eingefangen.

Gutes Gartendesign berührt die Seele, genauso wie gute Architektur – davon ist Stephan Maria Lang überzeugt. Hier auf dem 5.800 m² großen Badegrundstück am nördlichen Ufer des Starnberger Sees hat der Architekt ein Ensemble geschaffen, das diesem Ziel nahe kommt. Garten und Haus bilden eine Einheit und stehen wie selbstverständlich in der Landschaft.

Taglilien umströmen das Haus im Sommer – sie wurden in Massen gepflanzt, um diesen Effekt zu erzeugen.

Als stünde es schon immer in dieser Wiesenlandschaft: Das Haus mit seiner „Schindelhaut" wird als Teil der Umgebung empfunden – Patina ist durchaus erwünscht.

GÄRTEN DES JAHRES — Koch + Koch — AUSZEICHNUNG

Die Schönheit grüner Geometrie

LAGE DES GARTENS
Privatgarten;
Bad Zwischenahn,
Niedersachsen

GRÖSSE DES GARTENS
2.000 m²

PLANUNGSBÜRO
Koch + Koch
Gartenarchitekten
mit Carsten
Wragge

1

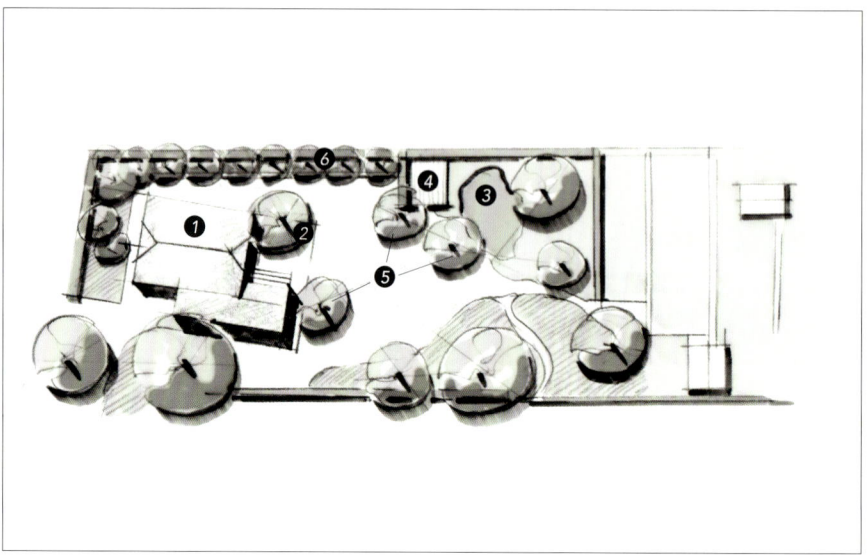

GRUNDRISS

PLAN
1 Wohnhaus
2 Terrasse, überschirmt mit Schnurbaum
3 Weiher
4 Holzdeck am Weiher
5 Dreiklang Felsenbirnen
6 Geschnittene Rotbuchenhecke

1 Tore öffnen sich in den übermannshohen Hecken und gewähren einen Blick auf das, was einen dahinter erwartet.

2 Mit der Felsenbirne entstand ein ganz eigener Gartenraum am Weiher. Von hier hat man einen schönen Blick auf das Haus mit dem Anbau.

URTEIL DER JURY AUSZEICHNUNG

34
35

Hier ist einer am Werk, der in Bildern denkt, der es meisterhaft versteht, Gärten wie Gemälde zu komponieren. Seine Farbpalette: Grün in allen Schattierungen; seine Formensprache: Geometrie in ihrer schönsten Ausprägung, ohne jemals langweilig zu wirken. Frei wachsende Gehölzgruppen und üppige Farne lockern mit ihren weichen gefälligen Formen die strengen Linien der Formgehölze auf. Weit wird der Blick durch den Garten in die umgebende Landschaft gelenkt, in die er sich harmonisch einfügt.

August Forster

„Die schönste Art, Gärten zu bauen, ist, sie nach und nach zu entwickeln."

ALEXANDER KOCH (LI),
CARSTEN WRAGGE (RE)
(BAUHERR)

3 Hohe Buchenhecken schaffen einen geschützten Sitzplatz auf dem Holzdeck am Weiher.

4 Typisches Gestaltungselement des Landschaftsarchitekten Koch: akkurat geschnittene Hecke, davor Zieräpfel der Sorte 'Evereste', unterpflanzt mit üppigen Hortensien.

Das grüne Gerüst aus Gehölzen war in groben Zügen schon angelegt, das lange schmale Grundstück so strukturiert, dass Räume entstehen. Hohe Buchenhecken geben den Rahmen vor, schirmen nach außen ab. Den Eingang bewachen Torwächter, die in die Hecke geschnitten wurden. Übermannshohe grüne Tore öffnen sich, machen neugierig auf die dahinter liegenden Gartenräume. Felsenbirnen, geschickt in Dreierkonstellation platziert, erzielen Raumtiefe. Blattschmuckstauden wie Funkien und runde Eibenkugeln sorgen für gefällige, weiche Formen. „Man betritt den Garten durch eine übermannshohe Hecke und glaubt sich sofort in eine andere Welt versetzt. Man fühlt sich geborgen, behütet, mit dem Rücken abgeschirmt", beschreibt Alexander Koch die Gartensituation.

Vom Landschaftsarchitekten stammen auch die Ideen für den neuen Anbau auf der Rückseite des Hauses. Der quadratische Klinkerbau mit offenem Kamin („Kaminzimmer") dockt so an den Altbau an, dass das „Gesicht" des Walmdach-Hauses nicht zerstört wurde. Im Haus selbst ergibt sich dadurch eine neue Perspektive: Wenn man den Flur betritt, schaut man nun diagonal durch das Erdgeschoss in das „Kaminzimmer" und dann in die Tiefe des Gartens. Dort entstand durch den Anbau eine geschützte Terrassennische. Sitzstufen führen von den bodentiefen Fenstern hinab auf die Terrasse, die, passend zum Haus, mit altem Klinkerpflaster befestigt ist. Vor der Fassade lädt eine lange Tafel mit Sitzbank zum Beisammensein ein. Ein mehrstämmiger Schnurbaum *(Sophora japonica)* spendet mit seinen filigranen Fiederblättern dem Sitzplatz lichten Schatten. Dazu plätschert der Wandbrunnen an der Hausfassade – all das sorgt für ein tiefes Gefühl der Geborgenheit. Dazu trägt auch die formale Buchenhecke bei. Davor steht – typisch für Gärten von Alexander Koch – eine Baumreihe aus *Malus* 'Evereste', unterpflanzt mit Hortensien. Bis zu 50.000 weiße Blüten sitzen ab Mai an einem dieser Zierapfelbäume und verströmen vier Wochen lang ihren wunderbaren Apfelduft.

Solch grüne Geometrie verlangt nach Pflege. Der Bauherr, selbst Fachmann in Sachen Gehölze, ist zum Glück begeisterter Gartenarbeiter. „Ich habe noch nie einen so gut gepflegten Garten gesehen – die meisten Gärten entwickeln sich ja wieder zurück, weil keine Zeit oder kein Budget für die Pflege da ist", weiß Alexander Koch. Für das nächste Treffen haben Landschaftsarchitekt und Bauherr schon neue Pläne geschmiedet. Sie wollen einen geschwungenen Weg abstecken, der sich perspektivisch verjüngt und so die Tiefenwirkung in den Garten verstärkt.

5 Die strengen Linien der Hecken werden von den fließenden Formen frei wachsender Gehölze und Blattschmuckstauden aufgelockert.

6 Durch den Anbau des „Kaminzimmers" entstand eine geschützte Terrassennische.

D

„Die schönste Art, Gärten zu bauen, ist, sie nach und nach zu entwickeln", sagt Alexander Koch. Der Landschaftsarchitekt weiß, wovon er spricht. An diesem Garten in Bad Zwischenahn arbeitet er schon viele Jahre zusammen mit den Eigentümern, die sich bei ihm immer wieder Anregungen für das alte, liebevoll restaurierte Walmdach-Haus und den Garten holen. Nach und nach entstanden so Anbauten am Haus, eine neue Terrasse, ein Sitzplatz am Teich, der Sichtschutz zu den Nachbarn.

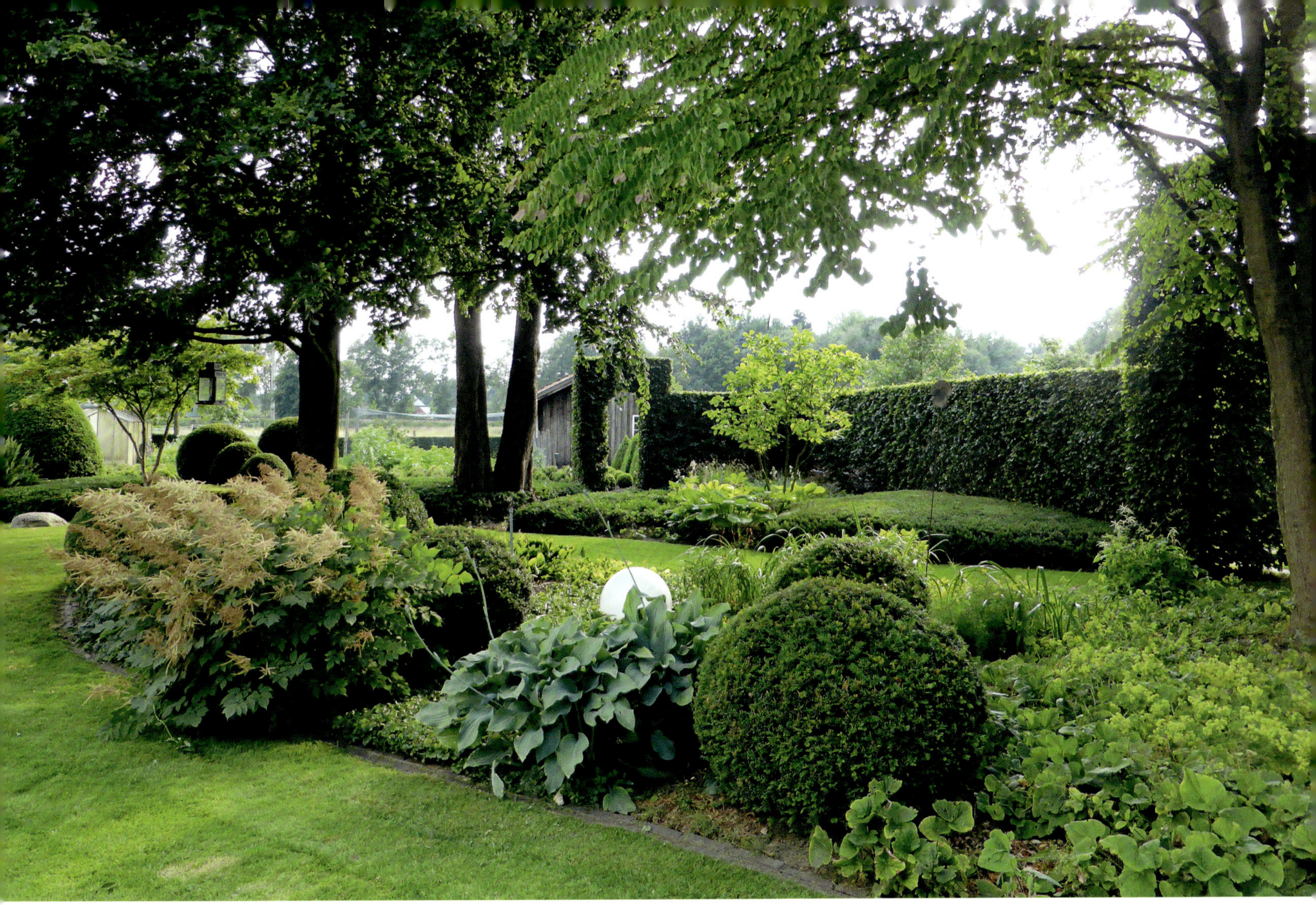

5
6

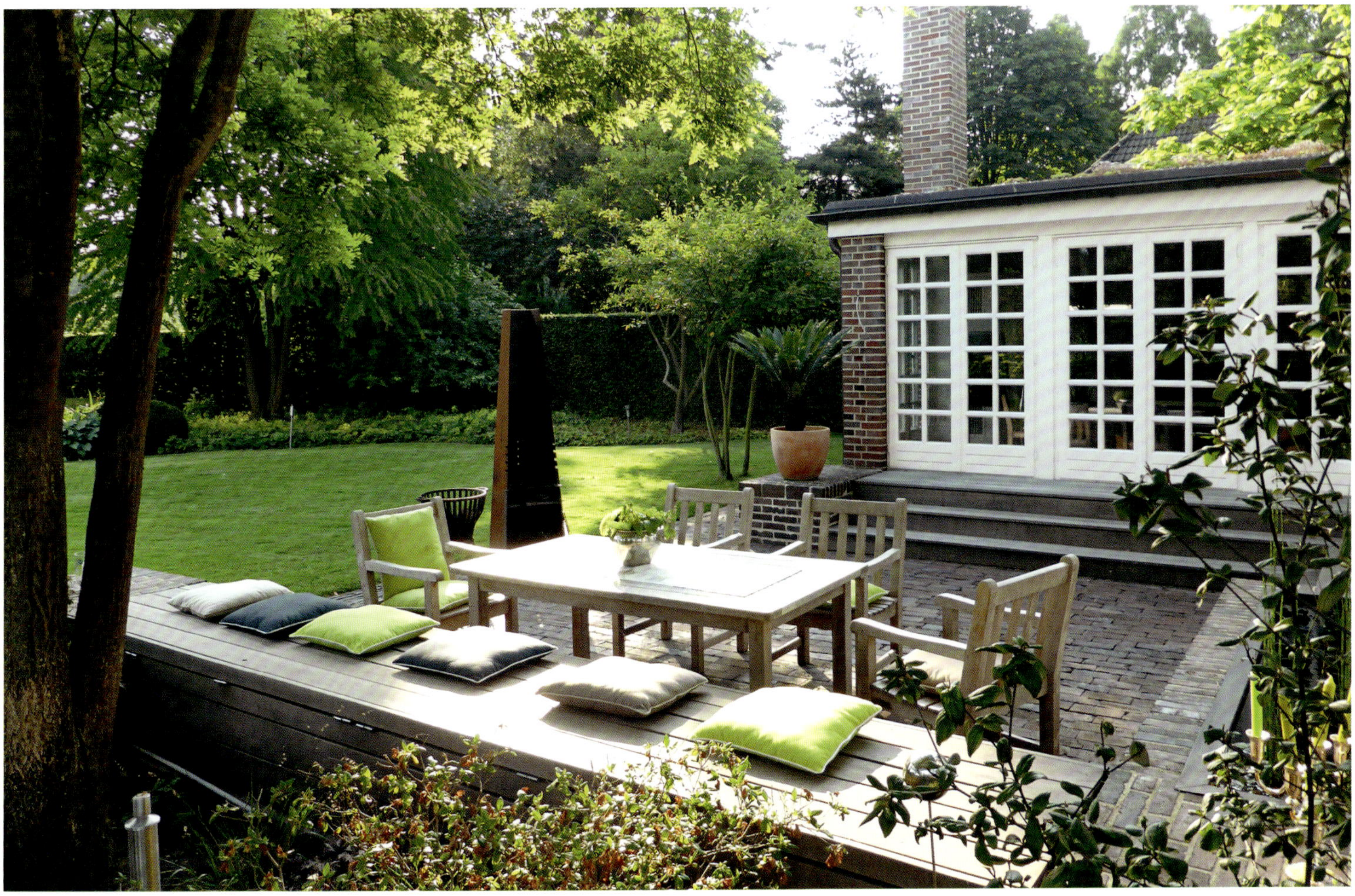

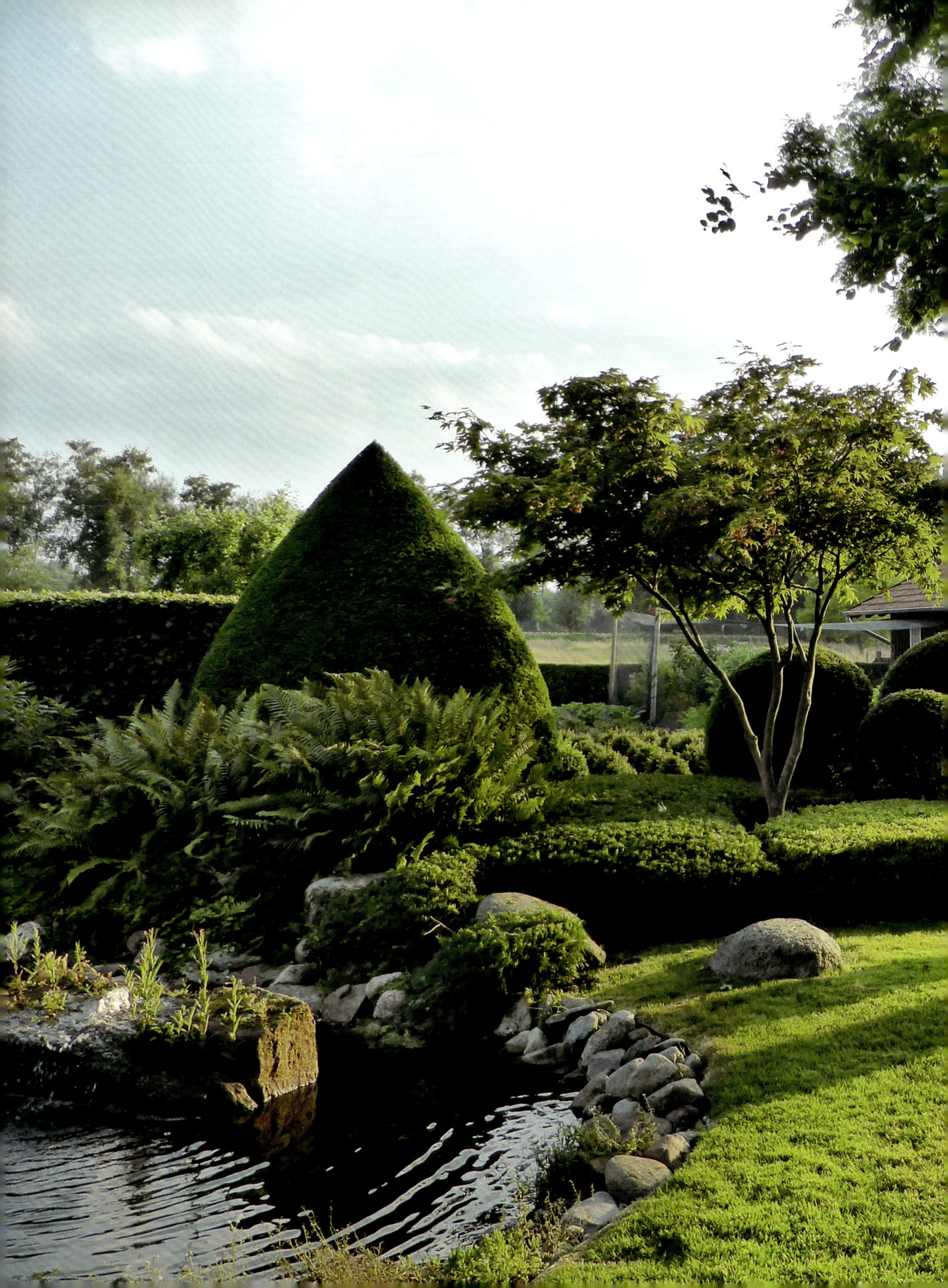

Mit Gehölzen malen: Eibenkegel und -kugeln sind mit frei wachsenden Baumgestalten wie dem Japanischen Ahorn und den beiden Riesen, Urweltmammutbaum und Rotbuche, zu einem faszinierenden Bild komponiert. Den Rahmen gibt die exakt geschnittene Rotbuchenhecke vor.

WKM

Das Ideal des Englischen Landschaftsparks

LAGE DES GARTENS
Villengarten;
Meerbusch
Nordrhein-
Westfalen

GRÖSSE DES GARTENS
16.303 m²

PLANUNGSBÜRO
WKM Weber
Klein Maas
Landschafts-
architekten

1

PLAN
1 Villa
2 Weiher
3 Amerikanische Rot-Eiche
  (Quercus rubra)
4 Linde (Tilia cordata)
5 Pavillon

GRUNDRISS

1 Eingerahmt zwischen einer
  mächtigen Eiche und einem
  Ahorn lädt der luftige
  Pavillon zum Verweilen ein.

Sichtbeziehungen zwischen der Villa und dem Garten wurden geschaffen – wie hier am Holzdeck des Naturschwimmteichs, der von einer Winter-Linde *(Tilia cordata)* beschattet wird.

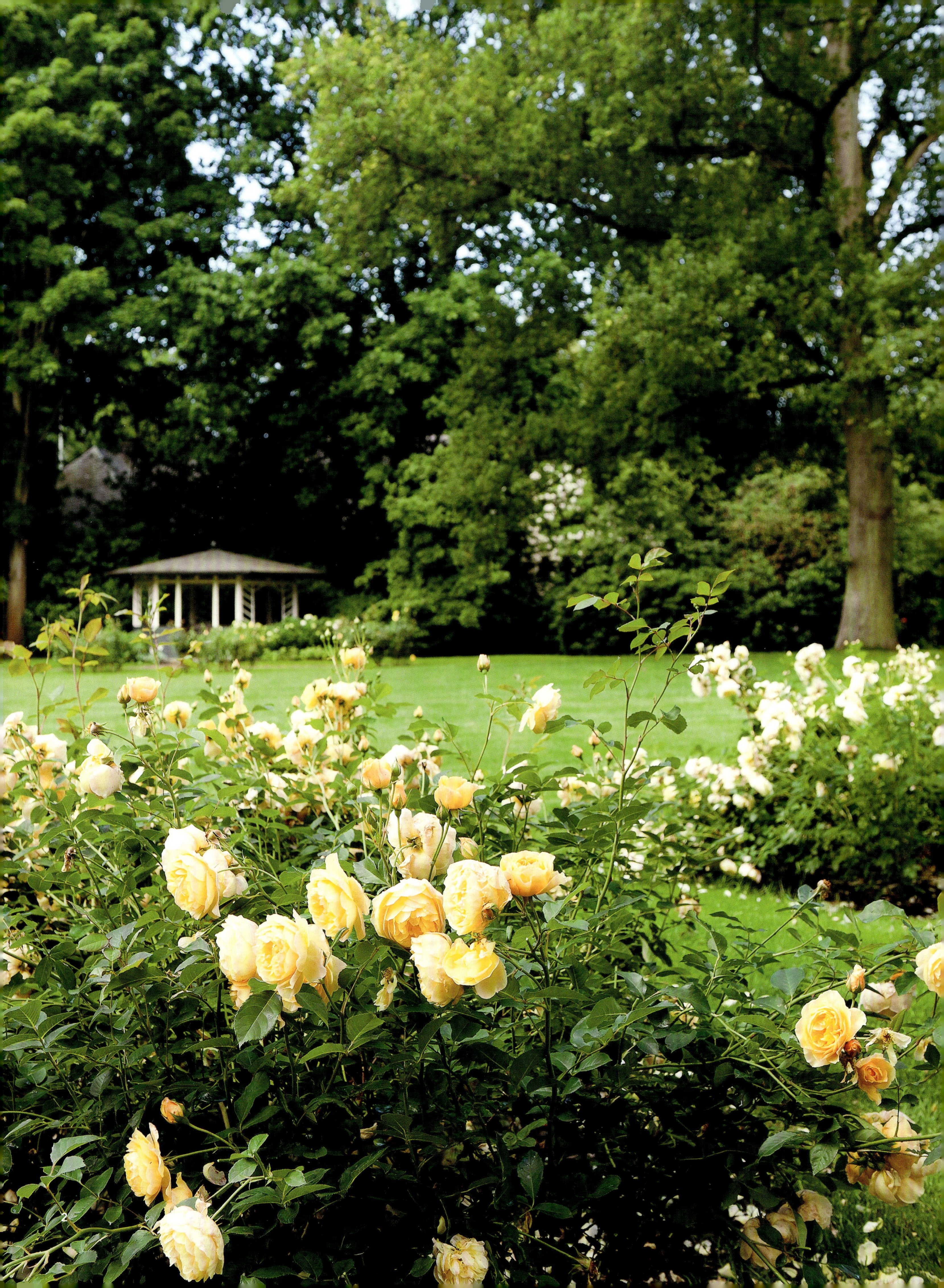

URTEIL DER JURY — AUSZEICHNUNG

Dieser Garten oder eigentlich Park, begeistert durch seine Großzügigkeit und sehr gelungenen ausgewogenen Proportionen zwischen opulenter Architektur und Umgebung. Dem klassischen Stil der Villa entspricht die zeitlose harmonische Linienführung der gestalterischen Elemente und die in Pastelltönen gehaltene dezente Farbigkeit von Blütenstauden, Rosen und Gehölzen. Hohe Laubbäume, weitläufige Rasenflächen und unsichtbare Grenzen unterstreichen gekonnt den landschaftlichen Charakter der Anlage.

Andrea Kögel

„Die Baumgruppen sind gestaffelt angeordnet und erzeugen so Raumtiefe. Die Übergänge zu den Nachbargärten sind durch einzelne Bauminseln weich und fließend."

KLAUS KLEIN

42
43

2 Rosen über Rosen: Buschige Strauchrosen wie hier die Englische Rose 'Graham Thomas' tragen Anmut und Farbe in den Landschaftsgarten.

3 Geschwungene Wege führen an blühenden Gruppen von Rhododendren, Azaleen, Rosen und Hortensien vorbei. Rechts im Bild: die Eichenblättrige Hortensie (*Hydrangea quercifolia*).

3

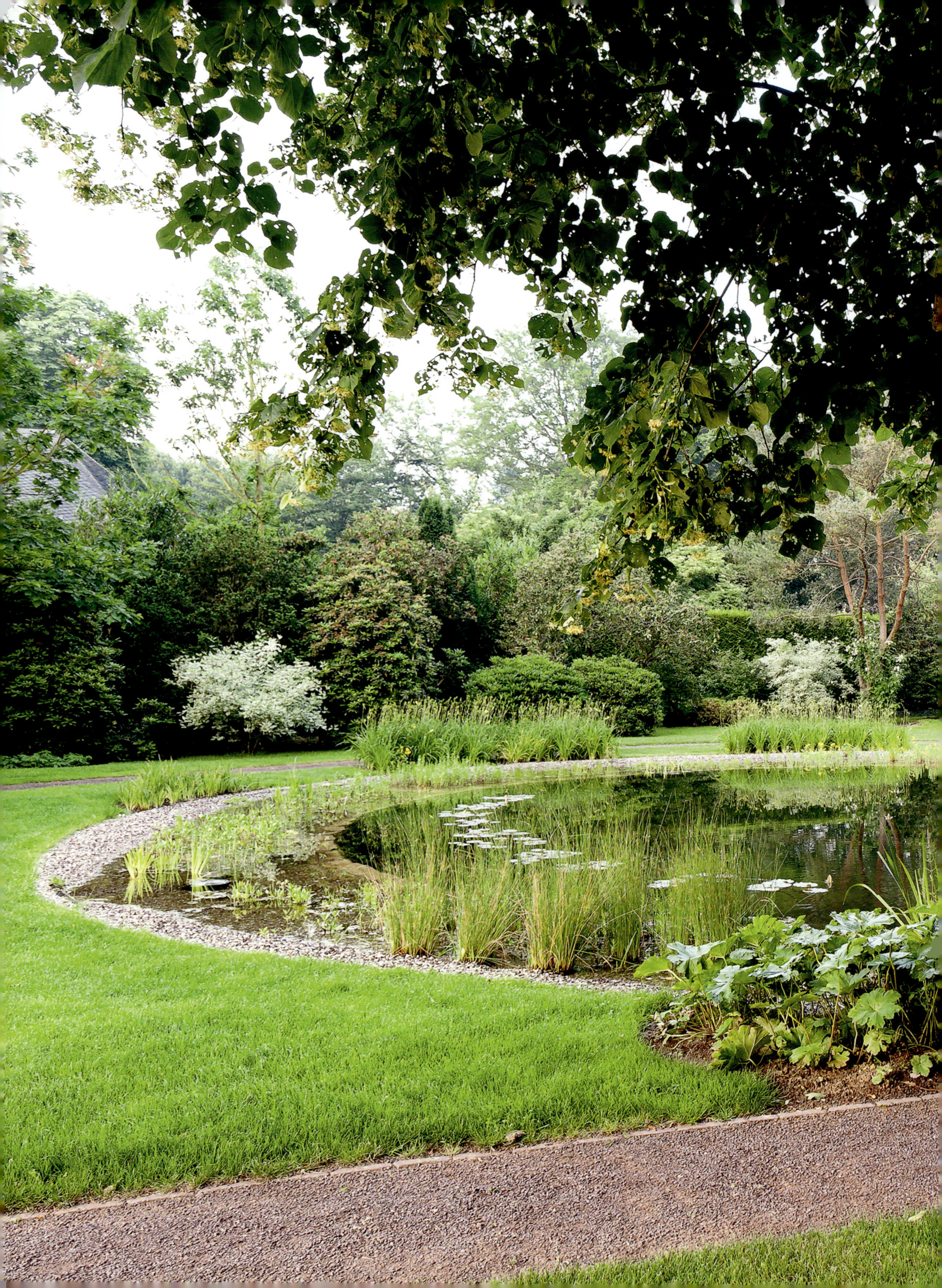

Im Teich, dem klassischen Gestaltungselement des Landschaftsgartens, spiegeln sich Baumgestalten. Sibirische Schwertlilie (*Iris sibirica*), Kalmus (*Acorus calamus*) oder Nadel-Sumpfbinse (*Eleocharis acicularis*) rahmen den kreisrunden Teich; darauf schwimmen die Blätter der Weißen Seerose (*Nymphaea alba*).

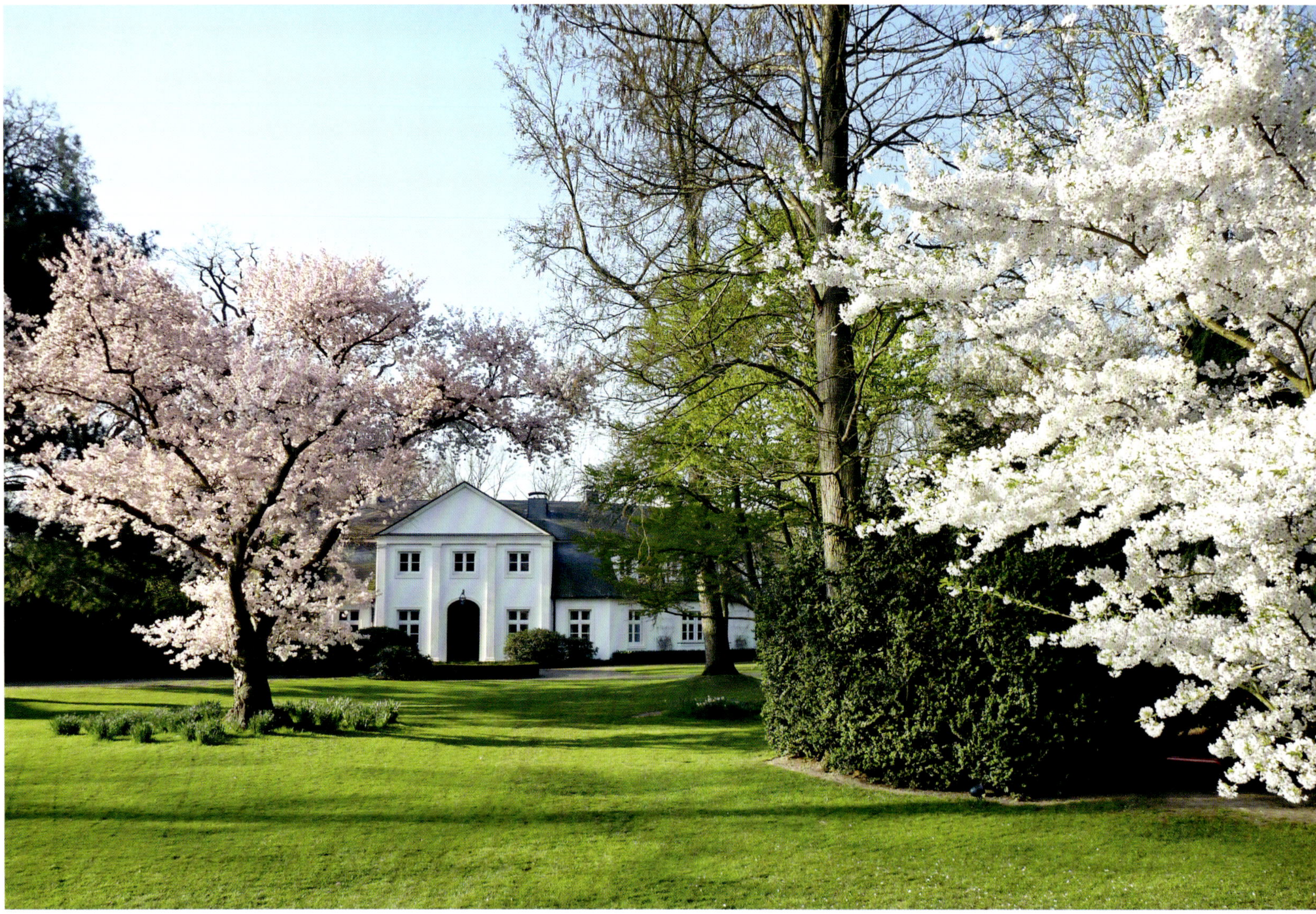

4
5

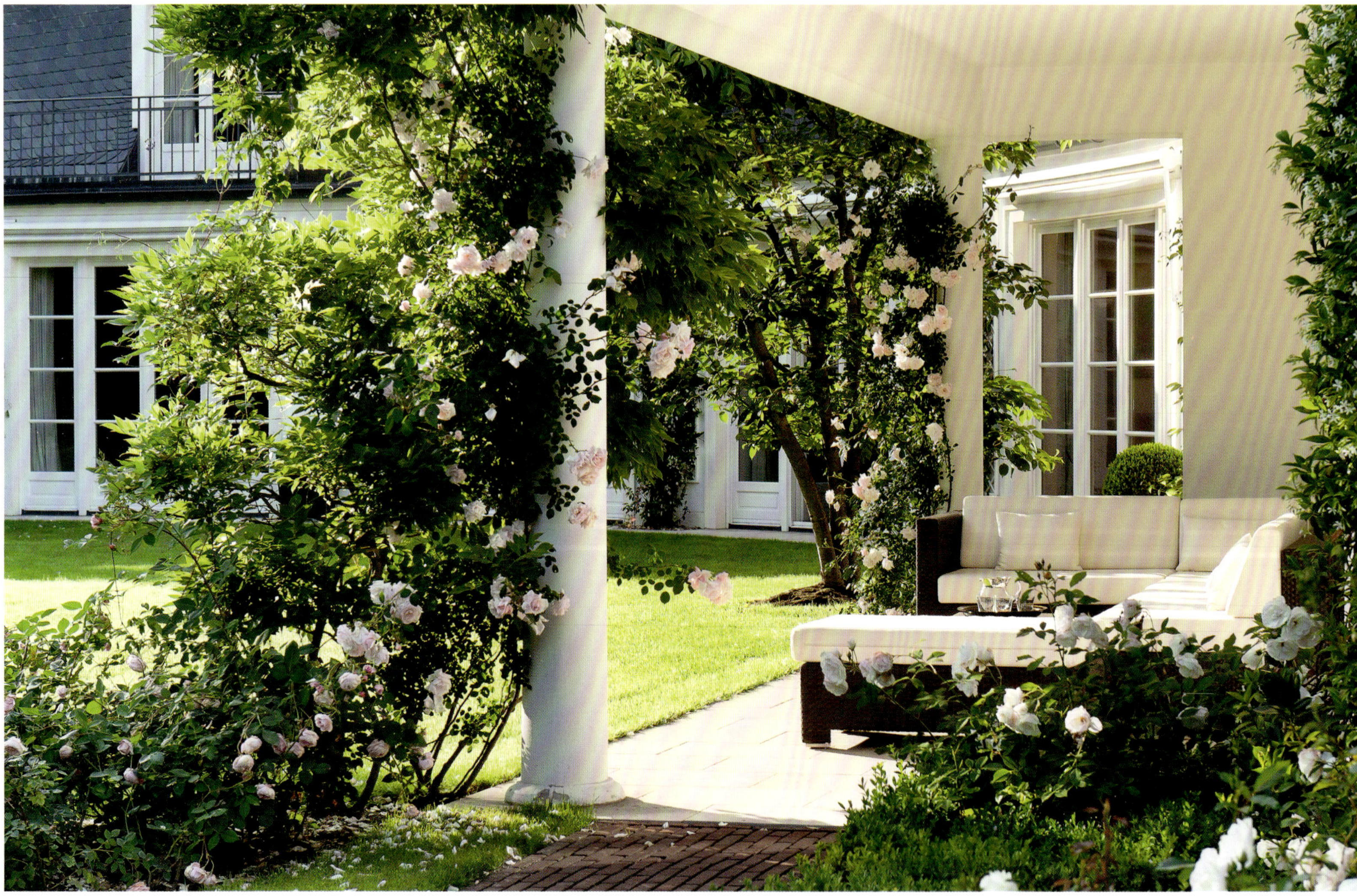

Schwerpunkt der Parkgestaltung sind die Blickachsen auf die von Rosen umrankte Villa, auf prägende Gehölzgruppen und markante Baumgestalten. Die Baumgruppen sind gestaffelt angeordnet und erzeugen so Raumtiefe. Die Übergänge zu den Nachbargärten sind durch einzelne Bauminseln weich und fließend. An den Rändern wurden dazu Rhododendren, Eiben, Felsenbirnen, Japanische Kirsche *(Prunus serrulata)* und Chinesischer Blumen-Hartriegel *(Cornus kuosa var. chinensis)* gepflanzt, sodass der Blick weit über die Nachbargärten hinaus gelenkt wird, und man die tatsächlichen Grundstücksgrenzen nur erahnen kann. So entsteht der Eindruck, als sei der Garten schon immer da gewesen. Wassergebundene Wege und Rasenwege schlängeln sich durch den Garten und führen an Gruppen von weiß blühenden Rhododendren und Azaleen, an Hortensien und großflächigen Narzissenfeldern vorbei. Ein kreisrundes Wasserbecken spiegelt den Himmel am Tag und den Mond bei der Nacht. Im Schutze alter Baumveteranen lädt ein luftiger Gartenpavillon zum Verweilen ein.

Es ist das Spiel von Licht und Schatten, die Erfahrung von Nähe und Ferne und die gelungenen Blickbeziehungen zwischen Haus und Garten, die diesen Landschaftsgarten besonders schön machen. Diese Schönheit verdankt er aber auch der Großzügigkeit, die es erlaubt, dass die Natur von den Rändern Besitz ergreifen darf.

Ursprünglich war das Grundstück zu klein für einen Landschaftspark. Nachbargrundstücke konnten jedoch mit der Zeit dazu gekauft und die Gartenteile zusammengelegt werden. Bäume mussten an den Grenzen weichen. „Das wollte zuerst keiner, dann hätten wir aber keine Tiefe erzeugt", erklärt Landschaftsarchitekt Klaus Klein. Dafür wurden an anderer Stelle große Laub- und Nadelbäume gepflanzt, um das Gerüst des bestehenden Baumbestands zu ergänzen. Als Sichtschutz für den oberen Wohnbereich fiel die Wahl auf Kiefern, da sie im oberen Drittel dicht wachsen. Dazu gesellen sich Azaleen und Hartriegel, damit die Pflanzung nicht zu dunkel wirkt. Licht ins immergrüne Dunkel bringen auch die rahmweißen Schalenblüten des Ramblers 'Bobby James' oder die Clematis 'Huldine', deren perlmuttfarbene Blüten aus feinstem Satin zu bestehen scheinen.

Natürlich ist es eine Herausforderung, das Gartenbild aufrechtzuerhalten. Doch in diesem Fall besteht Anlass zur Hoffnung, denn der Villengarten ist zum wichtigen Mittelpunkt des Familienlebens geworden. „Für die Familie ist es eine Investition, die jedes Jahr mehr an emotionalem Wert gewinnt", ist sich Klaus Klein sicher. Ein Garten ist immer auch Gefühlssache, man merkt sofort, wenn dort Harmonie herrscht – dann stellt sich eine große Zufriedenheit ein.

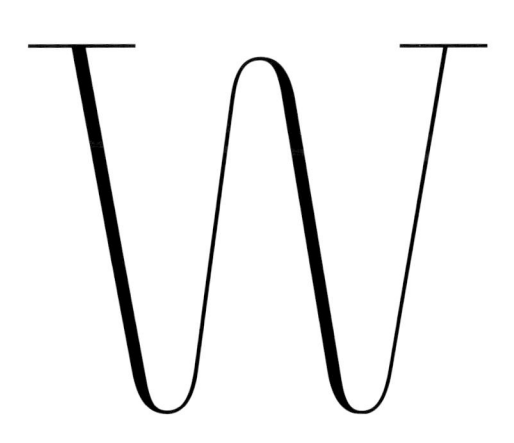

4 Großzügige Rasenflächen und blühende Gehölze wie die Tokyo-Kirsche *(Prunus yedoensis, rechts im Bild)* bieten den passenden Rahmen für die weiße Villa.

5 Die Kletterrose 'New Dawn' rankt an den Säulen empor und schmückt die Villa mit ihren zartrosa Blüten.

W

Wie sieht die ideale Landschaft aus? Für die meisten Menschen ist es nicht etwa der Wald, sondern eine Parklandschaft mit mächtigen Solitärbäumen und großzügigen Rasenflächen, die immer wieder Blicke in die umgebende weite Landschaft freigibt. Ganz in der Tradition des klassischen Englischen Landschaftsgartens ist dieser weitläufige Villengarten in Meerbusch gestaltet – ein Bild der Ruhe und Zeitlosigkeit mit einem Wechselspiel aus Baumgruppen, blühenden Sträuchern und Rasenflächen.

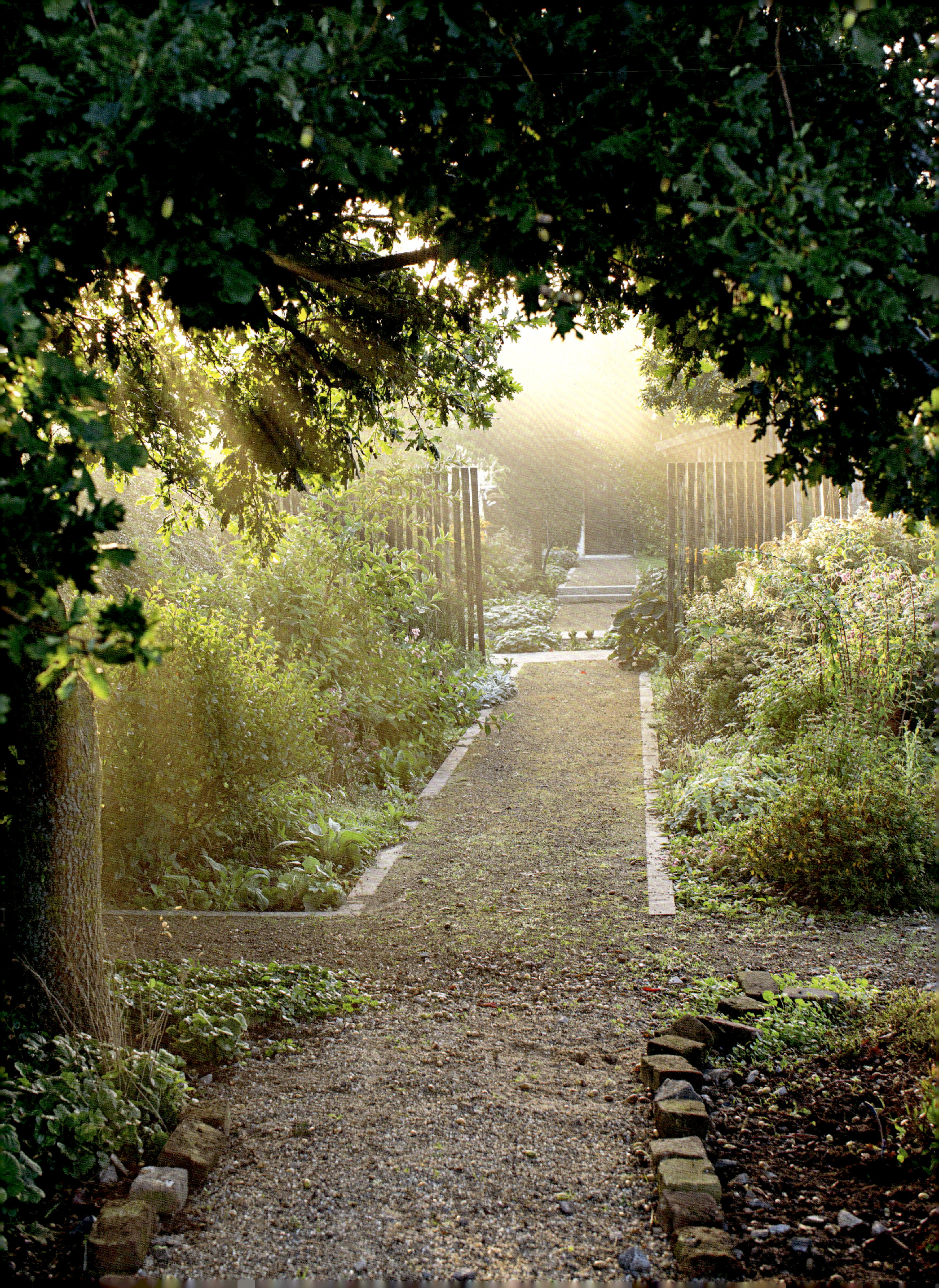

Projekte

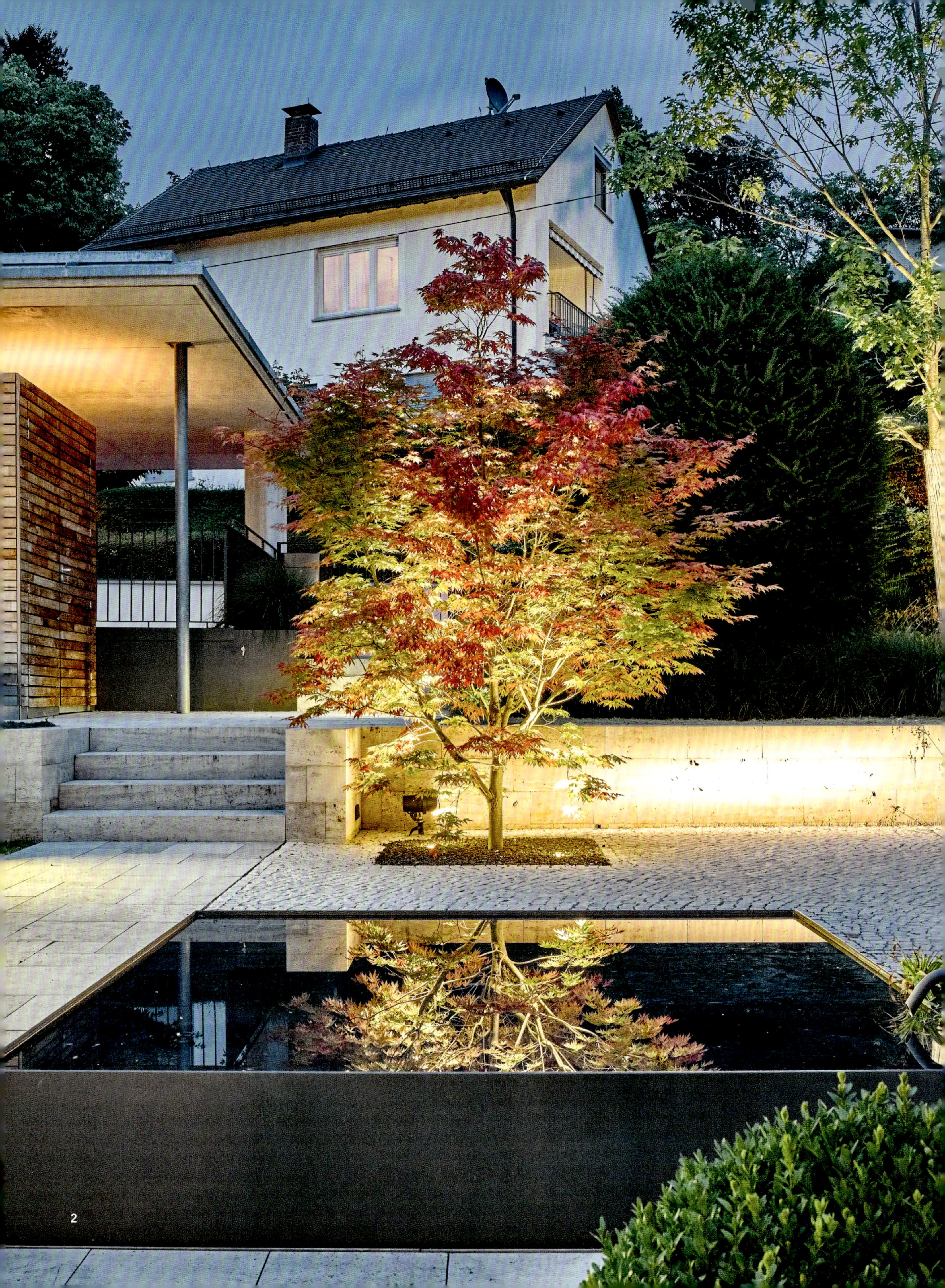

GÄRTEN DES JAHRES — LAMPEvier — PROJEKTE

Vom Begleitgrün zur Stadtoase

LAGE DES GARTENS
Hausgarten in der Stuttgarter Innenstadt, Baden-Württemberg

GRÖSSE DES GARTENS
420 m²

PLANUNGSBÜRO
LAMPEvier

1

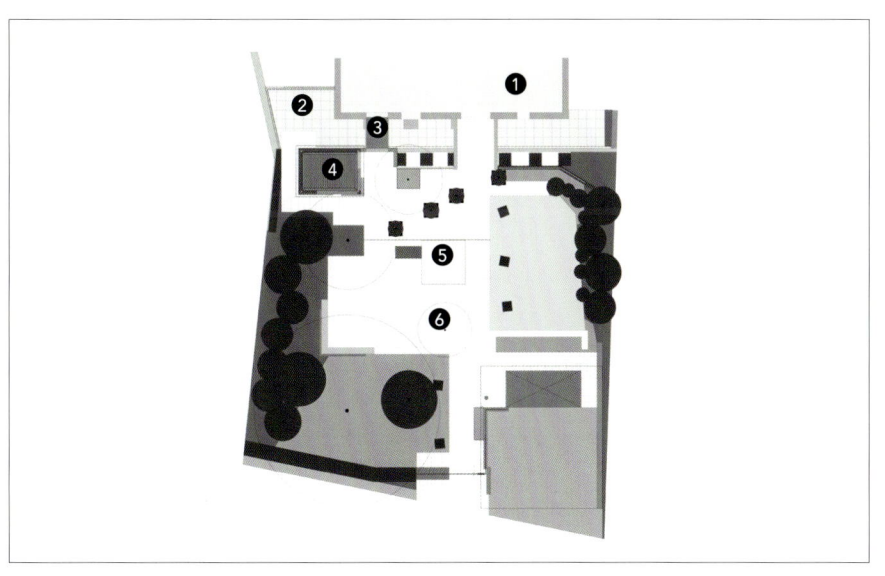

GRUNDRISS

PLAN
1 Wohnhaus
2 Tiefhof
3 Brücke
4 Kiosk
5 Wasserbecken
6 Fächer-Ahorn (Acer palmatum)

1 Die verschiedenen Ebenen wurden mit Wegen, Treppen und einer Brücke verbunden.

2 Perfekte Spiegelung: Im mit dunklen Schieferplatten ausgelegten Wasserbecken spiegelt sich der leuchtende Fächer-Ahorn (Acer palmatum).

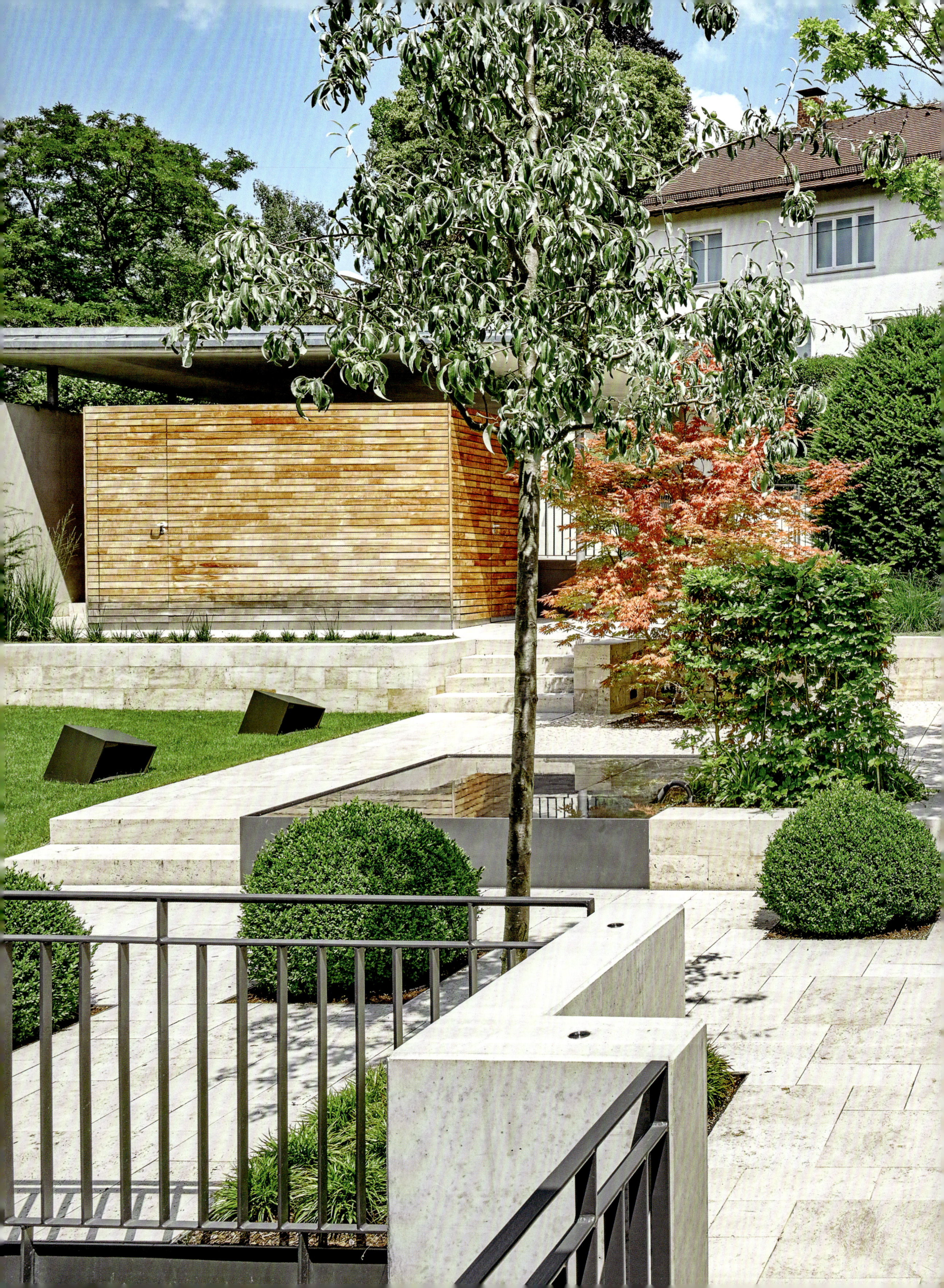

Der Garten ist durch die Umgestaltung zum erweiterten Wohn- und Aufenthaltsbereich für die Familie geworden.

E

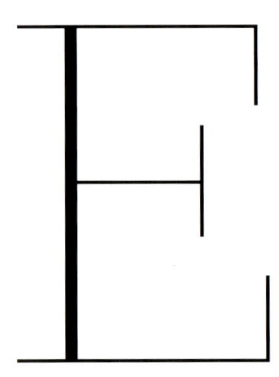

"Durch die Umgestaltung entstanden neue Sichtbeziehungen auf die Hügelketten Stuttgarts."

TILL BINDER

3 Abends wird der mehrstämmige Ahorn angestrahlt, sodass der Spiegelungseffekt auch in der Dunkelheit wirken kann.

4 Die Terrassierung des Hanggartens wurde mit Natursteinmauern aus Travertin vorgenommen.

Ein Mehrfamilienhaus mit Garten in typischer Hanglage in der Stuttgarter Innenstadt – der Eigentümer bewohnt die oberen Etagen, die Kinder die darunter liegende Wohnung. So weit, so gut. Doch zwischen den Wohnungen bestand weder im Haus noch durch den Garten eine Verbindung. Und noch ein Manko hatte das Grundstück: wegen eines schmalen Tiefhofs vor der unteren Wohnung konnte man von dort nicht in den Garten gelangen. Vielmehr musste man durch den Haupteingang gehen – man ging also nicht „in den Garten", sondern eigentlich „aus dem Haus".

Daher empfand die Familie ihren Garten auch trotz seiner Größe als unattraktiv, nutzte ihn kaum, sodass er zum reinen Begleitgrün für den Hauptweg verkam. Auch die Terrasse verlockte nicht gerade zum Draußensitzen – sie war klein und wenig einladend, befand sich im äußersten Eck und ohne Bezug zum Haus.

Für Landschaftsarchitekt Till Binder war klar: Hier fehlt eine Treppe, die das Untergeschoss mit dem Obergeschoss und dem auf diesem Niveau liegenden Garten verbindet. Zudem gestaltete er den Garten so um, dass er an Attraktivität gewann und die Familie sich jetzt gern darin aufhält – und das nicht nur in der warmen Jahreszeit, sondern möglichst das ganze Jahr hindurch. Durch das bodentiefe Fenster in der Küche wurde ein Übergang vom Haus in den Garten geschaffen. Dazu musste der Tiefhof des Untergeschosses mit einer neuen Brücke überwunden werden.

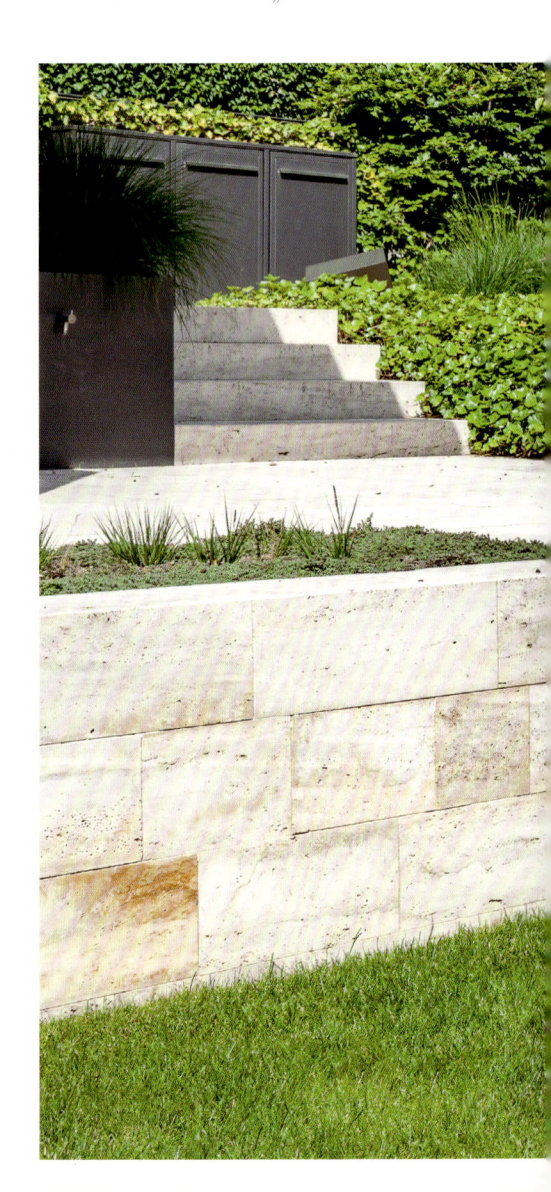

Im Anschluss an die Brücke entstand ein überdachter Aufenthaltsbereich (Kiosk), um diesen stark geböschten Bereich zu terrassieren und gleichzeitig einen Mehrwert in der Gartenecke zu schaffen. „So hat die bisher abfallende Gartenecke einen soliden Abschluss mit neuen Sichtbeziehungen entlang des Hauses auf die Hügelketten des Stuttgarter Talkessels bekommen", sagt Till Binder.

Um den „Kiosk" läuft die Treppenanlage herum, die zur Wohnung der Kinder führt. Mit zwei 90-Grad-Wendungen entlang des Kiosks führt sie auch auf das Niveau des Tiefhofs.

Die Höhenlage des Hauses zur Straße machte eine weitere Terrassierung sinnvoll. Nun sind die Gartenräume teils mit Natursteinmauern aus Travertin, teils mit Betonblöcken voneinander abgesetzt. Ein großes Wasserbecken, das mit dunklen Schieferplatten ausgelegt ist, verbindet die Bereiche miteinander. „Mit seiner spiegelnden Wasserfläche ist es ein eigenständiger Akteur, der die Umgebung und den Himmel in immer neuen Bildern einfängt", schwärmt Landschaftsarchitekt Binder. Grasartige Pflanzen dominieren das Gartenbild, bis auf zwei Solitärgehölze: eine Birne *(Pyrus communis)* holt mit ihren zarten weißen Blüten den Frühling an das Küchenfenster heran und ein exquisiter rundkroniger Fächer-Ahorn *(Acer palmatum)* wird zum herbstlichen Blickfang dieser städtischen Oase.

Blick über die Reling

LAGE DES GARTENS
Garten in Stuttgart-Nord, Baden-Württemberg

GRÖSSE DES GARTENS
1.000 m²

PLANUNGSBÜRO
Pfrommer + Roeder Freie Landschaftsarchitekten BDLA

1

GRUNDRISS

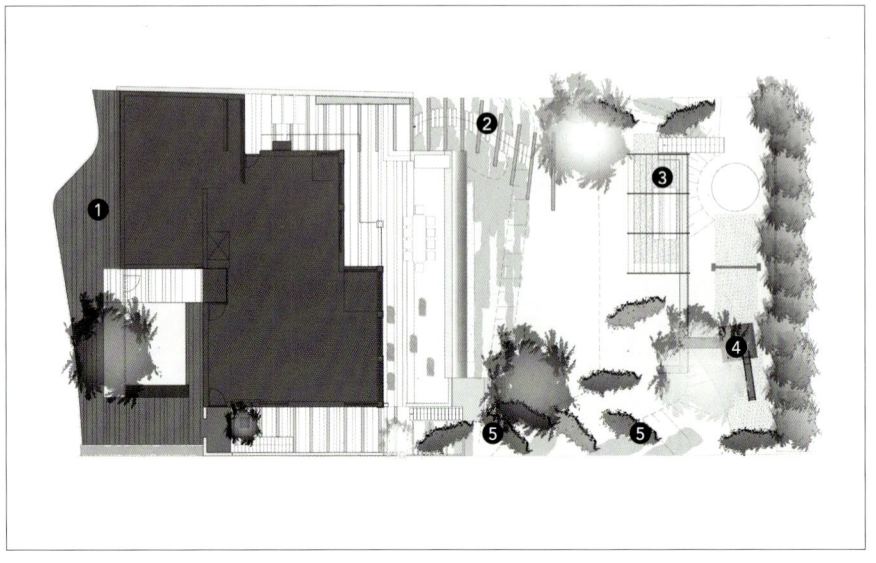

PLAN
1 Terrasse
2 Treppenanlage
3 Pergola aus Stahlprofilen und -seilen, teils begrünt
4 Baumhaus
5 quergestellte Heckenelemente

1 Weit geht der Blick über die Stahlpergola im unteren Teil des Gartens zum Stuttgarter Talkessel und die umgebenden Hügel.

2 Eingangstor zum Reich der Kinder: ein kleiner Steg führt zum Baumhaus – über eine Rutsche geht es direkt in die Sandkiste.

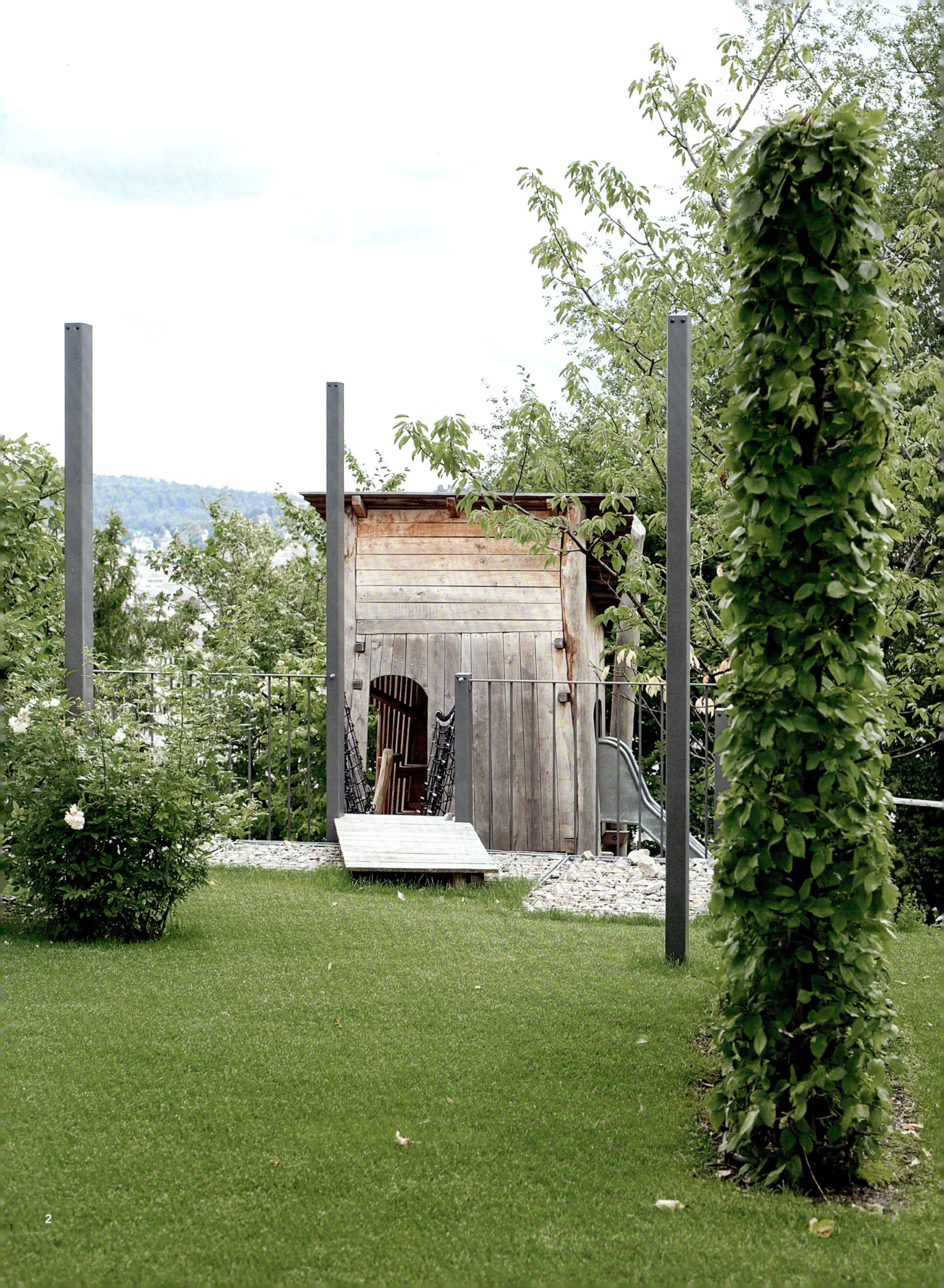

GÄRTEN DES JAHRES — Pfrommer + Roeder — PROJEKTE

E

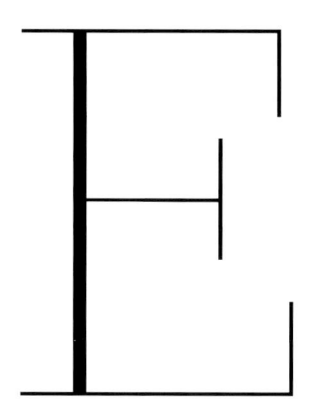

Ein kleines Haus in exklusiver Stuttgarter Hanglage wird abgerissen und durch ein großes ersetzt. Jetzt passt der Garten nicht mehr zur kühlen Architektur des wuchtigen neuen Wohnhauses. Er soll sich in ein Grün wandeln, das Ausblicke auf den Stuttgarter Talkessel unauffällig inszeniert, gleichzeitig als Kulisse für große Sommerfeste dient, aber auch Freiräume für die unterschiedlichen Bedürfnisse der Familienmitglieder bietet.

„Dem dominanten Baukörper sollte ein üppiger Garten entgegengesetzt werden."

HENDRIK SCHOLZ

Dem dominanten Baukörper wollte Landschaftsarchitekt Hendrik Scholz einen üppigen grünen Garten entgegensetzen, einen Hang, der nach unten fließt. Und es gab noch eine weitere Nuss zu knacken: der geringe Abstand des Gebäudes zu den Nachbarhäusern.

Zunächst wurde eine große Terrasse aus Muschelkalk-Platten gebaut, um einen erweiterten Wohnraum unter freiem Himmel zu schaffen. Der helle Kirchheimer Muschelkalk greift die Materialität der Fassade auf, sodass die Terrasse in ihrer Massivität eher wie ein Teil der Architektur wirkt. Um das Bild aufzulockern, wurden an einigen Stellen Platten ausgespart und dafür Gräserbänder eingesetzt. Den Abschluss der Terrasse bildet eine niedrige Steinmauer, die den Ausblick vom Haus nicht verstellt. Weit geht der Blick über das Tal hinweg. „Wenn man dort steht, fühlt man sich wie auf dem Bug eines Schiffs mit Blick über die Reling", schwärmt Landschaftsarchitekt Hendrik Scholz.

Eine großzügige Steintreppe verbindet die Wohnebene mit der 3 m tiefer liegenden Gartenebene. Die lange Treppe mit der geschwungenen Form führt wie beiläufig den Hang hinunter. Die Steinstufen aus Muschelkalk und Betonfertigteilen werden durch Kissen aus weißem Teppichphlox und Tuffs aus Gräsern *(Stipa calamagrostis* 'Allgäu', *Stipa tenuissima),* weißer Iris *(Iris barbata eliator* 'Lugano') und weißem Sonnenhut *(Echinacea alba)* mit der Landschaft verwoben. So sitzt die Treppenanlage – wohl eingebettet in den Garten – wie selbstverständlich in der Landschaft. In Kontrast dazu steht die kurzgeschnittene Rasenfläche, deren Strenge wiederum von fließenden Stauden und Gräsern abgemildert wird. Die untere Terrasse ist mit einer Stahlpergola überstellt, die sich in einzelne Stelen auflöst. Weiße Kletterrosen wie 'Ghislaine de Feligonde', 'Lykkefund' und 'Alchemyst' erobern die Pergola, rahmen den Blick und schaffen einen intimen Gartenraum. Unterhalb der Gabionenwand beginnt dann das Reich der Kinder. Ein kleiner Steg führt vom Rasenparterre zum Baumhaus in der Kirsche. Über eine Rutsche geht es zum Sandplatz und ab ins Haselgebüsch.

Um die Grenzen aufzulösen, hat Hendrik Scholz keine durchgängige Schnitthecke entlang der Grundstücksgrenze gepflanzt – dies hätte die Grenzen noch zusätzlich betont. Vielmehr sind die Heckenwände aus Zierapfel *(Malus* Hybride 'Evereste'), Amberbaum *(Liquidamer styraciflua)* und Hainbuche *(Carpinus betulus)* unterschiedlich ausgerichtet und in den Raum gedreht. Stauden fließen um die Hecken herum. Ein großkroniger Blauglockenbaum *(Paulownia tomentosa)* sowie fließende Pflanzungen aus Gräsern und weiß blühenden Stauden schaffen die Illusion eines grenzenlosen Gartens.

3 Gräserbänder lockern die große Steinterrasse aus Muschelkalk auf.

4 Um die Grenzen des Grundstücks aufzulockern, wurden Heckenelemente unterschiedlich ausgerichtet und in den Raum gestellt.

5 Kissen aus weißem Teppichphlox und Gräsertuffs *(Stipa)* begleiten die geschwungene Treppe.

Der schwebende Terassengarten

LAGE DES GARTENS
Hausgarten, Augsburg, Bayern

GRÖSSE DES GARTENS
600 m²

PLANUNGSBÜRO
Manuela Wolff Landschaftsarchitektin

1

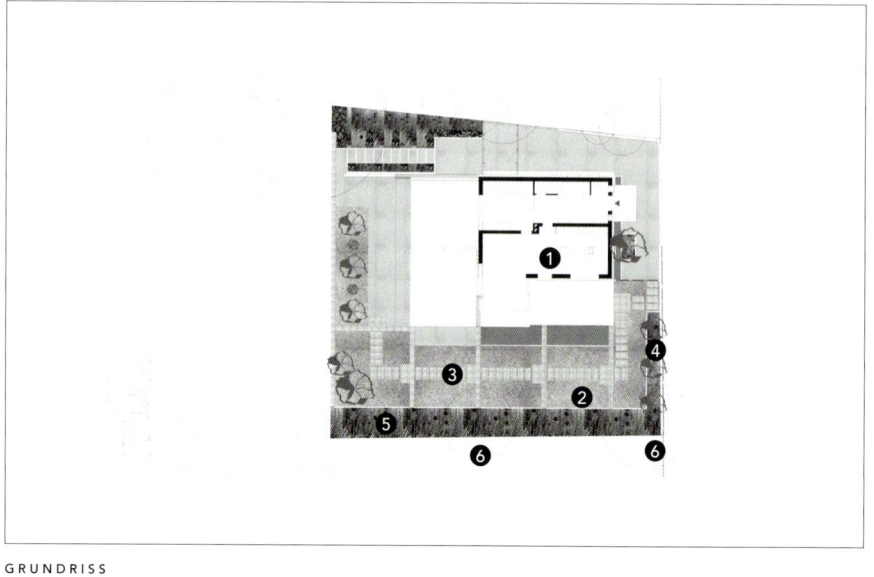

GRUNDRISS

PLAN
1 Wohnhaus
2 Terrassenflächen mit Rasen
3 Trittplatten
4 Sichtschutzwand Corten-Stahl mit Beeten
5 Wellenförmige Hortensien-, Stauden- und Gräserfelder
6 Eibe

1 Klare Linien und Material: Blöcke und Stufen sind aus Sichtbeton, kombiniert mit Corten-Stahl.

2 Die steile Böschung des Hangs wurde terrassiert und in Ebenen umgewandelt. Die Terrassenkanten sind deutlich hervorgehoben, sodass beim Gehen über die einzelnen Ebenen ein Gefühl des Schwebens entsteht.

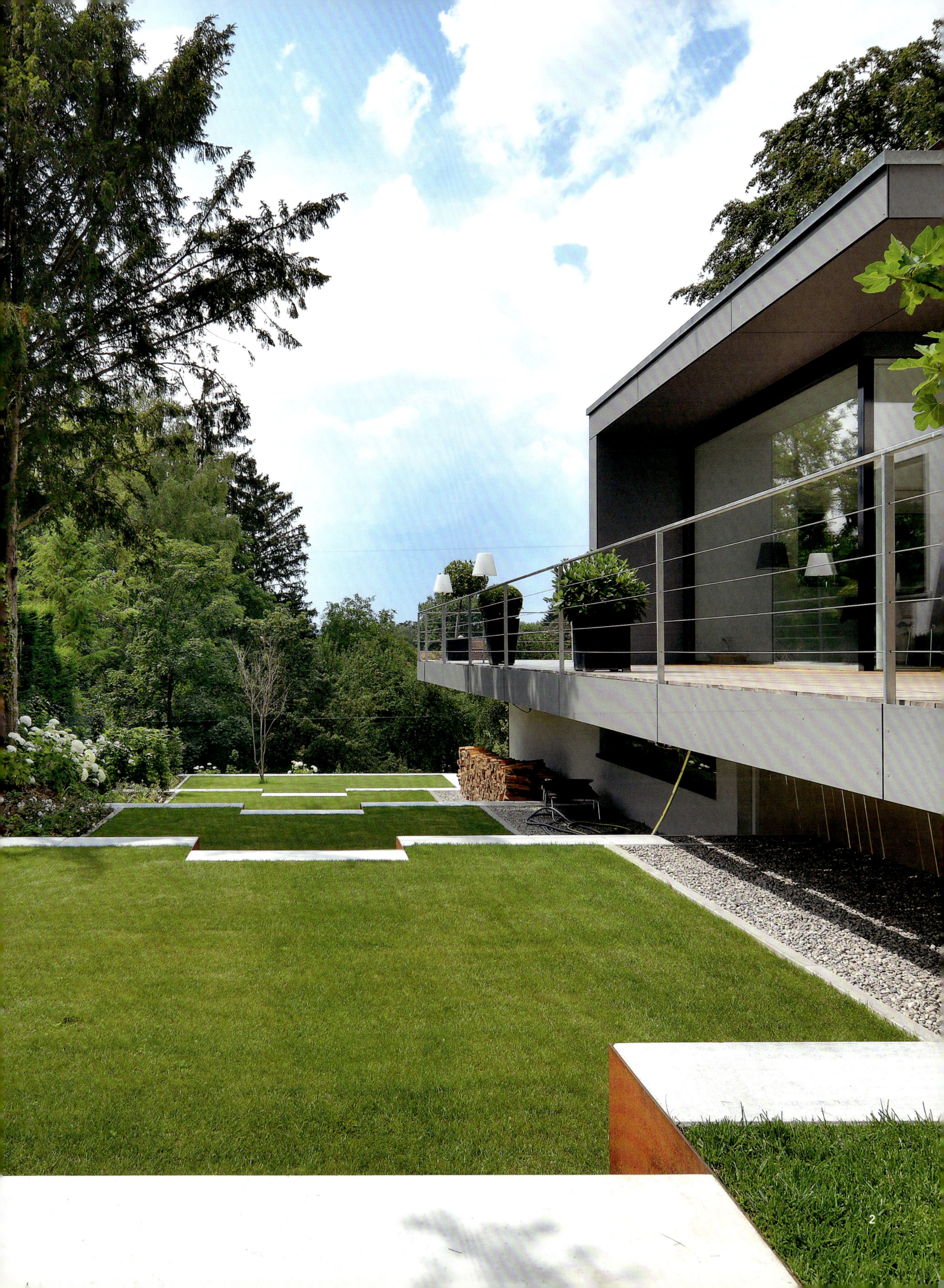

3
4

Sichtachsen wurden freigelegt, und der Zugang ins Freie von allen drei Wohngeschossen des Hauses ermöglicht. Dies setzte Manuela Wolff mit Ihrer Idee des „schwebenden Terrassengartens" in die Tat um. So wie beim Wohngebäude, gliedert sich der Garten nun auch in drei Bereiche: der unterste Bereich, die mit großformatigen Platten angelegte Terrasse, ist dem Kinder- und Gästebereich zugeordnet. Die nächste Ebene erschließt den Wohn-, Ess- und Küchenbereich über eine großzügige Holzterrasse. Das Obergeschoss des Altbaus gehört den Eltern. Die Flachdächer des darunter gelegenen Ess- und Wohnzimmers sind als Dachterrassen mit extensiver Dachbegrünung und eingelegten Holzdecks vom Schlaf- und Arbeitszimmer aus nutzbar.

Passend zu den klaren Linien und Materialien des Hauses wurden für die Terrassierung der einzelnen Gartenbereiche Blöcke und Stufen aus Sichtbeton in Kombination mit Corten-Stahl gewählt. Die einzelnen Terrassen werden zwar massiv gestützt, wirken aber trotzdem leicht. Sie werden mit Rasenflächen ergänzt und von Bepflanzung freigehalten, um die Terrassenkanten hervorzuheben. „So entsteht beim Begehen des Gartens über die einzelnen Ebenen das Gefühl des Schwebens und der Weite", erklärt Manuela Wolff.

Die seitlich an den Terrassen anschließenden Pflanzflächen sind dagegen mit wellenförmigen Hortensien-, Stauden- und Gräserfeldern umso üppiger gestaltet. Bewusst naturnah geht die Bepflanzung mit Katzenminze *(Nepeta)*, Schafgarbe *(Achillea millefolium)*, Storchschnabel *(Geranium)* und verschiedenen Ziergräsern in die Landschaft über.

Spannend gestalteten sich übrigens die Aushubarbeiten, denn wir befinden uns hier auf geschichtsträchtigem Boden, wie nahezu überall in Augsburg. Im Wertachtal stößt man immer wieder auf alemannische Gräber, so auch am Nachbargrundstück. Doch es fand sich nichts, und der Garten konnte ohne weitere Verzögerung umgestaltet werden.

„Die Qualität der Lage musste erst erkannt und herausgearbeitet werden."

MANUELA WOLFF

Der Garten liegt genau an der Hangkante des Wertachtals zur Augsburger Hochterrasse. Von dort reicht der Blick über die Wipfel des Kurhausparks bis ins Wertachtal. Es ist sehr licht hier, man kann weit nach Westen hinübersehen bis zu den Wäldern – so ein unverbauter Blick ist schon eine Seltenheit in einer Großstadt. Diese wunderbare Blickachse musste jedoch erst wieder herausgearbeitet werden. Denn das Grundstück, das sich über einen Hang mit 10 m Höhenunterschied erstreckt, war komplett verwildert und mit einem kleinen „Fichtenwald" zugewachsen. Das früher einmal recht schöne Wohnhaus, Baujahr 1934, war durch Umbauten in den 80er-Jahren entstellt, sollte aber erhalten bleiben und durch terrassierte Anbauten heutigen Ansprüchen genügen. „Die Qualität der Lage musste erst erkannt und herausgearbeitet werden. Das gelang nach einer gründlichen Durchforstung unter Erhaltung des Altbuchenbestands", berichtet Manuela Wolff, Landschaftsarchitektin aus Augsburg.

3 Eine Sichtschutzwand mit integriertem Hochbeet aus Corten-Stahl schirmt den Garten zum Stadtquartier hin ab.

4 Über eine großzügige Holzterrasse wird der Wohnbereich erschlossen.

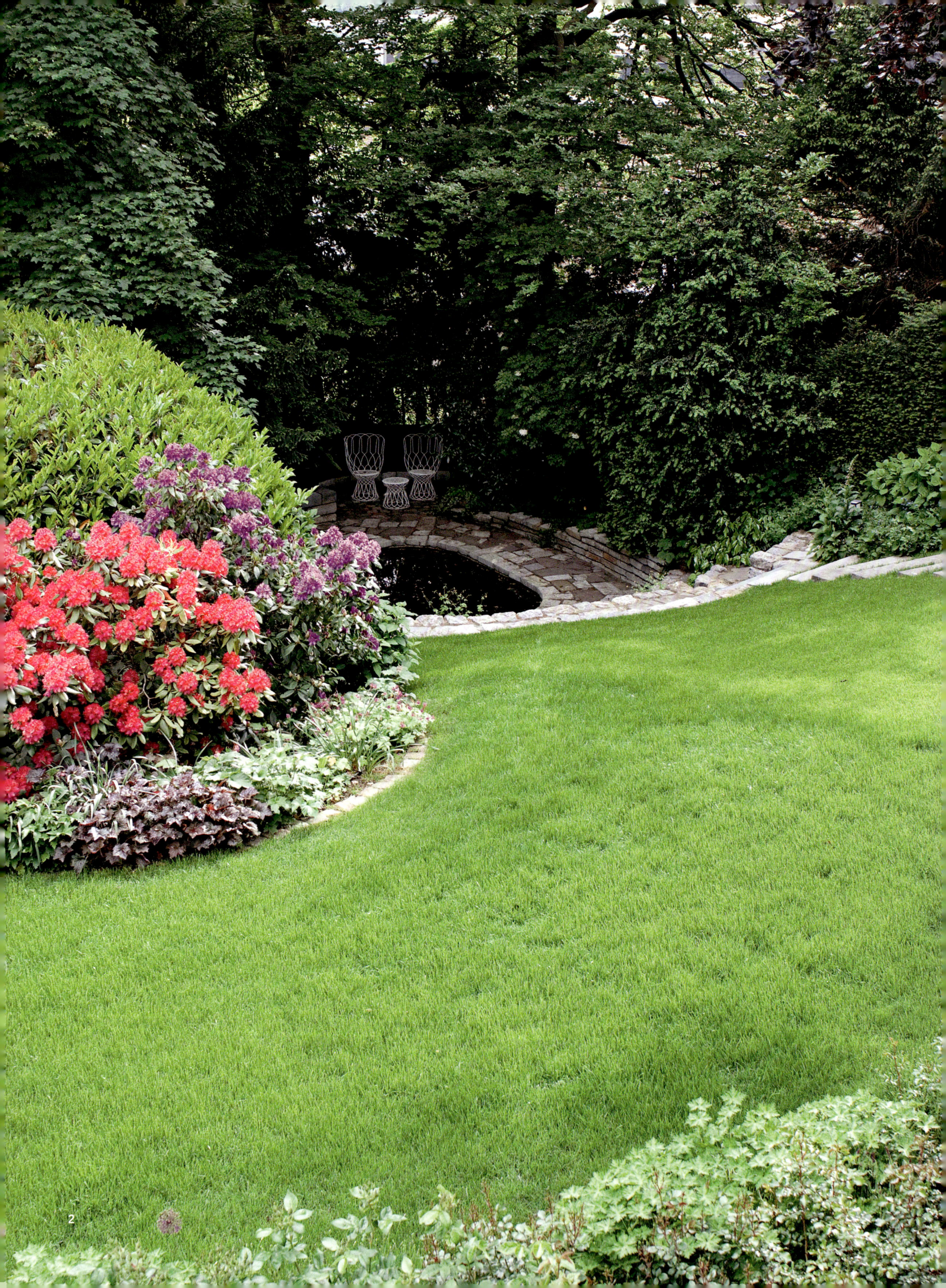

GÄRTEN DES JAHRES — Brigitte Röde

PROJEKTE

Über den Dächern der Stadt

LAGE DAS GARTENS
Hanggarten; Aachen, Nordrhein-Westfalen

GRÖSSE DES GARTENS
2.040 m²

PLANUNGSBÜRO
Brigitte Röde Planungsbüro Garten und Freiraum

1

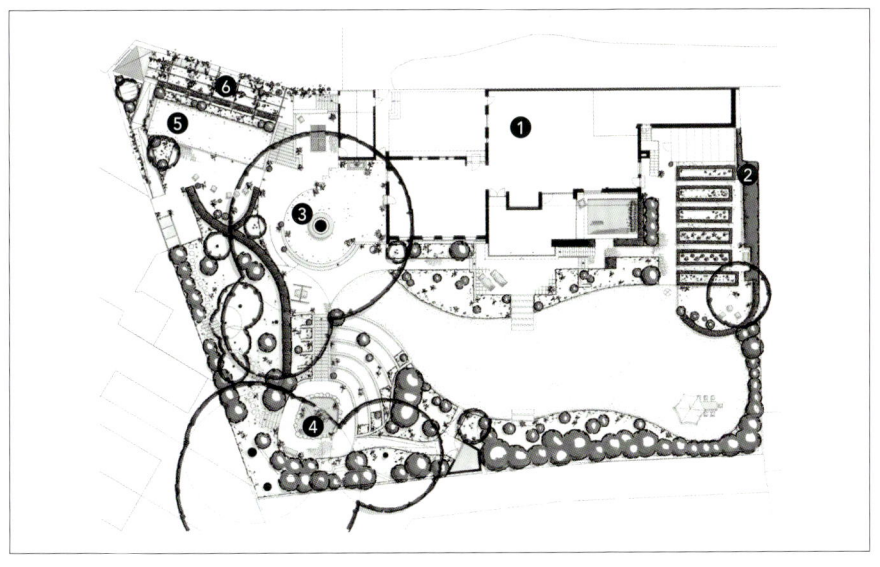

GRUNDRISS

PLAN
1 Wohnhaus
2 Kräuter- und Gemüsebeete mit Buchs-Einfassung
3 300-jährige Buche
4 Wasserbecken mit Fontäne
5 Boulebahn
6 Pergola-Gang

1 Vom Hanggarten oberhalb der Stadt hat man einen schönen Blick auf das Weltkulturdenkmal Aachener Dom.

2 Der Platz am Teich bietet Schatten für heiße Sommertage. Um ihn herum ist ein Amphitheater entstanden, das für Konzerte genutzt wird.

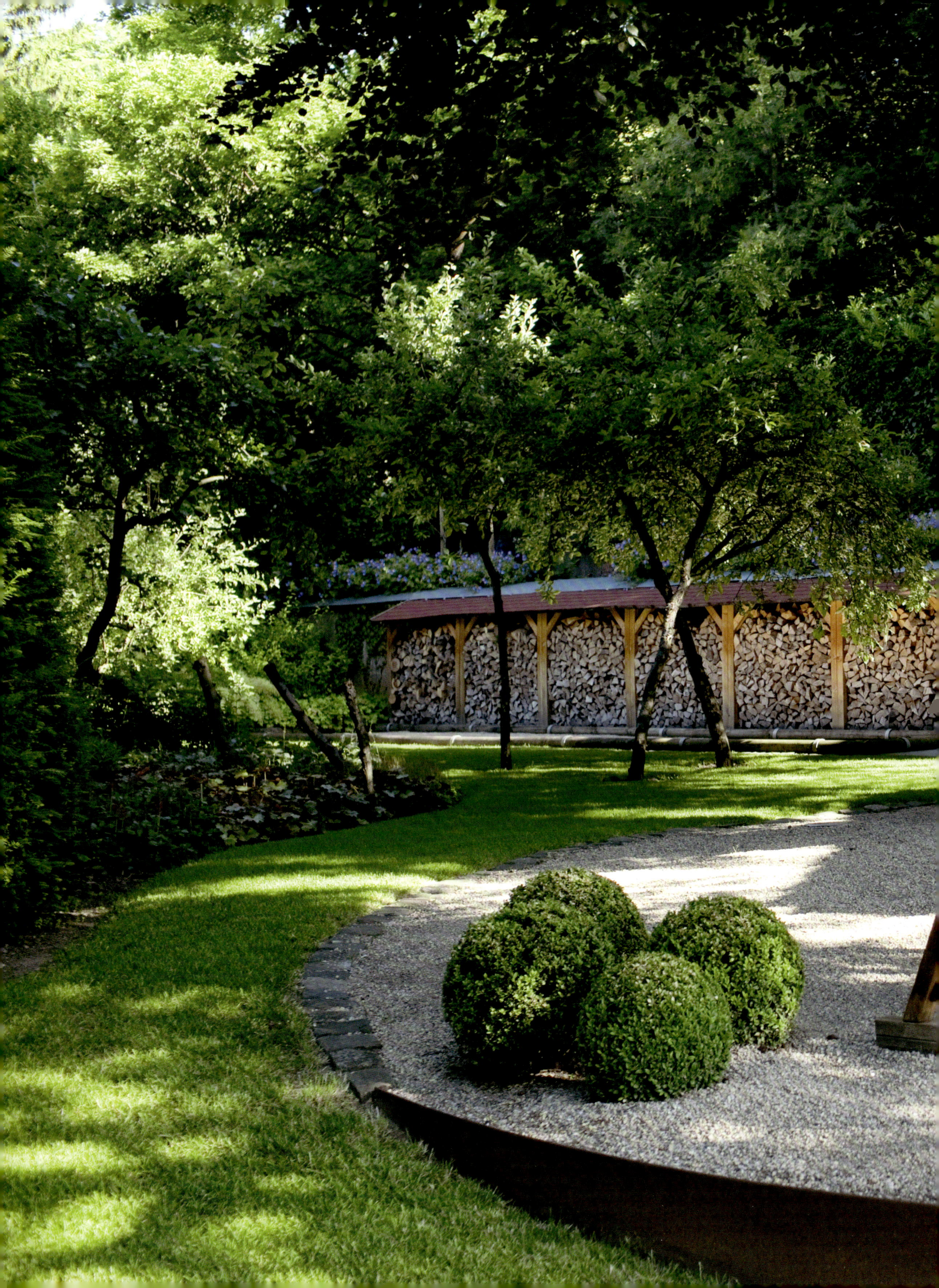

Schaukeln unter einem 300 Jahre alten Naturdenkmal – die Blutbuche gehörte einst zum benachbarten Kloster und bildet einen zentralen Platz im Garten.

GÄRTEN DES JAHRES — Brigitte Röde — PROJEKTE

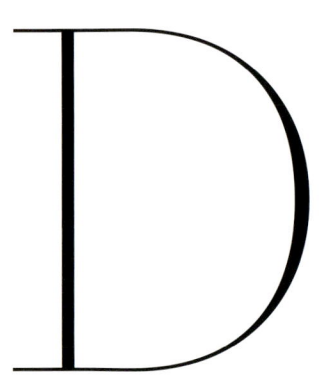

D

„Der Garten ist so dynamisch in den Jahreszeiten und immer wieder ganz anders."

BRIGITTE RÖDE

3 Inmitten von Rosenduft und der lila Staudenpracht aus Storchschnabel *(Geranium-Hybride* 'Rozanne') und Blüten-Salbei 'Caradonna' *(Salvia nemorosa* 'Caradonna') entspannt es sich auf der Terrasse besonders gut.

4 Die Trockenfläche mit Patagonischem Eisenkraut *(Verbena bonariensis)* kann jederzeit zum Pool umgebaut werden, da bereits an alle technischen Details gedacht wurde.

Das ca. 2.000 m² große parkartige Grundstück liegt am Hang oberhalb von Aachen und bietet einen großartigen Blick auf das Weltkulturerbe Aachener Dom. Zu den Grundstücksgrenzen hin gab es bereits Sichtschutz aus Gehölzen und Mauern. Hinter dem Haus befindet sich eine alte Klosterkirche – einst war der Garten selbst Teil des ehemaligen Klosters. Aus dieser Zeit stammt noch die ca. 300 Jahre alte Blutbuche, ein majestätischer Baum, der im Garten einen zentralen Platz einnimmt.

Als das Wohnhaus renoviert wurde, bekam auch der Garten ein neues Gesicht. Moderne und traditionelle Elemente am Haus sollten dort ebenfalls übertragen werden. Dabei entstanden neue Verweilplätze, etwa ein kleiner Teich mit Amphitheater, ein Bouleplatz an der Obstwiese, ein großzügiger Terrassenbereich mit üppigen Rosen, als Kontrast dazu ein reduziertes Kiesbeet mit Gräsern und Eisenkraut *(Verbena bonariensis)*, das bei Bedarf zum Pool umgestaltet werden kann.

Jeder Bereich, jeder Platz hat seine eigene Atmosphäre. Friedliche Stille liegt über dem Grün mit Blick auf die Stadt, von deren Lärm man hier oben nichts hört. Auf den vielen Blüten der Stauden tummeln sich Bienen und Schmetterlinge. Es ist eine entspannte Idylle, die zum gemächlichen Durchschlendern einlädt. „Mir ist es wichtig, das der Kunde das Gefühl hat, sein Garten ist fertig – er soll ihn einhüllen wie ein warmer Mantel", sagt Brigitte Röde.

Schöne Kontraste sorgen für Spannung: der Eingangsbereich liegt im Schatten alter Bäume; tritt man jedoch in den Garten hinaus, umfängt einen intensives Licht dank südexponierter

Hanglage. Der Garten hält aber noch mehr Überraschungen und verschwiegene Plätze bereit: geht man oberhalb des Bouleplatzes die Treppen hinauf, gelangt man zu einem verborgenen Plätzchen zwischen Hecken und Sträuchern. Wer hier sitzt, wird nicht gesehen, kann aber im Gegenzug selbst alles beobachten. Diese „Kleine Neugierde" ist der ideale Platz für heiße Sommertage, wenn man absolut ungestört sein möchte.

Mindestens ebenso hübsch ist der Platz am kleinen Teich mit Amphitheater. Von hier hat man einen schönen Blick zurück zum Haus. „Das finde ich sehr wichtig, denn man sieht viele Dinge von außen anders, hat einen anderen Blick darauf", sagt Brigitte Röde. Sitzstufen bieten genug Platz für die Gäste der Matineen, die hier regelmäßig stattfinden. Durch Zufall haben sich im Teich Wasserlinsen angesiedelt – man lässt sie gewähren. Die winzigen Wasserpflanzen bilden einen geschlossenen grünen Teppich, der im Sommer mit der Rasenfläche verschmilzt. Ab Oktober beginnen die Linsen im Teich abzusinken, sodass sich der Himmel im Winter dort wieder ungestört spiegeln kann. Und genau das ist es, was Brigitte Röde an diesem Garten so schätzt: „Er ist so dynamisch in den Jahreszeiten und immer wieder ganz anders."

GÄRTEN DES JAHRES — Gartenwerk — PROJEKTE

Stadtgarten-Idylle am Rhein

LAGE DES GARTENS
Vor- und Hausgarten einer Eigentumswohnung; Benrath, Nordrhein-Westfalen

GRÖSSE DES GARTENS
30 m² und 70 m²

PLANUNGSBÜRO
Gartenwerk sander. schumacher. gmbh.co.kg

1

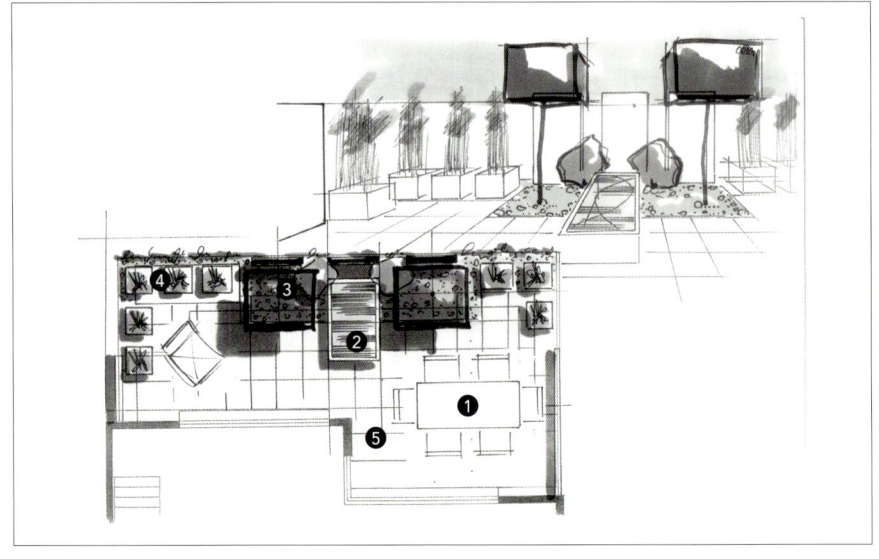

GRUNDRISS

PLAN
1 Sitzplatz
2 Wasserbecken
3 Hainbuche, zu Kuben geschnitten
4 quadratische Pflanzkübel
5 großflächige Natursteinplatten

1 Mit großflächigen Platten und vertikaler Linienführung kommt Großzügigkeit in kleine enge Gartenräume.

2 Ein Wasserspiel sorgt für Atmosphäre im kleinen formalen Garten.

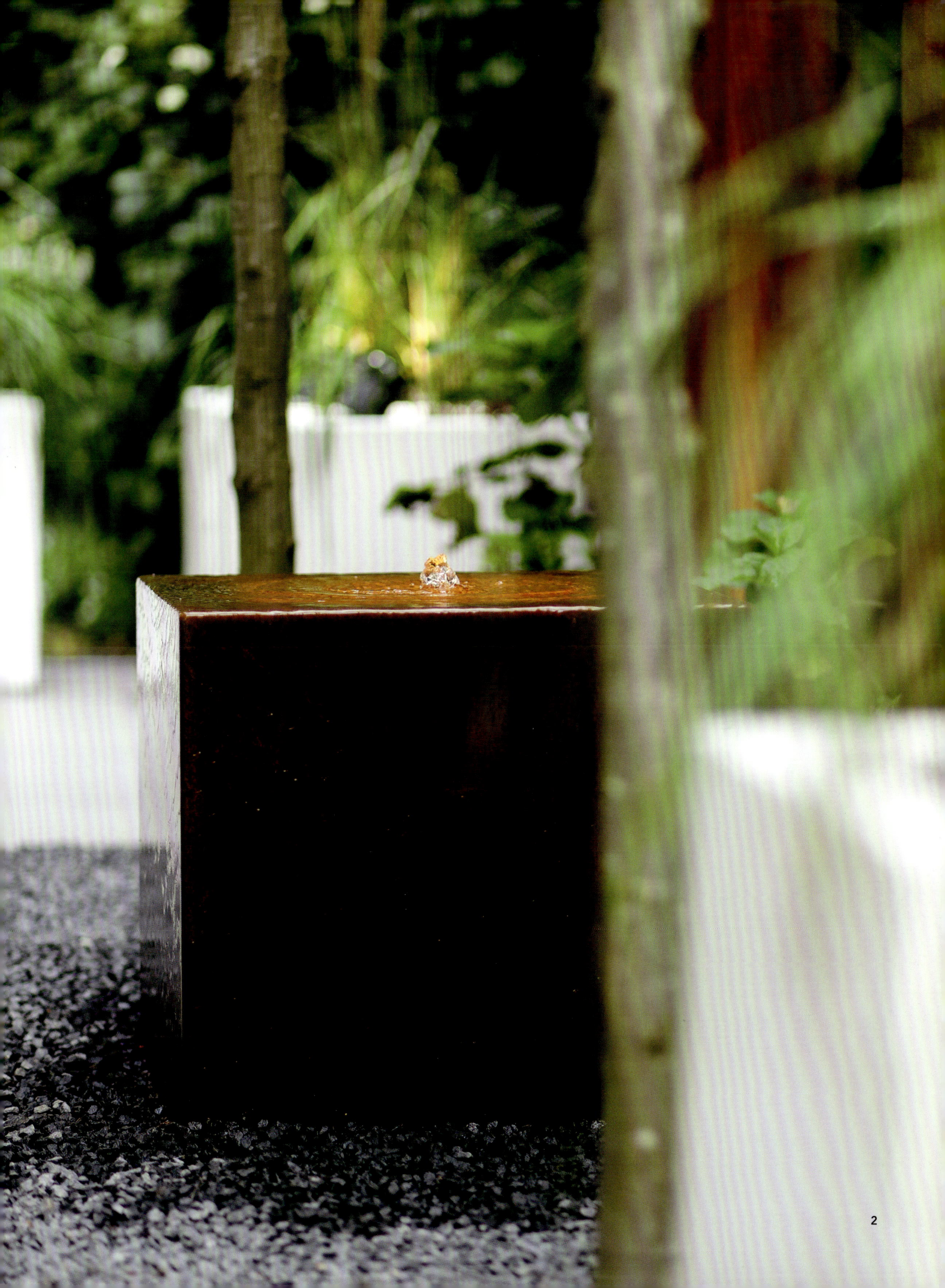

2

GÄRTEN DES JAHRES — Gartenwerk — PROJEKTE

„Ein Leitgedanke war, das ›Drinnen‹ nach draußen zu holen, sodass Haus und Garten eine Einheit bilden."

SVEN SCHUMACHER

B

Benrath ist einer der südlichen Stadtteile Düsseldorfs. In der Nähe der Hauptstraße liegt das Benrather Schloss, ein Jagd- und Lustschloss im Rokokostil. Die ausgedehnten Parkanlagen erstrecken sich bis zum Rheinufer. Wer hier wohnt, braucht schon mal keinen großen Garten – da macht es nichts, wenn der eigene nur 70 und 30 m² groß ist.

Doch darin wohl fühlen möchte man sich trotzdem – daher hat Sven Schumacher den kleinen Garten, der vom Bauträger ohne viel Atmosphäre angelegt worden war, gründlich umgestaltet. Er gehört zur Eigentumswohnung eines Paars und gliedert sich in einen Vorgarten und einen rückwärtigen Garten. Wegen der zentralen Lage sind Nachbarn und Straßen nicht weit. Da ist der Wunsch nach einem intimen Bereich, nach einem Erholungsraum im Freien, nachvollziehbar. Wichtig war dem beruflich stark eingespannten Paar, dass der Garten pflegeleicht und zu jeder Jahreszeit ansehnlich ist, um ihn in ihrer freien Zeit uneingeschränkt genießen zu können.

Einer der Leitgedanken Sven Schumachers in puncto Gartengestaltung ist, das „Drinnen" nach draußen zu holen, sodass Haus und Garten eine Einheit bilden. Also kam für ihn in diesem Fall nur ein formaler Garten infrage. Mit vertikaler Linienführung und großflächigen Natursteinplatten (Feinsteinzeug) brachte er Großzügigkeit in die kleinen engen Gartenräume. Beide Gartenteile haben nach der Umgestaltung jetzt ihre ganz eigene Atmosphäre: hinter den hohen Türen des Vorgartens empfängt einen nahezu klösterliche Abgeschiedenheit. Die hohen Holzwände, die zusammen mit der alten roten Klinkermauer diesen Bereich nach außen hin abschließen, schaffen eine heimelige, ruhige Atmosphäre. Hier kann man ungestört auf der warmen Holzbank im Schutz der Mauer die Abendsonne genießen. Rechteckige Hochbeete mit Rosen, Gräsern und einem Schneeball *(Viburnum)* sind quer gestellt, um die lange gerade Mauerlinie aufzubrechen. Die alten mächtigen Laubbäume jenseits der Backsteinmauer bilden den perfekten Hintergrund für diese kleine Klause.

Der rückwärtige Garten ist offener gestaltet. Hingucker für die Sitzecke am Haus ist ein kleines quadratisches Wasserspiel, das bereits vorhanden war. Es wurde mit Corten-Stahl aufgemöbelt und mit zwei zu Kuben geschnittenen Hainbuchen *(Carpinus betulus)* gerahmt, um es deutlicher hervorzuheben. Drei Pflanzkübel aus Fieberglas, bestückt mit luftig leichten Gräsern, greifen die kubische Form auf und tragen sie weiter in den Raum.

Wenn das Paar jetzt das Tor hinter sich schließt, wartet nicht länger Tristesse auf sie, sondern ein intimer Garten, der zwar zentral inmitten der Stadt liegt, ihre Geschäftigkeit aber wohltuend ausblendet.

3 Alles auf seinem Platz: Geometrie in Reinform bestimmt den kleinen Erholungsraum.

4 Die alte Mauer schirmt nach außen hin perfekt ab, sodass ein intimer Rückzugsort entstand. Die hohen Bäume außerhalb der Mauern tragen viel zur Atmosphäre und zum Gefühl der Geborgenheit bei.

3
4

Baden in Unendlichkeit

LAGE DES GARTENS
Garten mit Infinity Pool; Michaelnbach, Oberösterreich

GRÖSSE DES GARTENS
1.150 m²

PLANUNGSBÜRO
neuland GmbH

1

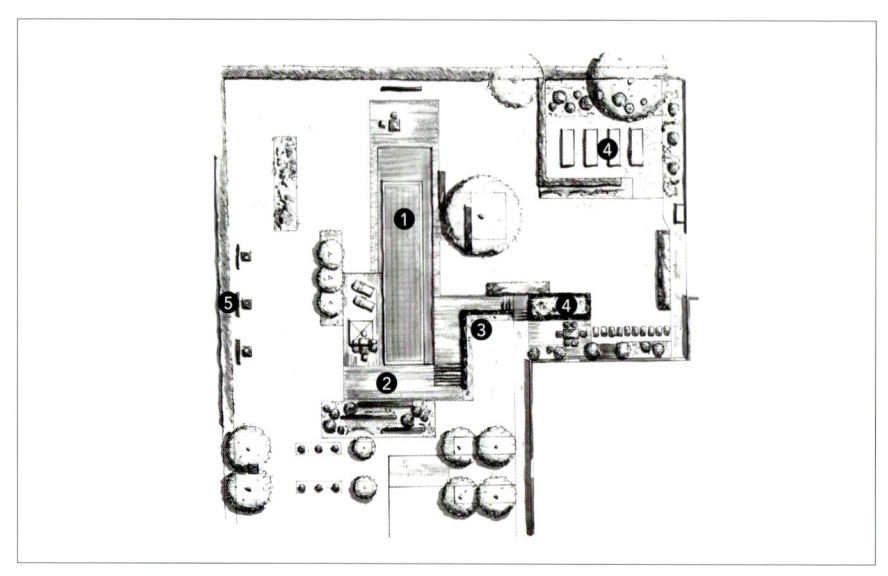

PLAN
1 *Pool mit Überlaufbecken*
2 *Holzdeck*
3 *Natursteinmauer*
4 *Hochbeete*
5 *Sichtschutzelemente*

GRUNDRISS

1 Der oberösterreichische Vierkanthof bekam einen formalen Pool-Garten.

2 Der frei stehende Pool ist mit einer Überlaufkante ausgestattet – dadurch entsteht eine lange Spiegelfläche im Garten.

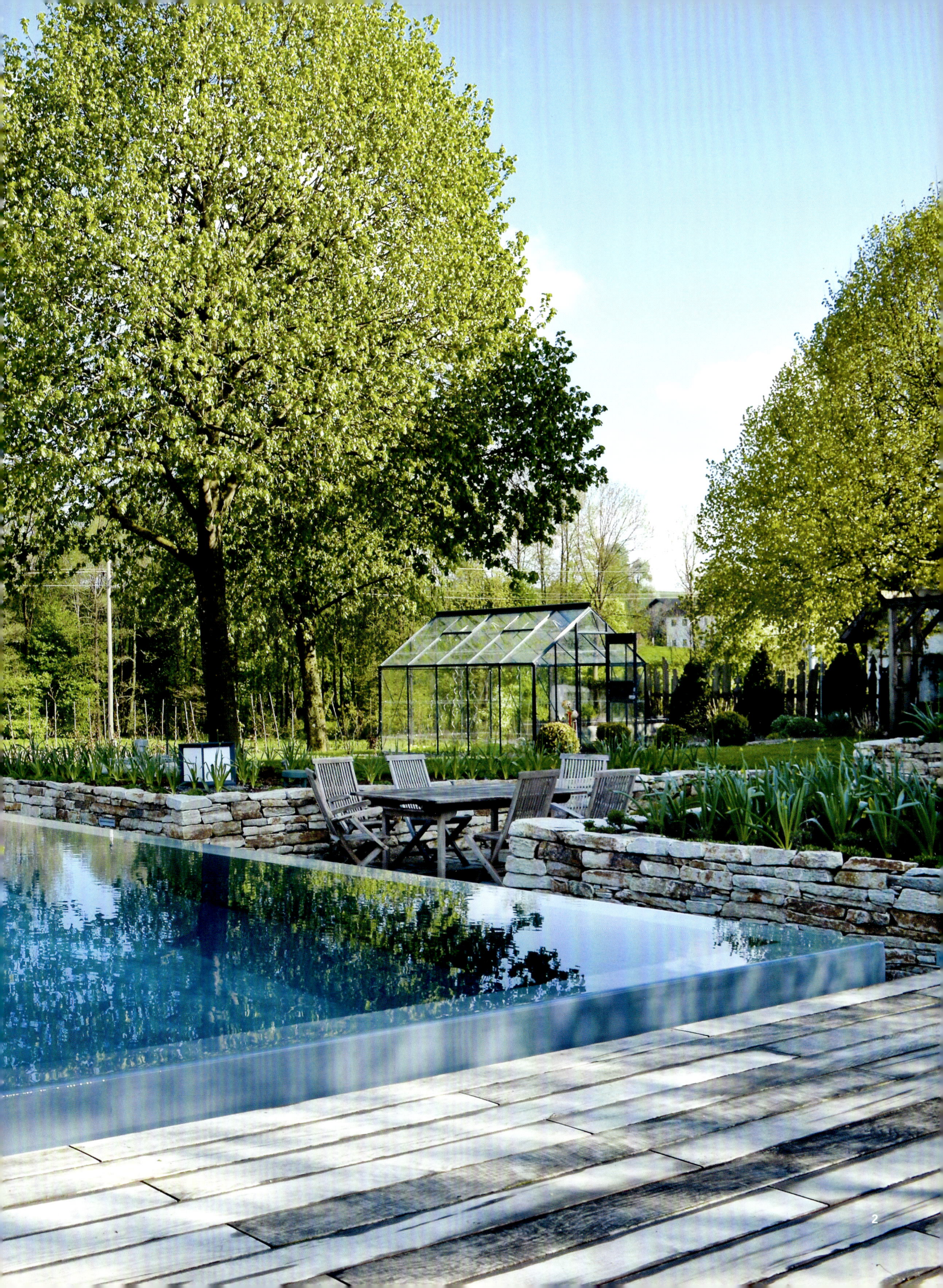
2

3 Im Zentrum des Gartens steht eindeutig der Pool – einem Monolithen gleich.

4 Von Hand geschichtete Trockenmauern rahmen den Senkgarten ein – sie bestehen aus Gneis und passen hervorragend zur Fassade des Hofs und zum Holzdeck.

GÄRTEN DES JAHRES   neuland   PROJEKTE

E

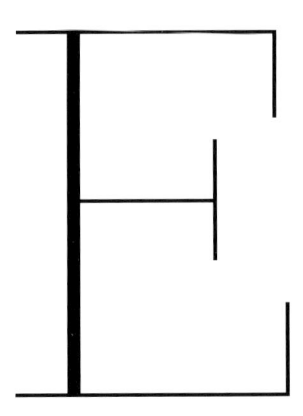

Ein oberösterreichischer Vierkanthof in Alleinlage – als Nachbarn nur die umliegenden Felder und der nahe Wald. Nichts schränkt die Sicht ein, ein Gefühl von grenzenloser Weite wird hier erlebbar. Vorüberziehende Wolken spiegeln sich auf der glatten Wasseroberfläche. „Letztens lag Nebel über dem Garten, dann kam die Sonne hervor und beleuchtete die Spiegelfläche des Wassers – das sah aus, als würde der Himmel direkt auf die Erde geholt", schwärmt Heinz Keschhaggl. Der Gartenbaumeister hat den formalen Garten mit Infinity-Pool („Unendlichkeitsbecken") gestaltet. Dafür hat es sich den Hof und dessen Interieur gründlich angesehen – hochwertig, klar und funktional –, so sollte auch der Garten werden.

76
77

„Die Spiegelfläche des Wassers holt den Himmel direkt auf die Erde."

PHILIPP KREINECKER (LI)
HEINZ KERSCHHAGGL (RE)
(TEAM NEULAND)

Der Pool mit seiner langen schmalen Spiegelfläche bildet das Zentrum des Gartens, monolithisch, geradlinig. Das Hauptbecken steht in einem niedrigeren Schwallwasserbecken komplett frei, sodass die Idee des Monolithen betont wird. „Die insgesamt 37 m lange Abrisskante musste besonders exakt ausgeführt werden, damit später ein gleichmäßiger Wasserfilm über die Beckenmauer läuft. Durch diese umlaufende Überlaufkante entsteht der Eindruck eines grenzenlosen Wasserspiegels", erklärt Heinz Kerschhaggl. Um das Design des Pools hervorzuheben, wurde ein Senkgarten angelegt, der mit Trockenmauern eingerahmt ist. Der Gneis dafür stammt aus der niederösterreichischen Weinbauregion und wurde von Hand aufgeschichtet. Mit seiner beigen Farbe und der schönen Patina ist der Naturstein die perfekte Verbindung zwischen der Fassade des Hofs, dem schiefergrauen Pool mit dem azurblauen Wasser und dem Holzdeck aus heimischer Thermokiefer.

Doch Pool und Holzdeck machen noch keinen lebendigen Garten – dafür sorgen die Blüten von Storchschnabel, Ziersalbei, Lavendel und Prachtkerze *(Gaura lindheimeri)*, dazu die flaumigen Blütenähren des Lampenputzergrases *(Pennisetum alopecuroides)*. Sie sind es, die dem Garten immer wieder ein neues Aussehen geben. Bestehende Buchskugeln wurden mit Eibenblöcken kombiniert, dazu rosa Hortensien gepflanzt. Eine trostlose Thujenhecke musste weichen und wurde von einer Buchenhecke mit dunkel glänzendem Laub ersetzt, die den edlen Charakter des Gartens betont.

Neben der Küche auf der Frühstücksterrasse befindet sich ein Kräuterhochbeet, ebenfalls aus einer Trockensteinmauer errichtet. Unter der großen Linde lädt ein Sitzplatz zum Verweilen ein, der mit antiken Granitplatten und -würfeln gepflastert wurde.

Auch in Sachen Technik ist der Garten auf der Höhe der Zeit. Das Wasser des Pools wird mit Aktivsauerstoff aufbereitet, wobei keinerlei Geruch entsteht. Zusätzlich werden alle Keime mit einer UV-Entkeimung abgetötet. Mit der Abwärme der Biogasanlage auf dem Hof und dank Wärmetauscher kann der Pool das ganze Jahr über – selbst im Winter – benutzt werden.

Frank Fritschy

Eine Hommage an Englands „Arts and Crafts"-Gärten

LAGE DES GARTENS
Viller the Garden;
Goch-Viller,
Nordrhein-Westfalen

GRÖSSE DES GARTENS
2.000 m²

PLANUNGSBÜRO
Frank Fritschy
Garten- und Landschaftsarchitektur

1

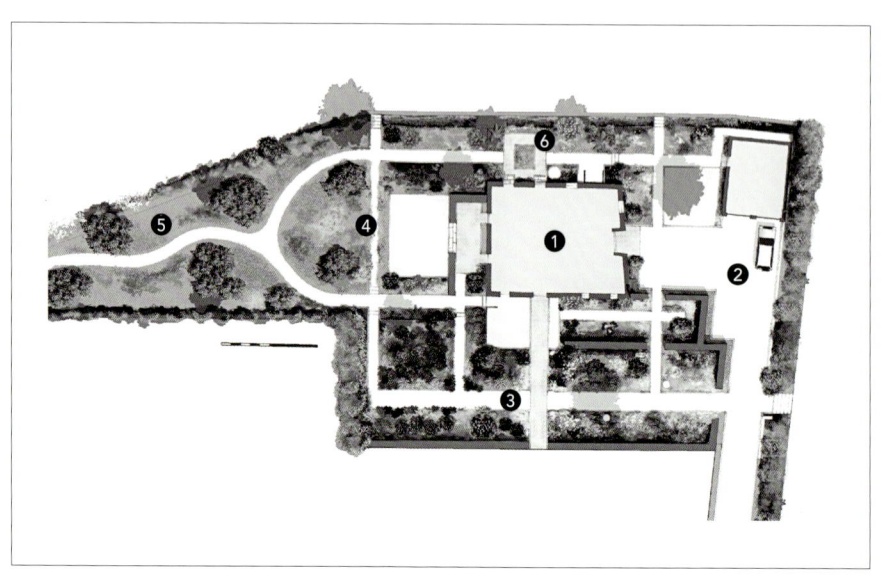

GRUNDRISS

PLAN
1 Haus
2 Zufahrt
3 Long Border
4 Thyme Path
5 American Garden
6 Tank Garden

1 Die mit der Jungfernrebe *(Parthenocissus tricuspidata)* bewachsene ehemalige Bauernkate passt perfekt zum Cottage-Garten.

2 Mildes Herbstlicht fällt auf die Beete und schnurgeraden Wege, die den Garten gliedern. Blick vom „American Garden" Richtung „Tank Garden". Im Vordergrund: eine Eiche *(Quercus robur)*.

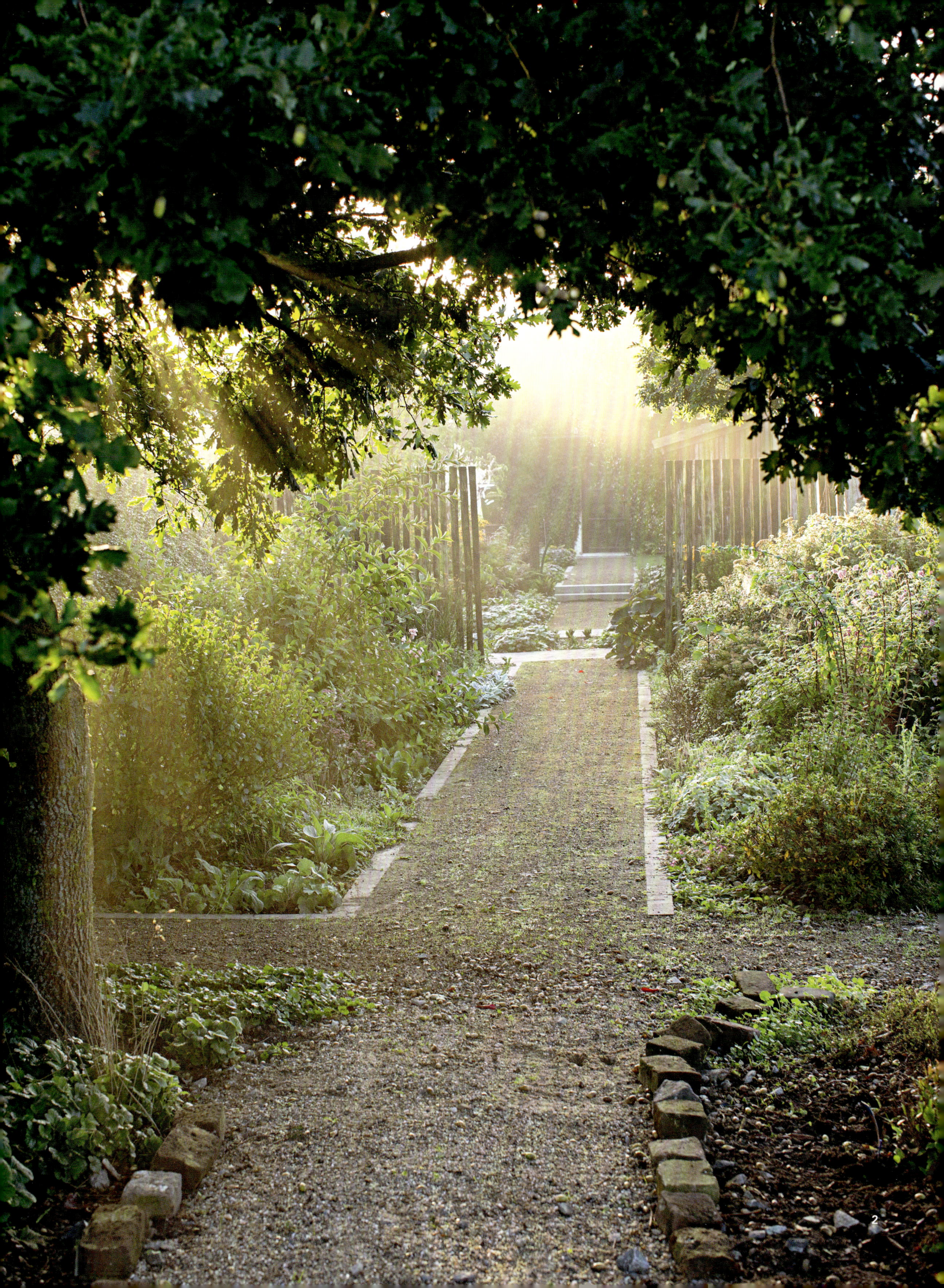
2

Verblühte Stauden können eine Zierde sein – es liegt im Auge des Betrachters, ob er den Charme der Vergänglichkeit zu schätzen weiß. Im Vordergrund das Brandkraut *(Phlomis russeliana)*, dahinter Duftnessel *(Agastache)* und Sonnenhut *(Echinacea)*.

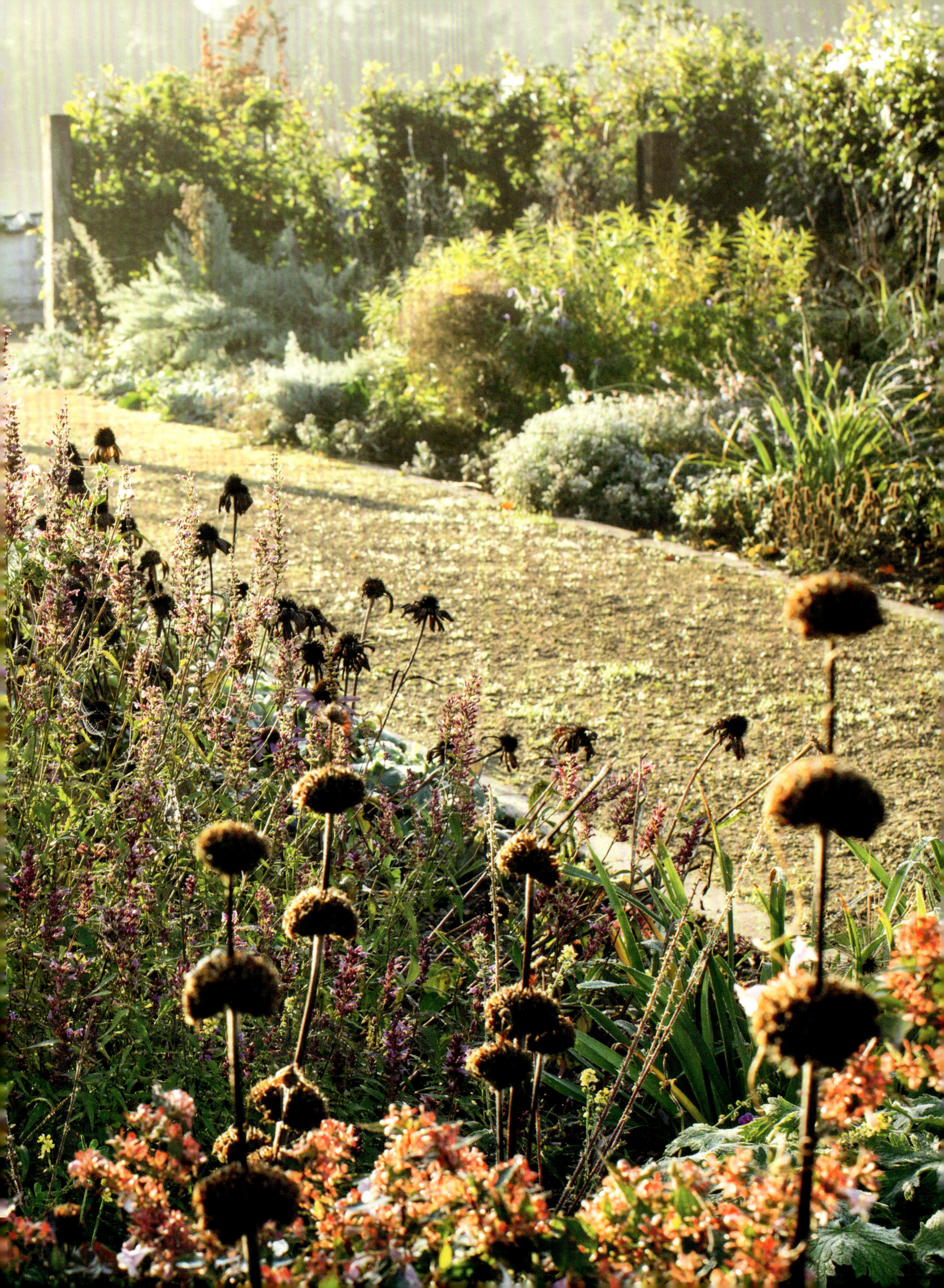

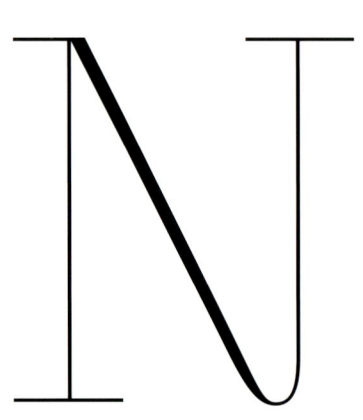

N Nahe der holländischen Grenze liegt der Garten von Landschaftsarchitekt Frank Fritschy und seiner Frau in ländlicher Umgebung. Das Haus, eine umgebaute Bauernkate, ist von Wiesen umgeben und steht wegen der Deiche etwas erhöht. Passend zum Haus hat der Holländer einen Garten im Cottage-Stil gestaltet – klare geometrische Formen, die durch üppige Bepflanzung aufgelockert werden.

Der Cottage-Garten ist eine Hommage an die „Arts and Crafts"-Gärten, an die berühmten Gartengestalter Gertrud Jekyll und Edwin Lutyens, die vor mehr als 100 Jahren die ersten Ziergärten für reiche Industrielle, und nicht mehr nur ausschließlich für den Adel, entwarfen.

Pflanzen spielen in seinem Entwurf die Hauptrolle: eine überbordende Fülle an Stauden, Sträuchern und Rosen bestimmt die Atmosphäre. Wie einst in Jekylls Garten Munstead Wood, gibt es auch hier ein „Long Border" („Lange Rabatte"), dessen Achse genau auf den Schornstein einer alten Öl- und Getreidemühle in der Nachbarschaft ausgerichtet ist. Die Farben der Stauden wurden so gewählt, dass die intensiven roten Farbtöne von Taglilie *(Hemerocallis* 'Purple Rain'), Purpurglöckchen *(Heuchera micrantha* 'Rachel') oder Indianernessel *(Monarda* 'Cambridge Scarlet') dicht beim Betrachter platziert sind – die kühlen blauen und grauen Töne der Duftnessel *(Agastache* 'Blue Fortune') oder des Ziersalbeis *(Salvia nemorosa* 'Maiandacht') dagegen den sanften Übergang in die Landschaft bilden – ein Farbverlauf, der die Perspektive verstärkt.

GÄRTEN DES JAHRES — Frank Fritschy — PROJEKTE

> „Jede Pflanze ist schön, wenn sie am richtigen Standort steht."
>
> FRANK FRITSCHY

Im „American Garden" mit seinem sauren Boden hat Frank Fritschy Heidekraut in Kombination mit Ziergräsern, Thymian und Stauden gesetzt. In der kalten Jahreszeit freut er sich vor allem über die dichten roten Blüten der Winterheide *Erica* x *darleyensis* 'Kramers Rote', die dem Wintergrau Paroli bieten. Gleichzeitig ist sein Garten auch eine Art „Laboratorium", wo er Pflanzen erprobt, auch solche, die gerade nicht „en vogue" sind. Seine Überzeugung lautet: Es gibt keine hässlichen Pflanzen, jede ist schön, wenn sie am richtigen Standort steht. Daher setzt er auch gern einmal ein Gewächs, das aus der Mode gekommen ist – wie eben das Heidekraut, das heutzutage meist nur noch als Dekoration auf der Fensterbank steht.

Größte Herausforderung war für ihn, den 2.000 m² großen Garten mit Pflanzen zu bestücken, Wege anzulegen und dabei das Budget nicht zu überziehen. Daher kommen bei ihm auch ausrangierte Materialien wie etwa Betonklinker zu neuen Ehren. Er dreht sie einfach um und verwendet sie als Randbänder für Wege.

Ein solcher Garten ist natürlich pflegeintensiv – doch das empfindet Frank Fritschy nicht als Nachteil: „Gerade der Garten fordert Zeit von uns. Aber: *special things need special efforts* – um besondere Dinge muss man sich eben bemühen", findet er. Vielleicht setzt er ja damit einen Gegentrend zum Modell des pflegeleichten Gartens, der so oft verlangt wird. Gartenarbeit macht Spaß – davon möchte er die Menschen überzeugen und sie wieder mehr in den Garten locken.

3 Früher hatte jedes Gehöft einen Hausbaum – hier ist es ein Kugel-Tulpenbaum, botanisch *Catalpa bignonioides* 'Nana'.

4 Reizvolle Ausblicke: Hier am Thyme Path wachsen tatsächlich verschiedene *Thymus*-Arten. Das Ende des Wegs markiert eine ausladende Eiche – doch die Sichtachse geht weiter in die umgebende Landschaft.

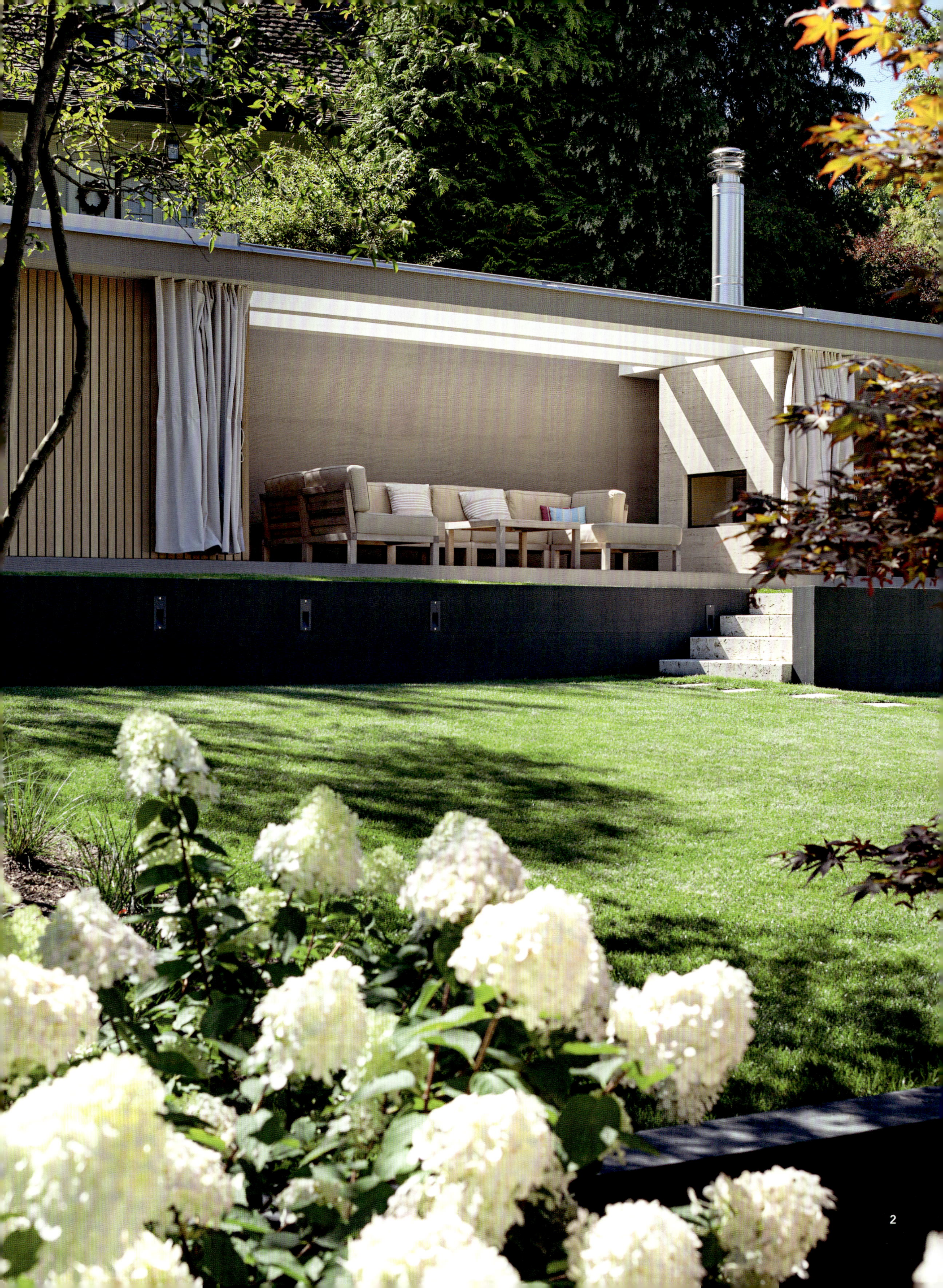

2

GÄRTEN DES JAHRES — Abrahamse — PROJEKTE

Vorhang auf für einen Villengarten

LAGE DES GARTENS
Villengarten; Riehen, Schweiz

GRÖSSE DES GARTENS
850 m²

PLANUNGSBÜRO
Martin P. Abrahamse Landschaftsarchitekt

1

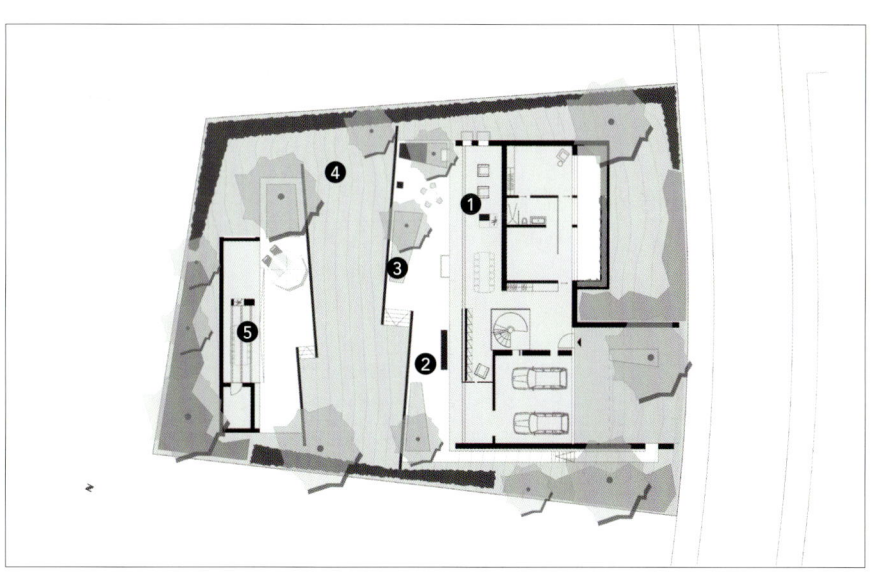

GRUNDRISS

PLAN
1 Wohnhaus
2 Terrasse – Kiesfläche
3 Kräuter
4 Rasen
5 Gartenhalle

1 Die großzügigen Rasenflächen in sanfter Hanglage sind mit schwarz gestrichenen Stützmauern terrassiert.

2 Wie auf einer Bühne: Von der Gartenhalle sieht man im Sommer auf große Gruppen blühender Hortensien *(Hydrangea paniculata* 'Limelight') hinab.

GÄRTEN DES JAHRES Abrahamse PROJEKTE

3 Auf der großzügigen Holzterrasse sind die rotblättrigen Fächer-Ahorne (Acer palmatum 'Fireglow') der Blickfang, unterpflanzt mit Lavendel, Fetthenne und Japanischem Blutgras (Imperata cylindrica).

4 Zur strengen Architektur des Hauses passt die in Bonsai-Form geschnittene Hainbuche (Carpinus betulus) am Hauseingang.

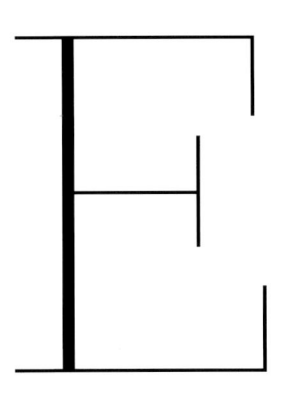

Ein Villenviertel in Basel – hier stehen historische Bauten, aber auch sehr moderne Häuser wie dieses, zu dem Landschaftsarchitekt Martin Abrahamse einen Wohngarten konzipiert hat. Zwei Aspekte prägten seinen Entwurf: die architektonische Aussage des großen Hauses mit Flachdach und kubischer Form und die Hanglage des Grundstücks. Der Außenbereich sollte dieser Architektur ebenfalls entsprechen.

„Bei der Wahl der Pflanzen haben wir darauf geachtet, dass das ganze Jahr über attraktive Gartenbilder entstehen."

MARTIN ABRAHAMSE

Der Garten liegt auf einem sanften Hang zwischen Wohnhaus im unteren und Gartenhalle im oberen Bereich des Grundstücks. Hanglage und Position des Wohnhauses geben die Gliederung weitgehend vor. Um den Höhenunterschied zu überwinden, wurde der Hang mit Stützmauern aus schwarz gestrichenem Beton in drei Ebenen unterteilt. Die einzelnen Mauerabschnitte sind bewusst von den Gebäuden leicht abgedreht, damit mehr Spannung entsteht.

Im oberen Bereich des Grundstücks befindet sich die große Gartenhalle mit Lounge- und Essbereich, die die Architektur des Wohnhauses aufgreift. Wie auf einer Bühne sieht man von hier in den Garten hinab – Vorhang inbegriffen. Es gibt sogar einen Kamin, sodass man auch kältere Abende darin gemütlich verbringen kann. Die Zwischenebene bildet eine Rasenfläche, die dem Grundstück Großzügigkeit und Geräumigkeit verleiht. Die untere Gartenebene ist dem Wohnbereich vorgelagert. Nach Süden ausgerichtet, bietet die Holzterrasse viel Platz zum Entspannen. Von dort führen Treppen, seitlich am Haus entlang, hinunter in den klaren, schlicht gestalteten Vorgarten.

Mit der Bepflanzung ist Landschaftsarchitekt Martin Abrahamse besonders zufrieden. Die Eigentümer, viel beschäftigt und häufig unterwegs, wünschten sich einen pflegeleichten Garten, der zu jeder Jahreszeit gepflegt und attraktiv aussieht. Für Gartenarbeit bleibt wenig Zeit, man will die knappe Freizeit lieber genießen. Also wurden die Pflanzen so ausgesucht, dass das ganze Jahr über attraktive Gartenbilder mit blühenden Pflanzen oder herbstlicher Färbung entstehen. Großflächige Pflanzungen mit Federborstengras (Pennisetum) verbinden die einzelnen Gartenebenen miteinander. Im Sommer sind die Gruppen blühender Rispen-Hortensien (Hydrangea paniculata 'Limelight') die absoluten Hingucker. Im Herbst schlüpft dann das Chinaschilf (Miscanthus chinensis 'Malepartus') in die Rolle des Stars. Gräserbänder aus Seggen (Carex morowii) rahmen die Pflanzflächen ein. An der Terrasse sorgen zu Würfeln geschnittene Eiben für Struktur und rotblättrige Japanische Ahorne (Acer palmatum 'Fireglow') für Farbe, die dabei kräftig von Lavendel (Lavandula angustifolia), Hoher Fetthenne (Sedum 'Herbstfreude') und Japanischem Blutgras (Imperata cylindrica) unterstützt werden. Auch in den seitlichen Gartenbereichen wogen Gräser, dazwischen leuchten die grazilen Anemonen (Anemone japonica Hybr. 'Honorine Jobert') und die rosaroten schlanken Ähren des Kerzen-Knöterichs (Persicaria amplexicaulis 'Speciosa') auf. Die Atmosphäre des Gartens wird aber auch von den Nachbargrundstücken mit ihren großen alten Bäumen bestimmt. Im schattigen Vorgarten setzt eine Hainbuche (Carpinus betulus), als Gartenbonsai geschnitten, einen Akzent am Hauseingang.

3
4

GÄRTEN DES JAHRES Mann Landschaftsarchitektur PROJEKTE

Im Gartenlabyrinth

LAGE DES GARTENS
Gartenlabyrinth;
Erfurt, Thüringen

GRÖSSE DES GARTENS
1.450 m²

PLANUNGSBÜRO
Mann Landschafts-
architektur

1

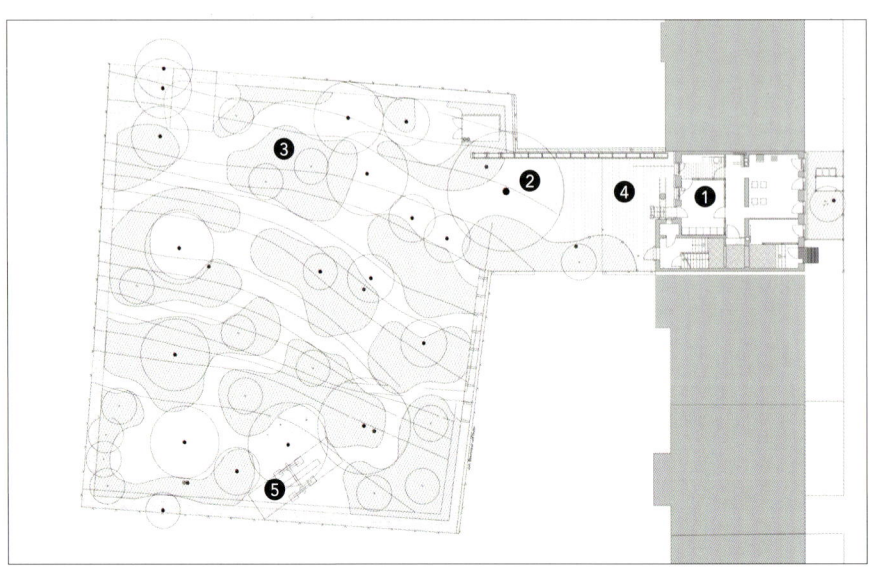

GRUNDRISS

PLAN
1 Wohnhaus
2 Obstbäume
3 Liguster
4 Terrasse
5 Sichtschutz Metallregal
   für Kaminholz

1 Ein Gefühl wie Alice im Wunder-
  land – schaukeln in der Welt des
  geheimnisvollen Labyrinths.

2 Etwa 7.000 Liguster bilden
  1-2 m hohe Pflanzenkörper.
  Dank starker Topografie wird
  ein Spaziergang durch den
  Garten zum räumlichen Erlebnis.

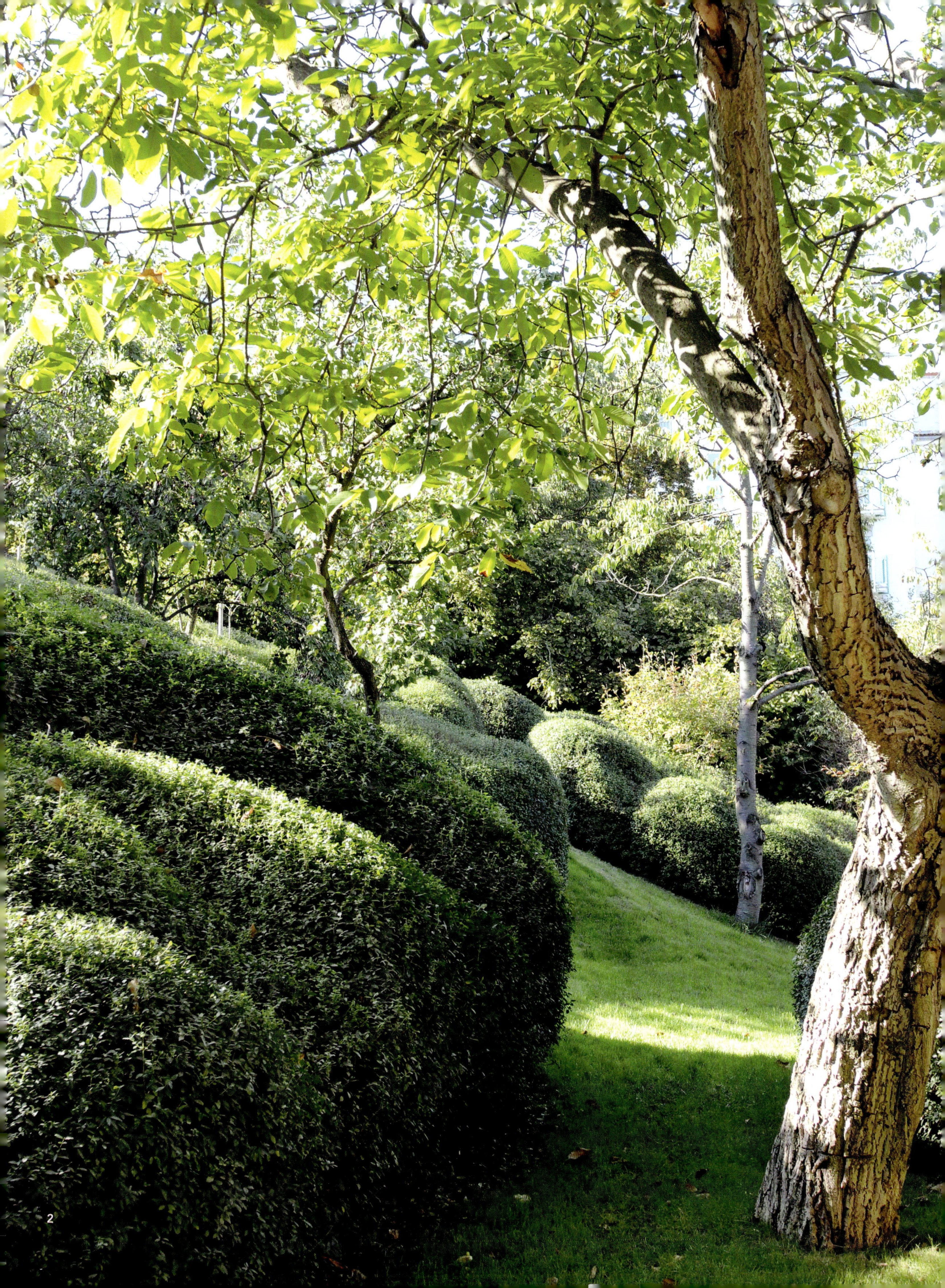

Mann Landschaftsarchitektur

Mitten in der Stadt Erfurt innerhalb einer Blockrandbebauung aus der Gründerzeit liegt ein poetischer Ort mit einer ruhigen, meditativen, ja fast klösterlichen Atmosphäre. Jeder Gang durch diesen etwa 1.400 m² großen Garten ist ein räumliches Erlebnis, betrifft einen physisch. Man geht auf verschlungenen Wegen an wogenden Hecken entlang, sieht, wie der Raum sich verengt und wieder erweitert. Man verschwindet hinter Liguster, um dann an anderer Stelle plötzlich wieder aufzutauchen. Ein immergrünes Labyrinth inmitten der Stadt – voller Spannung und Raffinesse.

> „Man kann beim Schneiden des Ligusters keine Fehler machen. Er verzeiht auch einen tiefen Schnitt ins alte Holz."
>
> TOBIAS MANN

Vor der Umgestaltung war das Grundstück verwildert und kaum nutzbar, es existierten lediglich einzelne Apfel- und Aprikosenbäume und eine große Birne, die erhalten blieben. Der große Garten hatte jedoch keinerlei Verknüpfung zum Haus. Daher galt es, eine starke Beziehung zwischen dem schmalen 4-stöckigen Stadthaus und dem großen Garten dahinter herzustellen. Landschaftsarchitekt Tobias Mann hat für diesen besonderen Stadtgarten insgesamt fünf verschiedene Konzepte ausgearbeitet – entschieden hat sich die Familie mit drei Kindern für ein ausgefallenes Konzept: das Labyrinth, klassisches Element der Gartenarchitektur, wird verfremdet und steht im Dialog mit den Obstbäumen. Bei einem Labyrinth führt nur ein einziger Weg ans Ziel, ohne sich zu verzweigen. Ein Labyrinth umgibt immer etwas Geheimnisvolles – Ursprung und Bedeutung sind tatsächlich bis heute nicht geklärt.

In diesem Garten bilden etwa 7.000 Liguster *(Ligustrum vulgare* 'Atrovirens') zahlreiche 1-2 m Meter hohe Pflanzenkörper. Die Zwischenräume aus Rasen dienen als Wege und Gartenplätze. Wegen der starken Topografie des Grundstücks mit einem Höhenunterschied von bis zu 6 m sind die Wege unterschiedlich geneigt. So wird die Bewegung im Garten zu einem räumlichen Erlebnis. Die Heckenkörper wirken skulptural und gehen spielerisch mit der vorhandenen Topografie um.

Jedes Jahr wird der Liguster organisch in Wellenform geschnitten. Das ist für die Gartenbesitzer keine Last. Im Gegenteil: sie empfinden Gartenarbeit und Pflege als Erholung, als Auszeit, in der sie sich ganz auf den Schnitt konzentrieren. Da die Hecken unterschiedlich hoch sind, muss er auch nicht so präzise ausgeführt werden wie etwa bei einem Barockgarten. „Das machen sie seit Jahren, und der Garten wird immer besser. Man kann dabei keine Fehler machen, denn der Liguster verzeiht auch einen tiefen Schnitt ins alte Holz und treibt wieder aus", sagt Landschaftsarchitekt Mann. Besonders liebt die Familie den Blick aus dem großen Fenster des Wohnzimmers im 2. Obergeschoss ihres Gründerzeithauses: hier wird der Garten zum Bild einer Stadt-Oase, eines immergrünen Labyrinths mitten in Erfurt.

3 Ein abgeschiedener Ort – und trotzdem mitten in der Landeshauptstadt Thüringens.

4 Eingebettet in das grüne Liguster-Labyrinth sorgen blühende Obstbäume für Frühlingsgefühle.

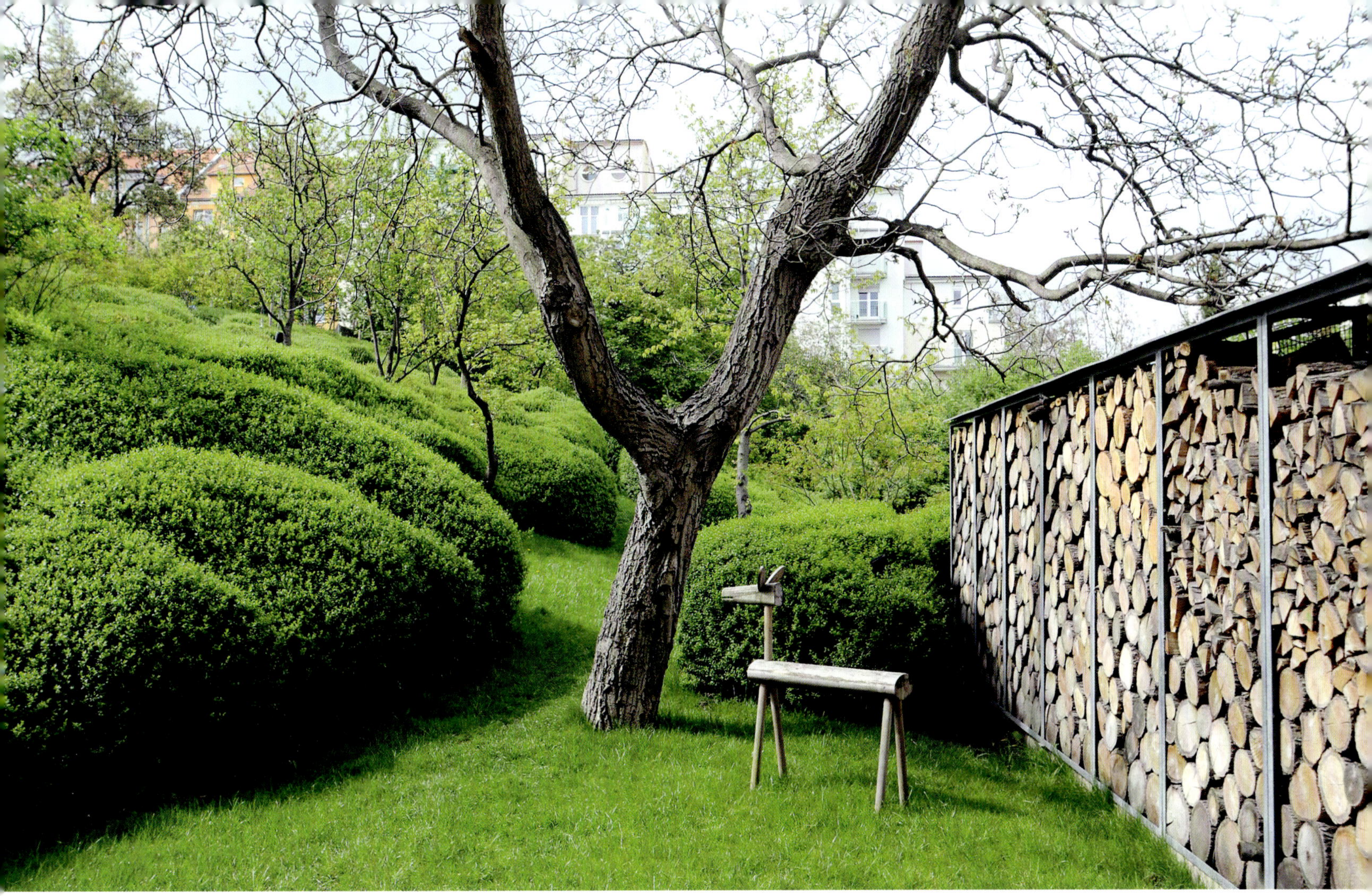

3
4

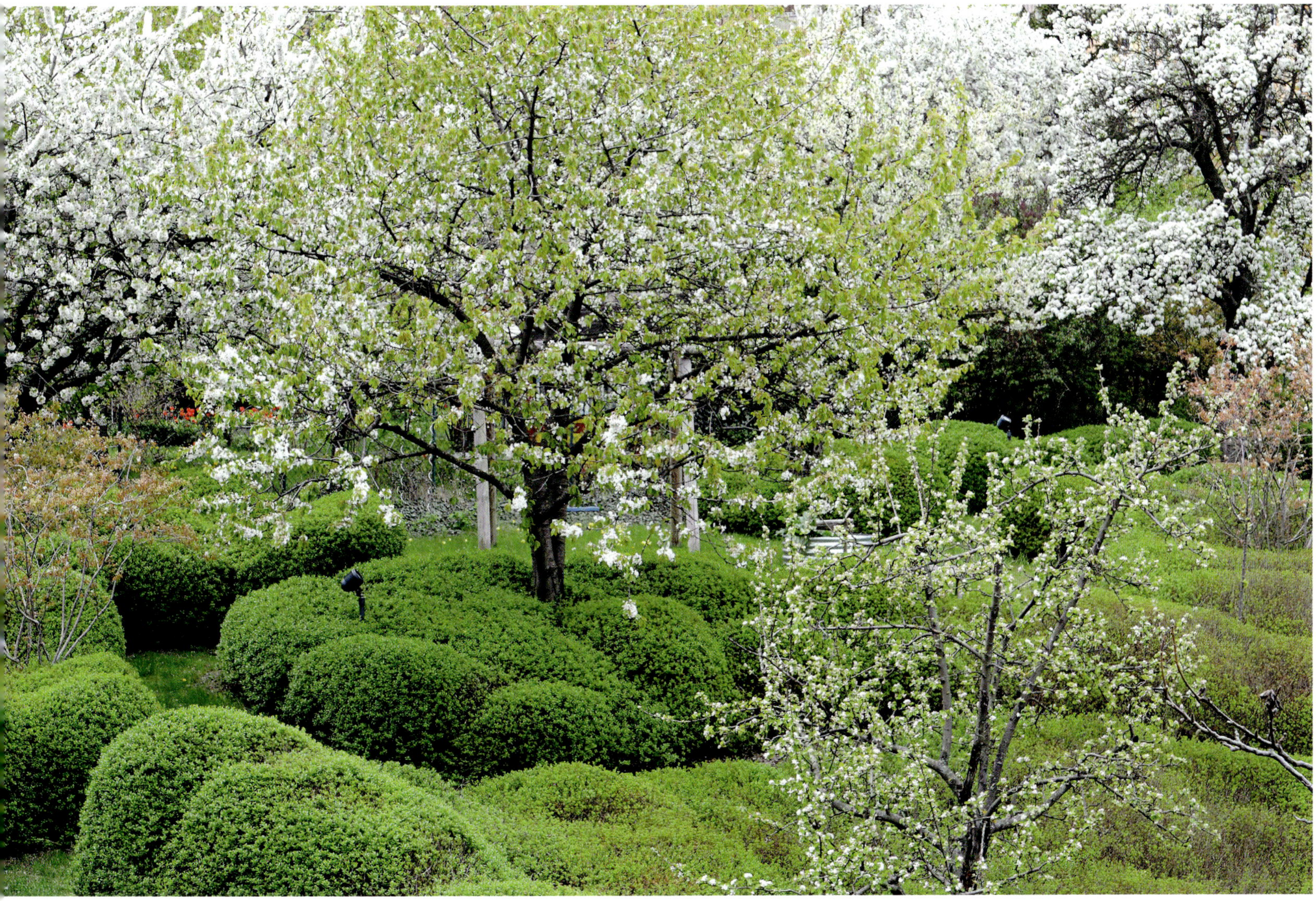

Schattenspiele im Altstadt-Höfchen

LAGE DES GARTENS
Altstadt-Höfchen, Eltville, Hessen

GRÖSSE DAS GARTENS
75 m²

PLANUNGSBÜRO
Scholtissek Landschaftsarchitektur

1

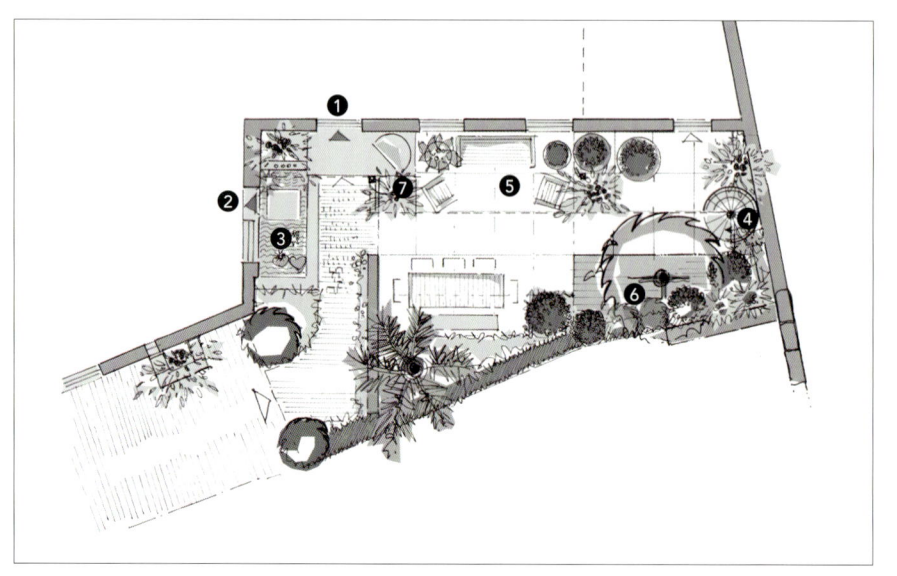

PLAN
1 Eingang Wohnhaus
2 Büroeingang
3 Wasserbecken
4 Spindeltreppe
5 Balkon
6 Holzdeck
7 Bambus

GRUNDRISS

1 Ist dieser Balkon nicht wie eine Einladung zur absoluten Entspannung? Der allgegenwärtige Bambus bietet dazu Sichtschutz.

2 Im Holzbelag auf dem Balkon wurden bewusst Lücken ausgespart, damit der Bambus von unten nach oben durchwachsen kann.

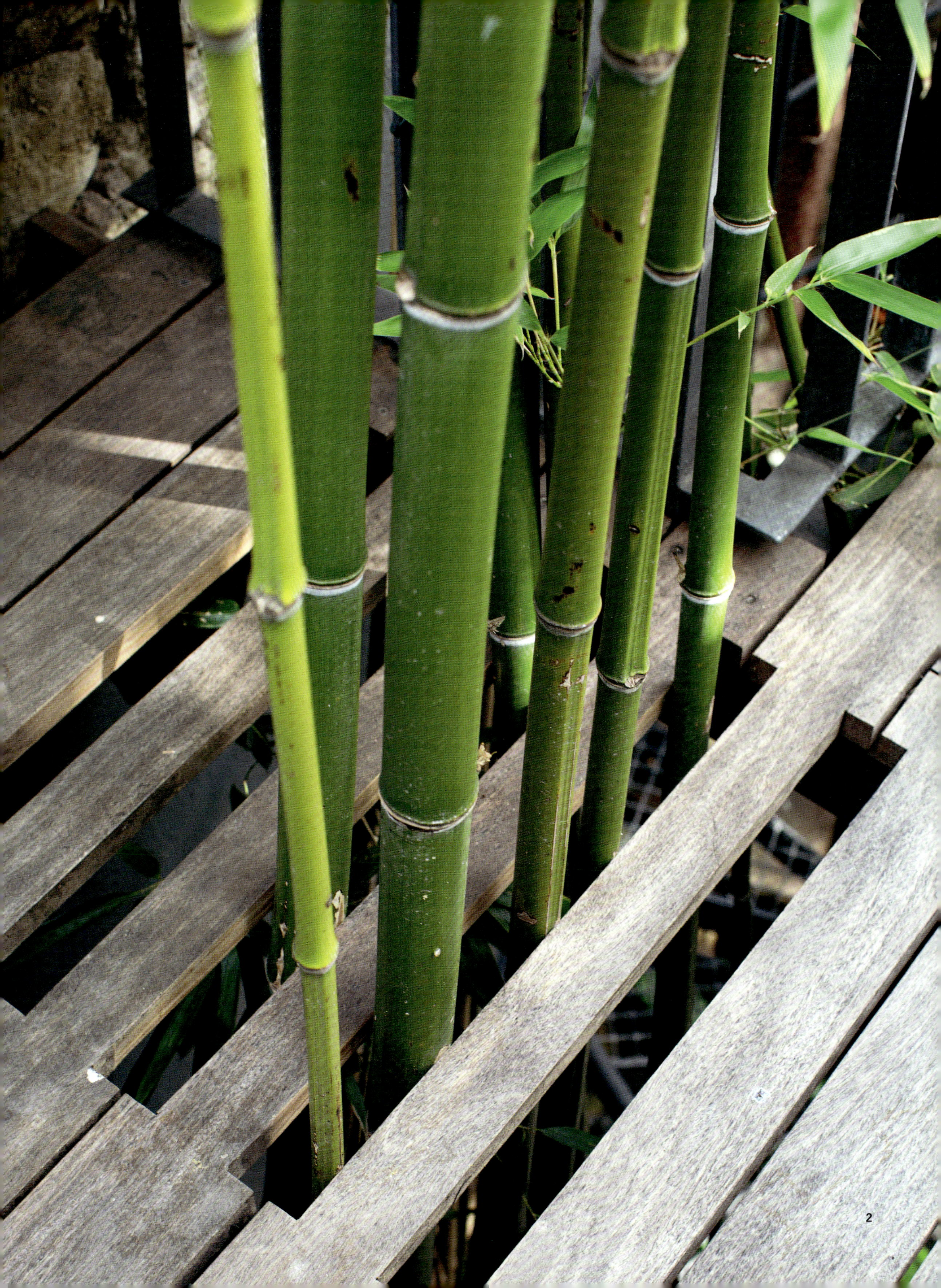
2

Platz ist im kleinsten Altstadt-Höfchen – selbst für diesen Walnussbaum, der in ein Holzdeck gebettet wurde.

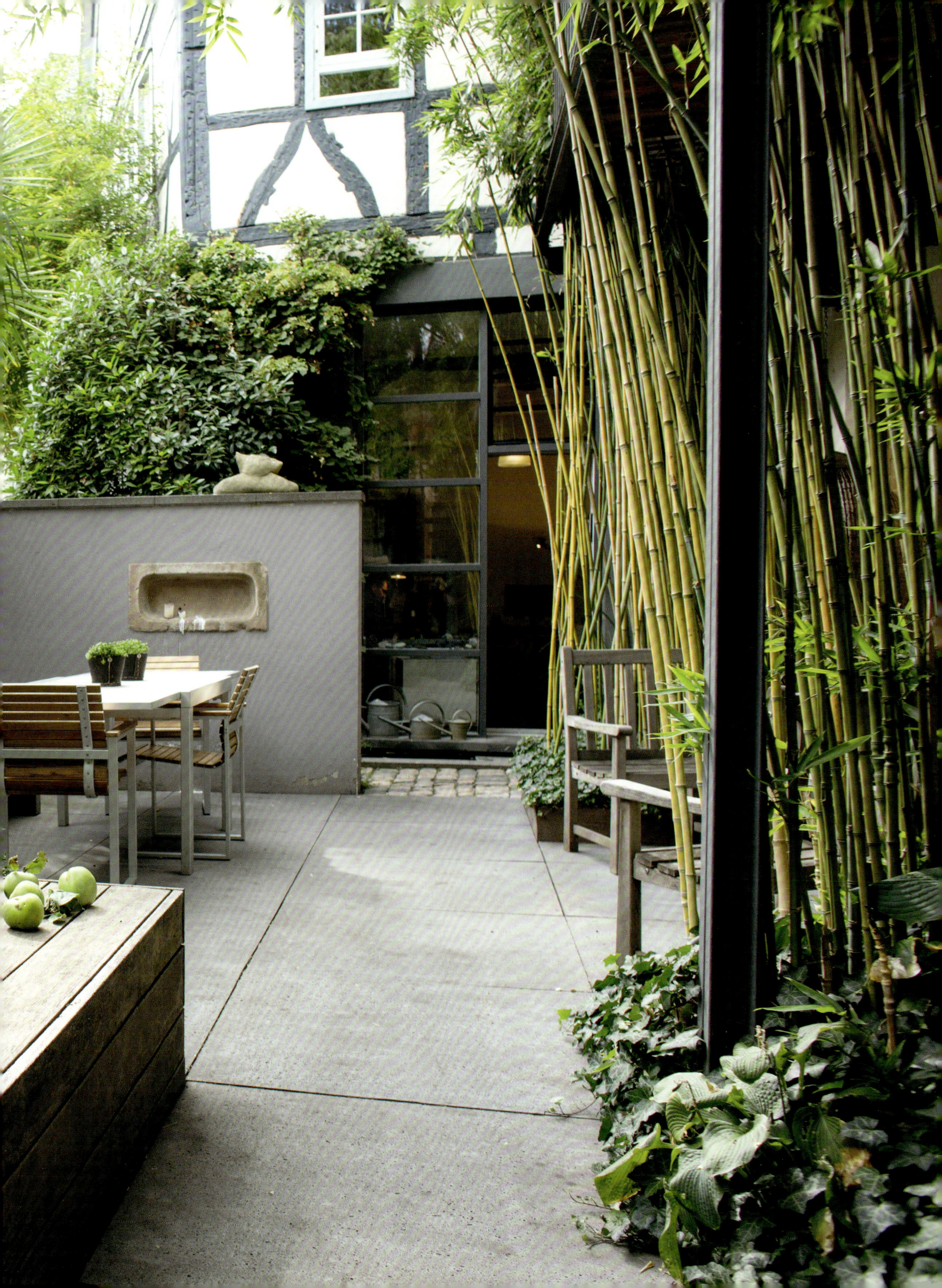

GÄRTEN DES JAHRES · Scholtissek · PROJEKTE

"Durch die vertikale Dimension des Bambus gewinnt der Hof an Weite".

MANON UND ANDREAS SCHOLTISSEK

96
97

Zu dem Fachwerkhaus, in dem die Landschaftsarchitekten auch ihr Büro haben, gehört ein kleiner Hof mit gerade einmal 75 m², dazu kommen 20 m² Terrasse und 15 m² Balkon. Über eine Spindeltreppe aus Stahl gelangt man vom unteren Hofbereich zur Terrasse und dem Balkon im Obergeschoss. Dank Südausrichtung gibt es hier bis zum Abend Sonne. Eine Hecke schützt die kleine Altstadt-Oase, ohne dabei die für den besonderen Flair so wichtigen Ausblicke auf die Altstadt zu verstellen. Doch bei allen Vorzügen dieser zentralen Lage bleibt die Enge, die für mittelalterliche Städte so typisch ist. Daher ging es den beiden Landschaftsarchitekten darum, eine größtmögliche nutzbare Fläche zu schaffen, mit klarer Gestaltung und einer Liebe zum Detail. Natürlich sollten Veränderungen die besondere Altstadtsituation berücksichtigen und vorhandene Blickbeziehungen bewahren. Und schließlich galt es auch, sich mit der Denkmalpflege abzustimmen.

Bestimmendes Gestaltungselement des Hofs sind die vier klar begrenzten, bis zu 10 m hohen Bambus-Haine mit ihrer vertikalen Form. Sie sorgen für Sichtschutz auf allen Ebenen, dem 1. OG, dem Balkon und der Terrasse. Beim Holzbelag auf dem Balkon wurden bewusst Lücken gelassen, damit die Bambus-Halme durchwachsen können. Der Bambus – es sind insgesamt vier verschiedene Sorten – ist jetzt das Bindeglied zwischen dem Hof und dem Obergeschoss. „Durch die vertikale Dimension gewinnt der Hof an Weite. Es spielt sich nicht alles auf dem Boden ab", erklärt Landschaftsarchitektin Scholtissek. Der Bambus bestimmt die Atmosphäre des Altstadt-Höfchens: Sein Rascheln ist zu hören, wenn ein leichter Windhauch die Halme bewegt; seine Schatten tanzen über den Boden, wenn das Licht auf die Halme fällt.

Um eine gewisse Großzügigkeit und Ruhe zu erreichen, wurden im Hofbereich großformatige 1 x 1 m² Betonplatten verlegt; das historische Natursteinpflaster kam dafür in den Eingangsbereich. Parallel zum gepflasterten Weg wurde ein Wasserbecken aus Corten-Stahl mit Wasserspeier platziert, in dem sich – wie kann es anders sein – die Bambus-Halme spiegeln. Der Walnussbaum, der schon vor der Umgestaltung im Hof stand, bekam ein 4,5 m langes Holzdeck, das den Blick auf die Altstadtmauer lenkt. Mit ihrer ungewöhnlichen Gestaltungsidee ist es den beiden Landschaftsarchitekten gelungen, auf kleinem Raum viel Atmosphäre zu schaffen und dabei die Altstadt-Ausblicke sogar noch zu unterstreichen.

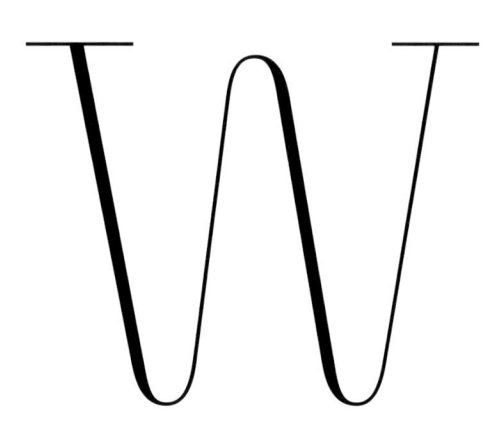

W

„Wir lieben nicht nur Gärten, sondern auch schöne gewachsene Freiräume. Es war also kein Widerspruch, ein Haus mit Höfchen in einer Altstadt in Blicknähe zu Rheinuferpromenade, Kirchturm und Burghof einem Neubaugebiet vorzuziehen", sagt Manon Scholtissek. Zusammen mit ihrem Mann Andreas, ebenfalls Landschaftsarchitekt, ist die gebürtige Luxemburgerin in die pittoreske Altstadt von Eltville (älteste Stadt im Rheingau) mit ihren Fachwerkhäusern und schmalen Gässchen gezogen.

3 Fließende Übergänge zwischen drinnen und draußen schaffen Großzügigkeit. Besonders wichtig: die Blickbeziehungen zur umgebenden Altstadt.

4 Selbst für ein kleines Wasserbecken aus Basaltlava ist im Altstadt-Höfchen noch Platz.

5 Verbindend: eine steile Spindeltreppe aus Stahl führt vom unteren Hof zum Balkon und der Terrasse im 1. Stock.

GÄRTEN DES JAHRES   KLAK   PROJEKTE

Nachdenken über Materialität

LAGE DES GARTENS
Hanggarten; Falkenberg, Bayern

GRÖSSE DES GARTENS
650 m²

PLANUNGSBÜRO
KLAK Gartenmanufaktur Landschaftsarchitektur

1

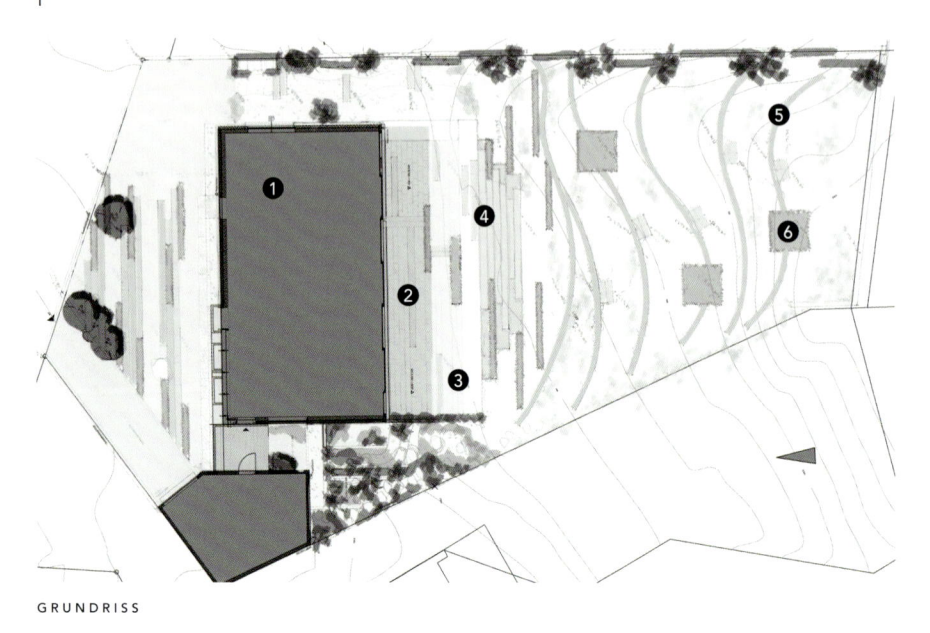

GRUNDRISS

PLAN
1 Wohnhaus
2 Terrasse
3 Wasserbecken
4 Treppenanlage
5 Stampfbeton-Bogen
6 Pflanzquader

1 Stufen aus Muschelkalkblöcken, deren Oberfläche die rohe Kruste zeigen, führen zur Terrasse mit Wasserbecken.

2 Zu jeder Jahreszeit wechseln die pflanzlichen Begleiter der Kalktreppe – hier Zierlauch, Schnittlauch und Lavendel.

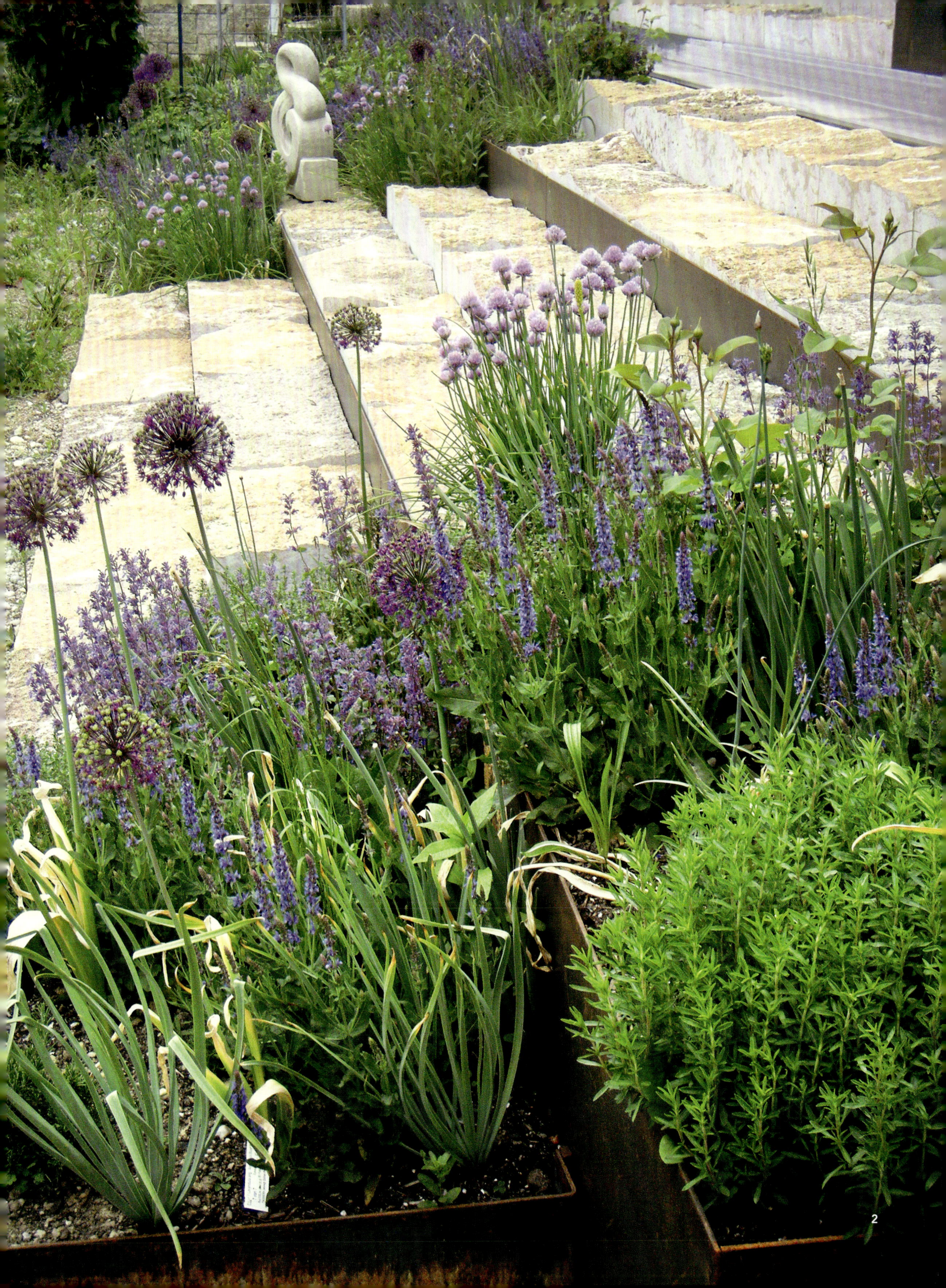

2

GÄRTEN DES JAHRES — KLAK — PROJEKTE

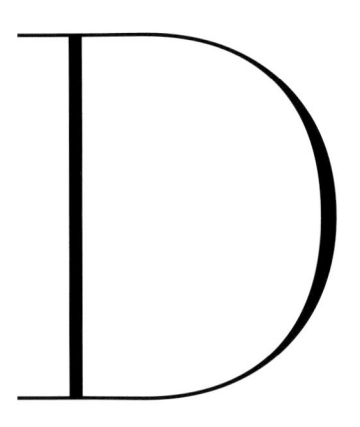

D

Das Haus mit Hanggarten liegt idyllisch in einer kleinen Ortschaft im hügeligen bayerischen Voralpenland. Das Gebäude selbst ist ein moderner Baukörper mit sich nach Süden öffnender großzügiger Glasfassade, ökologischer Energieversorgung und -gewinnung. Die Südseite bietet das komplette Alpenpanorama; auf dieser Seite befindet sich auch der Garten.

„Wir versuchen bewusst mit Material umzugehen. Darauf wird noch viel zu wenig geachtet."

ANDRÉ HELLBERG

Wichtig war Landschaftsarchitekt André Hellberg die Auseinandersetzung mit dem Kontrast zwischen der klaren, formalen Gebäudestruktur und der weichen hügeligen Landschaft. In Hausnähe orientiert sich der Garten daher an dessen Formalität. Bei der Terrassierung des unteren Gartenbereichs wurde jedoch mit weicheren Formen gearbeitet: mit Stampfbeton-Mauern und -Stufen, die die sanften Hügel der Landschaft mit ihren halbrunden Bögen nachahmen und in den Garten hineinholen. „Stampfbeton verbindet sich besonders gut mit der Weichheit der Landschaft, da er sich beliebig formen lässt", sagt André Hellberg. Vom Farbton sind die Mauern leicht erdig und dürfen Patina ansetzen. Um den Stampfeffekt besser herauszuarbeiten, wurde der Beton mit verschiedenen Körnungen direkt im Garten gemischt. Kübel aus rohem Stahl mit Rutenhirse *(Panicum virgatum* 'Dallas Blues') durchdringen die weichen Terrassen. Eine extensive Wiese im unteren Terrassenbereich unterstützt den landschaftlichen Charakter. Dafür wurde eigens autochthones Saatgut aus der Gegend besorgt. „Eine Wiese erfordert natürlich viel Geduld, sie hat ihr Optimum erst nach mehreren Jahren erreicht. Das ist für viele Gartenbesitzer schwer auszuhalten", weiß Hellberg aus Erfahrung.

In Hausnähe ergänzen saftig grüne Gräser die Bänder der Stufenanlagen. Besonders begeistert ist Hellberg vom Tautropfen-Gras *(Sporobolus heterolepis)*, ein graziles Präriegras mit horstigem Wuchs. Es eignet sich für sonnige Standorte und hat eine Besonderheit zu bieten: die jungen Blütenrispen duften nach Honig. Und noch ein weiteres Plus: die feinen, grünen Blätter färben sich im Herbst leuchtend ockergelb.

Ein großes Thema ist für den Landschaftsarchitekten die Nachhaltigkeit der Materialien, die er im Garten verwendet. "Wir versuchen bewusst mit Material umzugehen. Darauf wird noch viel zu wenig geachtet, sei es beim Holz, beim Stahl oder bei den Natursteinen. Das muss man den Gartenbesitzern aber auch vermitteln", sagt Hellberg. Er verwendet beispielsweise nur einheimische Natursteine – in diesem Fall Muschelkalk aus Kirchheim bei Würzburg, der auch gern einmal roh sein darf. Die Stufen im gesamten Gebäudeumfeld bestehen aus Muschelkalkblöcken, deren Oberseite die rohe Kruste zeigen. Mit gleichem Material wurden auch die Höhenunterschiede im Vorgarten bewältigt.

Es geht also auch ohne Natursteine aus Indien und China oder den ewig haltbaren Corten-Stahl, wenn man kreativ im Garten arbeiten will – doch dafür muss man natürlich auch auf die entsprechend offenen und für das Thema sensibilisierten Gartenbesitzer treffen!

3 Der Hang wurde mit Stampfbeton in halbrunden Bögen terrassiert, die die Weichheit der hügeligen Landschaft nachahmen.

4 Kühlung gefällig? An heißen Tagen ist der Platz am Wasserbecken auf der Terrasse genau der richtige.

5 Wie eine Verlängerung der Treppe wirken die mit Stahl eingefassten kleinen Beete.

GÄRTEN DES JAHRES — Inspired by nature — PROJEKTE

Wechselspiel der Formen

LAGE DES GARTENS
Hausgarten;
Icking, Bayern

GRÖSSE DES GARTENS
700 m²

PLANUNGSBÜRO
Inspired
by nature

1

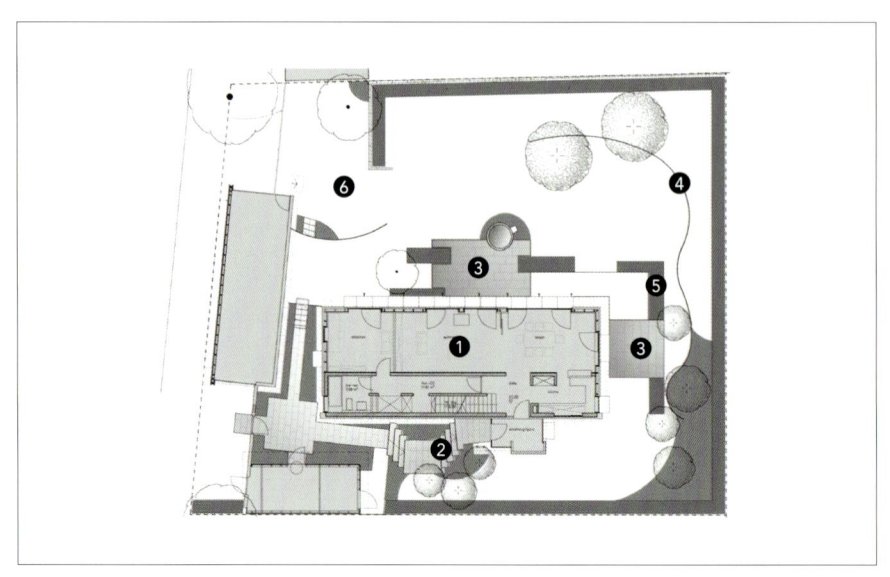

GRUNDRISS

PLAN
1 Wohnhaus
2 Treppenanlage Eingang
3 Terrasse
4 Corten-Stahl-Bögen
5 Heckenblock
6 Rasen

1 Die Treppenstufen zum Eingang sind versetzt in den Raum gebaut und sorgen so für Struktur.

2 Ruhiger Rückzugsraum – formale Hecken schützen vor neugierigen Blicken und lassen ein Gefühl der Geborgenheit entstehen.

3 Die Strenge der Architektur und formalen Gehölze wird durch die mäandrierenden Rundungen der Corten-Stahl-Einfassungen gemildert.

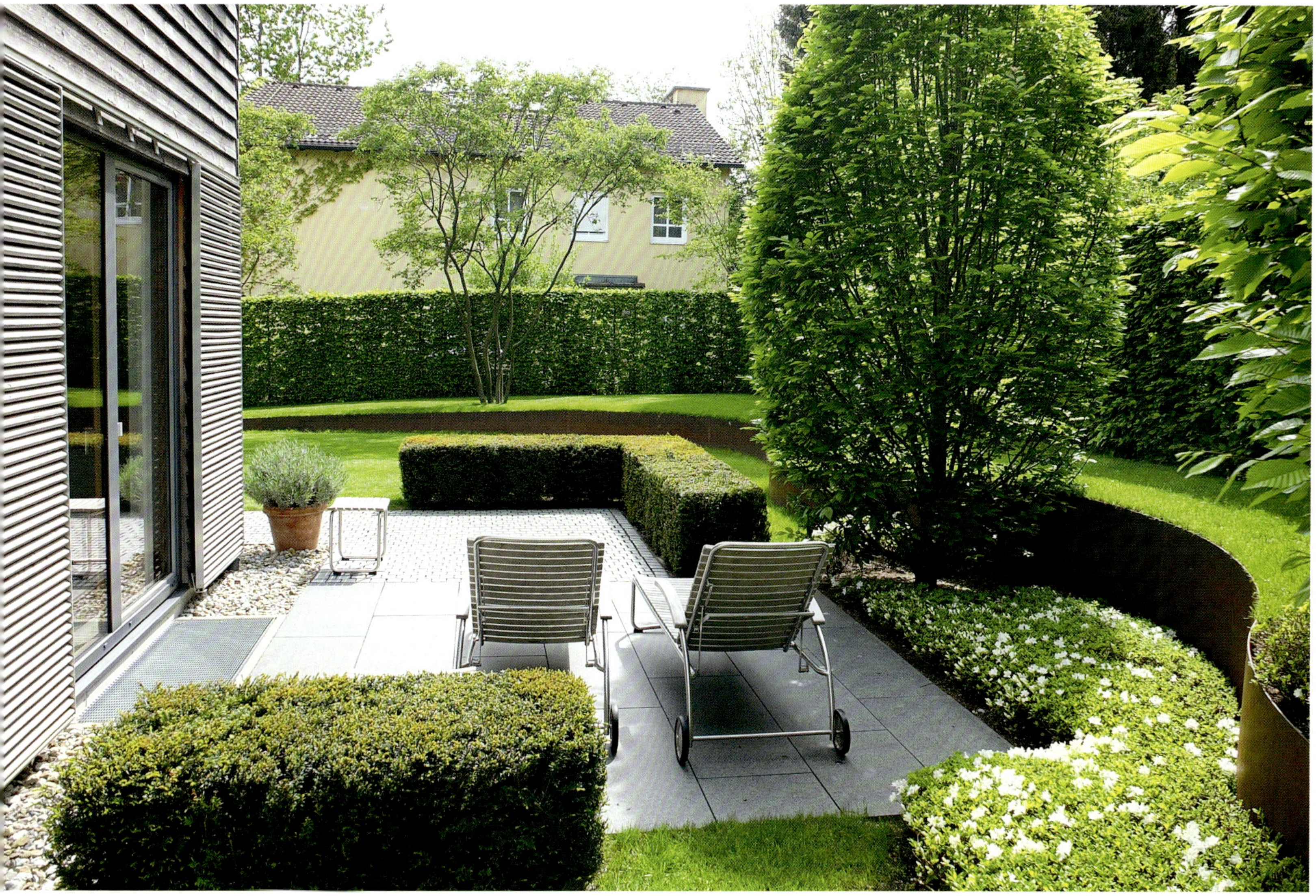

2

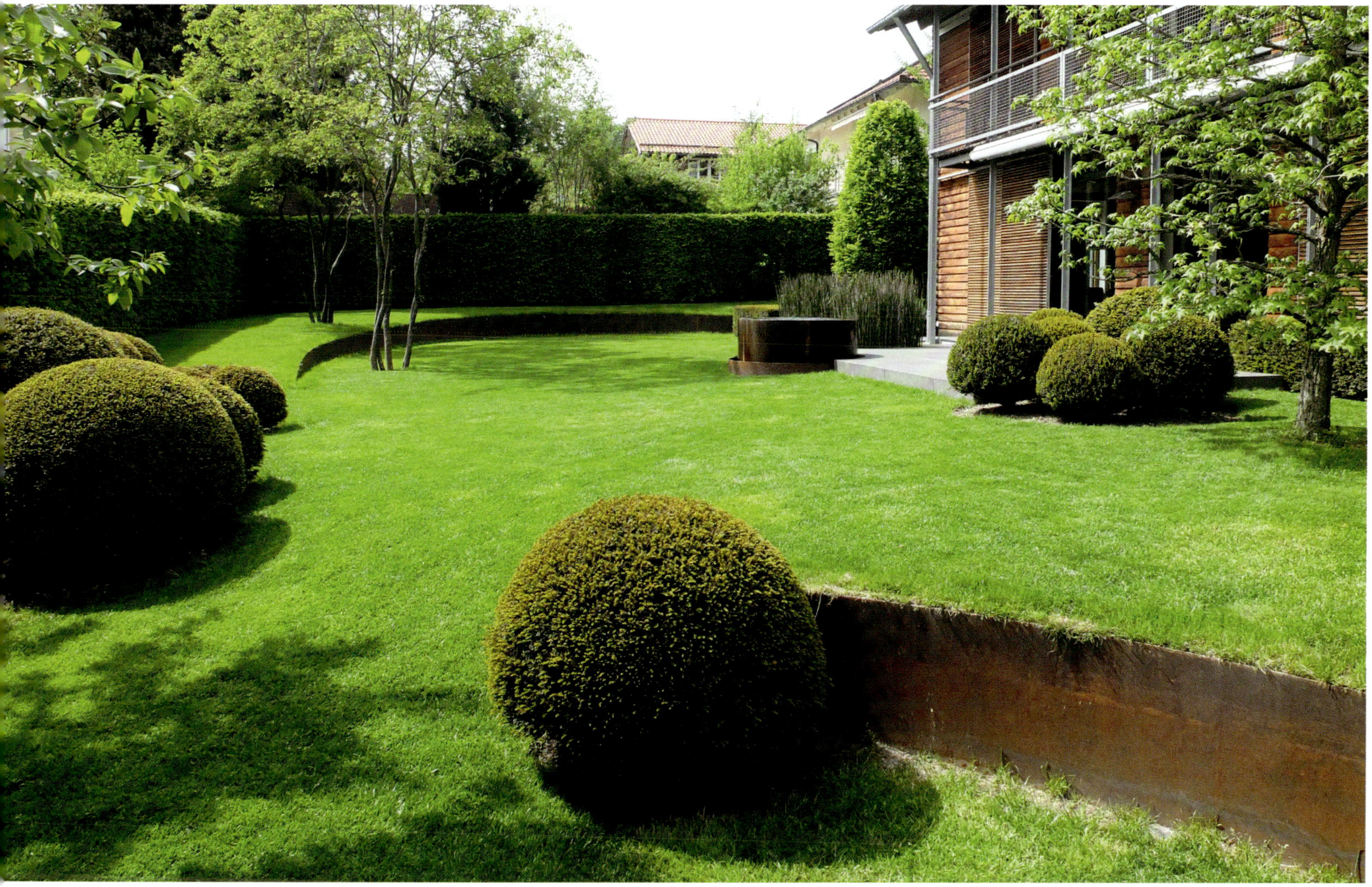

3

4
5

„Jegliche Bewegung verwandelt sich jederzeit in ihr Gegenteil."

FRIEDHELM HELLENKAMP

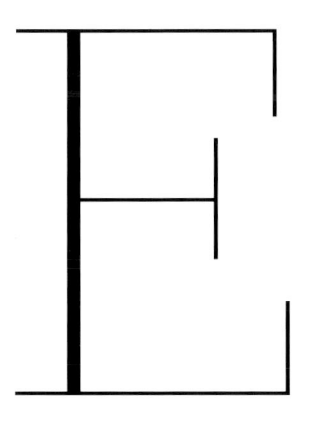

Die wuchtigen Platten der Hauptterrasse bestehen aus 30 cm starken Granitblöcken, wirken wie ein Teil der Bodenplatte und gehören deshalb mehr zur Architektur des Hauses. In der warmen Jahreszeit entsteht so eine große Fläche, die fließend durch bodennahe Fenstertüren direkt in den Garten führt.

Das Grundstück hat, wie so oft im Voralpenland, ein Gefälle. Also war die Frage, wie man eine ebene Fläche im Nahbereich des Hauses schafft. Friedhelm Hellenkamp terrassierte das Gelände mit zwei 30 m langen Corten-Stahl-Wänden. Die am höchsten Punkt des Geländes positionierte Wand rahmt den Frühstücks- und Küchenbereich. Die Wand variiert in der Höhe und schwingt sich vom höchsten Punkt des Geländes bis vor die Hauptterrasse, wo sie dann in der neu geschaffenen Ebene verläuft. Dadurch entstand ein Wall, auf dem drei große Säulen-Hainbuchen *(Carpinus betulus* 'Fastigiata') gepflanzt wurden, um das Nachbargebäude auszublenden und eine private Atmosphäre in der Nähe der Frühstücksterrasse zu schaffen. Von dort führt ein Weg aus in Reihen verlegten Pflastersteinen zur großen Terrasse. An der Hauptterrasse spiegelt ein Wasserbecken den Himmel wider. Mit seinem leisen Plätschern trägt das Wasser zur ruhigen Atmosphäre des Gartens bei. Ein rechteckiges Feld aus Schachtelhalm *(Equisetum)* und Eibenkugeln geben der Terrasse einen Rahmen.

Es ist ein Wechselspiel zwischen den rechten Winkeln der Architektur und den entsprechenden Gehölzflächen mit der mäandrierenden Bewegung der Corten-Stahl-Einfassung und den runden Eibenkugeln, die die Strenge wieder aufbrechen. Friedhelm Hellenkamp liebt es, mit Gegensatzpaaren zu spielen. „Jegliche Bewegung verwandelt sich jederzeit in ihr Gegenteil. Das ist der erste Eindruck, der von dieser Gestaltung ausgeht und beim Betrachter beruhigend wirkt", erklärt er. Kühl wirkt der Garten, reduziert, minimalistisch, aber auch sehr konzentriert und im Detail gut gemacht.

Ein eigener Weg an der Westseite des Gebäudes führt am Holzlager vorbei zum Eingangsbereich. Dieser bekam eine neue Treppenanlage, die versetzt in den Raum gebaut ist und dem kleinen Bereich so Struktur verleiht. Die Bepflanzung direkt am Haus verhindert den Blick zur Eingangstür und teilt den Eingang noch einmal in zwei unterschiedliche Bereiche. Der zweite erhöhte Bereich gibt den Blick auf den oberen Gartenteil frei. Als Abschluss wurden drei Säuleneichen gepflanzt, die schon an der Gartentür die Höhe des Gebäudes abmildern und den Eingangsbereich abschließen.

Alle Bepflanzungen sind monochrom – sie beschränken sich auf Grün und Weiß und wirken allein durch ihre Einfarbigkeit und Struktur. Azaleen und Buchs, dazu Teppiche aus Lilientraube *(Liriope muscari)* im Eingangsbereich, schaffen zusätzliche Flächen und betonen bestimmte Bereiche durch ihre Größe und Blattstrukturen. Besonders im Winter, wenn der erste Schnee die Formen und Strukturen sauber herausmeißelt, wird klar, wie kompromisslos hier eine Linie durchgezogen wurde.

Ein Haus im Münchner Süden, der dazugehörige Garten ohne erkennbare Gestalt und ohne Bezug zum Gebäude und dem Gelände. Das mächtige Haus, wie ein wuchtiger Riegel in den Gartenraum gestellt, teilt den Garten in einen südlichen und einen nördlichen Bereich. Die Familie wünschte sich einen Garten, der mit seinen klaren Strukturen Ruhe ausstrahlt. Die Grenzen zwischen innen und außen sollten möglichst aufgehoben werden. Deshalb hat Friedhelm Hellenkamp die Oberflächen und Beläge mit dem Boden des Hauses abgestimmt.

4 In der Nähe der Frühstücksterrasse wurden große Säulen-Hainbuchen *(Carpinus betulus* 'Fastigiata') gepflanzt, um einen intimen Raum zu schaffen.

5 Alle Bepflanzungen sind monochrom und wirken durch ihre Einfarbigkeit und Strukturen.

GÄRTEN DES JAHRES — Freiraumplanung Preuß — PROJEKTE

Terrassentrio mit südlichem Flair

LAGE DES GARTENS
Hanggarten eines Einfamilienhauses; Rhein-Neckar-Kreis, Baden-Württemberg

GRÖSSE DES GARTENS
1.000 m²

PLANUNGSBÜRO
Freiraumplanung Preuß

1

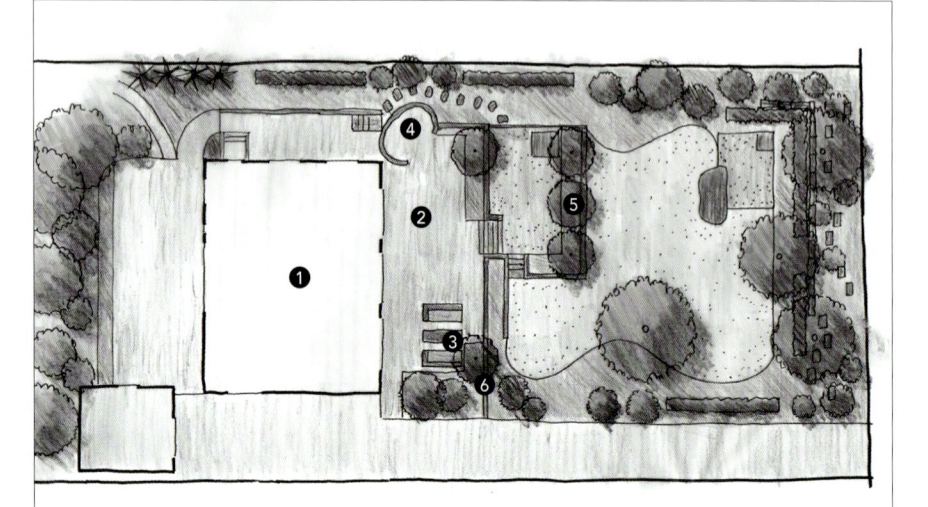

PLAN
1 Wohnhaus
2 Terrasse
3 Steinlounge mit Wassertisch
4 Sitzrund
5 Platanen
6 Trockenmauer Jura

GRUNDRISS

1 Rechtwinklige Linienführung: das großzügige Haus und der Garten bilden eine harmonische Einheit.

2 Dachplatanen halten die verschiedenen Terrassenebenen zusammen. Der Blick geht trotzdem ungehindert in die Landschaft.

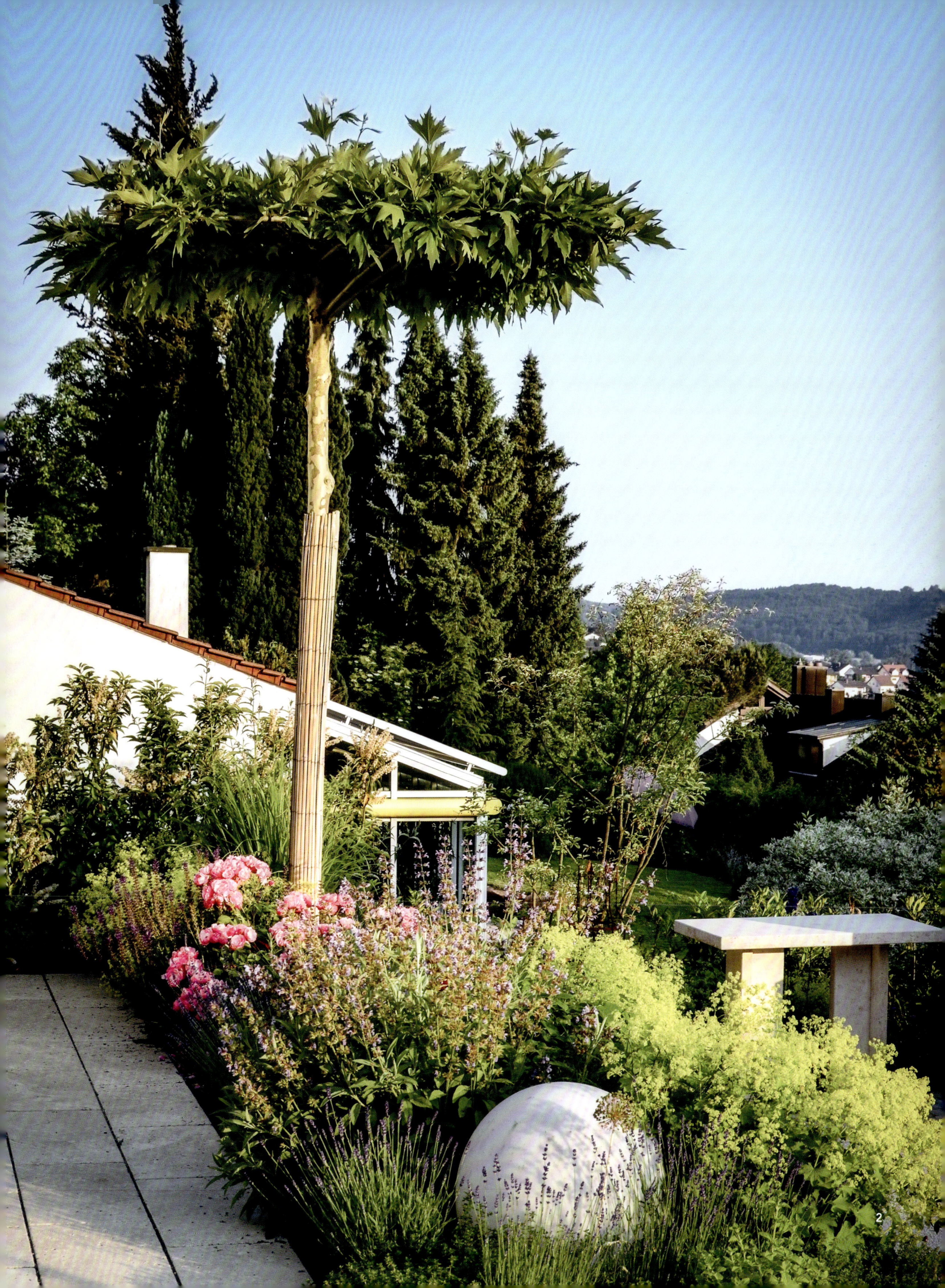

2

Harmonische Verbindung von Material und Pflanze: der Rittersporn mit seinem leuchtenden Blau bietet einen schönen Farbkontrast zur hellen Trockenmauer aus Juragestein. Im Schutze der Mauer fühlt sich der Rebstock sichtlich wohl.

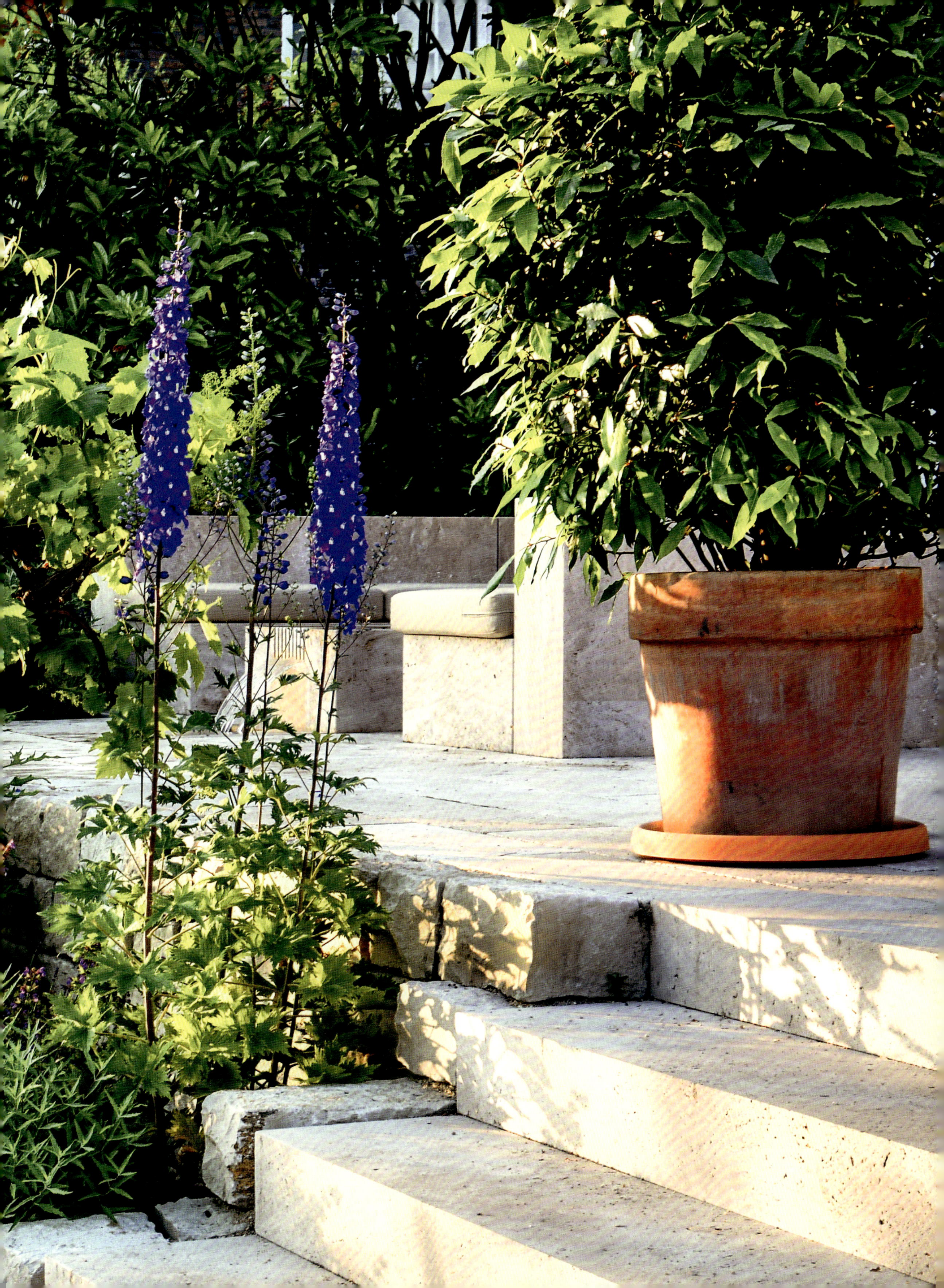

GÄRTEN DES JAHRES Manuela Preuß PROJEKTE

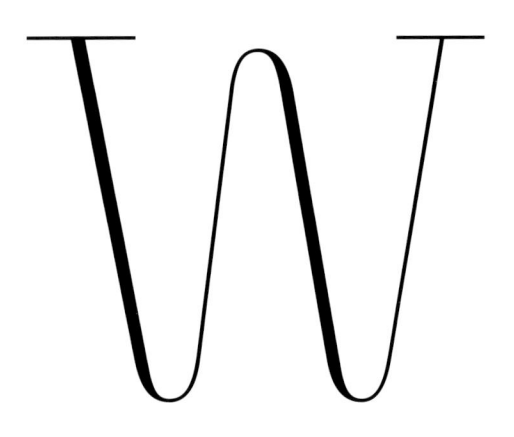

W

Was macht einen gelungenen Garten aus? Für Manuela Preuß, Freiraumplanerin und Landschaftsgärtnerin, sind es in diesem Fall zwei Aspekte: die harmonische Verbindung von Material und Pflanzen und die Schaffung differenzierter Gartenräume, die Geselligkeit, aber auch Rückzug ermöglichen. Nach diesen beiden Kriterien hat sie im Odenwald einen Garten gestaltet, der wegen des Einbaus einer Geothermie-Anlage neu angelegt werden musste. Großer Vorteil für die Gestaltung war die Südausrichtung des Hangs, die das ganze Lichtspektrum vom frühen Morgen bis in die Abendstunden bietet.

Bei der Planung hat sich Manuela Preuß von der Großzügigkeit des Hauses inspirieren lassen. Der Garten sollte der Architektur und dem Lebensstil der fünfköpfigen Familie gerecht werden, die gern Gastgeber sind. Nun präsentiert er sich wie die Architektur des Wohnhauses: großzügig und mit klaren Formen.

Drei orthogonale Terrassenebenen mit offener Gestaltung gliedern den Garten. Diese rechtwinklige Linienführung zieht sich durch den ganzen Hang. Jede dieser Ebenen beherbergt Nischen für die unterschiedlichen Bedürfnisse der Familienmitglieder.

Im Zentrum stehen die beiden oberen Terrassen, die von schwachwüchsigen Dachplatanen *(Platanus orientalis* 'Cunneata') umstanden sind. Die Platanen erzeugen eine Dreidimensionalität und halten die verschiedenen Terrassenebenen zusammen. Der Blick von der oberen Terrasse geht trotzdem ungehindert in die umgebende Landschaft. Man trifft sich an der Stein-Lounge mit ungewöhnlichem Wassertisch oder genießt in einer Nische im Sitzrund die Abendsonne.

Etwa 80 cm tiefer liegt die mittlere Terrasse, die mit Kleinpflaster belegt ist. Eine Trockenmauer aus Jura fängt das Gelände im oberen Bereich ab. Der Naturstein trägt ebenso wie der Travertin auf der Terrasse viel zur Atmosphäre und Lebendigkeit des Gartens bei. Treppen führen den Garten hinab zur dritten und letzten Terrasse, die einen großen flachen Findling – beim Bau zutage gefördert – in die Gestaltung miteinbezieht. Von hier hat man einen schönen Blick auf das Haus und den nahen Wald.

Eine Rasenfläche verbindet die beiden oberen Terrassen mit der unteren. Gesäumt wird das Grün von geschwungenen Pflanzflächen. Immergrüne Hecken bieten nach außen Sichtschutz, nach innen aber eine vielfältige Vegetation aus Sträuchern, Stauden, Gräsern und Zwiebelpflanzen. Das kühle Blauviolett des Rittersporns *(Delphinium)* leuchtet aus den üppigen Beeten hervor und bildet einen schönen Kontrast zum warmen Farbton der Jura-Trockenmauer. Die Vielfalt der Stauden verlockt dazu, sich einen Strauß zu pflücken und die Schönheit auch ins Haus zu tragen. Selbst die Insektenwelt kommt in diesem Garten nicht zu kurz, denn die lila Blütenkerzen der Duftnessel *(Agastache)*, die blauvioletten Lippenblüten der Katzenminze *(Nepeta)* und die intensiv blauen Blüten der Kugeldistel *(Echinops)* sind perfekte Bienenweiden.

„Der gestaltete Außenbereich trägt der Großzügigkeit der Architektur und des Lebensstils der Familie Rechnung."

MANUELA PREUSS

3 Ungewöhnlich: steinerne Sitz-Lounge mit Wassertisch.

4 Patagonisches Eisenkraut *(Verbena bonariensis)* wird hier von blühendem Frauenmantel eingefasst. Der weiße Strauch dahinter ist eine Deutzie.

5 Der schöne Findling kam bei den Erdarbeiten ans Tageslicht – er passt farblich hervorragend zur Feuerschale.

GÄRTEN DES JAHRES — Zinsser — PROJEKTE

Cottage-Garten für Genießer

LAGE DES GARTENS
Cottage-Garten; Uelzen, Niedersachsen

GRÖSSE DES GARTENS
650 m²

PLANUNGSBÜRO
Zinsser KG

1

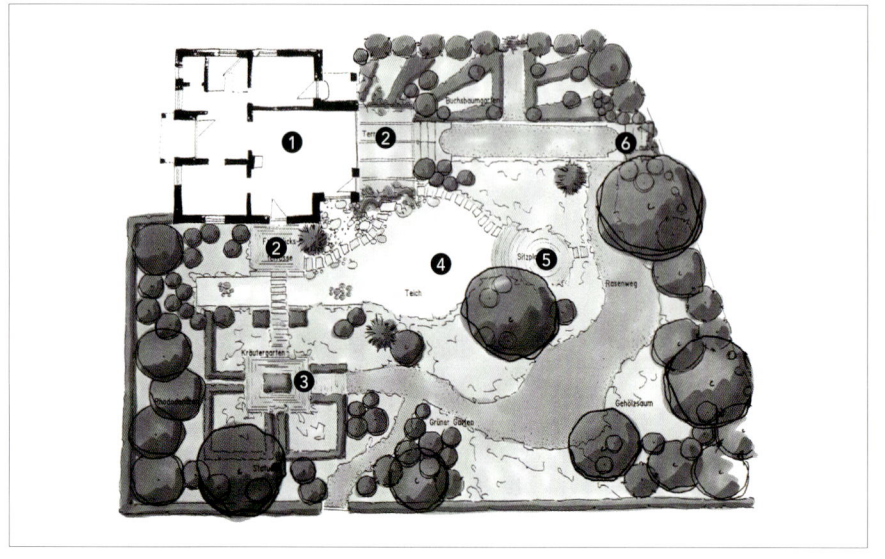

GRUNDRISS

PLAN
1 Wohnhaus
2 Terrasse
3 Kräutergarten
4 Teich mit Pagoden-Hartriegel (Cornus controversa)
5 Sitzplatz
6 Laube

1 Rote Holland-Klinker als Bodenbelag, dazu ein Buchsquader in der Mitte – so präsentiert sich der Kräutergarten.

2 Im Teich mit angrenzendem Wasserkanal spiegelt sich ein prächtiger Pagoden-Hartriegel (Cornus controversa), der sich über die Jahre ohne Konkurrenzdruck zu einem imposanten Solitär entwickelt hat.

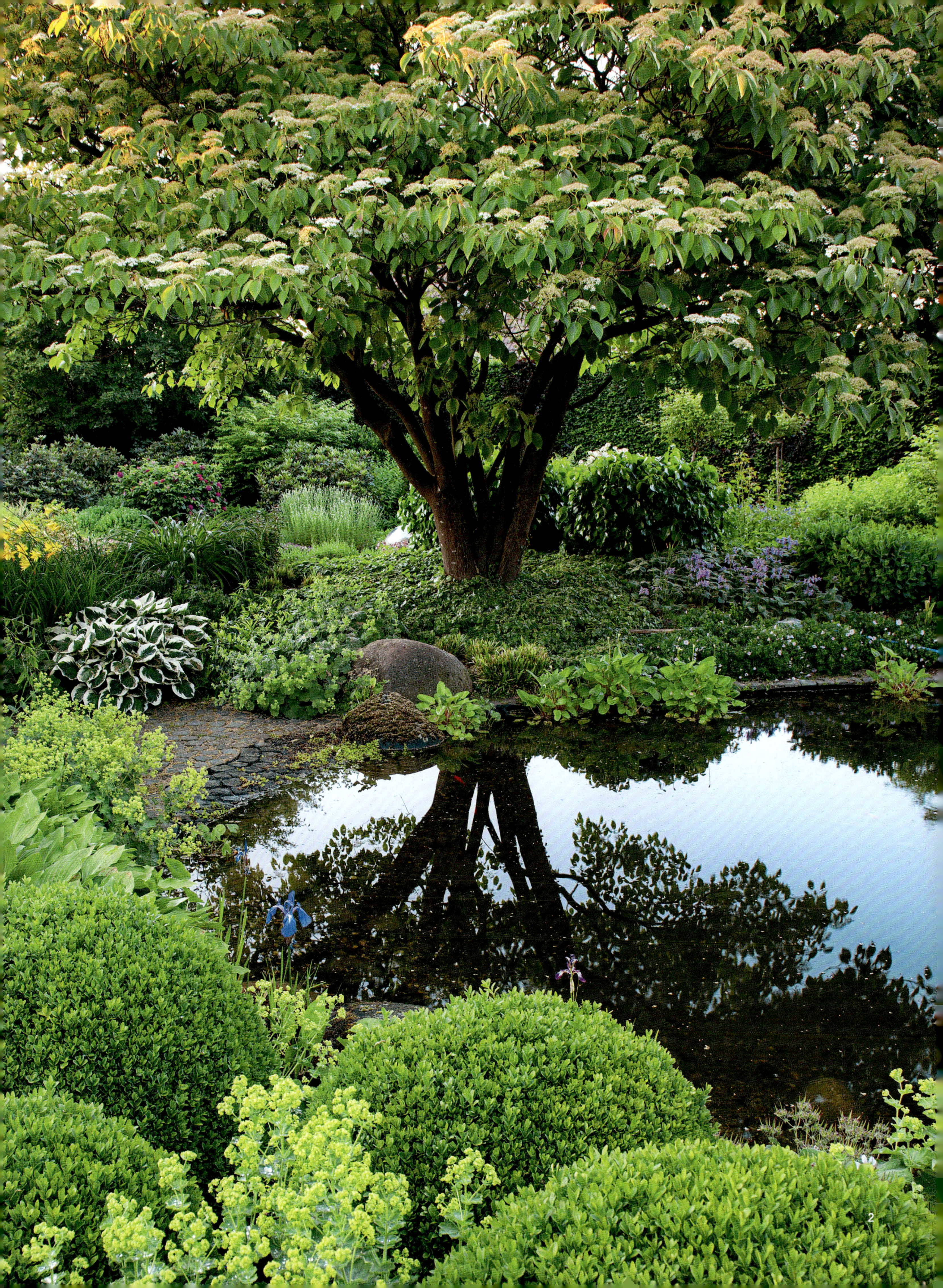

2

„Dieser Cottage-Garten ist einer der wenigen, der die ursprüngliche Gestaltungsidee noch in sich trägt."

CHRISTINE SCHALLER

In diesem sonnenreichen Staudengarten wechseln sich architektonische und geschwungene organische Formen ab. Den Mittelpunkt bildet ein Teich mit glasklarem Wasser und angrenzendem Wasserkanal, der zum Verweilen einlädt und dem Garten eine ruhige Atmosphäre verleiht. Über Trittsteine, es sind Heidefindlinge, gelangt man trockenen Fußes über die Wasserfläche zu den beiden Terrassen am Haus. Die Terrassen sind jeweils mit Holländischen Klinkern belegt und passen mit ihrem warmen Rotton bestens zum Haus.

Ein Holzsteg führt über den Wasserkanal direkt in den Kräutergarten mit dem Buchsquader in der Mitte. Von hier gelangt man über ein geschwungenes Rasenband zwischen erdmodellierten Hügeln durch üppige Staudenbänder zur überdachten Gartenbank (Laube). Ovale Staudenpulke à la Gertrude Jekyll aus Katzenminze *(Nepeta)*, Salbei *(Salvia)*, Storchschnabel *(Geranium)*, Duftnessel *(Agastache)* und Indianernessel *(Monarda)* bieten dem Auge eine Fülle von Abwechslung. Von der Laube hat man einen schönen Blick auf das Haus und das älteste Gehölz des Gartens, einen Birnbaum mit Ramblerrose. Gleich daneben befindet sich ein Parterre mit flächigen, strahlenförmigen Buchsbaumbeeten. Einige wenige Laubgehölze wie die Felsenbirne *(Amelanchier lamarckii)* sorgen für interessante Licht- und Schattenspiele. Dank des grünen Gerüsts aus Buchs und Buchenhecken wirkt das Grundstück selbst im Winter reizvoll, ja strahlt eine großzügige parkartige Atmosphäre aus. „Es ist der am besten gepflegte private Garten, den ich kenne und einer der wenigen, der noch immer die ursprüngliche Gestaltungsidee in sich trägt", freut sich Christine Schaller. Und die Eltern – sie sind stolz auf ihren Cottage-Garten und öffnen ihr dunkelgrünes Holztor in der über 70-jährigen Buchenhecke regelmäßig für Besucher am „Tag der offenen Gartenpforte".

3 So sieht der Sommer aus: unter dem Fliederbaum sitzen und dort die letzten Strahlen der Sonne genießen.

4 Architektonische und organische Formen wechseln sich ab und bilden zusammen mit den Stauden und Kräutern einen lichtdurchfluteten, blütenreichen Cottage-Garten.

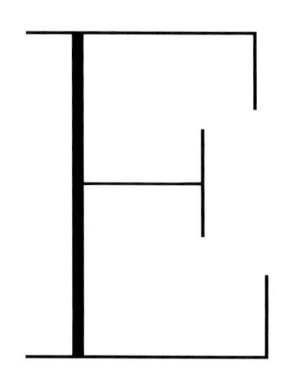

Es ist schon etwas ganz Besonderes, den Garten für die eigenen Eltern zu gestalten, insbesondere wenn beide vom Fach sind. Als die Eltern von Gartenarchitektin Christine Schaller vom Firmengrundstück wegzogen, um der jungen Familie Platz zu machen, wünschten sie sich einen sonnigen, hellen Garten – der bisherige hatte sich über die Jahre durch zwei 100-jährige Baumveteranen zum Schatten-Rhododendrengarten entwickelt. Jetzt sollte es ein sonniges Grundstück zum Experimentieren sein, zum Ausprobieren von Staudenarten und Kräutern, mit vielen einladenden Sitzplätzen – kurzum ein Cottage-Garten im englischen Stil mitten in Westerweyhe, einem Stadtteil von Uelzen. „Meine Eltern sind Holland-Liebhaber. Holländische Klinker und die dunkelgrüne Farbe typisch holländischer Häuser waren ihr Wunsch. Der Garten ist aber auch von unseren vielen Gartenreisen nach England beeinflusst", erzählt Christine Schaller, die den Gartenplan vor vielen Jahren ihrer Mutter zum Geburtstag schenkte.

3
4

Jensen

Zwischen Kontemplation und Badevergnügen

LAGE DES GARTENS
Badeoase im Designergarten; Worpswede, Niedersachsen

GRÖSSE DES GARTENS
1.200 m²

PLANUNGSBÜRO
Jensen Landschaftsarchitekten

1

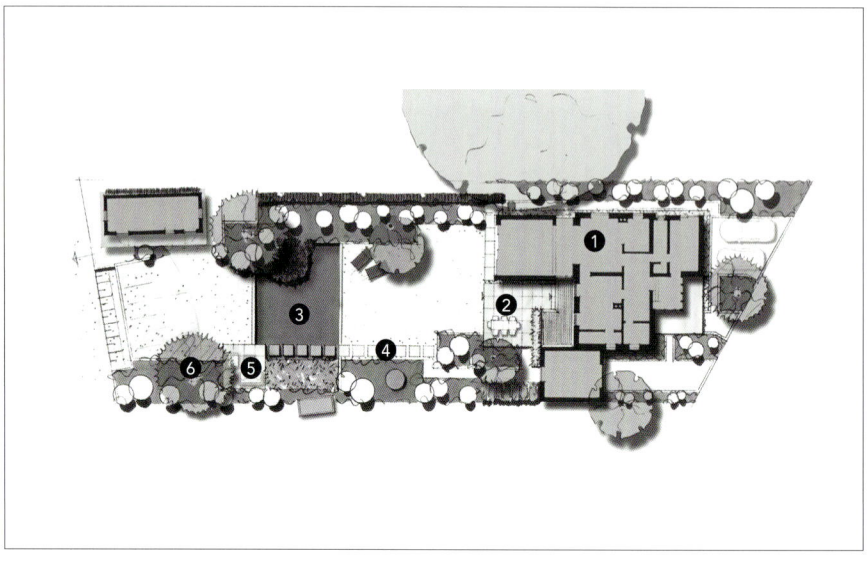

GRUNDRISS

PLAN
1 Wohnhaus
2 Terrasse mit großformatigen Platten
3 Wasserbecken
4 Schrittplatten im Rasen
5 Terrasse am Wasser
6 Kiefer (Pinus sylvestris)

1 Eine uralte Zaubernuss wird hier gestützt; im Hintergrund wolkenförmige Formationen aus Buchsbaum.

2 Platten führen über den Rasen und den Schwimmteich und setzen die orthogonalen Linien von der Terrasse in den Garten fort. Augenweide mit Charakter: die windschiefe Kiefer.

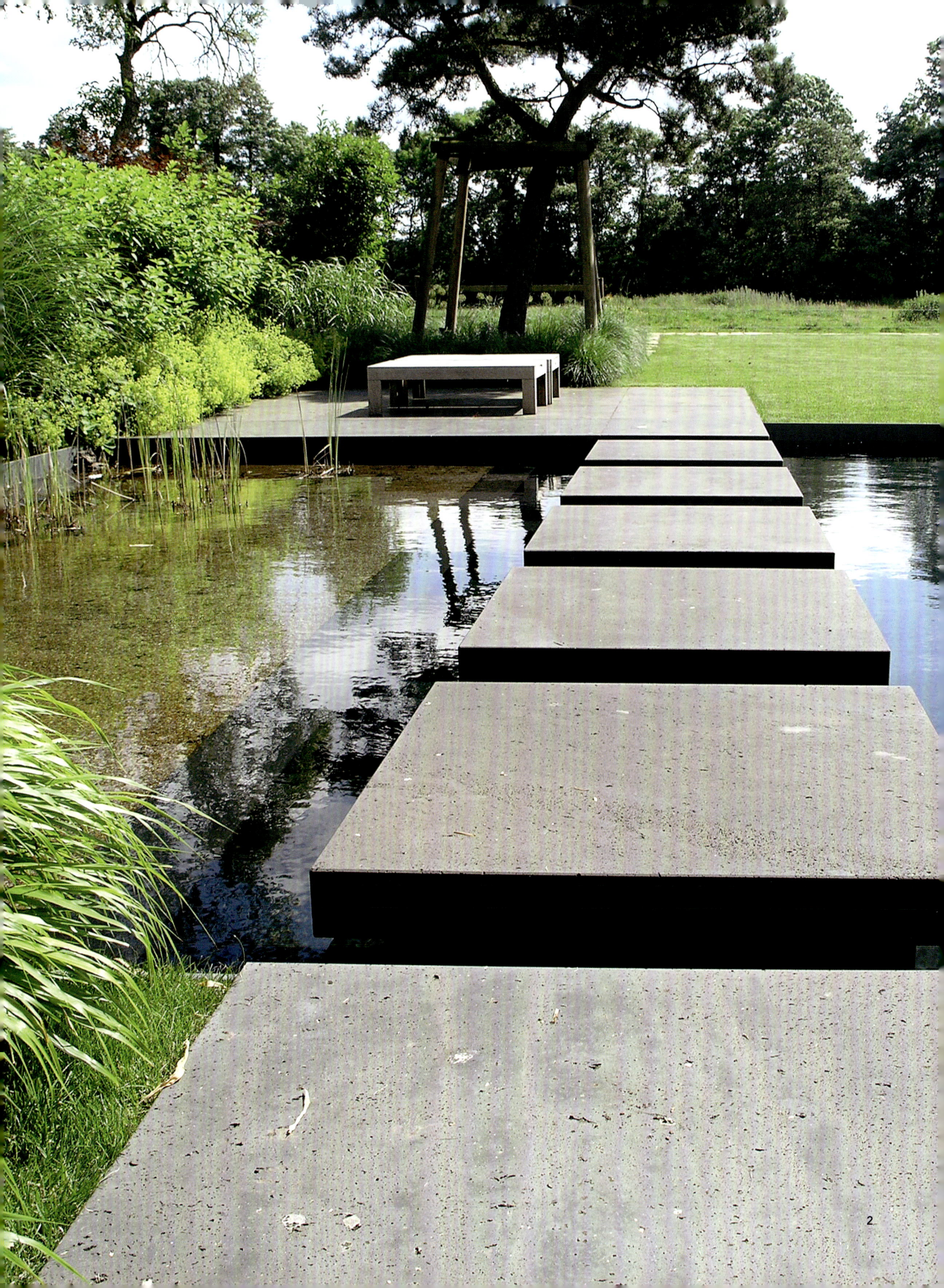

2

Jensen

„Grundidee war, einen kontemplativen Garten zu schaffen, der sich trotzdem optimal nutzen lässt."

SEBASTIAN JENSEN

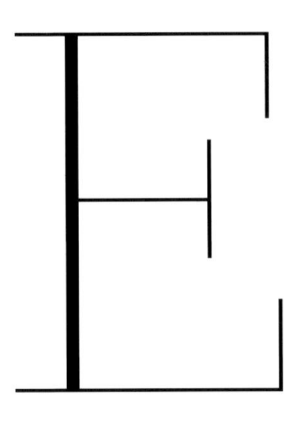

Grundidee von Landschaftsarchitekt Sebastian Jensen war es, einen kontemplativen Garten anzulegen, der sich trotz aller Beschaulichkeit optimal nutzen lässt und weich in die Landschaft übergeht. Zentrales Gestaltungselement ist ein Schwimmteich, der den hinteren, landschaftlichen Teil vom Terrassengarten am Haus trennt. Der Teich bietet nicht nur Badevergnügen im Sommer — bei ruhigem Wasserspiegel reflektiert er Himmel, Sonne und Wolken und macht den Garten so weit und licht. Das vermittelt auch die großzügige Rasenfläche, die bis unmittelbar ans Wasser heranführt — dank L-förmiger Stahlkante, die den Abschluss der gemauerten Seiten des Schwimmteichs bildet. Das Becken selbst liegt an der topografisch tiefsten Stelle des Grundstücks. „Das war wichtig, um Ruhe in die Gestaltung zu bringen", erklärt Sebastian Jensen.

Die Terrassenflächen und auch der Sitzplatz im hinteren Teil des Gartens bestehen aus großformatigen, dunklen Basaltlava-Platten, die tagsüber die Sonnenwärme speichern, um sie dann am Abend wieder abzugeben. Die Platten sind teils im Rasen verlegt, teils führen sie über den Teich. Sie greifen die orthogonalen Linien der Terrasse auf und führen sie in den Garten fort. Die Geradlinigkeit bildet einen schönen Kontrast zur Weichheit der Pflanzen — zum riesigen Mammutblatt *(Gunnera manicata)* oder zu den wolkenförmig geschnittenen Buchsbäumen *(Buxus sempervirens)* und flächig gesetzten Gräsern *(Hakonechloa macra, Pennisetum alopecuroides)*. Eine charaktervolle alte Kiefer *(Pinus sylvestris)* mit windschiefem Wuchs verleiht dem hinteren Sitzplatz eine ganz eigene Note. Elfenblumen *(Epimedium* x *perralchicum* 'Frohnleiten') und Schildfarne *(Polystichum aculeatum)* breiten sich unter den Gehölzen aus und lockern die Bepflanzung auf.

Damit der Garten ohne sichtbare Barriere in die Landschaft übergeht, wurde ein Graben zwischen Grundstück und angrenzender Pferdekoppel ausgehoben, der das ehemalige Weidegatter ersetzt. Das Gelände wurde dafür zunächst um 80 cm erhöht und direkt an der Grenze um 80 cm grabenartig abgetragen. Eine Stützmauer aus Naturstein-Blöcken fängt den 160 cm hohen Versatz auf. So wird verhindert, dass die Pferde plötzlich als ungebetene Gäste im Garten stehen. Vom Haus aus ist davon nichts zu sehen — von dort scheint sich der Garten weit über seine Grenzen hinaus ins Weideland zu erstrecken.

3 Die Rasenfläche konnte bis unmittelbar ans Wasser geführt werden — dank schmaler L-förmiger Stahlkante.

4 Der Garten geht ohne sichtbare Barriere in die Landschaft über, der Blick reicht bis auf die angrenzende Pferdekoppel. Ein Graben sorgt dafür, dass die Pferde nicht auf den Rasen spazieren.

Ein altes Siedlerhaus aus den 40er-Jahren wurde in ein Architektenhaus mit klaren Formen umgebaut und mit ihm der Garten neu gestaltet. Das Grundstück liegt am Ortsrand mit freiem Blick auf die angrenzenden Pferdekoppeln — eine Idylle, die den weichen Rahmen für den geometrisch gestalteten Garten schafft. Schaut man durch die fast rahmenlosen Fenster des neuen Anbaus, so scheint sich der Garten bis in den Wohnbereich zu erstrecken. Wenn im Sommer Teile der Fensterfront zur Seite geschoben werden, entsteht tatsächlich ein „Zimmer im Grünen" — umso wichtiger deshalb die ansprechende Gartengestaltung.

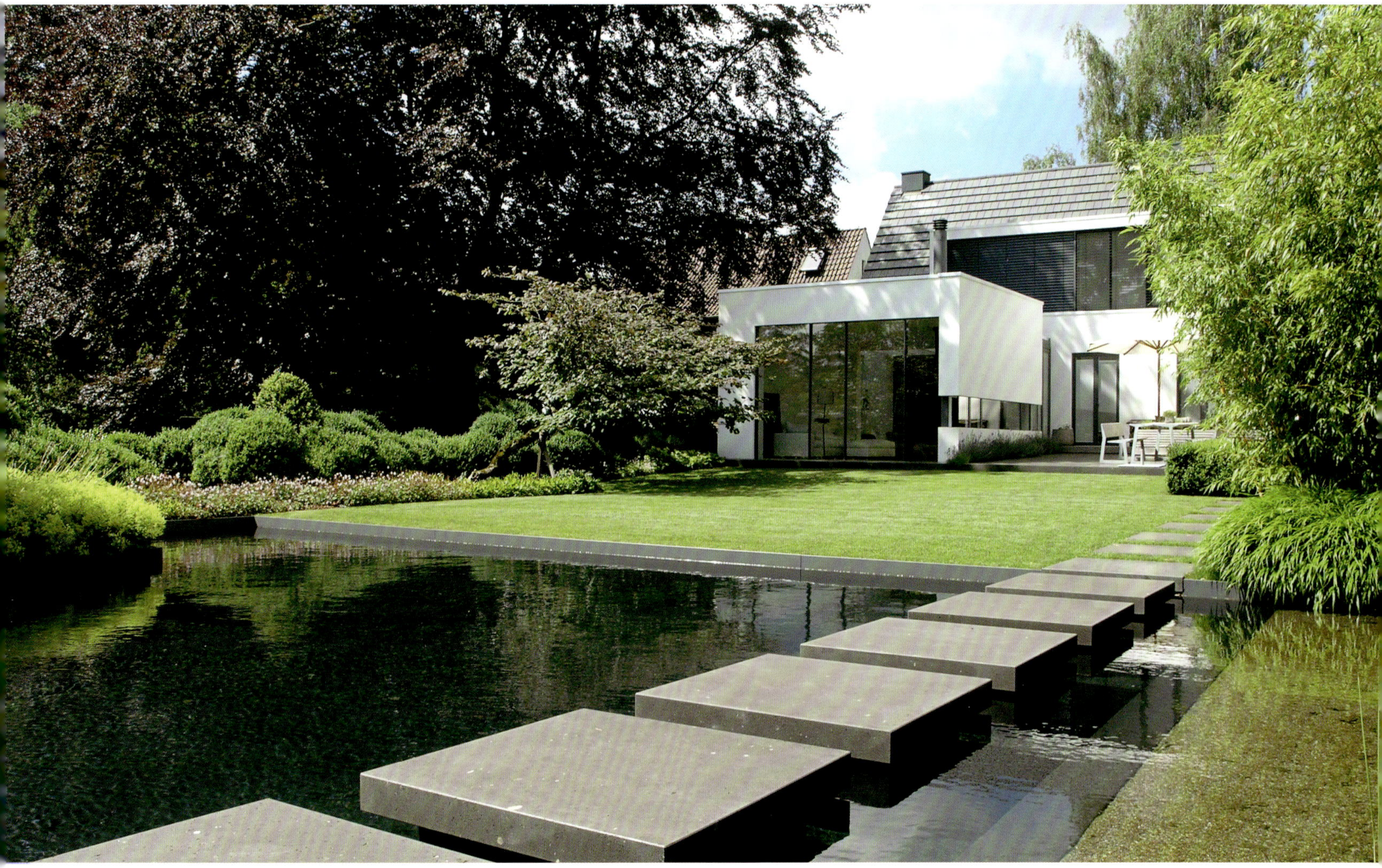

3
4

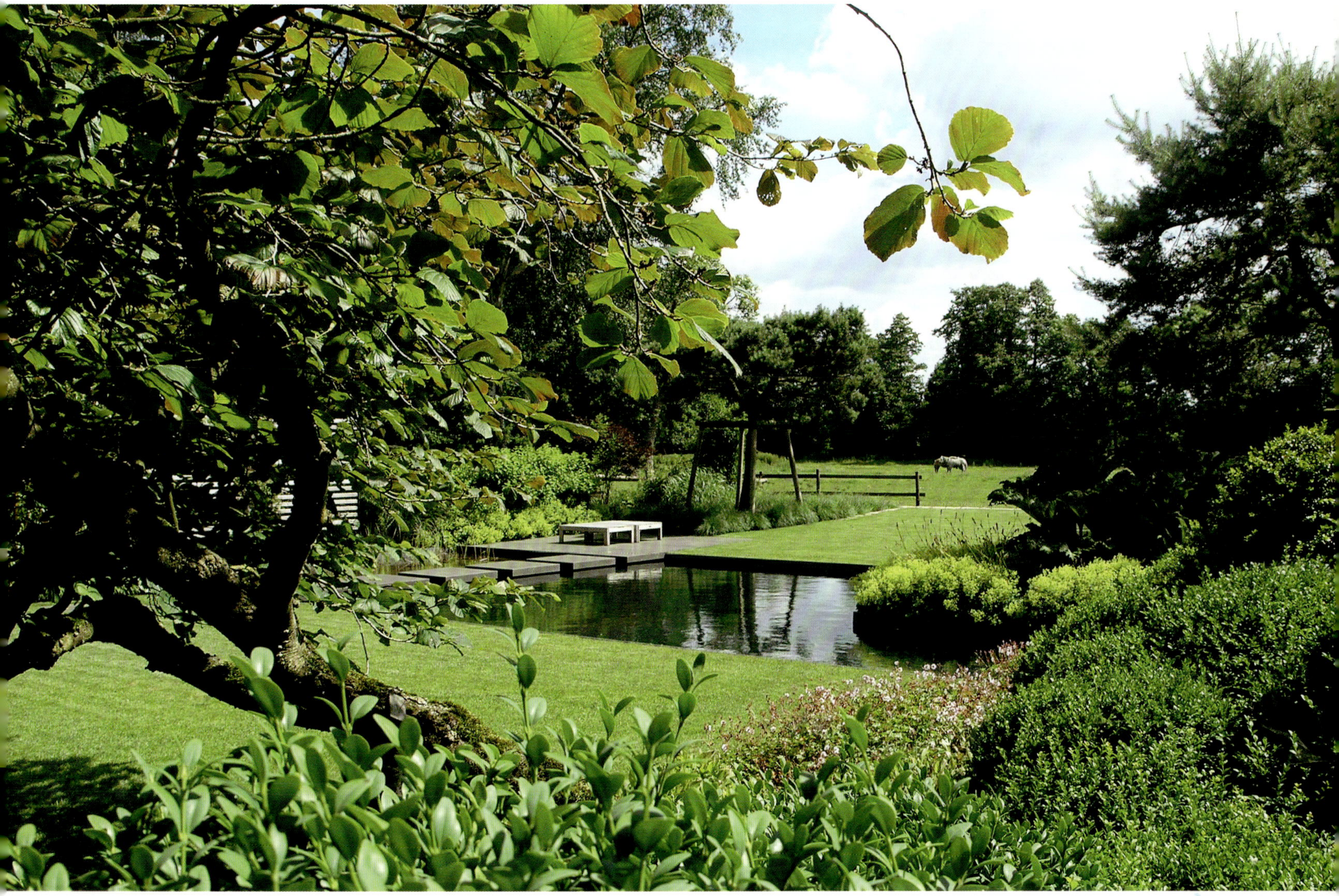

Der Vergangenheit auf der Spur

LAGE DES GARTENS
Wiederherstellung und Ergänzung eines historischen Gartens; Würzburg, Bayern

GRÖSSE DES GARTENS
1.400 m²

PLANUNGSBÜRO
droll & lauenstein Landschaftsarchitekten

1

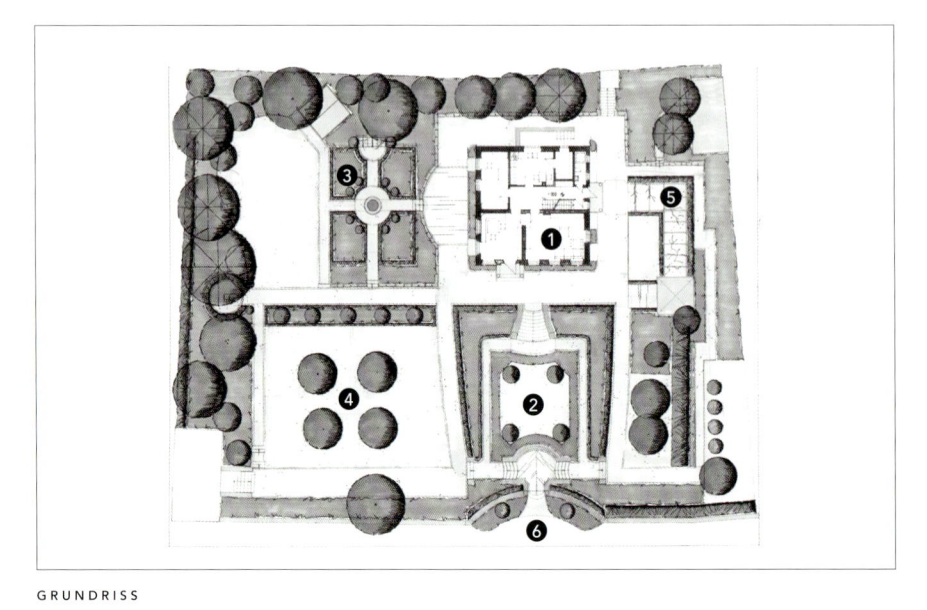

GRUNDRISS

PLAN
1 Wohnhaus
2 Rasenparterre mit Eibenkegeln
3 Formales Staudengärtchen mit Buchseinfassung
4 Obstbäume
5 Laube mit Laubengang
6 Eingangsbereich

1 Denkmalgeschützt: das Ensemble aus Mansard-Walmdachhaus und formalem Garten im „barockisierenden Heimatstil". Im Vordergrund: Rasenparterre mit Eibenkegeln.

2 Der schnurgerade Kiesweg erschließt das formale Staudengärtchen. Im Zentrum: eine Pflanzschale.

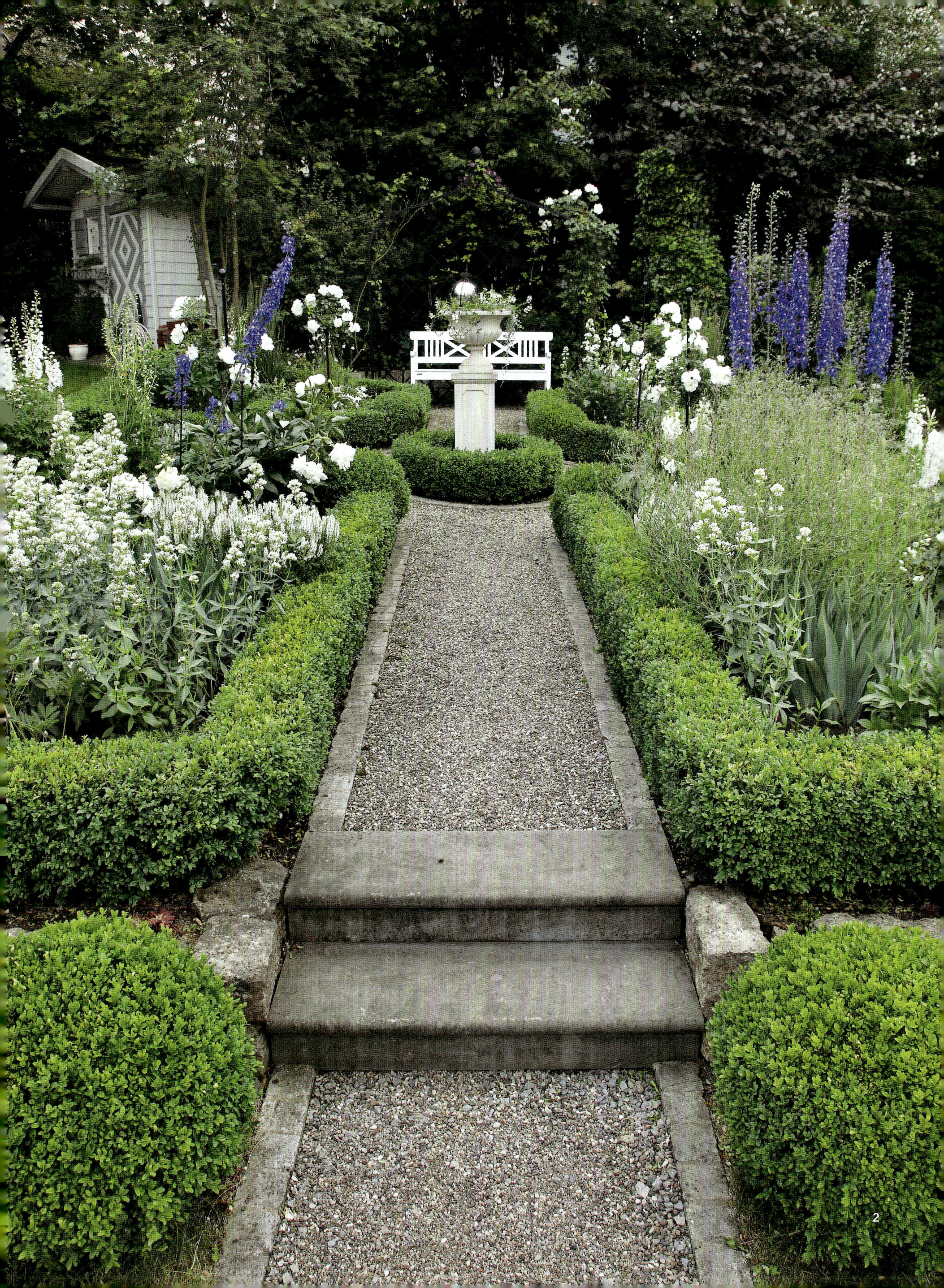
2

Klare Verhältnisse: der Staudengarten ist nach dem Vorbild alter Klostergärten durch ein Wegekreuz gegliedert. Die so entstandenen vier Beete sind mit Buchs sauber eingefasst.

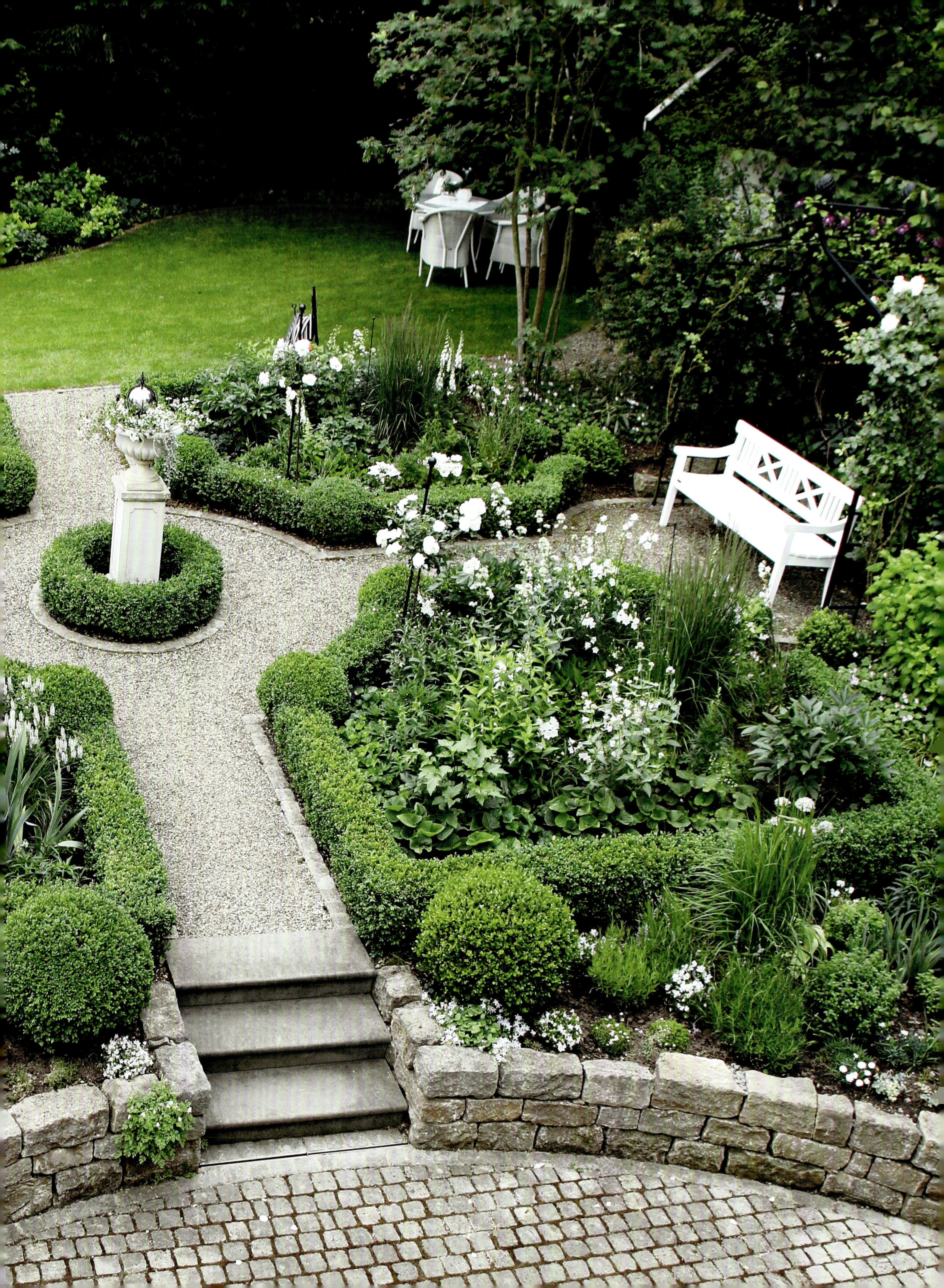

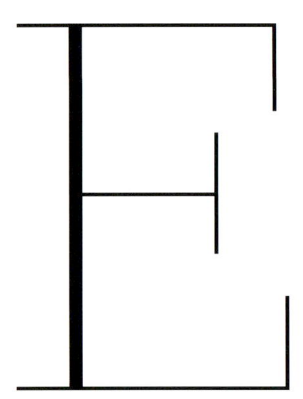

> „Es war, als hebe man einen Schatz. Das Eingangsparterre war noch zu erkennen, doch die Steinstufen waren baufällig."
>
> ANGELIKA DROLL-LAUENSTEIN UND GÖTZ LAUENSTEIN

3 Ganz in Weiß: Gartenlaube und Gang sind in Weiß gehalten, auch die Bepflanzung beschränkt sich überwiegend auf weiß blühende Rosen und Stauden – das harmoniert mit den Immergrünen und strahlt Ruhe und Eleganz aus.

4 Trotz strenger Geometrie gibt es in diesem Garten auch Platz für Obstbäume auf einer der Rasenflächen.

„Es war, als hebe man einen Schatz. Das Eingangsparterre mit den geschwungenen Treppenaufgängen, Mauern und Klinkerpflastern war noch zu erkennen. Doch die Steinstufen waren baufällig, die Wege verengt. Die Querachse endete im Nichts – dort waren Thujen zu einem riesigen Dickicht emporgewachsen", erinnert sich Götz Lauenstein an die Ausgangssituation. Nach alten Fotos und Erinnerungen des Hausherrn hat der Landschaftsarchitekt zusammen mit seiner Frau Angelika den historischen Garten mit Lauben und Einfriedungen rekonstruiert und wieder zum Leben erweckt.

Das auffallend hübsche Ensemble aus eingeschossigem Sommerhaus und geometrisch formalem Garten wurde im Jahre 1908 vom Würzburger Architekten Christoph Mayer entworfen. Es gehörte einst der reichen Würzburger Juweliersfamilie Guttenhöfer, die hier oberhalb der Stadt die Sommerfrische verbrachte. Auf den Hügeln rund um Würzburg geht im Sommer ein angenehmer Wind im Gegensatz zum Talkessel, in dem die Luft steht. Dazu kommt natürlich noch der herrliche Blick auf die Stadt, den man von hier oben genießt. Das war auch damals nicht anders. Doch über die Jahre ging das Haus durch verschiedene Hände und der Garten verlor seine ursprüngliche Form und damit seine Schönheit.

Als das denkmalgeschützte Haus fertig renoviert war, kam der Garten an die Reihe. Drei Jahre arbeiteten Angelika und Götz Lauenstein daran, das ursprüngliche Aussehen mit den formalen Beeten, schnurgeraden Wegen und Formgehölzen wiederherzustellen.

Am tiefsten Punkt des 1.400 m² großen Hanggrundstücks befindet sich der Eingang – von hier steigt das Rasenparterre mit Eibenkegeln zur barocken Treppenanlage und dem Haus an. Vier dieser Kegel markieren jeweils einen Eckpunkt der Rasenfläche, die mit Efeu *(Hedera)* eingefasst ist. Quer dazu verläuft ein gerader Kiesweg, der weitere Gartenteile erschließt, wie etwa den kleinen, formalen Staudengarten (Schmuckgarten) mit weißer Rosenlaube und einer ebensolchen Sitzbank. Dort herrscht ebenfalls formale Strenge nach dem Vorbild alter Klostergärten: das Wegekreuz trennt vier Beete voneinander, deren weiße Blütenpracht von der Einfassung aus Buchsbaum gezähmt wird. Sie beherbergen weißen Rittersporn *(Dephinium belladonna* 'Moerheimii'), Madonnen-Lilien *(Lilium candidum)* und Pfingstrosen *(Paeonia lactiflora* 'Alba Plena'), lediglich ein paar Tupfer blauer Rittersporn sind ab und an eingestreut.

Dank klarer Linien und der Beschränkung auf die Farben Weiß und Grün strahlt der Garten viel Ruhe aus. Für das immerwährende Grün sorgen Buchs und Eibe, weiß blühende Rosen (Beetrose 'Lions Rose', Kletterrose 'Schneewalzer') und perlmuttfarbene Clematis *(Clematis* x 'Huldine') verleihen dem geometrischen Grün eine exquisite Eleganz. Heute stehen Haus und Garten unter Denkmalschutz (eingetragen als „eingeschossiger Mansard-Walmdachbau und Garten im barockisierenden Heimatstil") – und zwar auf Wunsch der Besitzer –, eine Tatsache, die man ebenso wie die gelungene Rekonstruktion eines historischen Gartens nicht alle Tage erlebt.

GÄRTEN DES JAHRES — Erni — PROJEKTE

„Grünes Zimmer" mit Aussicht

LAGE DES GARTENS
Gartenumgestaltung; Bottighofen, Schweiz

GRÖSSE DES GARTENS
715 m²

PLANUNGSBÜRO
Erni Gartenbau + Planung AG

1

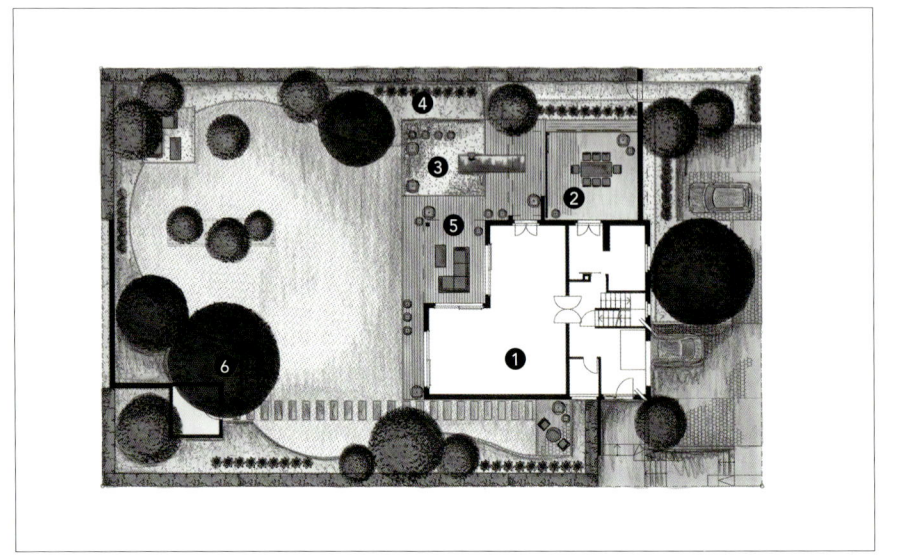

GRUNDRISS

PLAN
1 Wohnhaus
2 Gartenhalle
3 Wasserbecken
4 Kiesfläche mit Topfgarten
5 Lounge
6 hohe Birken

1 Perspektivenwechsel: Von einem anderen Blickwinkel aus betrachtet, gibt es immer wieder Neues an Haus und Garten zu entdecken.

2 Schattenspiele: Durch die lichten Kronen der Birken dringen Sonnenstrahlen und malen Bilder auf den Rasen.

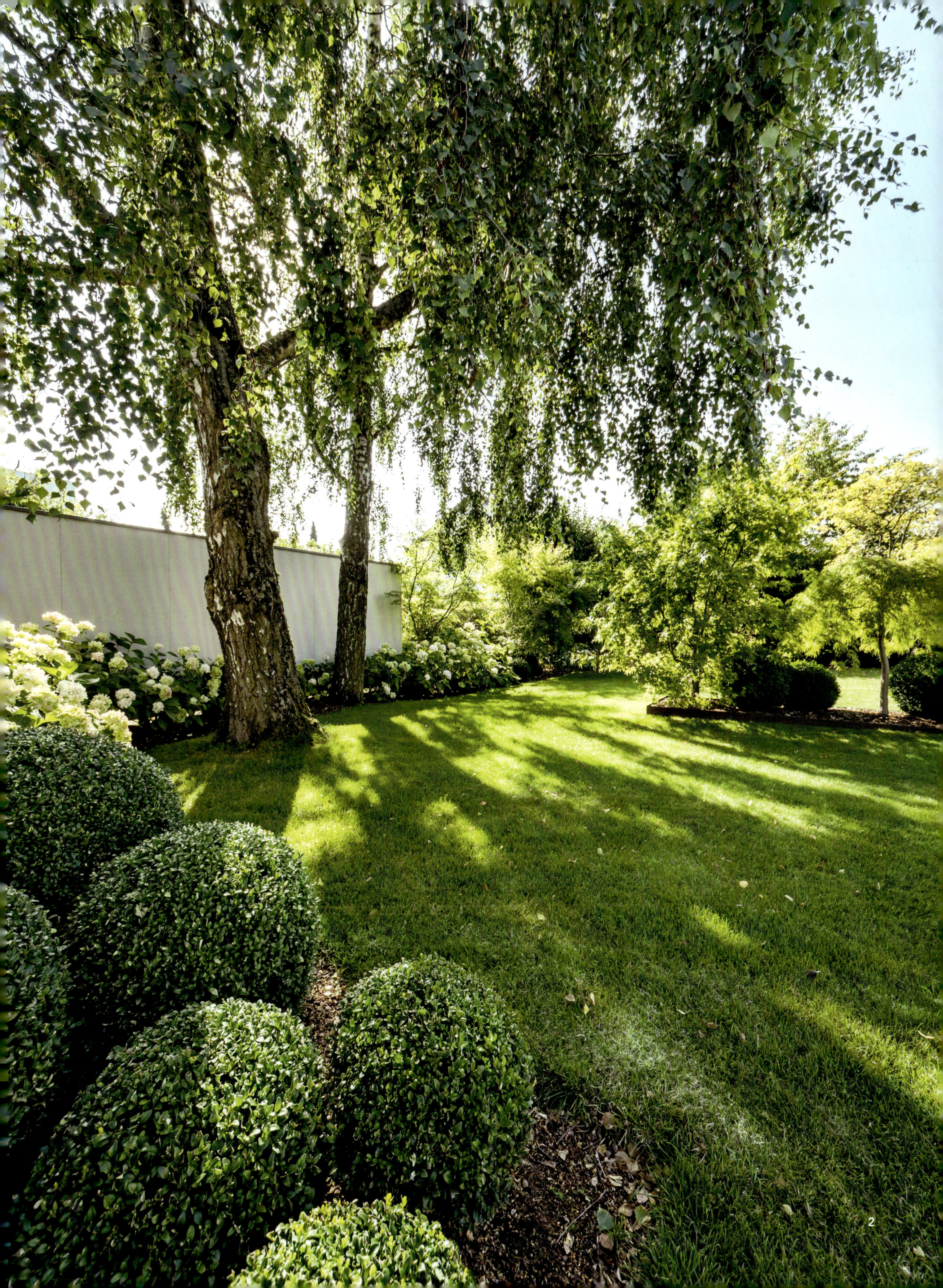

2

GÄRTEN DES JAHRES — Erni — PROJEKTE

„Wir konnten die Bauherren davon überzeugen, die alten Birken im Garten zu belassen."

RICO SEMMANN (LI)
UND CHRISTIAN ERNI (RE)

128
129

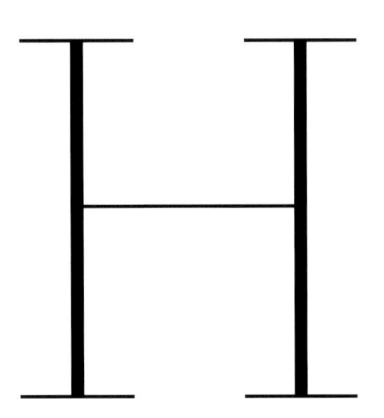

H

Häufig ist die Renovierung des Hauses der Anlass dafür, den Garten ebenfalls zu überarbeiten. Das gilt auch für dieses Grundstück, das sich mitten in einem Dorf am Ufer des Bodensees befindet. Ganz oben auf der Wunschliste des Schweizer Ehepaars stand eine Gartenhalle (Wintergarten), die sich in der warmen Jahreszeit wie ein „erweitertes Wohnzimmer" nutzen lässt und das ganze Jahr über ansprechende Gartenbilder bietet. Umgebaut wurde in drei Etappen – im letzten Bauabschnitt kam schließlich die Gartenhalle hinzu.

Das Konzept von Gartenarchitekt Christian Erni und Landschaftsarchitekt Rico Semmann sah zunächst vor, die große Rasenfläche durch ein Mittelbeet mit Fächer-Ahorn *(Acer palmatum)* und Buchs zu teilen, um das Grün zu gliedern und zwei Räume zu schaffen. Dann wurde der Garten mit Felsenbirnen *(Amelanchier lamarckii)* als raumbildende Solitärgehölze durchpflanzt. Tiefenwirkung wird über den Sitzplatz im hinteren nördlichen Eck des Gartens erzielt. Dieser „Relaxplatz" ist das ganze Jahr über möbliert und bietet einen schönen Blick auf die leuchtend weiße Fassade des Wohnhauses.

Mit den hohen Weiß-Birken *(Betula pendula)*, den Hecken und der großzügigen Rasenfläche erinnert das Grundstück an einen Park. Um diesen Eindruck zu bewahren, wurden alle bestehenden Bäume und Sträucher in die Planung übernommen und mit weiteren Gehölzen ergänzt. Christian Erni konnte die Bauherren davon überzeugen, die Birken im Garten zu belassen – eine wichtige Entscheidung, denn ohne diese Großbäume mit ihrer lichten hochgewölbten Krone und den locker überhängenden Zweigen hätte der Garten sein Flair verloren. Mauern, Hecken und Gebäudefassaden sind gezielt miteinander verbunden. Gräser *(Miscanthus sinensis)* und die üppigen Blütenbälle der Hortensien *(Hydrangea macrophylla)* mildern die strengen Linien der Mauern und Hecken. „Es ist ein sehr in sich geschlossener Garten mit einer ruhigen Atmosphäre, der das Gefühl der Geborgenheit vermittelt, der nicht alles auf den ersten Blick preisgibt", sagt Christian Erni.

Von der neu entstandenen Gartenhalle, die direkt am Wohngebäude andockt, genießt man den Blick auf den Wasserbrunnen und in die Tiefe des Grundstücks. Die Gartenhalle lässt sich ganz öffnen, sodass im Sommer ein „grünes Zimmer" entsteht. Auf der warmen Holzterrasse geht es indes mediterran zu – in Terracotta-Töpfen verbreiten Olivenbäumchen, Rosmarin und andere mediterrane Gewächse Mittelmeer-Flair. Keine Wege zerschneiden das Grün – von der Holzterrasse führt lediglich ein unaufdringlicher Weg aus Granitplatten in den hinteren Bereich des Gartens mit dem schattigen Sitzplatz unter hohen Birken, für den man an heißen Sommertagen dankbar ist.

3 Blick aus der Gartenhalle auf den bodennahen Brunnen mit formalem Wasserbecken und mediterranem Topfgarten.

4 Um den Garten zu strukturieren, wurde ein Mittelbeet mit Fächer-Ahorn und Buchs angelegt.

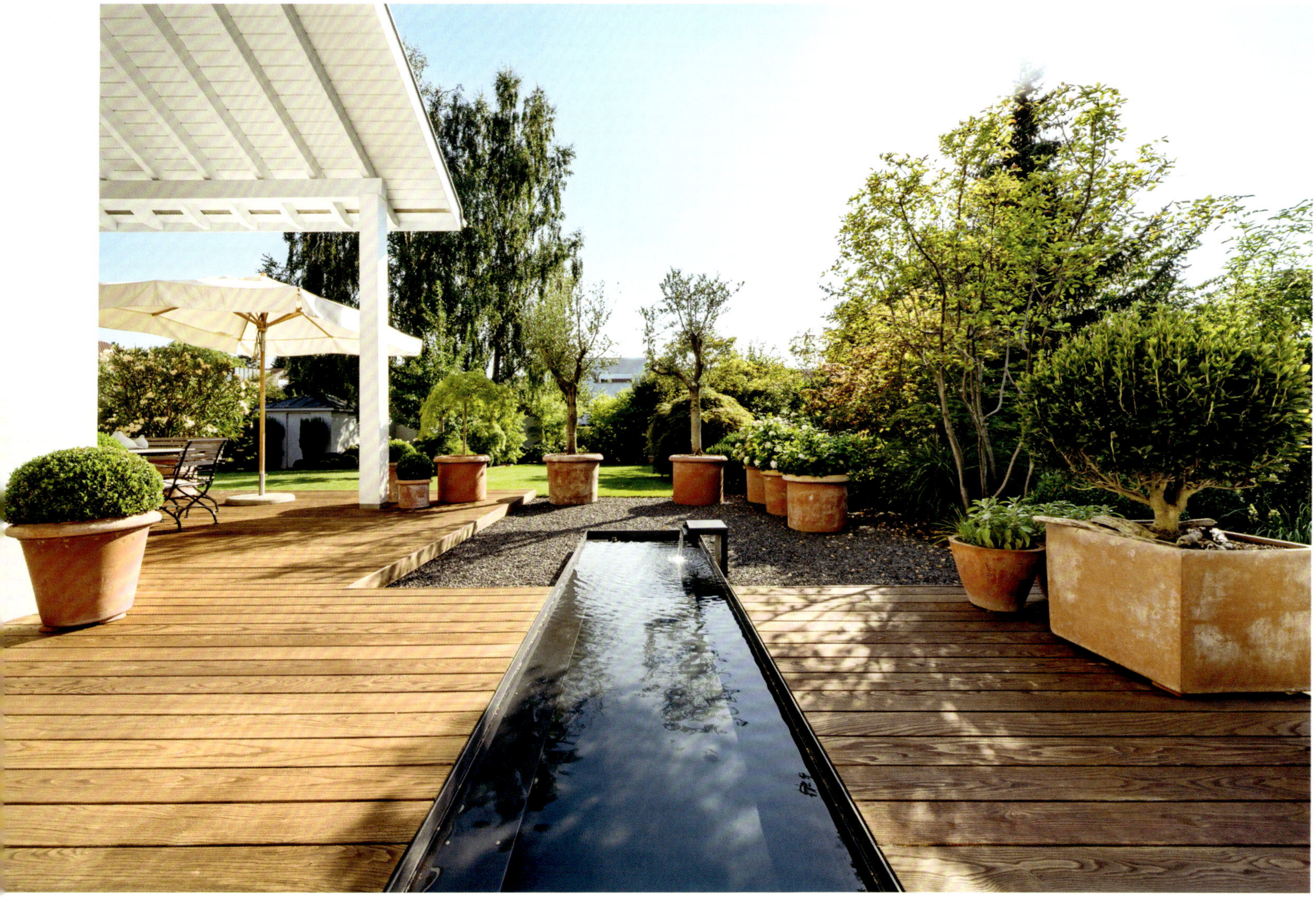

3
4

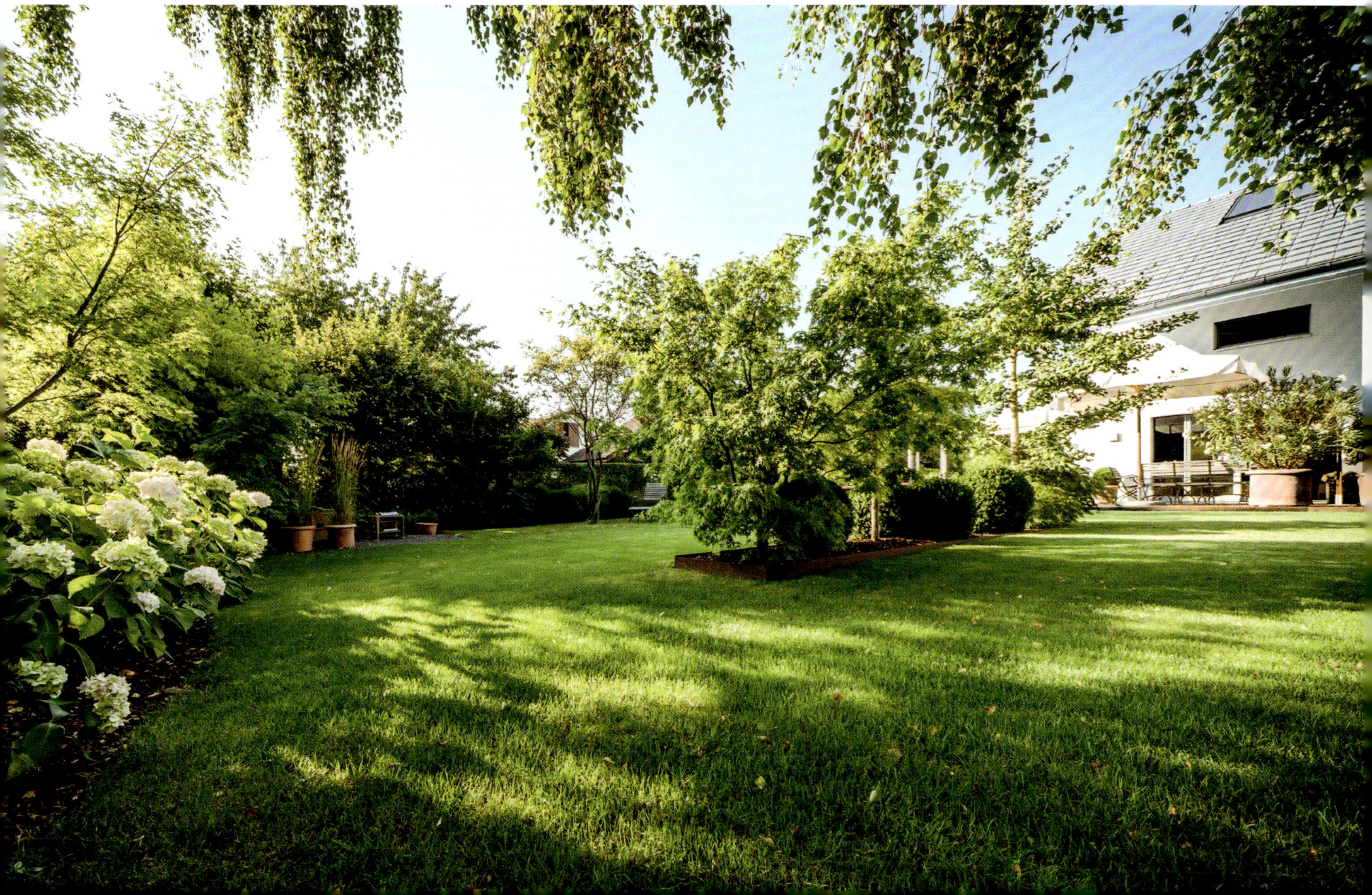

GÄRTEN DES JAHRES Flora Toskana PROJEKTE

Geometrie für ein Hamburger Stadthaus

LAGE DES GARTENS
Garten zu einer Jugendstilvilla, Hamburg

GRÖSSE DES GARTENS
250 m²

PLANUNGSBÜRO
Flora Toskana, Hilde-Lena Burke, umgesetzt von Wandrey Gärtner von Eden

1

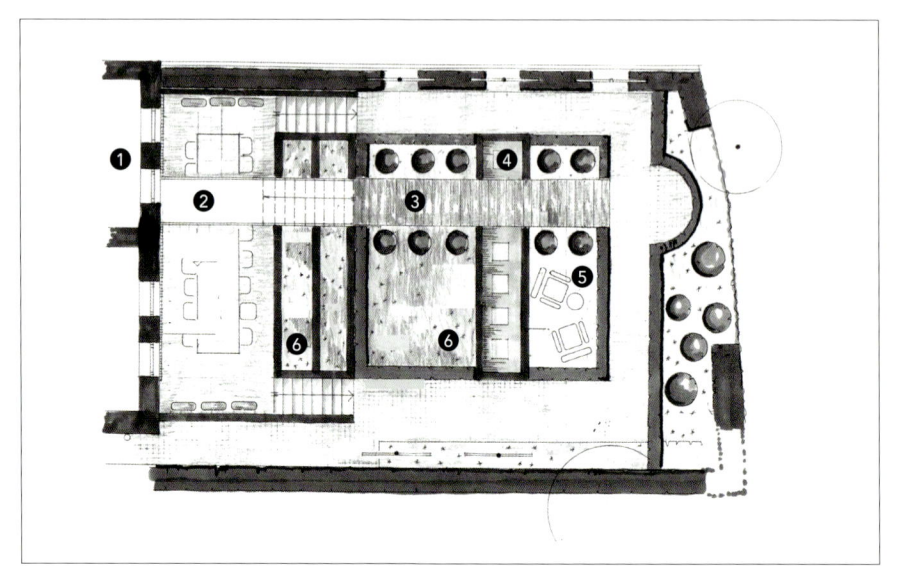

GRUNDRISS

PLAN
1 Wohnhaus
2 Brücke Stahl-Stein
3 Holzsteg
4 Wasserbecken
5 Sitzplatz
6 Stauden

1 Entspannen auf der Holzterrasse über den Dächern der Stadt.

2 Die geometrische Gestaltung sorgt für eine ruhige Atmosphäre, das formale Wasserbecken bildet den unaufdringlichen Ruhepol.

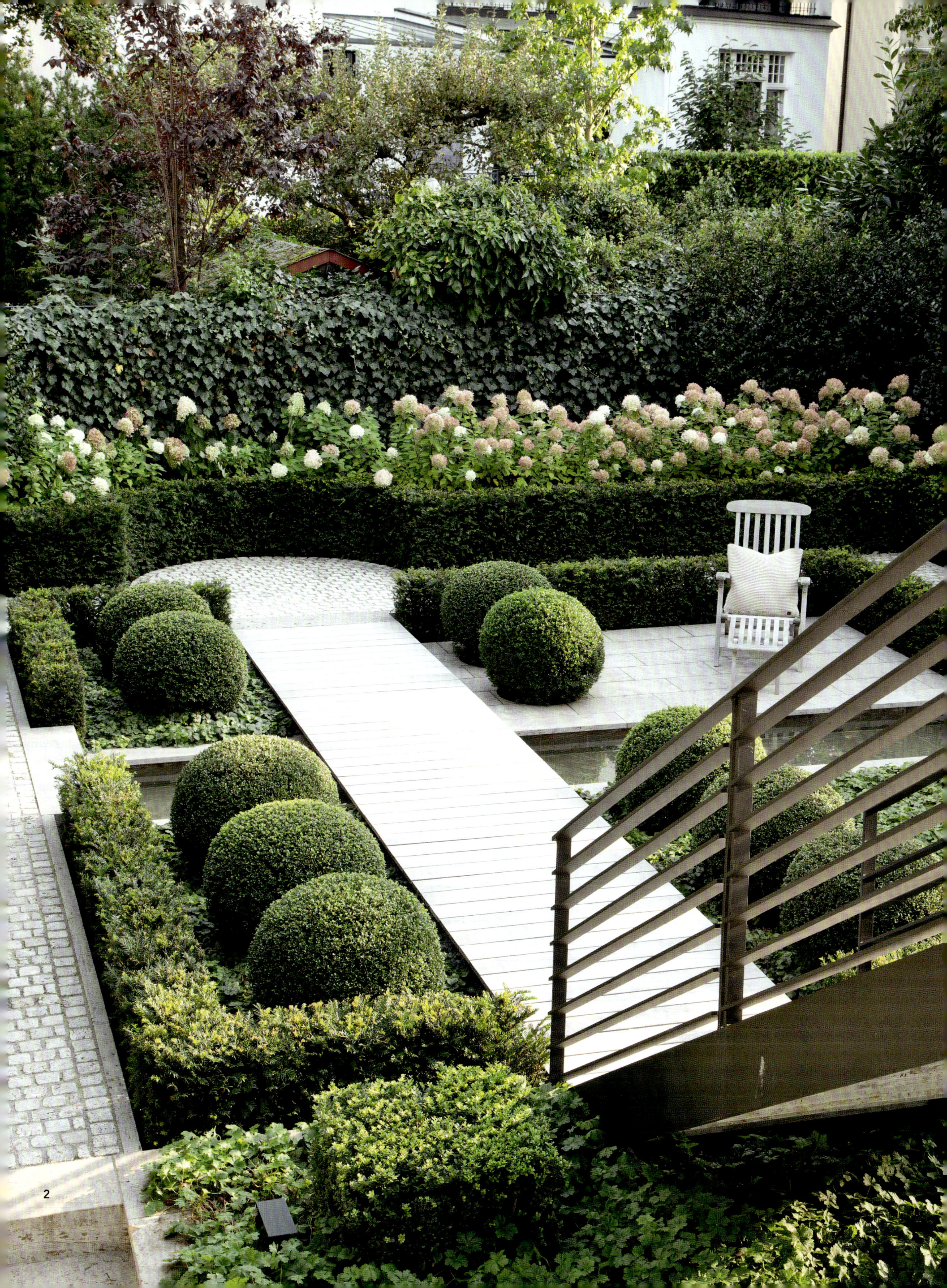

3 Eine der vordringlichen Aufgaben war es, die verschiedenen Wohnebenen mit dem Garten zu verbinden.

4 Rispen-Hortensien sorgen für etwas Verspieltheit zwischen den strengen Formen der Immergrünen.

5 Pflegeleicht: Waldsteinien bedecken den Boden, dazwischen verlaufen Bahnen aus Kelheimer Muschelkalk. Eibenwürfel setzen Akzente.

GÄRTEN DES JAHRES — Flora Toskana — PROJEKTE

E

Ein klassisches Hamburger Stadthaus wurde saniert, der bestehende Garten bei den umfangreichen Arbeiten zerstört. Für das neue Grün wünschte sich die Familie einen pflegeleichten Garten, der zur weißen Jugendstilvilla passt. Und – es sollte möglich sein, den künftigen Außenbereich von allen drei Geschossen des Hauses aus zu nutzen. Doch welcher Gartentypus passt wohl am besten zu einer Hamburger Stadtvilla, insbesondere, wenn nur 250 m² Fläche zur Verfügung stehen?

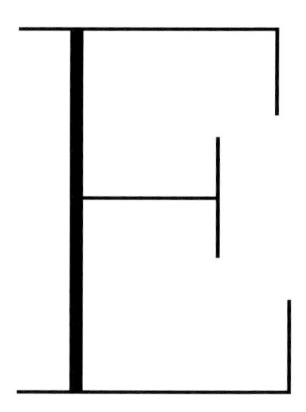

132
133

„Ein Garten ist für mich ein erweiterter Lebensraum. Ich möchte die Atmosphäre des Hauses nach außen tragen."

HILDE-LENA BURKE

Nachdem sie die Villa und das Interieur gesehen hatte, stand für Hilde-Lena Burke fest: es sollte ein geometrisch gestalteter Stadtgarten sein mit edlem Material und Formgehölzen. „Ein Garten ist für mich ein erweiterter Lebensraum. Ich möchte die Atmosphäre des Hauses nach außen tragen", sagt die Gartendesignerin. Passend zur Geradlinigkeit des Hauses erhielt der Garten eine klar gegliederte, geometrische Aufteilung mit Wegen, Terrassen und Pflanzflächen.

Wegen seiner Hanglage besteht das Haus aus einem Untergeschoss mit Garage, einem Treppenaufgang zum Eingang, dem Erdgeschoss sowie einem weiteren Stockwerk. Um auf der kleinen Fläche möglichst viel Garten nutzen zu können, wurden frei stehende Treppen aus Stahl und Stein als Verbindung zwischen Haus und Garten gebaut. So ergaben sich unterschiedliche Gartenbereiche auf vier Ebenen: der Patio im Untergeschoss ist so geschlossen, dass ein intimer Bereich entstand. Im Erdgeschoss befindet sich der Garten mit einem rechteckigen, ebenerdigen Wasserbecken als unaufdringlichem Ruhepol. Sitzplatz und Becken liegen tiefer als die sie umgebenden Wege und Hecken – das erzeugt Spannung. Die dritte und vierte Ebene bilden der Balkon, erreichbar über eine Treppe, und eine einladende Dachterrasse mit Holzdielen, die einen weiten Blick über die Dächer der Stadt bietet.

Um Ruhe in das Gartenbild zu bringen, beschränkte sich Hilde-Lena Burke vor allem auf Immergrüne, bei denen die Geometrie das Sagen hat: Ilex-Hecken *(Ilex aquifolium)* und Hochstamm-Spalierobst rahmen den Garten ein und fungieren als Sichtschutz. Zu Kugeln und Quadern geschnittene Buchsbäume *(Buxus sempervirens)* und Eiben *(Taxus baccata)* gliedern die Pflanzflächen. Immergrüne Waldsteinien *(Waldsteinia)* und Balkan-Storchschnabel *(Geranium macrorrhizum)* bedecken den Boden. Im Frühjahr tragen Schneeglöckchen, Narzissen und Blausternchen *(Scilla)* in Weiß und Zartrosa ein wenig Verspieltheit in den Garten, im Sommer übernehmen die Rispen-Hortensien *(Hydrangea paniculata* 'Pink Diamond') diese Aufgabe.

Edel auch das Material – neben Holz wurde ausschließlich Kelheimer Muschelkalk verwendet. Die Platten für die Terrassen, das Kleinpflaster für die Wege und Stufen, die Mauerabdeckungen, die Wandverkleidung im Patio-Bereich, ja selbst die Innenwände des Wasserbeckens bestehen aus Muschelkalk. Der Naturstein passt hervorragend zur weißen Fassade der Villa, das dunkle Immergrün der Gehölze bietet dazu einen starken Kontrast. So fügt sich der Garten harmonisch in das Bild des Villenviertels ein, als wäre er schon immer da gewesen.

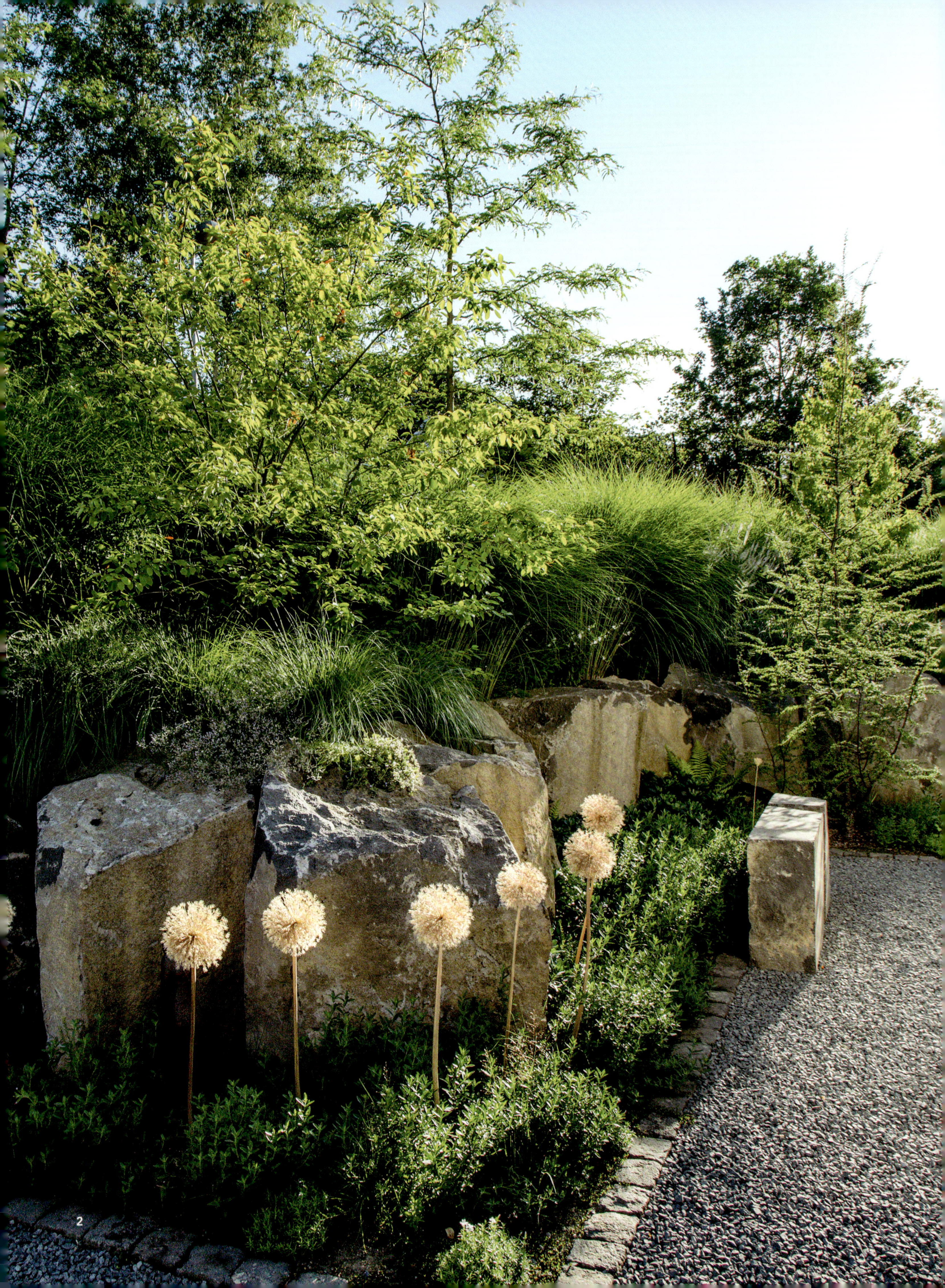
2

Lebendige Landschaft aus Stein

LAGE DES GARTENS
Garten ohne Grenzen — Pflanzenvielfalt mit Steinstruktur; Bad Neuenahr-Ahrweiler, Rheinland-Pfalz

GRÖSSE DES GARTENS
600 m²

PLANUNGSBÜRO
GartenLandschaft Berg

1

GRUNDRISS

PLAN
1 Wohnhaus
2 Terrasse
3 Pagoden-Hartriegel (Cornus controversa)
4 Felsenbirne (Amelanchier lamarckii)
5 Steintisch
6 Steinbank

1 Wertvolle Gehölze, wie der Pagoden-Hartriegel *(Cornus controversa)* oder die Felsenbirne *(Amelanchier lamarckii)*, beleben das Gestein mit Blüten im Frühjahr und Blattschmuck im Herbst.

2 Filigrane Gräser, darunter Chinaschilf (*Miscanthus sinensis* 'Gracillimus'), Stauden, Farne und Gehölze mildern die steinerne Wucht des Granits.

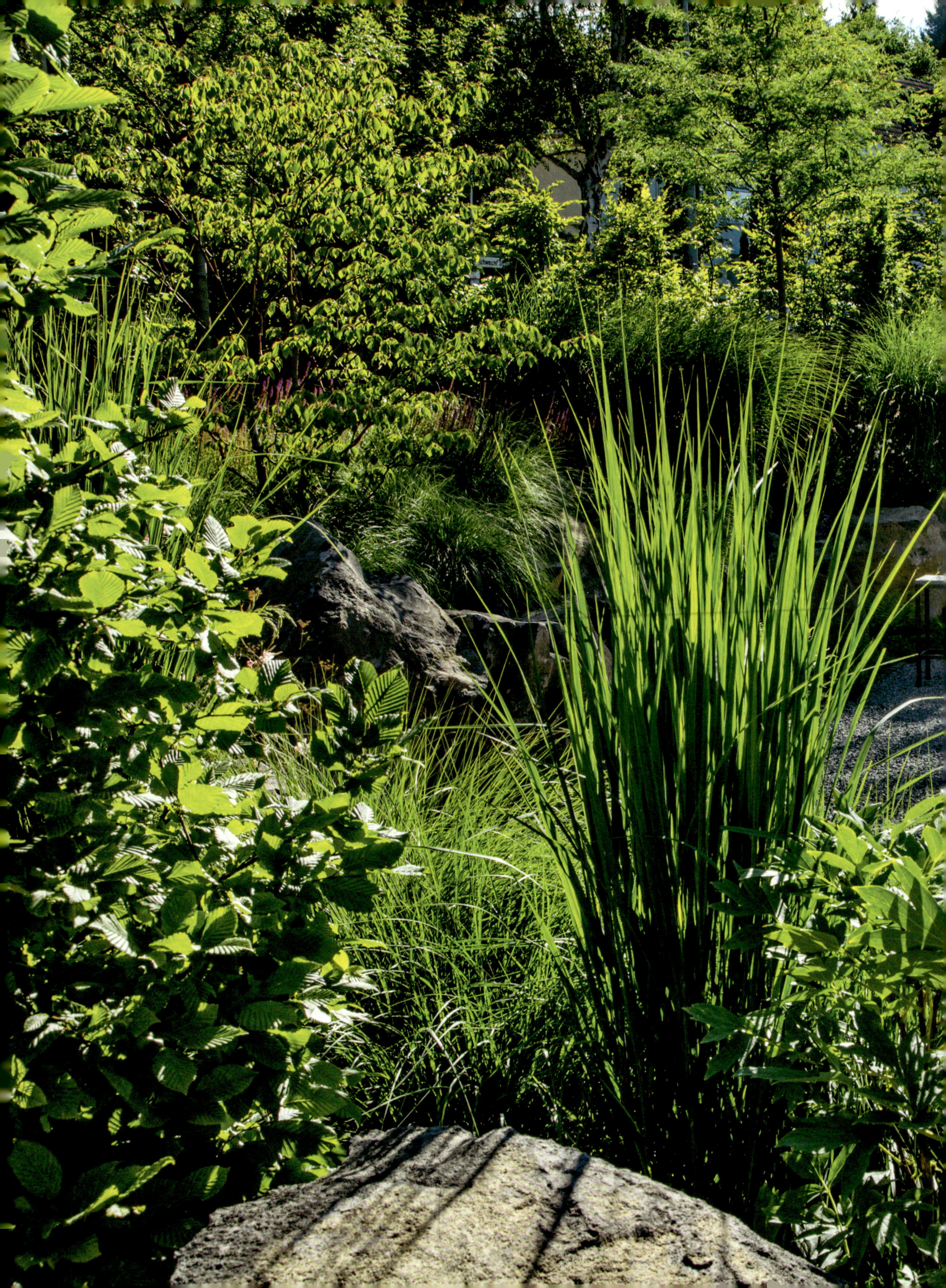

Geschützter Rückzugsraum: Mit der Schaffung des Felsengartens wurde der Garten zum lang ersehnten Ruhepol. Schöner Nebeneffekt des Gesteins: das Kleinklima hat sich im Garten verbessert.

GÄRTEN DES JAHRES   Berg   PROJEKTE

„Wir nutzen Steine bewusst als Kontrast zur Pflanze."

PETER BERG

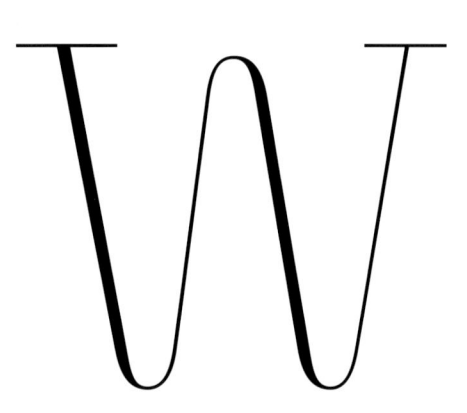

W

Was macht man mit einem relativ steilen Hanggrundstück? Insbesondere, wenn dazu eine stark frequentierte Straße von zwei Seiten für Lärm und das ungute Gefühl sorgt, es könne ein Auto von der Fahrbahn abkommen und in den Garten stürzen? Gartendesigner Peter Berg hatte dazu eine besondere Idee: er terrassierte den Hanggarten mit Basaltfelsen und schuf so eine Landschaft aus Gestein, Gehölzen, Gräsern und Stauden, die zum Ruhepol für die Familie wurde. Gegen das ungute Gefühl wegen der Straße wurde schnellstmöglich ein Lärmschutzwall errichtet, der auch nach außen mit Felsen eingefasst ist – so kann nichts mehr in den Garten stürzen.

Dann wurden unterschiedlich große Basaltfelsen nach einem ausgeklügelten Konzept punktgenau in den Garten gesetzt und die Terrassierung des Grundstücks vorgenommen. Es entstand eine Felsformation mit unterschiedlichen Ebenen. Manche Steine liegen so, dass sie als Treppen durch den Steingarten führen. Andere können als Sitzflächen oder Tischchen genutzt werden. Schöner Nebeneffekt des Mendiger Basalts aus der Eifel: das Kleinklima hat sich für die Pflanzen verbessert, da der Stein am Tag fleißig Wärme speichert und diese am Abend wieder abgibt – ein Effekt, der auch beim Terrassenweinbau im rheinischen Ahrtal genutzt wird.

Reizvoll wirkt dieser Felsengarten aber erst in Kombination mit Pflanzen, die die steinerne Wucht mildern und dem Ganzen Natürlichkeit und Harmonie verleihen. „Wir nutzen Steine bewusst als Kontrast zur Pflanze. Der Stein symbolisiert das Beständige, das Unverwüstliche – in Kontrast dazu steht die Pflanze als das sich verändernde Element", erklärt Peter Berg, der von japanischer Gartenkunst beeinflusst ist. Gerade Basalt harmoniere besonders gut mit Pflanzen, da er so dezent sei.

Beete und Rasenflächen sucht man vergebens, dafür sind Gehölz- und Staudenflächen eng miteinander verwoben. Weißer Kandelaber-Ehrenpreis *(Veronicastrum virginicum)*, dunkelvioletter Steppen-Salbei *(Salvia nemorosa* 'Caradonna'), blaue Schwertlilien *(Iris setosa* 'Baby Blue') und violette Glockenblumen *(Campanula glomerata* 'Joan Elliott') setzen Farbtupfer. Das Spiel der zarten Federborsten- und Silberährengräser *(Pennisetum alopecuroides; Achnatherum calamagrostis)* im Wind bringt Leichtigkeit und Bewegung zwischen die Felsen. Auch Farne fühlen sich in den Felsklüften wohl, deren filigrane Blätter einen feinen Kontrast zum groben Gestein bilden. Hecken aus Hainbuche *(Carpinus betulus)* und Rotbuche *(Fagus sylvatica)* schirmen den Garten zur hoch gelegenen Straße hin ab. Große Bäume wie Sumpfeiche *(Quercus palustris)*, Amberbaum *(Liquidambar styraciflua)* und Gleditschie *(Gleditsia triacanthos* 'Skyline') tragen das vertikale Element in den Felsengarten. Alles fügt sich zu einem harmonischen Ganzen, das sehr natürlich wirkt.

Die Kunst perfekter Platzierung: die Basaltsteine wurden so in den Hang gebaut, dass sie als natürliche Treppen durch den Felsengarten führen.

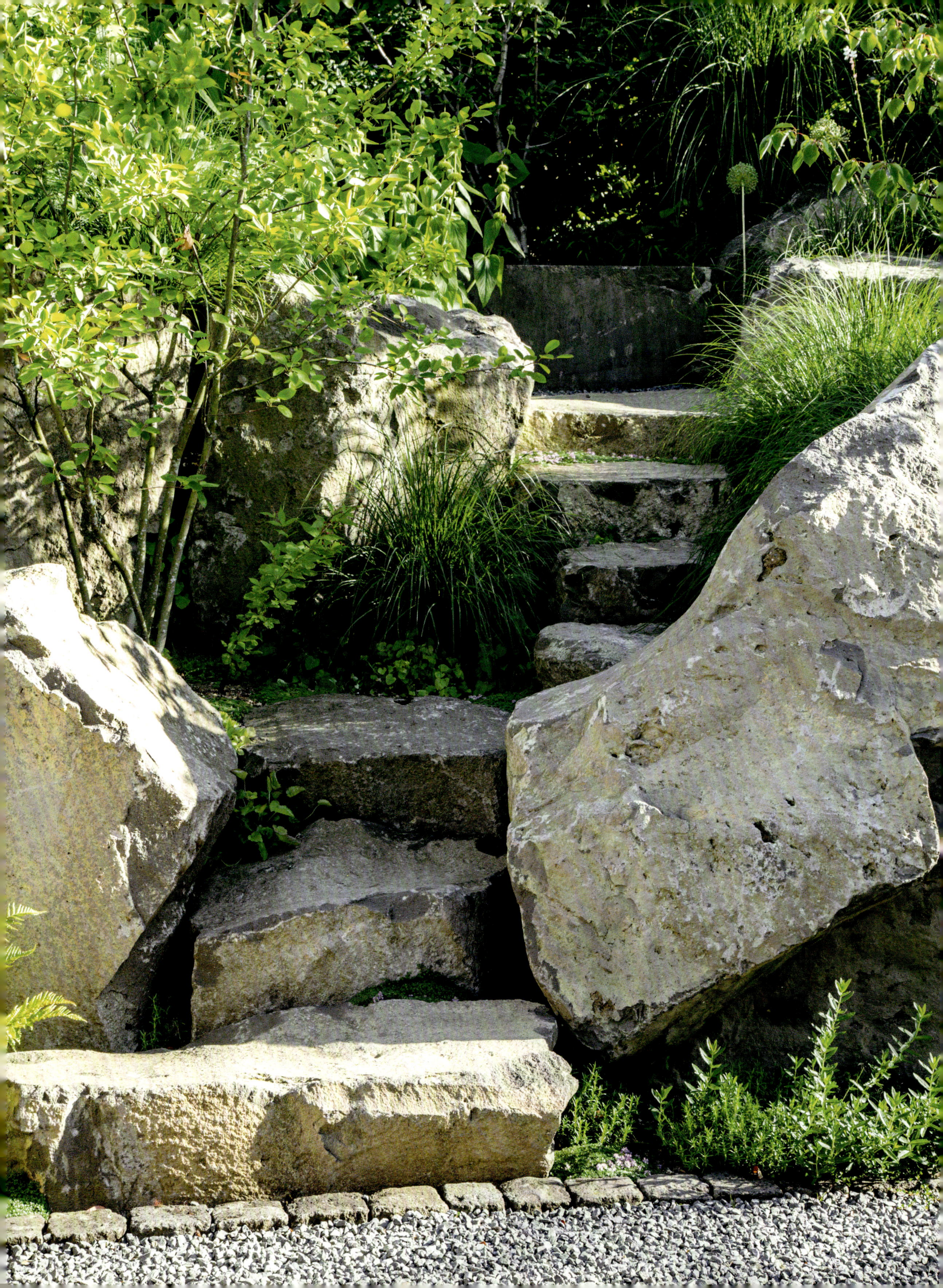

GÄRTEN DES JAHRES GRIMM PROJEKTE

In der Natur angekommen

LAGE DES GARTENS
Privatgarten „Daheim angekommen"; Gottmadingen, Baden-Württemberg

GRÖSSE DES GARTENS
ca. 700 m²

PLANUNGSBÜRO
GRIMM garten gestalten

1

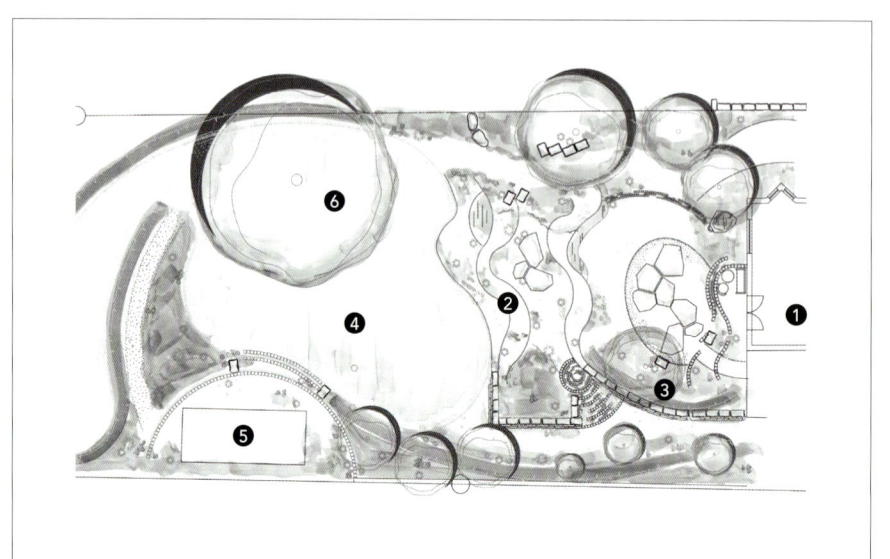

GRUNDRISS

PLAN
1 Wohnhaus
2 Stahlstufen
3 Trockenmauer
4 Spielwiese
5 Schuppen
6 Apfelbaum (Malus)

1 Schönheit im Kleinen entdecken: Wie lange Fühler streckt der Schuberts Lauch *(Allium schubertii)* seine langen dünnen Röhren mit den kugeligen Dolden aus, die, selbst vertrocknet, eine Augenweise sind.

2 Wasser rinnt in ein kleines organisches Becken an einer der Stahlstufen, die den Hanggarten terrassieren. Die artenreiche Bepflanzung sorgt für abwechslungsreiche Gartenbilder. Links vorn eine Zwerg-Felsenbirne *(Amelanchier ovalis var. pumila)*, rechts daneben ein Behaarter Ginster *(Genista pilosa)*.

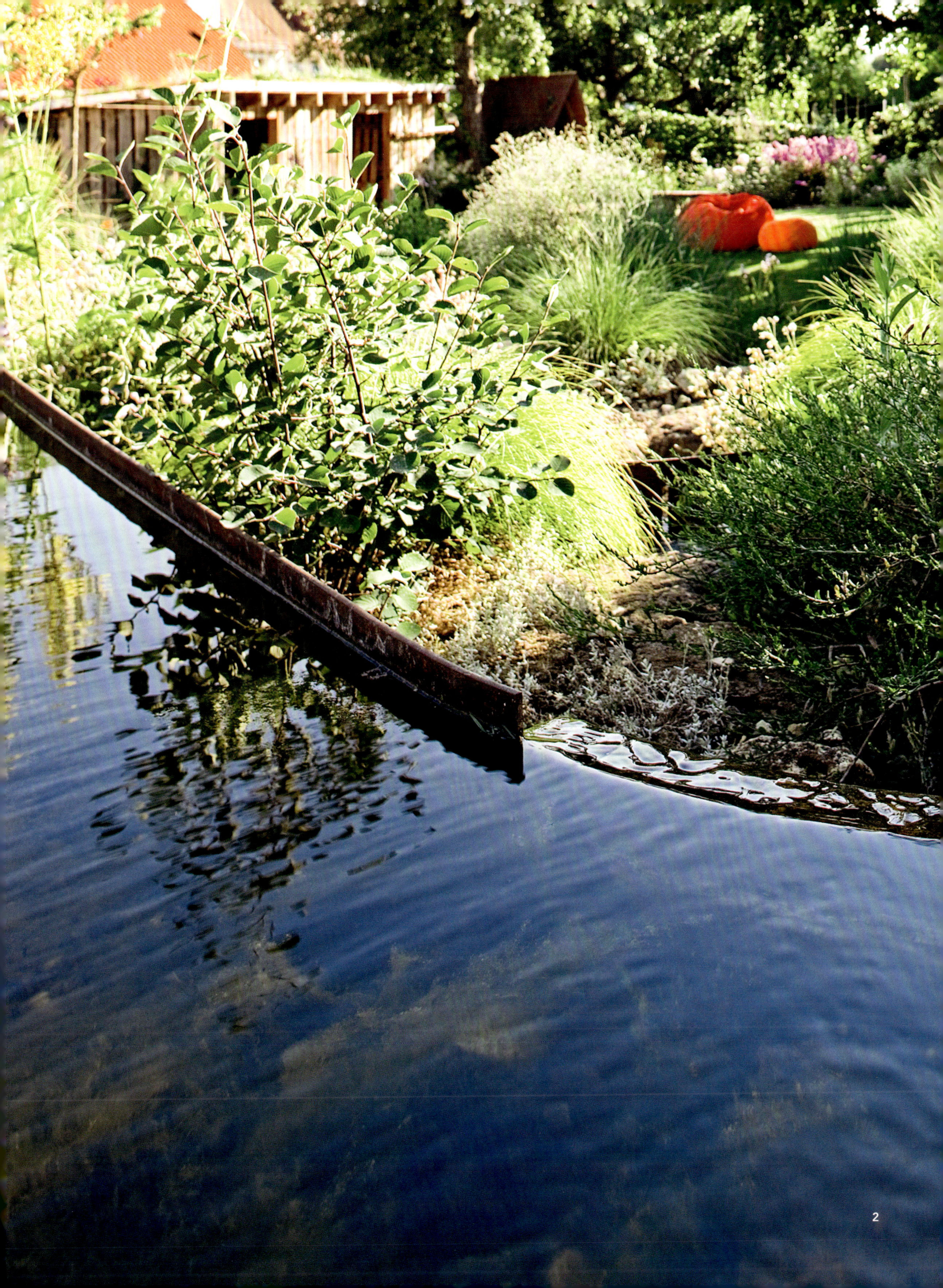

2

> „Zentrales Thema des Familiengartens sind die geschwungenen organischen Formen, die von den Gestaltungselementen aufgegriffen werden."
>
> MICHAEL GRIMM

Das Holzhaus mit den blauen Fensterläden am Ortsrand von Gottmadingen im Hegau hebt sich wohltuend von den anderen Einfamilienhäusern ab. Dazu passt der naturnah gestaltete Familiengarten mit dem markanten alten Apfelbaum. Zentrales Thema dieses Gartens sind die organischen Formen: sie werden vom Wasserlauf, den Stahlbändern im Hang, den Rasenwegen und Treppenanlagen, ja selbst von der Form der Hecken aufgegriffen. „Alles hat Schwung, nichts ist statisch – es ist ein sehr lebendiger Garten", findet Michael Grimm, Gartenbautechniker.

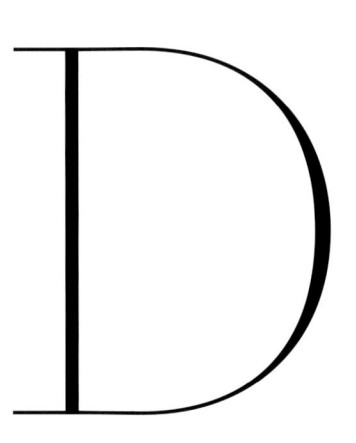

Ursprünglich fiel das Hanggrundstück in der Länge ab. Daher wurde der Hang mit Stahlbändern terrassiert und dabei möglichst unauffällig abgestützt. „Es war gar nicht so einfach, die Schwünge mit den Stahlbändern so hinzubekommen, dass es harmonisch und stimmig wirkt. Dazu mussten wir sie ein paar Mal anpassen, denn der Schwung sollte ja nicht einheitlich, sondern lebendig sein, um Bewegung auszudrücken", erklärt Michael Grimm. Die dadurch entstandenen Ebenen sind als bepflanzte Kieslandschaften gestaltet, durch die sich ein kleiner Bachlauf zieht. Gespeist wird der Bach von einem Brunnen in Terrassennähe. Wasser rinnt aus dem Natursteintrog, sammelt sich in einer Rinne aus Stahlblech und fließt schließlich in ein kleines organisch geformtes Wasserbecken an der ersten Stahlstufe. Von dort läuft es in einem kleinen Bachlauf den terrassierten Hang hinab, an dessen Ende es scheinbar versickert.

Vorhandene Gehölze und Natursteine wurden bei der Umgestaltung des Grundstücks nur sanft verändert, Neues möglichst fließend in das Bestehende integriert. Selbst die Buchenhecke an der Grundstücksgrenze greift die geschwungenen Formen auf. Sie scheint aus den üppigen Staudenbändern sanft auf und ab zu schwingen, ist mehr Gestaltungselement, denn bloßer Sichtschutz zum Nachbarn. Gehölze, wie die große Blasenesche *(Koelreuteria)* am Haus laden in den Garten ein. Ein *Ginkgo biloba* 'Horizontalis', breit und flach, beschattet mit seinen ausladenden Ästen die Terrasse. Artenreiche Stauden wie Ziest *(Stachys monnieri)*, Silberlaubiger Lavendel *(Lavandula* x *chaytoriae* 'Richard Gray'), Thymian *(Thymus vulgaris)* und Zwerg-Flockenblume *(Centaurea bella)* sorgen für Farbe und bieten Bienen, Schwebfliegen und Schmetterlingen Nahrung.

Bei so viel Naturnähe ist es nur konsequent, wenn der Nachhaltigkeitsgedanke auch bei der Materialauswahl eine Rolle spielt. Für die Sitzsteine und die Großpflasterstufen kam deshalb gebrauchter Granit zu neuen Ehren. Auch die Trockenmauern und der Bachlauf bestehen aus wiederverwendetem Material, dem seltenen Tengener Muschelkalk. Früher wurde dieser regional typische Stein ganz in der Nähe abgebaut, heute bekommt man ihn fast nur noch aus Abbruchhäusern. Gerade diese schönen Details mit Patina und Geschichte sind es, die dem Garten seine natürliche Atmosphäre verleihen.

3 Stahlbänder terrassieren den Hang auf ungewöhnliche Weise – mit Leben füllen ihn Stauden, wie die Duftnessel *(Agastache foeniculum)* oder der Zottige Ziest *(Stachys monnieri* 'Hummelo') und natürlich der schön gewachsene alte Apfelbaum.

4 Zwischen den Stahlbändern liegt eine kleine Kies-Terrasse, auf der sich Steingartenstauden wie Zwerg-Flockenblume *(Centaurea bella)* oder *Sedum*-Arten wie Spanischer Mauerpfeffer *(Sedum hispanicum* var. *minus)* und Hohe Fetthenne *(Sedum telephium* 'Herbstfreude') wohlfühlen.

1

Kühle Fassade – lebendiges Umfeld

LAGE DES GARTENS
Garten zu einem Einfamilienhaus; Tübingen, Baden-Württemberg

GRÖSSE DES GARTENS
850 m²

PLANUNGSBÜRO
H. Janssen GmbH Co. KG, Reutlingen

1

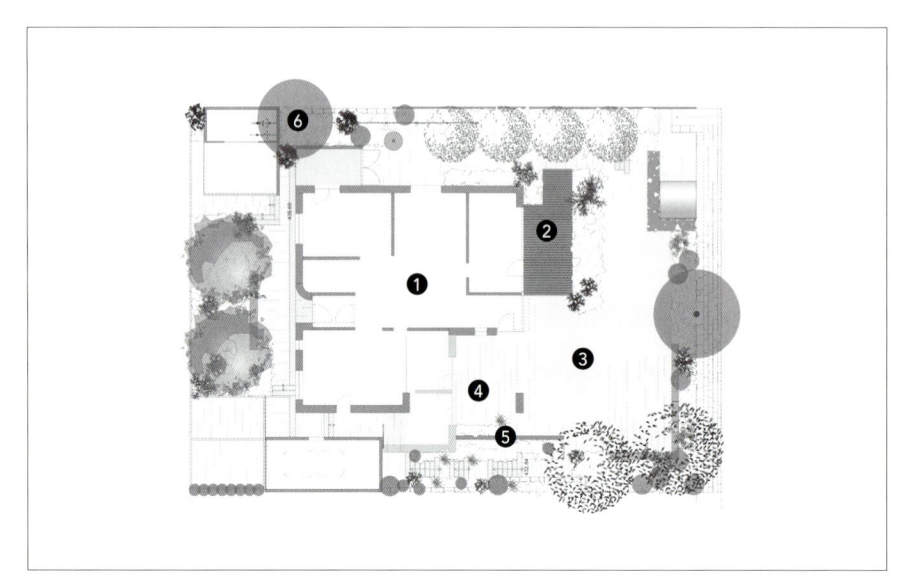

GRUNDRISS

PLAN
1 Wohnhaus
2 Holzterrasse mit Rosenbeet
3 Rasen
4 Platten Muschelkalk
5 Ortbetonmauer
6 Zeder (Cedrus)

1 Dem mit Corten-Stahl verkleideten Wohnhaus sollte ein lebendiger blütenreicher Garten entgegengestellt werden. An der sonnigen Terrasse blüht der Lavendel besonders üppig.

2 Die klare Gliederung des Gartens bietet den Rahmen für das üppige Grün.

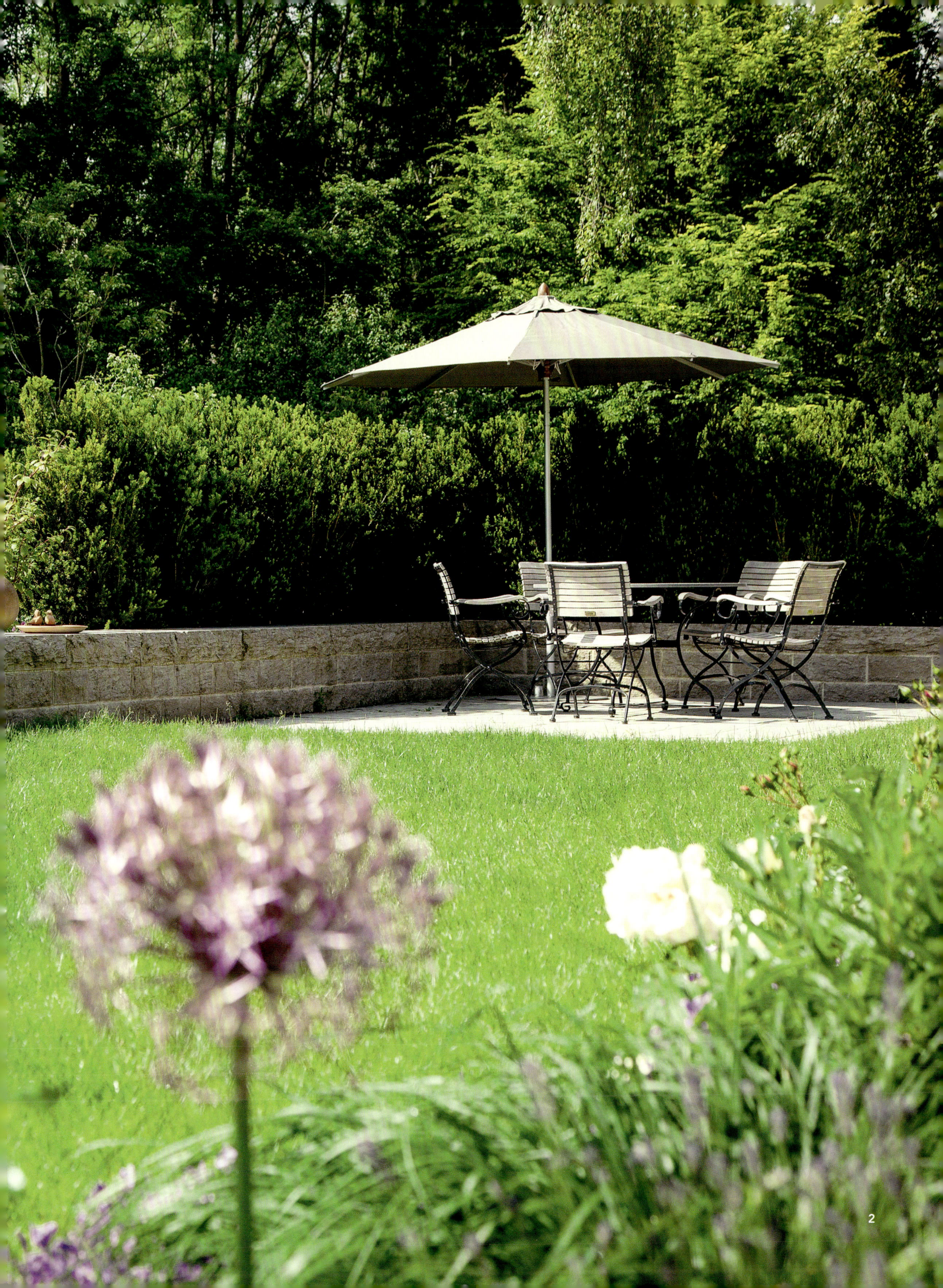
2

In einer Baulücke entstand im ländlich gelegenen Tübinger Vorort Kressbach ein sehr modernes Wohnhaus mit einer auffallenden Fassade aus Corten-Stahl. Das Gebäude sticht unter den Nachbarhäusern aus den 70er-Jahren deutlich hervor. Für Dietmar Brakmann war es daher wichtig, den Architekturstil des Bauwerks und das vorhandene Umfeld zu einer harmonischen Einheit zusammenzuführen. Passend zum Haus sind die Grundstrukturen des Gartens klar gegliedert. Sie geben den Rahmen für die üppige Gehölz- und Staudenpflanzung vor. Sorgfältig zusammengestellte Pflanzenbilder schaffen harmonische Übergänge zur umgebenden Natur. Die Rasenfläche erzeugt Weite und bringt Ruhe in die Gestaltung.

3 Zur auffallenden Fassade aus Corten-Stahl passen zurückhaltende Materialien, etwa der Fränkische Muschelkalk für die Platten.

4 Die Grundstrukturen sind formal und streng und geben den Rahmen für die Gehölz- und Staudenpflanzung vor, die Haus und Garten mit der ländlichen Umgebung in Einklang bringt.

4

„Es ist uns wichtig, bei der Auswahl der Materialien bescheiden zu bleiben und Rücksicht auf den Baukörper und die Umgebung zu nehmen."

DIETMAR BRAKMANN

Gehölze und Stauden tragen Lebendigkeit und Farbe in den Garten und machen ihn damit „wohnlich". „Der kühlen Fassade musste man etwas Lebendiges entgegensetzen. Daher ist es immer wichtig, dass der Bauherr ein Pflanzenbudget hat", sagt Gartenbautechniker Dietmar Brakmann. In diesem Fall kann sich die lange Pflanzenliste für Vorgarten, Ost-, West- und Südseite sowie für das Sonnenbeet an der Holzterrasse sehen lassen. Die Pflanzen wurden so gewählt, dass der Garten mehrere Blütenhöhepunkte im Jahr bis in den späten Herbst hinein erlebt. Im Frühjahr und Sommer erfüllen Chinesischer Blumen-Hartriegel *(Cornus kousa* var. *chinensis)*, Zierapfel *(Malus* Hybride 'Evereste'), Garten-Flieder *(Syringa vulgaris* 'Mme. Lemoine') und Duftschneeball *(Viburnum burkwoodii)* den Garten mit dem süßen Duft ihrer Blüten. Dazu laden die intensiv violetten Blütensterne der Dalmatiner Polster-Glockenblume *(Campanula portenschlagiana)* und die rosa Blüten des Grauen Storchschnabels *(Geranium cinereum* 'Ballerina') Bienen und Hummeln zum Nektarschmaus im Sonnenbeet an der Holzterrasse ein. Für die Winter-Gartenbilder sind Immergrüne wie Strauch-Kegeleiben *(Taxus media* 'Hillii') zuständig.

Wegen der auffallenden Fassade wählte Dietmar Brakmann für Terrassen und Treppen Fränkischen Muschelkalk, der mit seinen braunen Einschlüssen sehr gut zum Rostton des Stahls, zum Granitpflaster (Rinchnacher Granit) und den sandgestrahlten Betonblockstufen passt. Auch die Mauern im Eingangs- und Gartenbereich bestehen aus bruchrauem (bossiertem) Muschelkalk, schaffen Räume und dienen als Sitzgelegenheit. Das Zusammenspiel der Materialien und Pflanzen ist gelungen. „Wir sind immer daran interessiert, mit möglichst wenig verschiedenen Materialien auszukommen. Daher ist es uns ein Anliegen, bei der Auswahl bescheiden zu bleiben und Rücksicht auf Baukörper und Umgebung zu nehmen", betont Dietmar Brakmann.

GÄRTEN DES JAHRES — Helene Hölzl — PROJEKTE

Gerahmte Dolomiten

LAGE DES GARTENS
Kilianhof; Andrian, Südtirol, Italien

GRÖSSE DES GARTENS
1.500 m²

PLANUNGSBÜRO
Helene Hölzl Landschaftsarchitektur

1

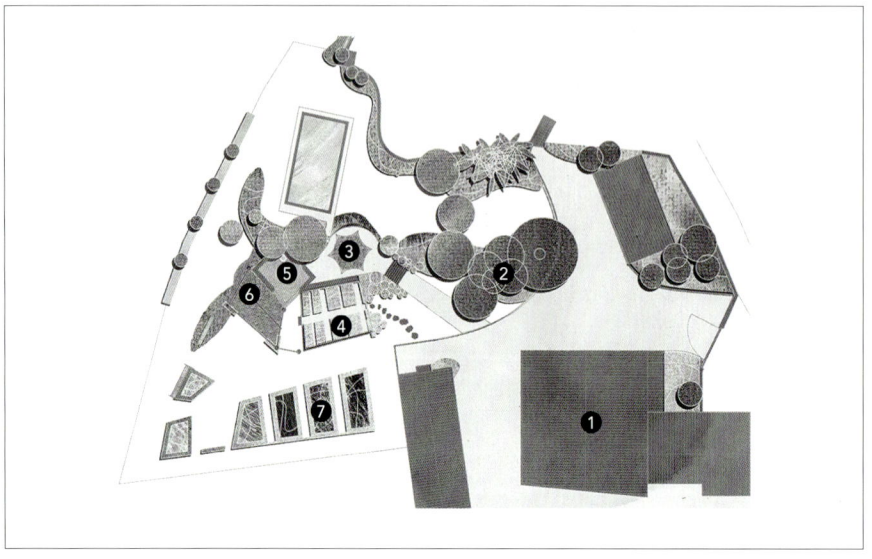

GRUNDRISS

PLAN
1 Wohnhaus
2 Laubwäldchen
3 Pavillon
4 Kräutergarten
5 Alte Mühle
6 Glyzinenlaube
7 Staudenparterre mit Rosenbögen

1 Dolomiten durch Rosenbögen betrachtet — im Vordergrund Samenstände des Knoblauchs, dahinter die der Küchenzwiebel und des Mohns.

2 Der Blick geht automatisch hinüber zu den Dolomiten und hinunter ins weite Tal — er bleibt dank luftiger Konstruktion der Pergola unverstellt.

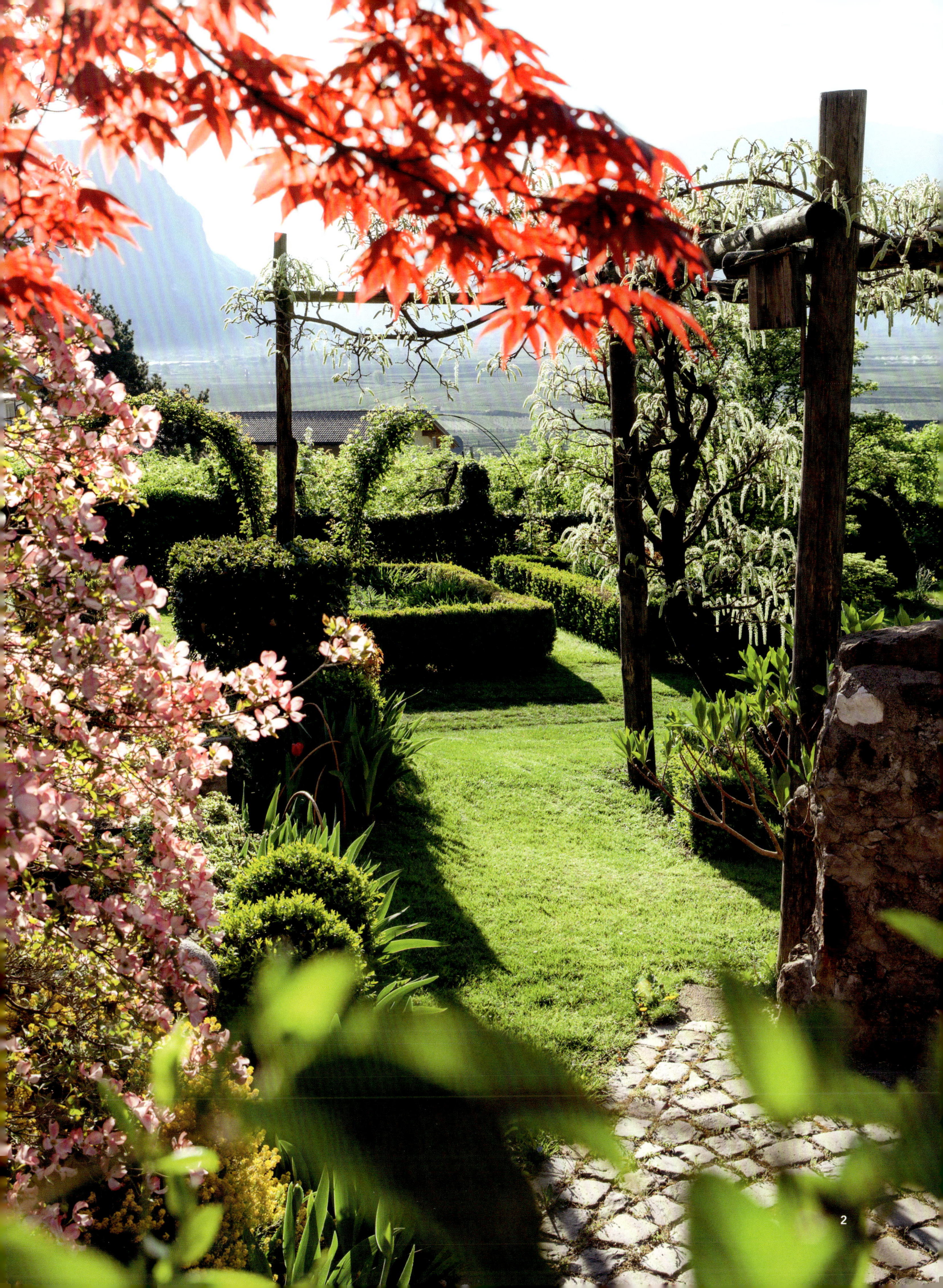

Blick ins Überetsch (St. Pauls/Eppan) im Frühjahr: auf den Beeten blühen lilienblütige Tulpen der Sorte 'White Triumphator', ein Klassiker.

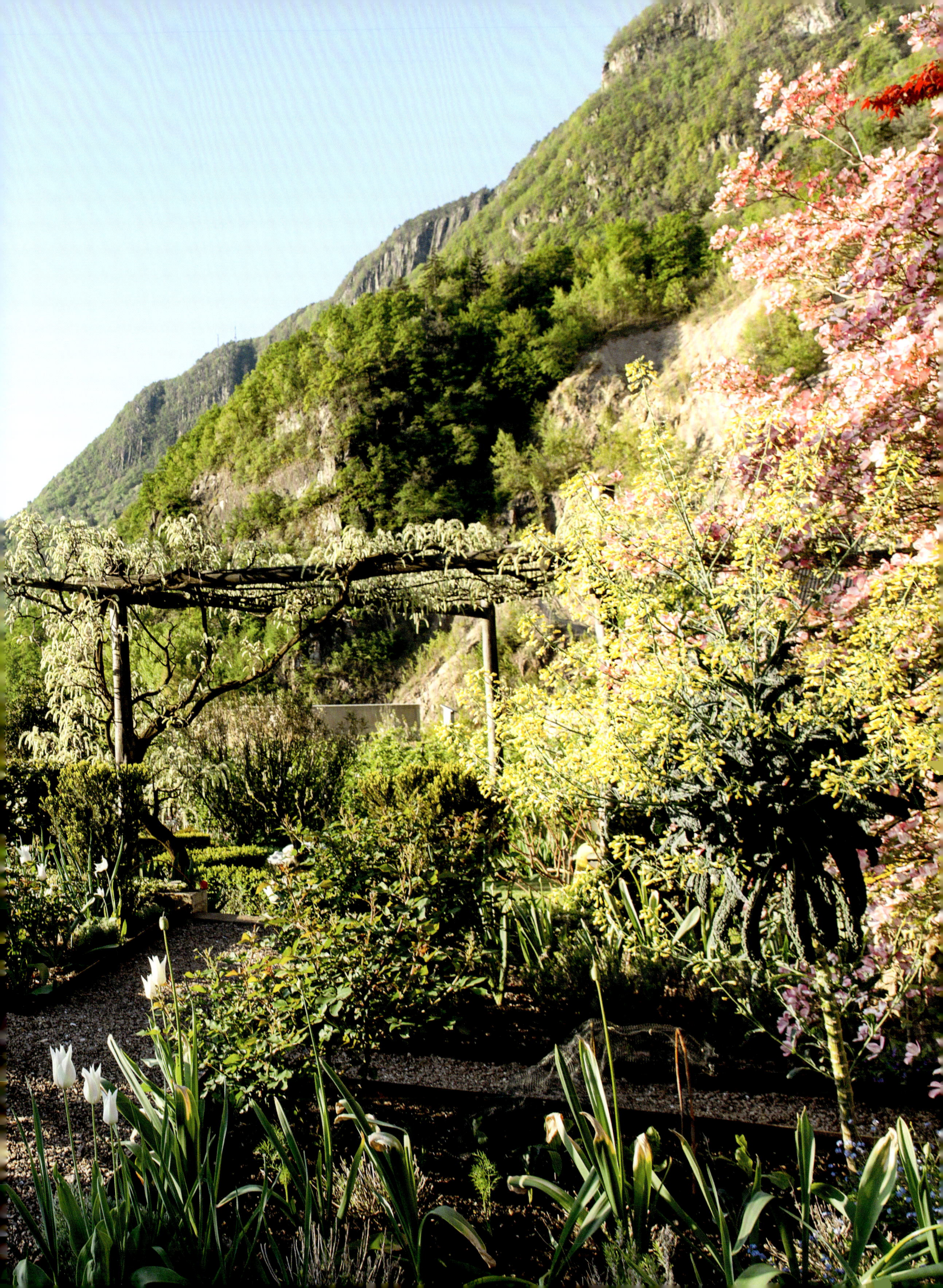

GÄRTEN DES JAHRES — Helene Hölzl — PROJEKTE

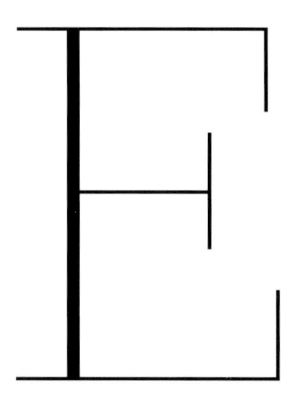

E**s gibt Gärten, da spielt der Ausblick in die Landschaft eine ganz besondere Rolle. Ein solcher Garten gehört zum Kilianhof, einem Südtiroler Obst- und Weinhof in Andrian (mittleres Etschtal). Von der Hochfläche aus wandert der Blick ganz automatisch auf das Weltkulturerbe Dolomiten mit seinen spektakulären Felsformationen. Ein solcher Garten muss sich weit öffnen, muss in die Landschaft eingebettet sein. Er wird nicht auf die Schnelle in einem Sommer aus dem Boden gestampft – er entwickelt sich über Jahre.**

> „Es ist ein wunderbar gepflegter Garten – das liegt an der ganz besonderen Beziehung, die die Bäuerin zu den Pflanzen hat."
>
> HELENE HÖLZL

„Am Anfang war es nicht klar, was aus dem Garten wird. Ich bin mit der Entwicklung mitgegangen, habe mich dieser immer wieder angepasst – als Landschaftsarchitektin habe ich dabei viel gelernt", erzählt Helene Hölzl. Seit 2001 gestaltet sie zusammen mit der Bäuerin des Kilianhofs Stück für Stück den 1.500 m² großen Garten. Anfangs hatte Helene Hölzl alle Bereiche des Gartens durchkonzipiert, im Laufe der Zeit wurde sie zur sporadischen Begleiterin. Die Bäuerin setzte vieles eigenhändig um und entwickelte dabei eine große Passion für ihren Garten.

So entstanden in dem warmen Klima Südtirols sieben verschiedene Gartenbereiche mit eigenem Charakter. Elemente aus der klassischen Gartenkunst wie Buchsrabatten, eine Mühlenruine oder ein Teehaus sorgen für Struktur und Perspektive, schaffen Achsen und Blickbeziehungen in die Landschaft. „Es ist ein wunderbar gepflegter Garten – das liegt an der ganz besonderen Beziehung, die die Bäuerin zu den Pflanzen hat. Jede Blütenpflanze, jeder Baum gedeiht dort üppig und kräftig, wie ich es noch nicht gesehen habe", schwärmt Helene Hölzl.

Im unteren Gartenbereich, dem Stauden-Parterre, umrahmen Buchs und Eiben Beete in verschiedenen Farbtönen – je nach Jahreszeit. Drei Rosenbögen verbinden die Beete und umrahmen den Ausblick auf das Tal und die Berge. Im ältesten Teil des Gartens steht eine befestigte Mühlenruine – das Gemäuer erinnert an die alten übergemeindlichen Mühlrechte des Hofs. Hier entstand ein symmetrisch angelegter Kräutergarten mit Laube, die von einer prächtigen weißen Glyzine erobert wird. Von dort hat man einen herrlichen Blick auf das Überetsch.

Hinauf geht es an Buchsbaum-Kugeln und üppigen Pfingstrosen vorbei, zum Mittelpunkt des Gartens, einem kleinen Teehaus. Die luftige Metallkonstruktion wird von einem Japanischen Ahorn *(Acer palmatum)* und einem Perückenstrauch *(Cotinus coggygria)* malerisch eingerahmt.

Nahe am Haus steht ein Laubwäldchen aus Ahorn, Ginkgo, Japanischem Blumen-Hartriegel *(Cornus kousa)* und einem 50-jährigen Aprikosenbaum. Im Sommer findet man hier kühlen Schatten und einen abwechslungsreichen Unterwuchs aus Salomonssiegel, Blaublatt-Funkien *(Hosta sieboldiana)* und Farnen. Im Herbst kleiden sich die Blätter der Laubbäume in leuchtendes Orange und Rot. Im Frühjahr, wenn die Bäume noch kahl sind, schlägt dann die Stunde der Geophyten. Selbst für tropische und typisch mediterrane Gewächse gibt es einen idealen Standort: im Schutz der warmen Mauer, die das Grundstück im Norden vom Nachbarn trennt, gedeihen Zistrosen *(Cistus)*, Granatapfel *(Punica granatum)*, Fächerpalmen *(Washingtonia)* und Lorbeer *(Laurus nobilis)*.

3 Im Zaubergarten: der knorrige, über 50 Jahre alte Aprikosenbaum verleiht mit seinem charaktervollen Habitus diesem Gartenteil eine besondere Atmosphäre.

4 Der luftige pinkfarbene Pavillon ist mit Sträuchern gerahmt, die ihm in puncto Farbe in nichts nachstehen. Ganz links: Roter Perückenstrauch (*Cotinus coggygria* 'Royal Purple'), hinter dem Pavillon: ein Roter Blumen-Hartriegel (*Cornus florida* 'Rubra') und ganz rechts: ein Fächer-Ahorn (*Acer palmatum*).

5 Staudenbeete im Sommer in voller Blüte – im Vordergrund Sonnenhut (*Echinacea purpurea*) und Ziersalbei (*Salvia nemorosa*).

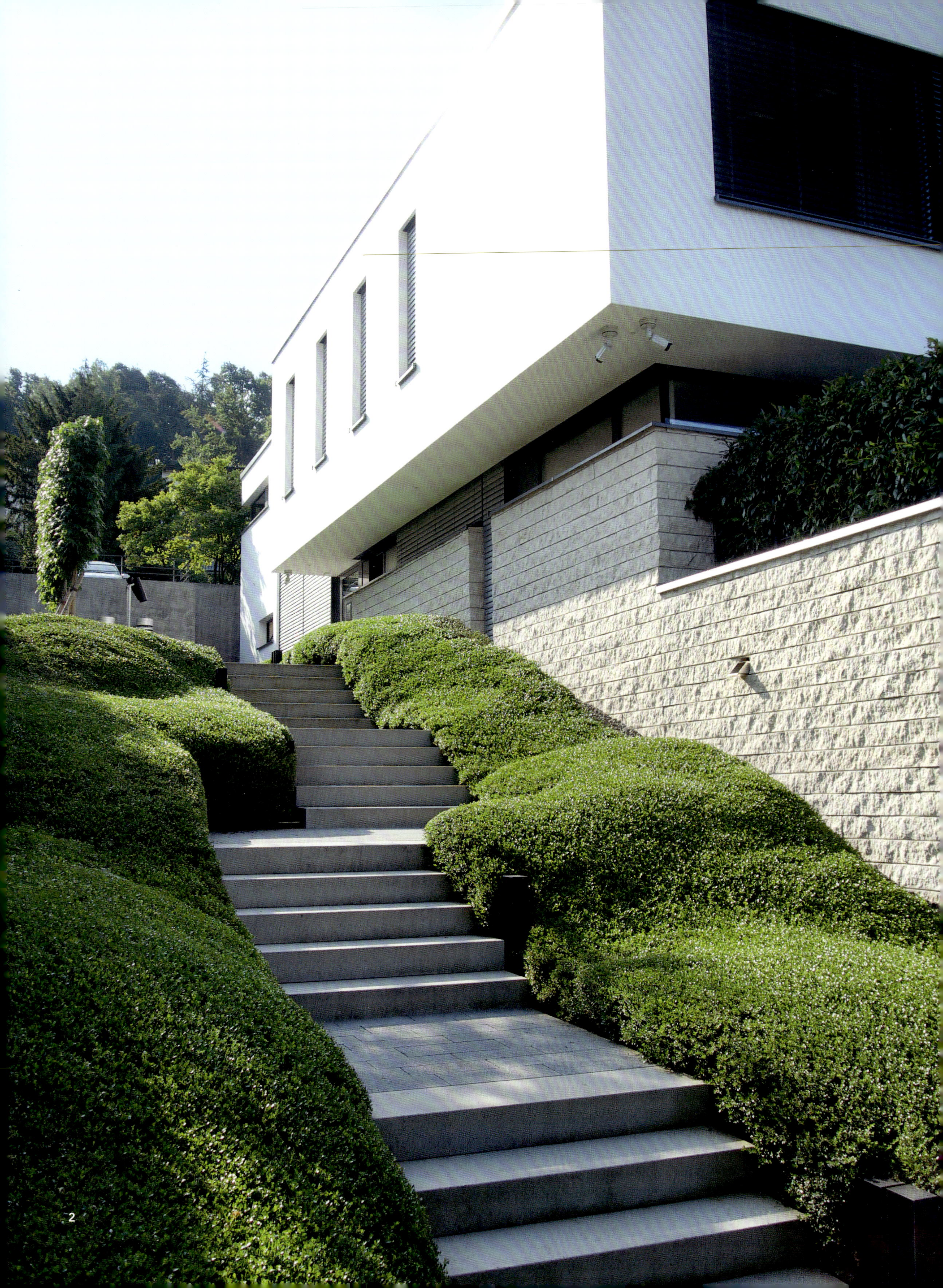

Freie Sicht – und doch nicht auf dem Präsentierteller

LAGE DES GARTENS
Garten zum Neubau eines Einfamilienhauses; Sindelfingen, Baden-Württemberg

GRÖSSE DES GARTENS
1.650 m²

PLANUNGSBÜRO
Freiraumplanung Sigmund

1

PLAN
1 Wohnhaus
2 Wohngarten
3 Pool
4 Morgengarten
5 Treppenwolke Berg-Ilex
6 Böschungsbereiche Stauden und Gehölze

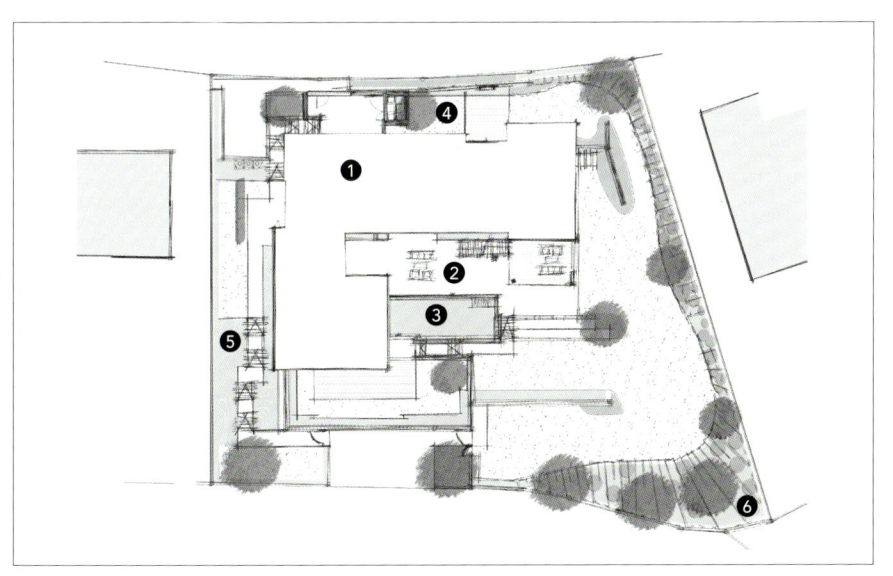

GRUNDRISS

1 Aufgrund der Topografie des Grundstücks mit seiner Hanglage über drei Etagen hinweg ist der Garten in einzelne Bereiche unterteilt, die mit großzügig um das Haus fließenden Rasenflächen miteinander verbunden sind.

2 Treppenaufgang mit wellenförmig geschnittenem Berg-Ilex (Ilex crenata).

GÄRTEN DES JAHRES   Sigmund   PROJEKTE

E

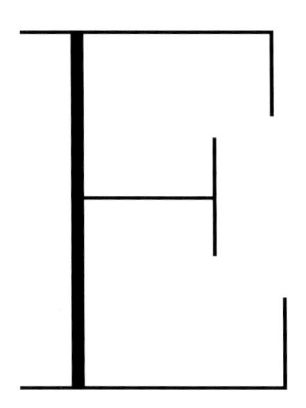

Ein gewachsenes Wohngebiet aus den 50er- und 60er-Jahren in Sindelfingen nahe Stuttgart mit Gärten aus dieser Zeit – hier findet gerade ein Umbruch statt. Häuser werden modernisiert oder abgerissen und durch neue ersetzt, wie in diesem Fall: ein großes Haus, nüchtern und modern, entstand auf dem Hanggrundstück mit Blick auf die Stadt und die umgebende Hügellandschaft. Der Landschaftsarchitekt wurde spät hinzugezogen. „Das war eine Herausforderung, wir haben gleich mit der Werkplanung angefangen", erinnert sich Christoph Stöldt an die Situation.

„Die Bereiche nahe am Haus greifen die klaren Formen des Gebäudes auf, gehen dann in fließende, freiere Formen über, je weiter sie vom Gebäude entfernt sind."

CHRISTOPH STÖLDT

Aufgrund der Topografie des Grundstücks mit seiner Hanglage über drei Etagen hinweg teilte er den Garten in einzelne Bereiche. Sie haben ganz unterschiedliche Erscheinungsbilder, werden aber von den um das Haus fließenden Rasen- und Pflanzflächen miteinander verbunden. So entstanden Bereiche, die von außen nicht einsehbar sind, und solche, die den Garten zur Stadt und umgebenden Landschaft hin öffnen. „Dank der Aussicht auf die Umgebung wirkt der Garten trotz Kleinräumigkeit und Nischen am Gebäude großzügig. Man fühlt sich frei, aber auch nicht wie auf dem Präsentierteller", findet Christoph Stöldt.

Die Bereiche nahe am Haus greifen die klaren Formen des Gebäudes auf, gehen dann in fließende, freiere Formen über, je weiter sie vom Gebäude entfernt sind. Entlang der Grundstücksgrenzen schirmen immergrüne Schnitthecken nach außen ab und schaffen gleichzeitig einen Rahmen für die punktuellen Staudenflächen und Solitäre wie Tulpenmagnolie *(Magnolia soulangiana)* und Amberbaum *(Liquidambar styraciflua)*.

Gegliedert ist der Garten in einen „Morgen"-, einen „Haupt"- und einen „Treppengarten". Der „Morgengarten" mit kleinem Holzdeck befindet sich auf der Ostseite des Gebäudes und ist der Küche zugeordnet. Eine Mauer aus Kalkstein schließt den Bereich zur vorbeiführenden Straße hin ab. Das davor liegende Wasserbecken wird über einen Wasserspeier aus der Mauer gespeist und sorgt für eine entspannte Atmosphäre in den Morgenstunden. Die Mauer schmückt ein absoluter Hingucker: ein japanischer Feuer-Ahorn, auch Eisenhutblättriger Japanahorn genannt *(Acer japonicum* 'Aconitifolium'), mit leuchtender Herbstfärbung. Vom „Morgengarten" aus macht sich die mäandrierende Staudenpracht auf den Weg Richtung „Hauptgarten", in dem Pool, Terrassen und Dachgärten Platz finden. Besonders prägnant: der Pool und die zugehörigen Liegestufen aus Feinbeton mit Holzauflagen, die den Übergang von der Terrasse auf den großzügigen Rasen bilden. Magnolien und Kupferfelsenbirnen fungieren als Blickfang und gliedern die einzelnen Gartenabschnitte.

Besonders gelungen findet Christoph Stöldt die „Wolkenformation" aus Berg-Ilex *(Ilex crenata* 'Glorie Gem') auf der schattigen kühleren Nordseite am Treppenaufgang zu den Eingängen („Treppengarten"). Dazu wurde das dem Buchs recht ähnliche Gehölz wellenförmig geschnitten. In den Eingangsbereichen selbst setzen große schirmförmige Felsenbirnen Akzente. Eine davon steht am Haupteingang im Hochbeet als Baumskulptur und empfängt ankommende Gäste.

3 Zum Frühstück auf der Holzterrasse erfrischt der Wasserspeier aus der Kalksteinmauer. Seitlich ins Bild ragt ein japanischer Feuer-Ahorn – der unumschränkte Blickfang dieses Gartenraums.

4 Artenreiche Staudenbeete mit Ziergräsern in geschwungener Form setzen reizvolle Akzente und bieten einen lebendigen Gegensatz zu den formalen Schnitthecken und Spalierbäumen.

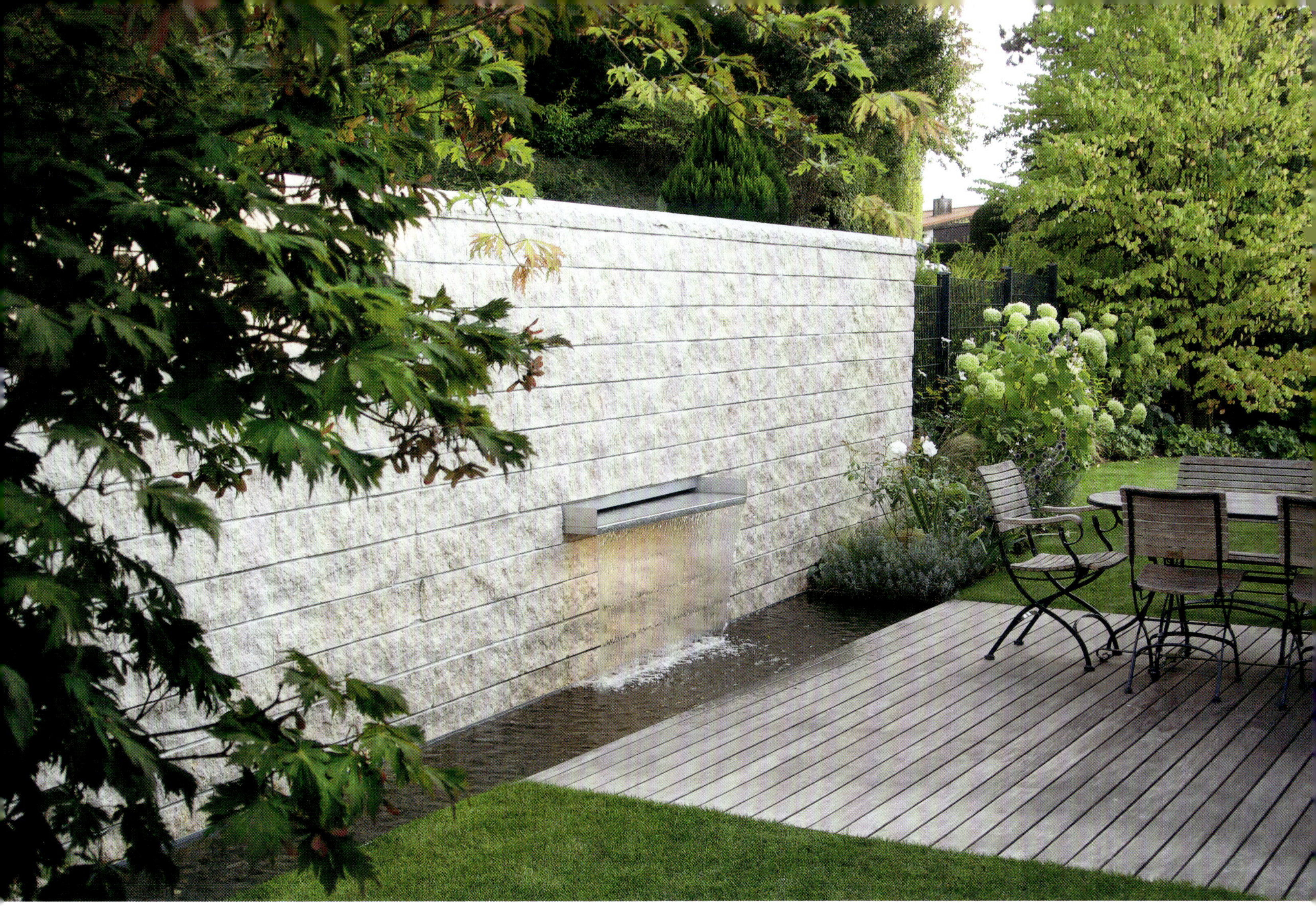

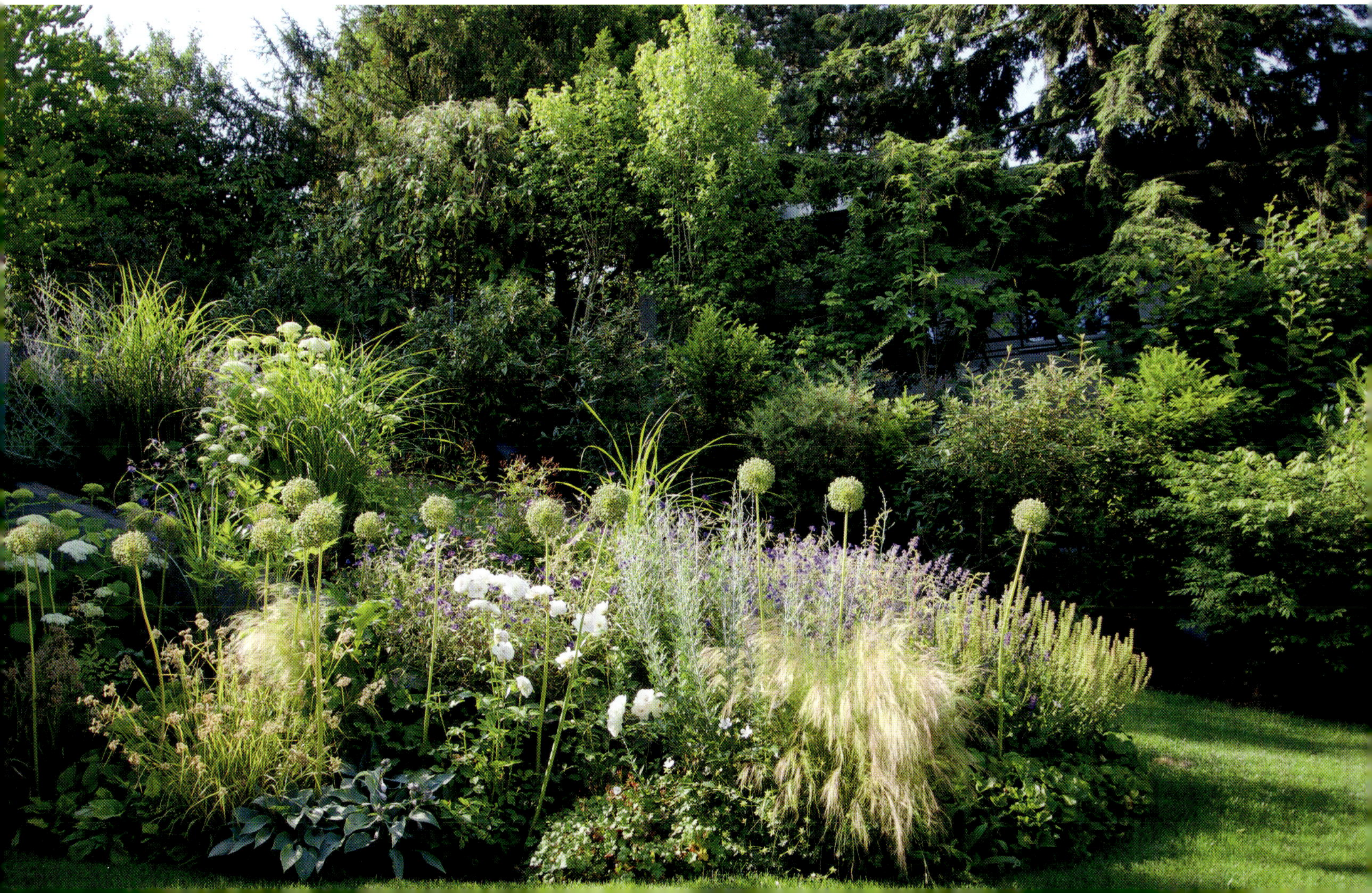

Urlaubsgefühle mit Weitblick

LAGE DES GARTENS
Hausgarten; Freiburg, Baden-Württemberg

GRÖSSE DES GARTENS
1.200 m²

PLANUNGSBÜRO
Fautz die Gärten, Axel Fautz GmbH

1

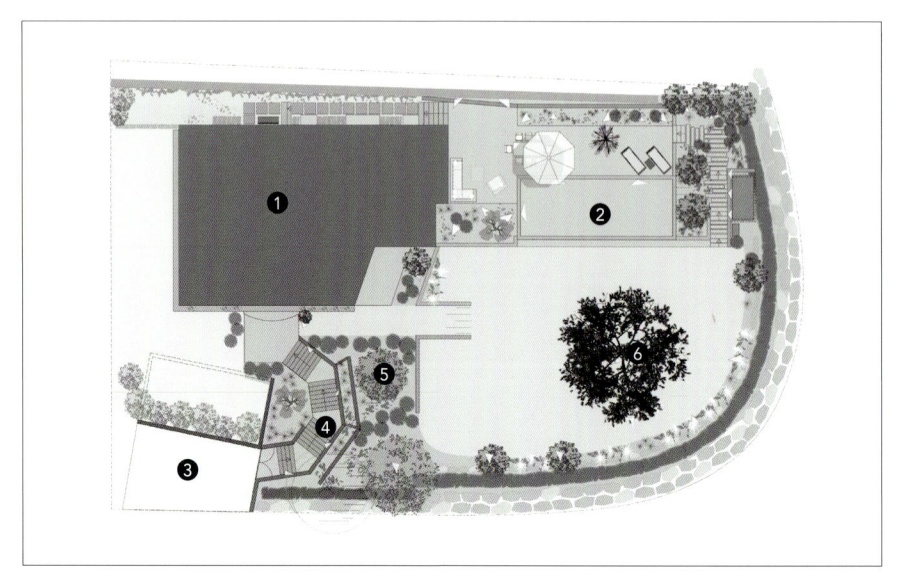

GRUNDRISS

PLAN
1 Wohnhaus
2 Pool
3 Einfahrt
4 Treppenaufgang mit ummauerten Beetflächen
5 Sumpfeiche (Quercus palustris)
6 Eiche (Quercus)

1 Blendende Einheit: Mauersteine und Bodenplatten – alles aus Kalkstein, der zur Fassade des Hauses perfekt passt.

2 Der terrassierte Treppenaufgang bietet Platz für Beete mit Solitär-Gehölzen wie den Fächer-Ahorn.

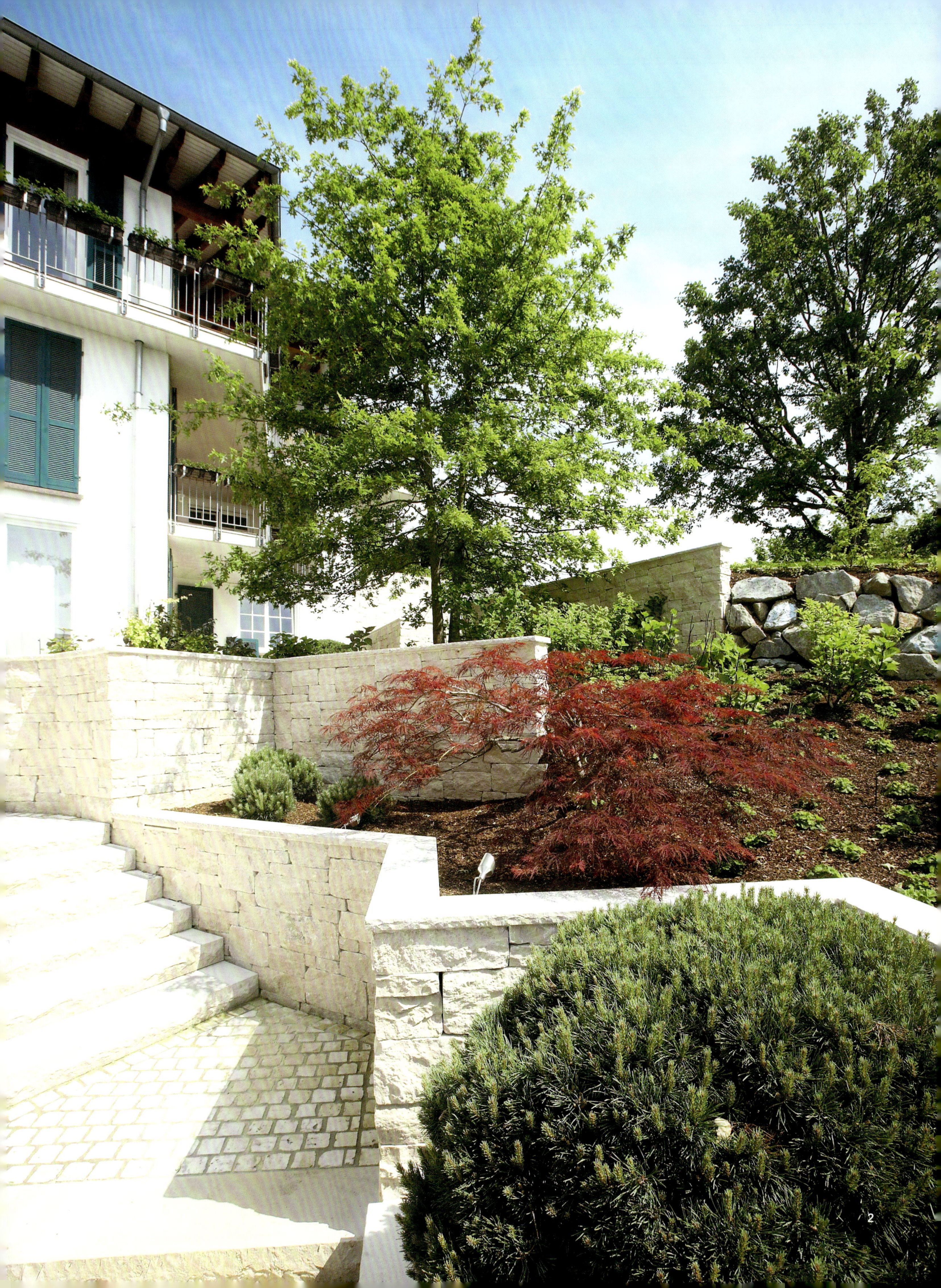

2

A

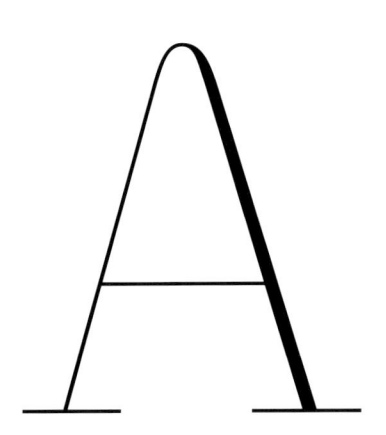

Alte Bäume besitzen eine ganz besondere Anziehungskraft, besonders wenn sie als Solitär ihre Krone breit und mächtig entwickeln konnten. Stehen sie in einem Garten, dann verbinden sie diesen ganz selbstverständlich mit der umgebenden Landschaft. Wohl dem, der einen solchen Baum im Garten hat und seinen Wert erkennt. Ein solcher Baum steht seit vielen Jahren in exponierter Einzelstellung an der Eichenhalde oberhalb Freiburgs.

Es ist tatsächlich eine alte Eiche mit knorrigen Ästen – sorgfältig wurde sie in die Gestaltung des neuen Gartens eingebunden. Eine Holzbank im Halbrund lädt dazu ein, Mußestunden in ihrem Schatten zu verbringen. „Ein alter Baum gibt dem Garten die nötige Reife", findet Gärtnermeister Axel Fautz. Daher war es für ihn selbstverständlich, dass die ehrwürdige alte Eiche im unteren Teil des Gartens einen eigenen Bereich bekommt und dort den Mittelpunkt bildet.

Grundlage dafür war die Terrassierung des 1.200 m² großen Hanggartens. Damit wurden verschiedene Gartenräume mit unterschiedlichen Funktionen und ganz eigenem Reiz geschaffen – immer unter der Prämisse, den weiten Blick in den Breisgau nicht zu verstellen. Denn die Sicht am Hang bietet das komplette Panorama: man sieht von dort aus direkt auf den Turm des Freiburger Münsters, dahinter zeichnen sich die dunklen Wälder des Schwarzwalds und der Vogesen ab.

Vom unteren Gartenteil mit der alten Eiche gelangt man über Treppen aus hellem Kalkstein auf den neuen zentralen Platz mit Sonnenterrasse und Schwimmbereich. Der Naturpool mit Ionisierungsanlage hat einen hohen Erholungswert für die Familie. Ist die Wasserfläche ruhig, spiegelt sich die große Eiche im Wasser. Vom Schwimmbereich führen weitere Stufen in einem eleganten Halbbogen zum kleinen Blockhaus mit Sauna, begleitet von Mauerbeeten mit Fächer-Ahorn *(Acer palmatum* 'Dissectum') und Strauch-Waldkiefern *(Pinus sylvestris* 'Watereri').

Für die Mauersteine, Bodenplatten und Mauerverblendungen wurde heller Jura-Kalkstein verwendet, für die Blockstufen Dietfurter Kalkstein. Bei dieser Kombination aus hellem Kalkstein, mediterranen Pflanzen wie Säulen-Zypressen *(Cupressus sempervirens)* und dem milden Freiburger Klima kommt automatisch ein Urlaubsgefühl auf. Und genau das war es, was sich die Familie wünschte – das Gefühl, sich wie im Urlaub entspannen zu können und dabei die Schönheit und Weite der Landschaft zu genießen. Seit dem Umbau hat die Familie ihren Garten wertschätzen gelernt: er wird mittlerweile viel genutzt und hat im täglichen Leben an Bedeutung gewonnen.

> „Mit der Terrassierung wurden verschiedene Gartenräume geschaffen – immer unter der Prämisse, den weiten Blick in den Breisgau nicht zu verstellen."
>
> AXEL FAUTZ

3 Die altehrwürdige Eiche wurde in die Gestaltung integriert und bildet einen eigenen Gartenraum.

4 Von nahezu allen Ebenen hat man einen weiten Blick in den Breisgau und zu den dunklen Mittelgebirgsketten des Schwarzwalds und der Vogesen.

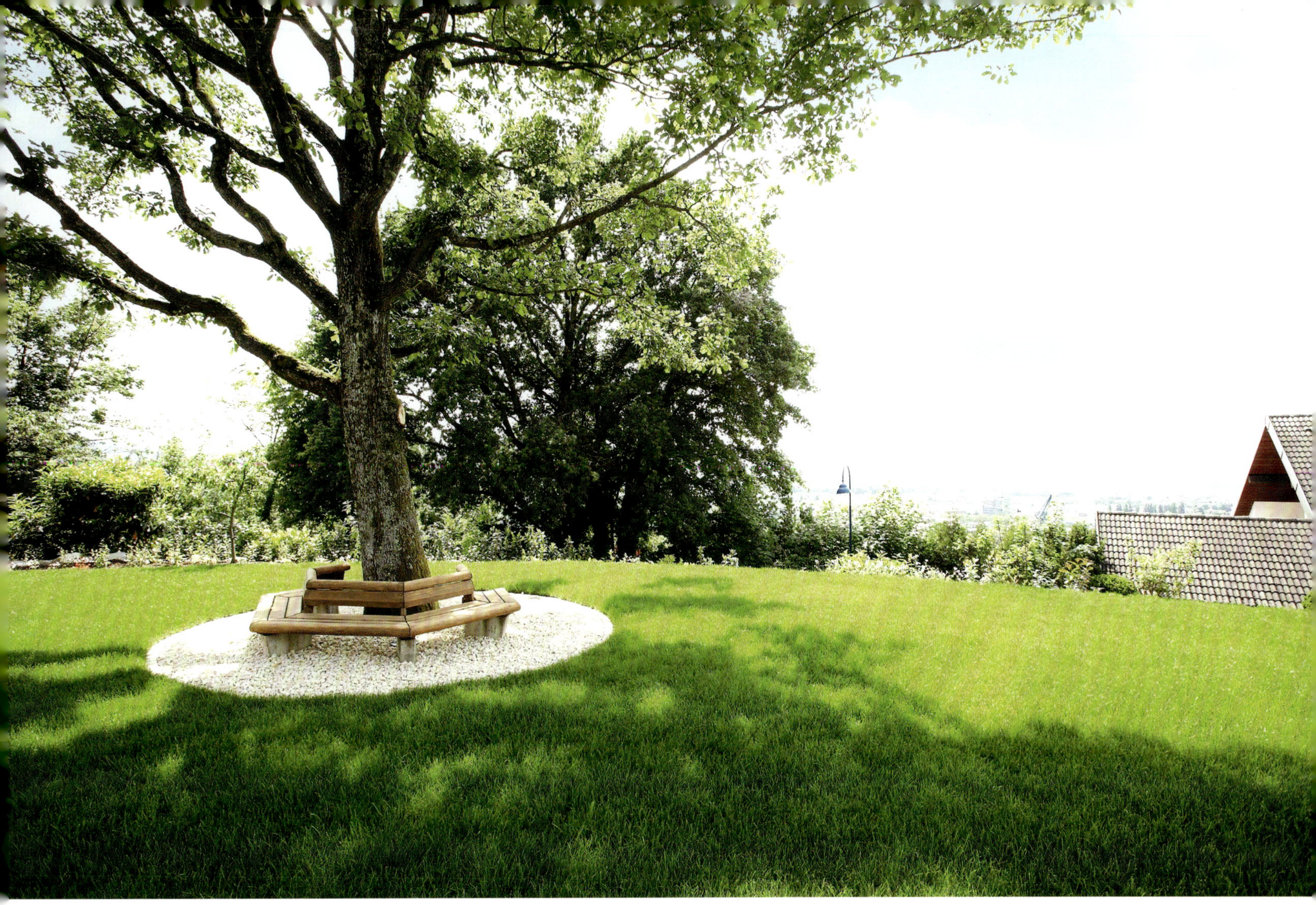

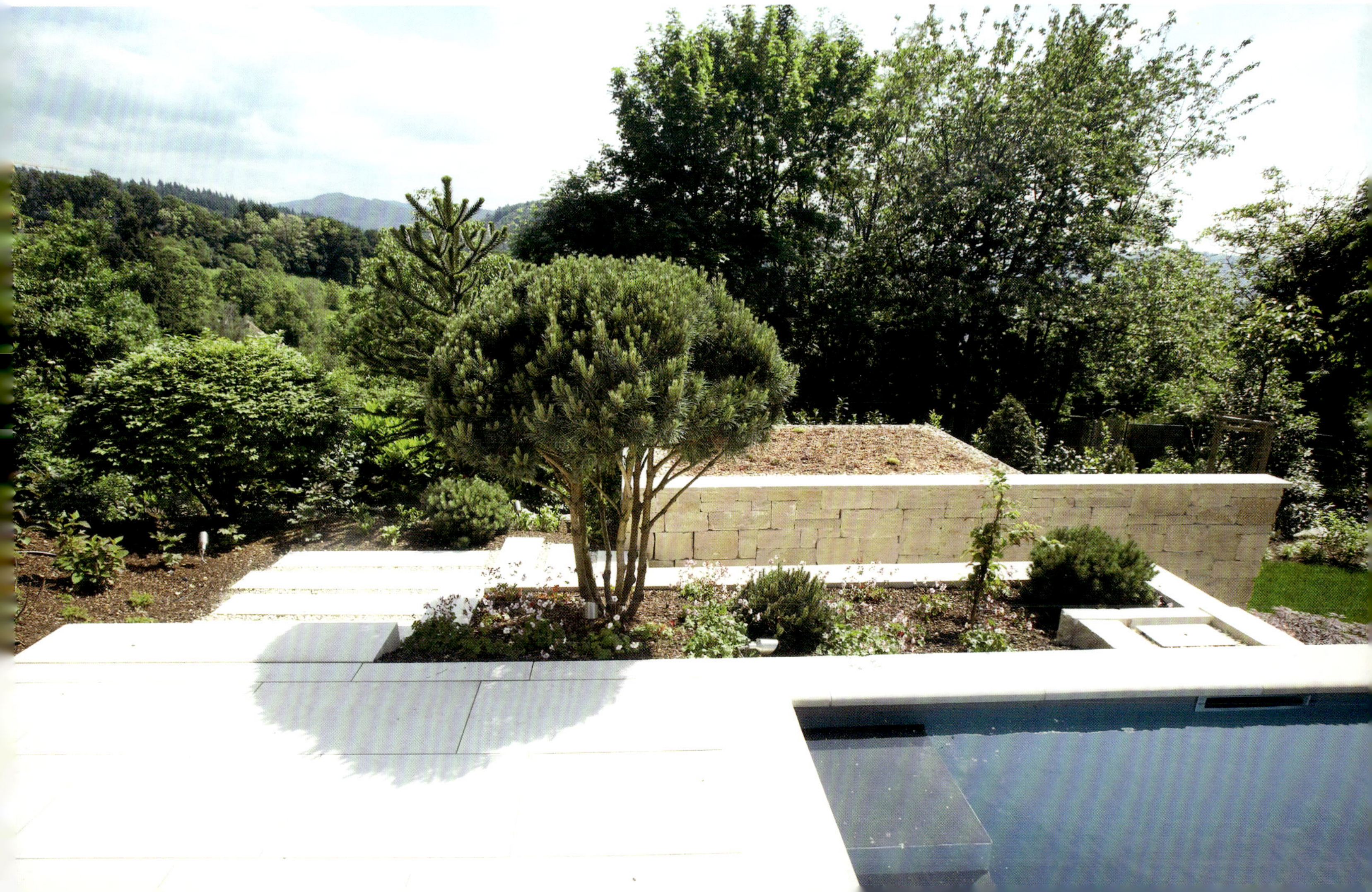

GÄRTEN DES JAHRES 3:0 Landschaftsarchitektur PROJEKTE

Ein Patchwork-Garten im Burgenland

LAGE DES GARTENS
Patchwork-Garten;
Deutschkreuz/
Burgenland,
Österreich

GRÖSSE DES GARTENS
880 m²

PLANUNGSBÜRO
3:0 Landschafts-
architektur

1

GRUNDRISS

PLAN
1 Wohnhaus
2 Atrium mit Bambus
3 Teil des alten Streckhofes
4 Patchwork-Terrasse
5 Apfelbaum
6 Wiese

1 Blick über die „Patchwork"-Terrasse zum alten Streckhof, der in Teilen erhalten blieb.

2 Puzzlespiel: Die Terrasse besteht aus Ortbetonplatten, Holzdecks aus Thermoesche und Flächen aus dunklem Basaltkies, dazwischen wachsen großlaubige *Hosta* und bogig überhängende Gräser (*Carex, Stipa, Pennisetum*). Zwischen den beiden Gebäuden: ein Apfelbaum.

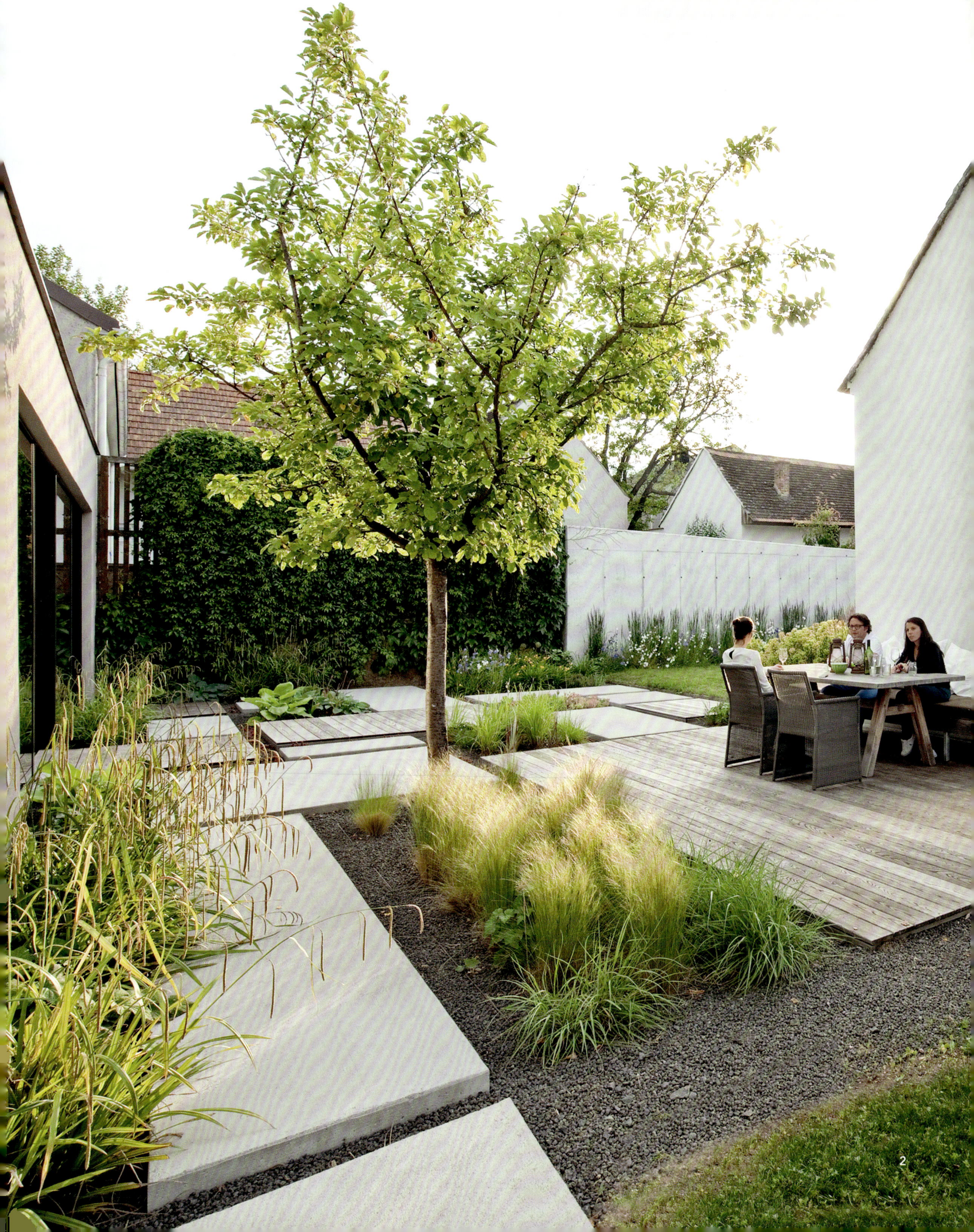

2

Tiefe Einsicht:
Der Blick geht durch den flachen Neubau bis zum Atrium mit dem Bambushain. Links im Bildvordergrund: *Euphorbia*.

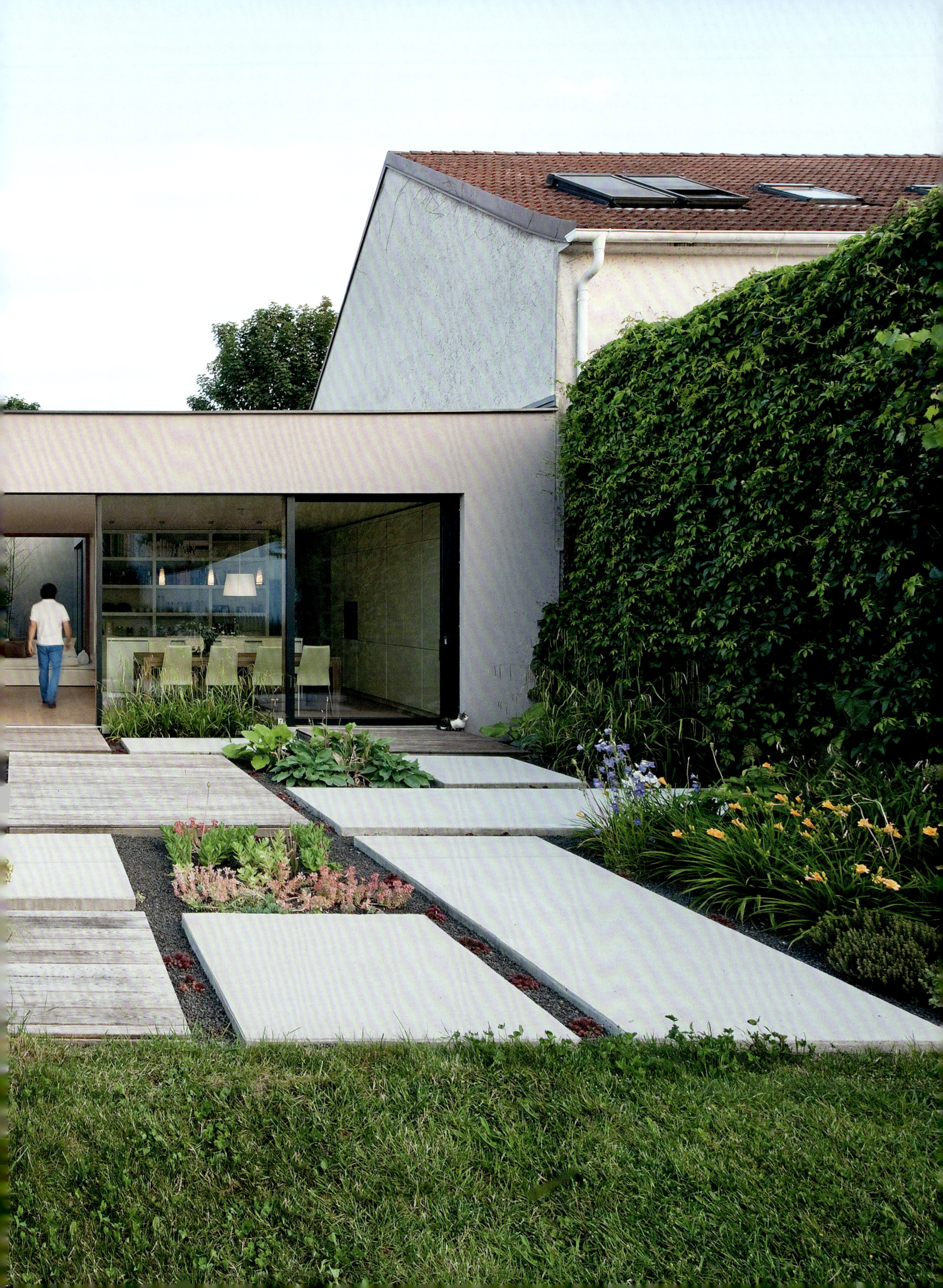

GÄRTEN DES JAHRES 3:0 Landschaftsarchitektur PROJEKTE

Typisch für das Mittelburgenland am Rande der Pannonischen Tiefebene sind sogenannte Streckhöfe, die durch ortsübliche Grundstücksteilung entstanden sind. Daher haben die Parzellen dort eine ganz typische Form: sie sind sehr schmal, in diesem Fall gerade einmal 8 m breit, dafür strecken sie sich in der Länge schon einmal 50 m weit aus. Landschaftsarchitekt Robert Luger hat zwei dieser Grundstücke zusammengelegt und für sich und seine Familie einen ganz besonderen Garten gestaltet.

3 Die etwa 100 m² große Terrasse wirkt wie eine Patchwork-Decke aus unterschiedlichen Materialien und Pflanzen – eine Decke, die sich mit den Jahreszeiten verändert.

4 Die Gestaltung von Haus und Garten nimmt Rücksicht auf die alte Baukultur und lässt die langgestreckte Form des ehemaligen Streckhofs erkennen.

166
167

„Jahres- und Tageszeiten haben in diesem Garten eine große Präsenz."

ROBERT LUGER

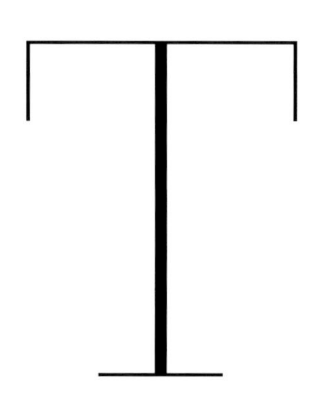

Im vorderen Teil des Grundstücks befindet sich ein flacher Neubau mit großen Fenstern und einem Atrium zwischen den beiden Gebäudeflügeln. Das Atrium veranschaulicht die ehemalige Teilung der Grundstücke, ist Lichtspender und gleichzeitig immergrüner Schaugarten mit großem Bambus. Der Bezug nach außen ist das ganze Jahr sehr intensiv: „Tages- und Jahreszeiten haben eine große Präsenz. Die Bilder wechseln ständig, wenn etwa bei der Nacht das silberne Mondlicht hereinscheint, oder wenn die Nebel nieder hängen und die Landschaft verändern", erzählt Robert Luger.

Im hinteren Teil des Grundstücks wurde ein Teil des alten Bauernhofs erhalten und dient nun als Gästehaus. Der daneben liegende Garten greift die typische schmale lange Streifenform auf, dennoch ist Platz zum Spielen und zum Anbau von Kräutern und Gemüse. Hier ist ein Ensemble entstanden, das Rücksicht auf die baukulturelle Historie nimmt und die ehemalige Streifenform des Grundstücks veranschaulicht.

Eine großzügige Terrasse verbindet Haus und Garten miteinander. Sie setzt sich aus mehreren „Schollen" zusammen, die aus ganz unterschiedlichen Materialien wie Ortbetonplatten, Holzdecks (Thermoesche) und dunklem Basaltkies (Abdeckmaterial für die Pflanzflächen) bestehen. „Je nach Temperatur kann man die Natur auf verschiedenen Plattformen genießen. Von oben betrachtet, sieht das wie eine Patchwork-Decke aus Zellulose und Zement aus", findet Robert Luger. Die klassische Terrasse wurde damit aufgelöst, die Pflanzen direkt an das Haus gebracht. Deren Strukturen sind ein wichtiges Gestaltungselement: zwischen den Schollen wachsen Wald-Schmielen *(Deschampsia cespitosa)* und großlaubige Funkien *(Hosta* 'Sum and Substance', 'Blue Angel', 'Krossa Regal'), die mit bogig überhängenden Gräsern und Stauden wie Taglilien *(Hemerocallis* 'Stella de Oro'), Lampenputzergras *(Pennisetum* 'Hameln'), Hänge-Segge *(Carex pendula)*, Breitblatt-Segge *(Carex plantaginea)* und Federgras *(Stipa tenuissima)* kombiniert wurden. Dazwischen setzen Anemonen ('Robustissima' und 'Honorine Jobert') und Wolfsmilch *(Euphorbia spec.)* farbliche und strukturelle Akzente. Im Frühjahr spicken Taglilien, Tulpen, Zierlaub und Schneeglöckchen durch das dichte Grün, die später von Kugellauch und Glockenblumen abgelöst werden.

Monat für Monat wechselt der Patchwork-Garten so seine Farben. Die Materialität von Holz und Beton – beides mittlerweile vergraut – steht in schönem Kontrast zu den Pflanzen. „Die quadratischen und rechtwinkligen Pflanzbeete und Flächen sind einfach zu bauen, strahlen aber viel Lebendigkeit aus. Man kann auch mit einfachen Dingen Lebendigkeit erzielen", ist Landschaftsarchitekt Luger überzeugt.

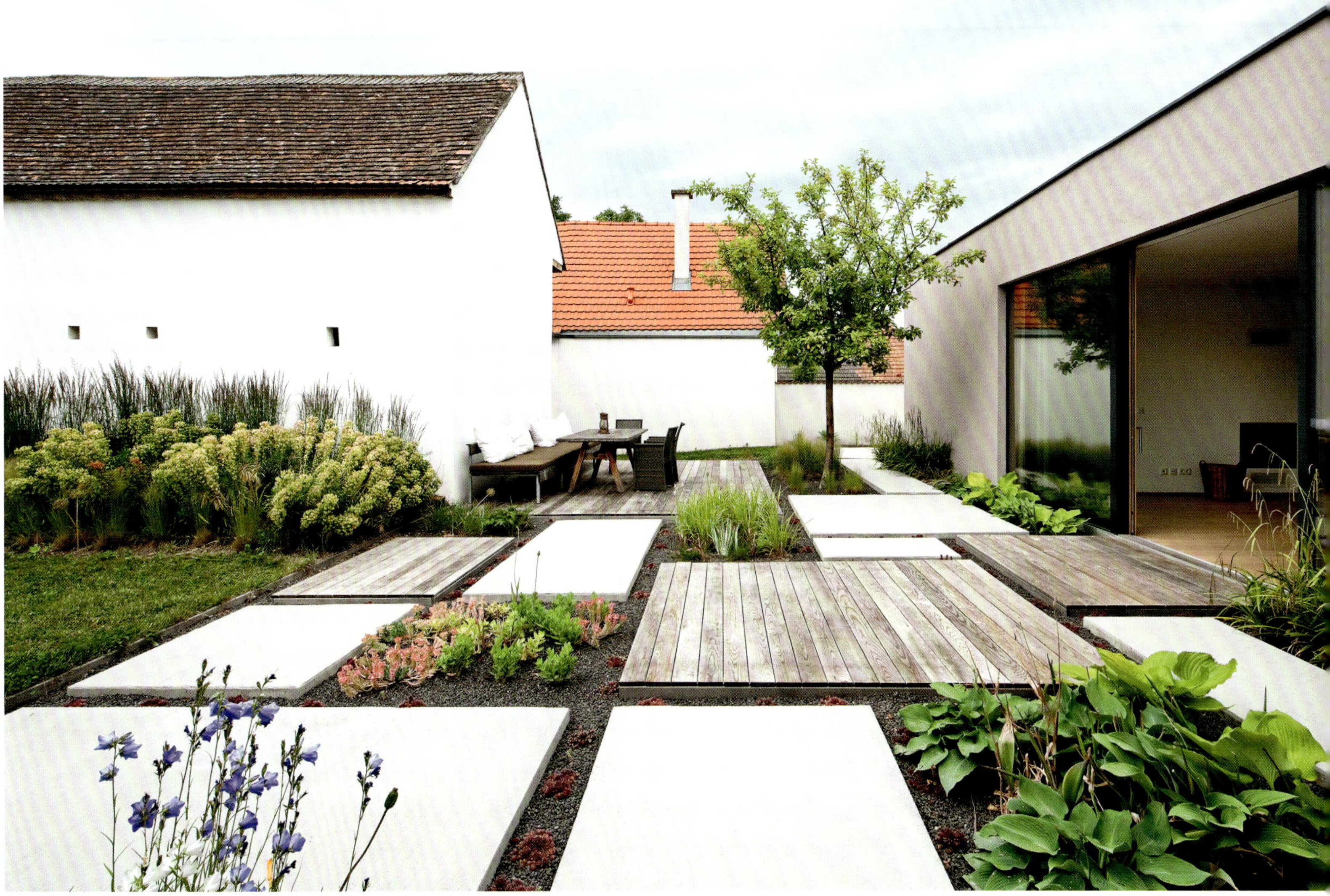

3
4

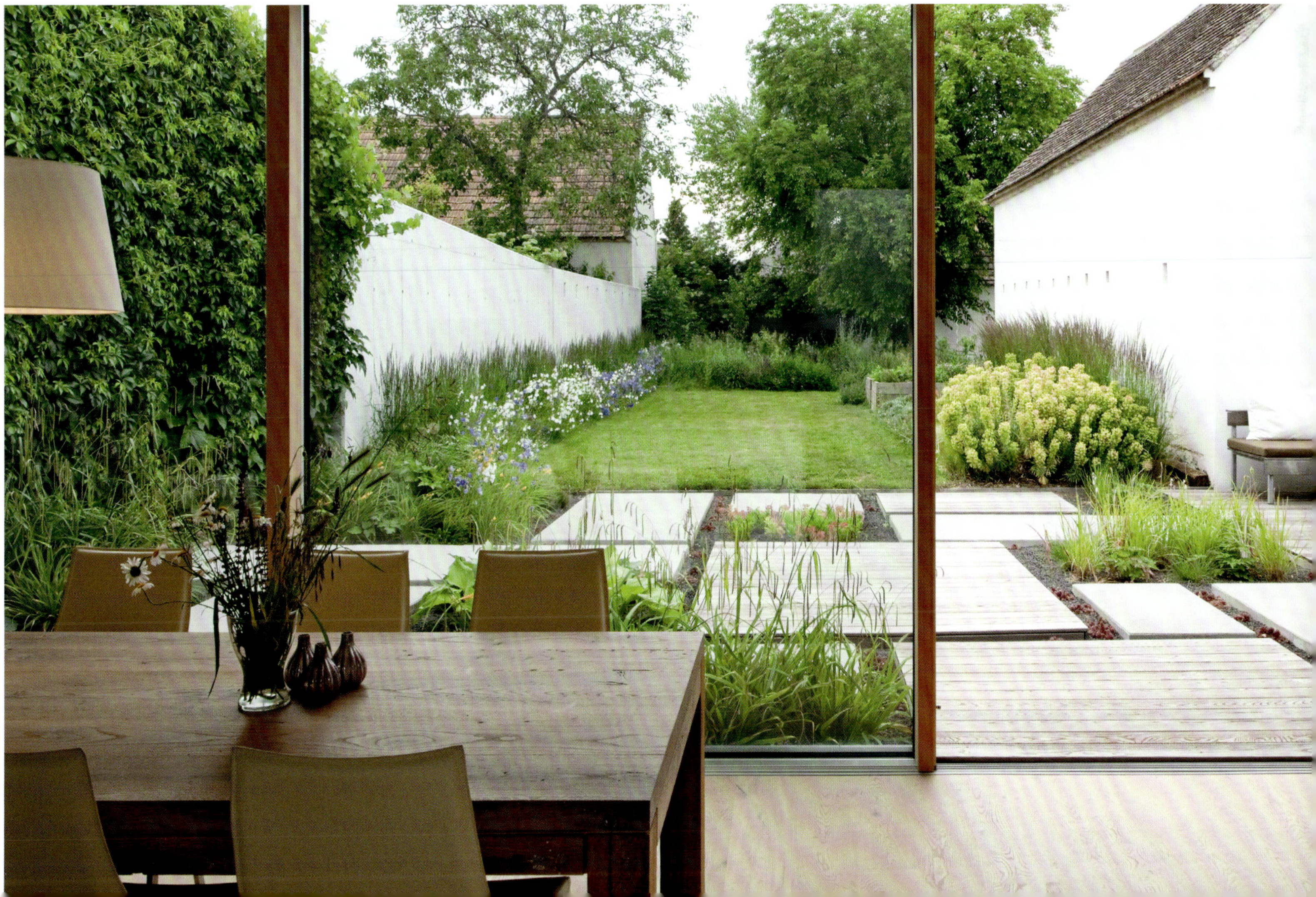

Staudenvielfalt statt Einheitsgrün

LAGE DES GARTENS
Garten eines Einfamilienhauses; Waakirchen, Bayern

GRÖSSE DES GARTENS
450 m²

PLANUNGSBÜRO
Fuchs baut Gärten GmbH – Gärtner von Eden

1

PLAN
1 Wohnhaus
2 Holzterrasse
3 Formales Wasserbecken
4 Lounge unter Obstbäumen
5 Staudenbepflanzung
6 Frühstücksterrasse

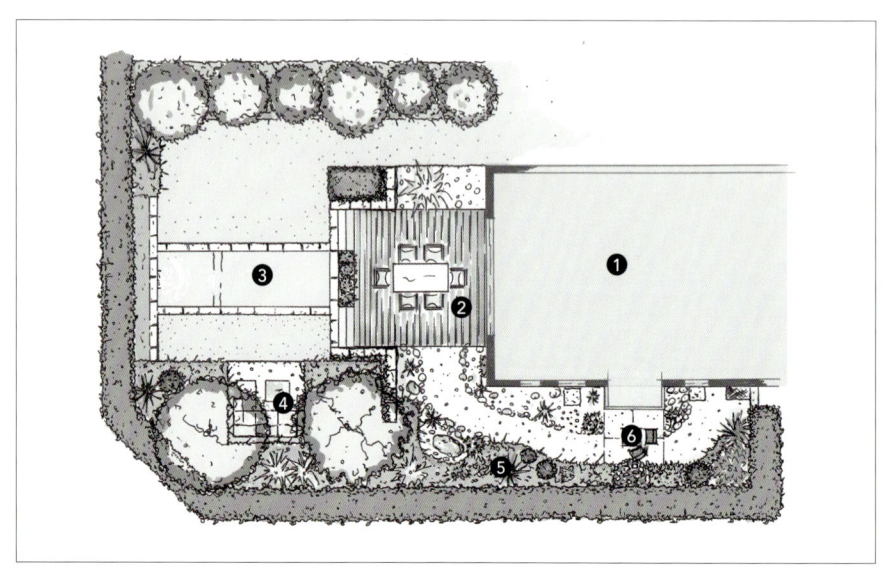

GRUNDRISS

1 Die kräftigen lila Blüten des Lavendels 'Hidcote Blue' und der Katzenminze bilden einen schönen Kontrast zur hellen Wasserschwallwand und dem formalen Becken aus cremefarbenem Travertin.

2 Zweiteilung: auf der oberen Ebene steht das formale Wasserbecken mit Sitz-Lounge unter Obstbäumen – auf der unteren Ebene befindet sich die Hauptterrasse aus geölter Lärche.

3 Belebendes Gestaltungselement: ein breiter Wasserstrahl läuft aus der Travertin-Wand in das Becken, aus dem Gräser wie Schilfrohr (*Phragmites*, links) und Schmalblättriger Rohrkolben (*Typha angustifolia*, rechts) ragen.

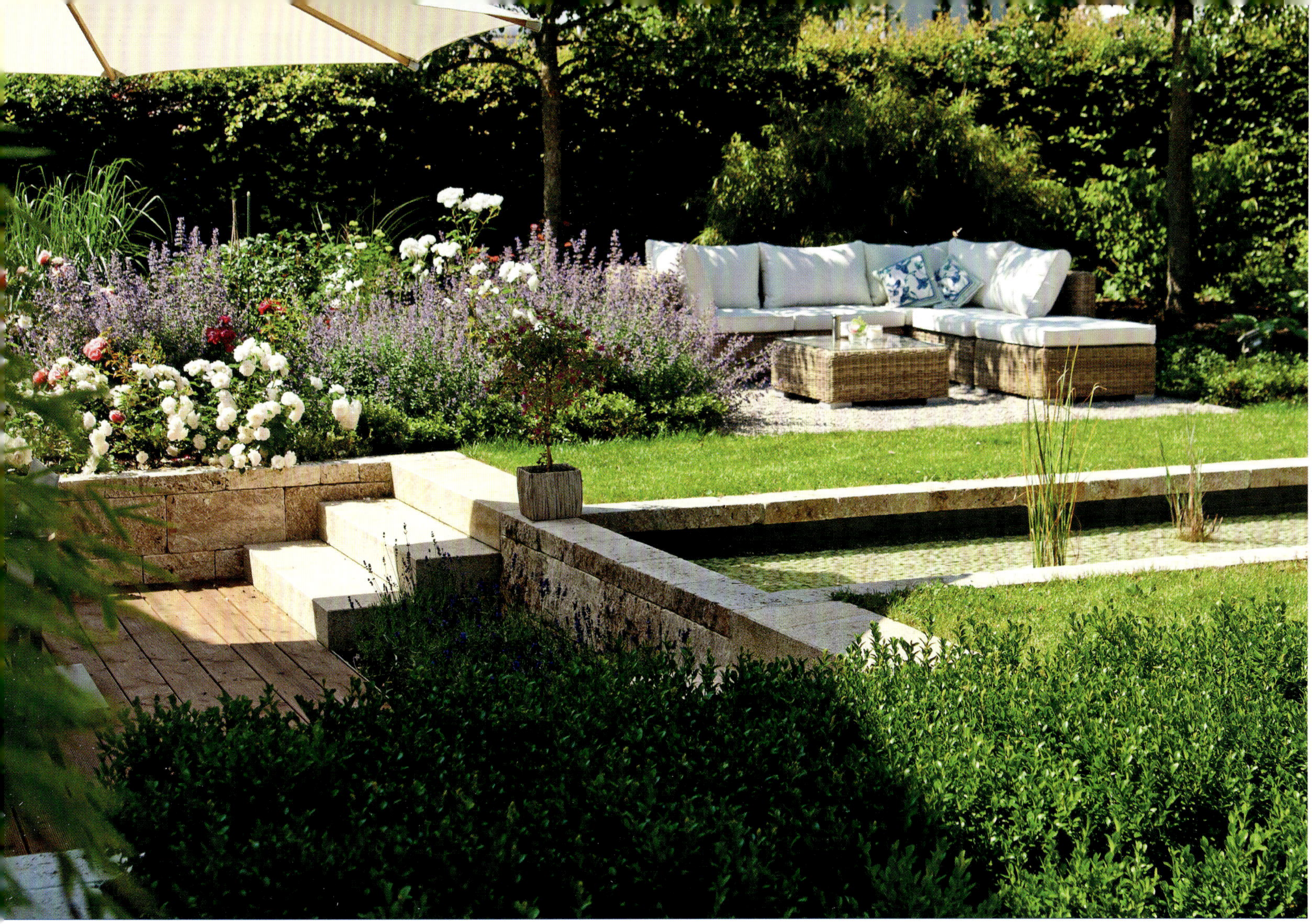

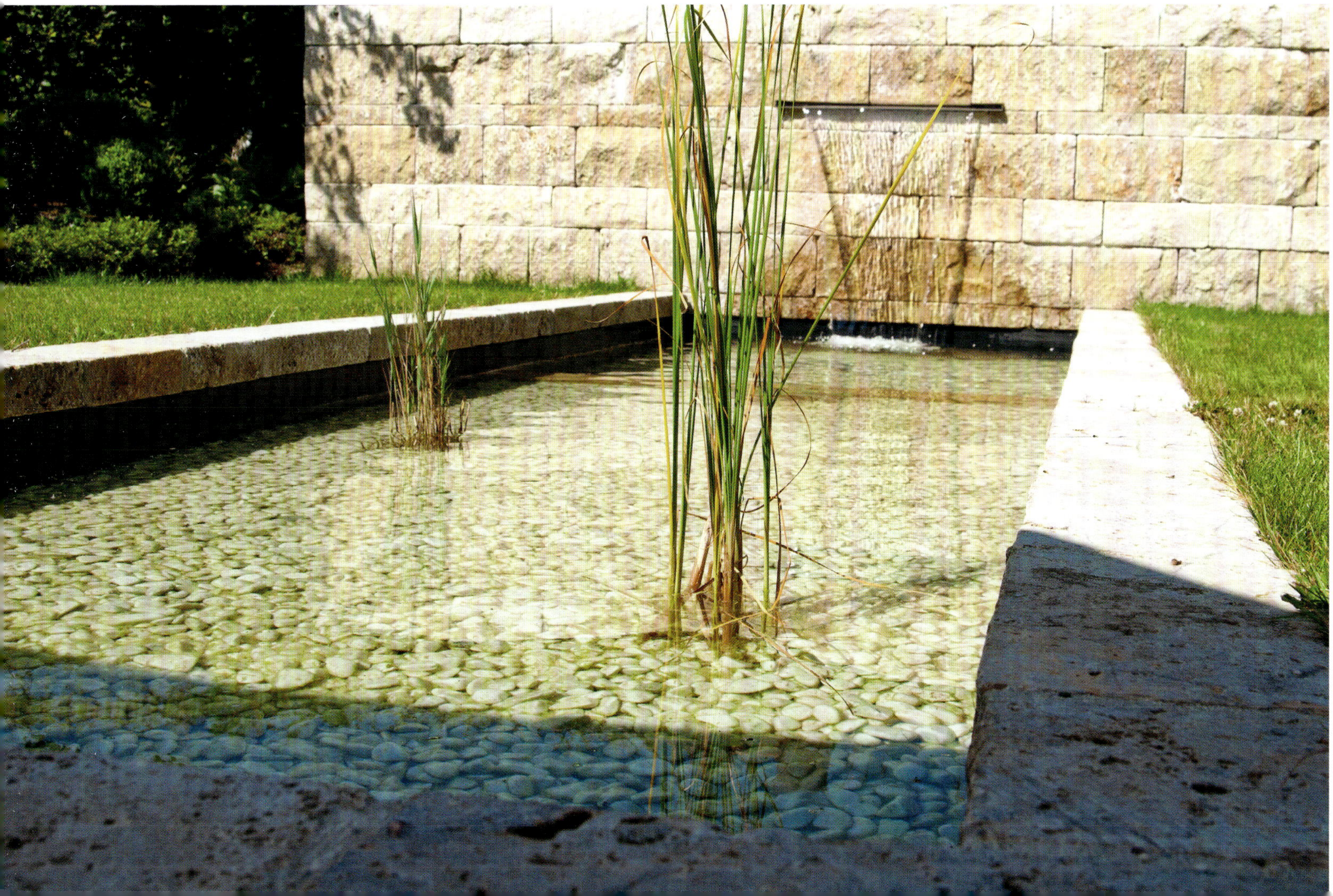

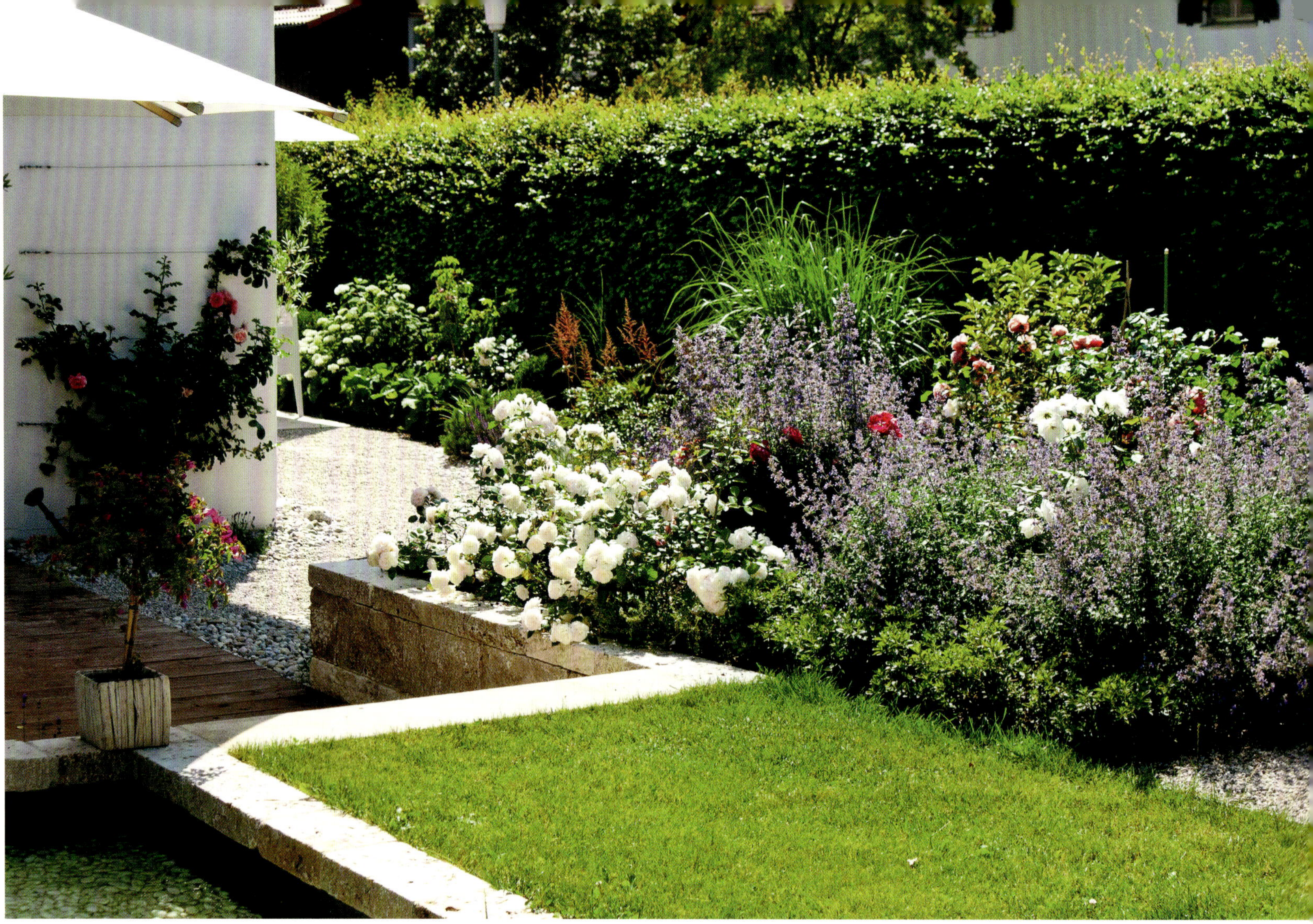

4
5

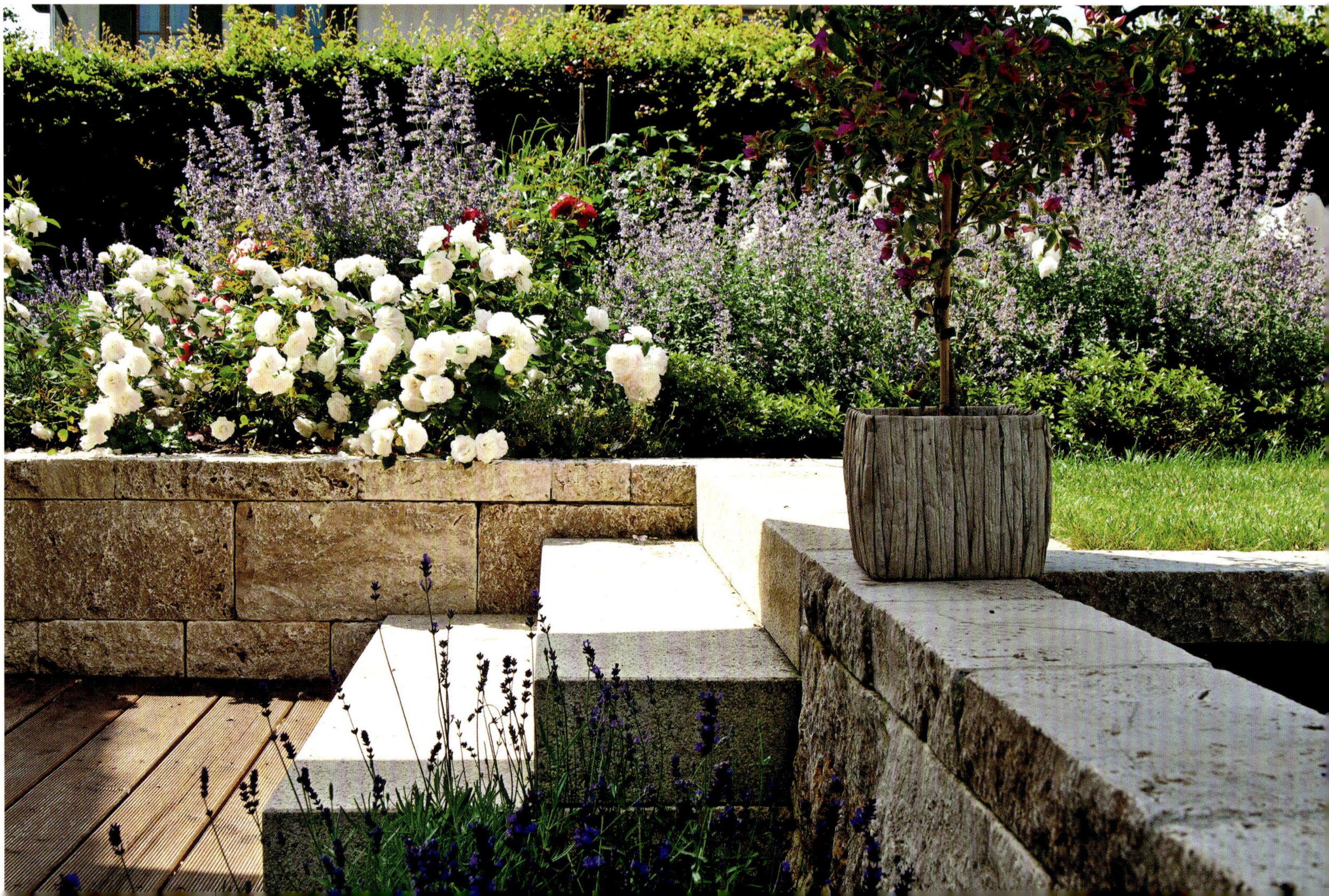

Im Idealfall entsteht ein Garten aus einer fruchtbaren Zusammenarbeit zwischen Architekt, Bauherr und Landschaftsarchitekt – in der Praxis läuft es jedoch meist anders, wie hier in diesem Fallbeispiel. Ein Einfamilienhaus wurde gebaut, die übrige Erde drumherum planiert, darauf dann zwei Obstbäume gepflanzt und auf die restliche Fläche Rasen gesät – fertig. Nach einiger Zeit kam der Wunsch auf, aus der langweiligen Rasenfläche mehr zu machen. Jetzt störte auch die Schräglage des Grundstücks, denn das Gefälle wurde zum Problem: vor der Terrasse am Haus sammelte sich regelmäßig Wasser. Dazu kam ein Unbehagen, wenn man dort saß, ein bedrückendes Gefühl, als käme die Böschung auf das Haus zu.

Jan Vandebotermet, der in Belgien Landschaftsarchitektur studierte, hat den Garten komplett umgestaltet, damit er dem charmanten Haus mit seiner angenehm grauen Holzfassade ebenbürtig wird. Durch die Begradigung der Schräglage entstand ein Höhenversatz von 0,5 m. Daher wurde das Grundstück in zwei Ebenen aufgeteilt: auf der oberen Ebene steht nun ein rechteckiges Wasserbecken, das die zentrale Achse durch den Garten legt. Wasser läuft in breitem Bogen aus einer cremefarbenen Travertin-Wand, die wirkungsvoll vor der geschnittenen Buchenhecke platziert ist. Auch das Becken und die Terrassenplatte sind aus diesem Naturstein hergestellt. Dazu lädt die Liegewiese zum „Sonne-tanken" ein. Gleich gegenüber befindet sich unter dem lichten Schatten der Obstbäume ein einladender Sitzplatz inmitten bunter Stauden, dazwischen einige Findlinge aus weißem Alpenkalk.

Steigt man die drei Stufen von der oberen Gartenebene hinrab, gelangt man auf die gemütliche Holzterasse aus geölter Lärche, die wie eine Verlängerung des Wohnzimmers in den Garten wirkt. Von dort führt ein geschwungener Weg aus grobem Kies an die Ostseite des Hauses. Die geschwungene Form täuscht darüber hinweg, dass diese Gartenseite lang und schmal ist. Ein kleiner Frühstücksplatz bildet den Endpunkt des Wegs und lädt dazu ein, die Morgensonne zu genießen.

Aus dem faden Stück Grün ist ein Wassergarten geworden, der von üppigen Stauden in Weiß, Lila und Blau belebt wird. Zu jeder Jahreszeit erfüllen die Blüten mit ihrem Duft und ihrer Farbe den Garten – außer natürlich im schneereichen Waakirchner Winter. Anfang März entfaltet das Kaukasus-Vergissmeinnicht *(Brunnera macrophylla)* seine hellblauen Blüten, im Sommer leuchten die blau-violetten Karpaten-Glockenblumen *(Campanula carpatica)* mit den lila-blauen Blüten der Katzenminze *(Nepeta x faassenii)* um die Wette. Als absoluter Dauerblüher bewährt sich die Prachtkerze *(Gaura lindheimeri)* von Juni bis Oktober. Im Herbst sorgt die Schaumblüte *(Tiarella cordifolia)* dann mit ihren herzförmigen Blättern für eine schöne Bronzefärbung in den Beeten, die sich bis in den Winter hinein hält.

„Aus dem faden Stück Grün haben wir einen Wassergarten gemacht, der von üppigen Stauden belebt wird."

JAN VANDEBOTERMET

4 Wirkungsvoll: Weiße Rosen und die lila Blüten der Katzenminze machen sich vor der Buchenhecke besonders gut.

5 Harmonische Materialwahl: geöltes Lärchenholz und Naturstein (Travertin und Granit).

Der ganze Garten — eine Bühne

LAGE DES GARTENS
Garten Niedersulz,
Weinviertel,
Niederösterreich

GRÖSSE DES GARTENS
660 m²

PLANUNGSBÜRO
DI Doris Haidvogl
& DI Jakob Dunkl

1

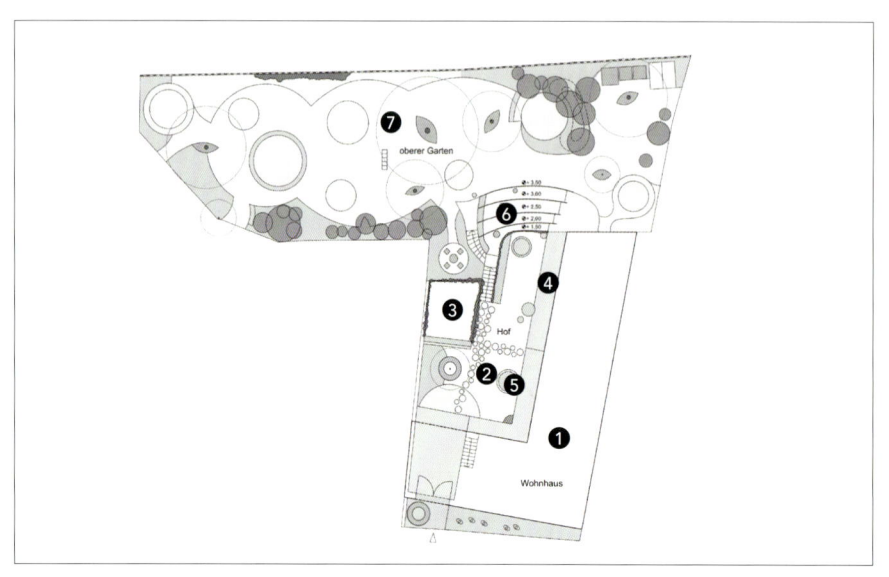

GRUNDRISS

PLAN
1 Wohnhaus
2 Hof
3 Überdachter Sitzplatz
4 Überdachter Gang
5 Brunnen
6 Kies-Terrassen
7 Oberer Garten

1 Frisches Apfelgrün und die Kreisform – zwei Leitmotive, die sich durch den Innenhof und den Garten ziehen.

2 Wilde Natur versus Geometrie: die bogige Terrassierung und die seitliche steile Treppe verbinden den Hof mit dem oberen Teil des Gartens, der einen Ausblick in die Landschaft des Weinviertels (Abendsitzplatz) bietet.

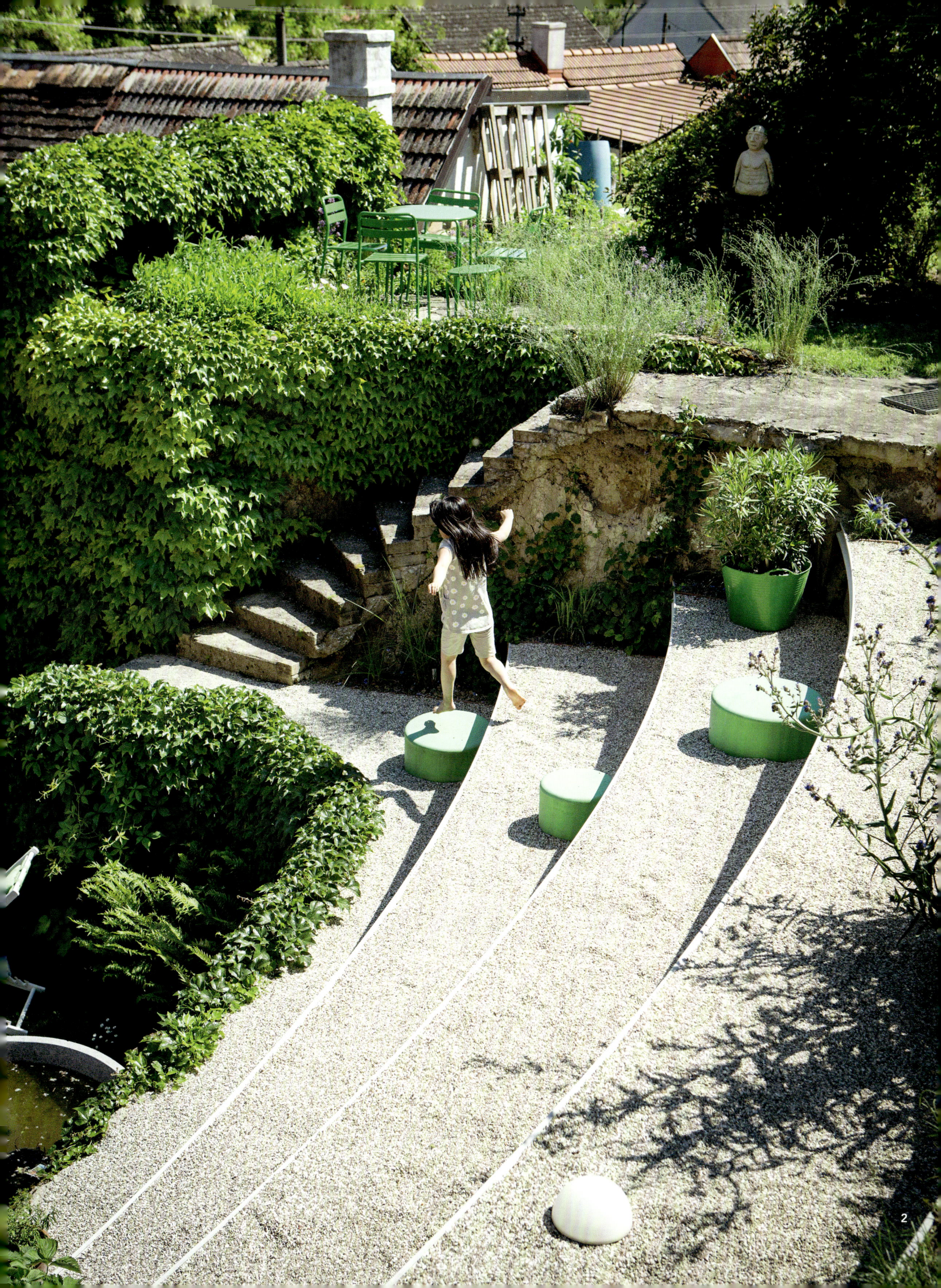

2

Terrassierung einmal anders: Bogenschalen-Dachbleche unterteilen den Hang – die so entstandenen Sitzterrassen sind mit Muschelkies aus dem Nachbardorf belegt.

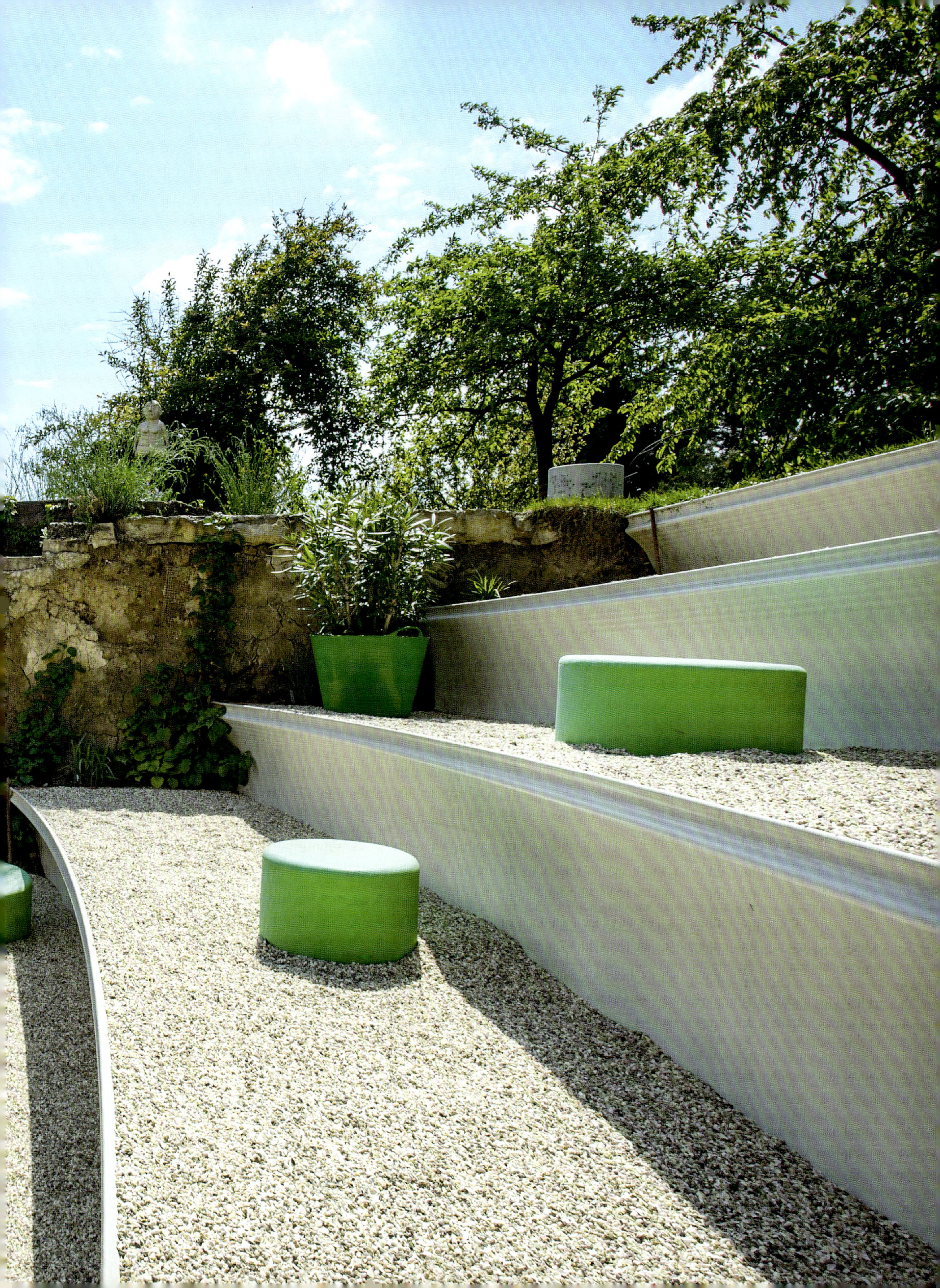

„Es ist ein Spagat zwischen Alt und Neu. Ich wollte Modernität in den Garten holen."

DORIS HAIDVOGL

Als Doris Haidvogl mit ihrer Familie das Grundstück zum Wochenendhäuschen umbaute, störte vor allem die große graue Wand, welche den Hang zwischen dem Innenhof und dem darüber liegenden Garten abstützte. Sie führte dazu, dass die Gartenbereiche sehr stark voneinander getrennt waren und zu wenig Licht in den Innenhof kam – besonders die Abendsonne schaffte es nicht über die Mauer. Also musste die bedrückende graue Mauer weg. Statt ihrer wird der steile Hangabfall nun von vier schmalen gebogenen Kies-Terrassen gegliedert. Verwendet haben Doris Haidvogl und Jakob Dunkl dazu Bogenschalen-Dachbleche, dazwischen wurde Muschelkies ausgebracht. Dieser Muschelkies stammt aus dem Nachbardorf Nexing und ist eine fossile Ansammlung von Muscheln und Schnecken – etwa 13 Millionen Jahre alt. Wie die Tribüne eines Amphitheaters wirken die gebogenen Terrassen und verbinden ganz selbstverständlich den oberen mit dem unteren Gartenbereich. „Es ist ein Spagat zwischen Alt und Neu. Ich wollte Modernität in den Garten holen", sagt Doris Haidvogl. Seitlich an der Tribüne läuft eine schmale Treppe zum oberen Garten hinauf. Hier gedeihen wärmeliebende Obstbäume wie Marille und Zwetschge, Quitte und Maulbeere, dazu Stauden und Sträucher. Für den Zaun, der den Garten nach oben hin abschließt, haben sich die beiden Planer etwas Besonderes einfallen lassen: Baustellen-Absperrlatten in Rot-Weiß-Rot, die halbiert und gegeneinander versetzt montiert wurden.

Im Innenhof mit der gemütlichen Laube hat die Familie bestehende Wege zurückgebaut, damit der schmale Platz nicht länger in kleine Bereiche zerstückelt wird. Stattdessen führen nun runde Trittplatten aus Glasfaserbeton durch das Grün, auf denen die Namen der Familienmitglieder in Braille-Schrift zu lesen sind. Überhaupt ist das Runde, der Kreis, ein Leitmotiv in der Gestaltung dieses außergewöhnlichen Gartens:

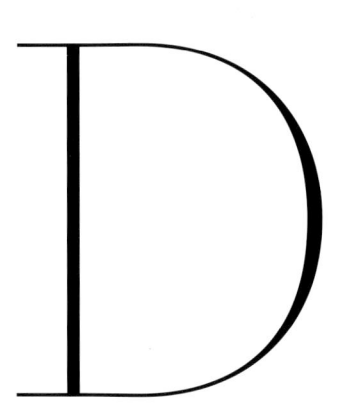

D

Doris Haidvogl hat von ihren Eltern das „Halterhaus" geerbt, einen Hakenhof aus dem 19. Jahrhundert mit dem typischen L-förmigen Grundriss. Es steht in einer Gasse in einem 400-Seelen-Dorf im Weinviertel, zusammen mit weiteren Höfen sogenannter Kleinhäusler. Zur Straße hin schließt ein großes Tor das Gehöft ab. Im Innenhof gibt es eine Längslaube („Trettn"); der eigentliche Garten liegt 3,50 m darüber.

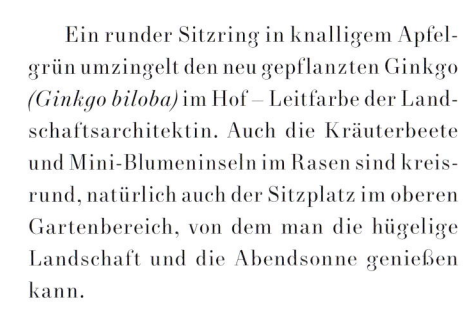

Ein runder Sitzring in knalligem Apfelgrün umzingelt den neu gepflanzten Ginkgo *(Ginkgo biloba)* im Hof – Leitfarbe der Landschaftsarchitektin. Auch die Kräuterbeete und Mini-Blumeninseln im Rasen sind kreisrund, natürlich auch der Sitzplatz im oberen Gartenbereich, von dem man die hügelige Landschaft und die Abendsonne genießen kann.

Größte Herausforderung für Doris Haidvogl und Jakob Dunkl war es, den eigenen Ansprüchen gerecht zu werden – und das mit einem nicht allzu üppigen Budget. Ihre ungewöhnliche Gestaltung ist ein Beispiel dafür, dass man mit jeder Menge guter Ideen, witzigen Details und innovativer Materialverwendung einen ganz besonderen Garten mit viel Atmosphäre schaffen kann.

3 Altes neu interpretiert: durch die runden Löcher im Holz dringt Licht – das verändert die Stimmung komplett.

4 Verfremdet: Ringelsocke für einen Baum, dahinter ein Zaun aus Baustellen-Absperrgittern.

5 Die Trittstufen im Innenhof sind mit den Namen der Familienmitglieder in Braille-Schrift verziert.

GÄRTEN DES JAHRES — Claudia Hetzel-Zink — PROJEKTE

Willkommen daheim!

LAGE DES GARTENS
Hausgarten;
Neu-Ulm,
Bayern

GRÖSSE DES GARTENS
70 m²

PLANUNGSBÜRO
Claudia Zink
Büro für Freiraum-
und Gartenplanung

1

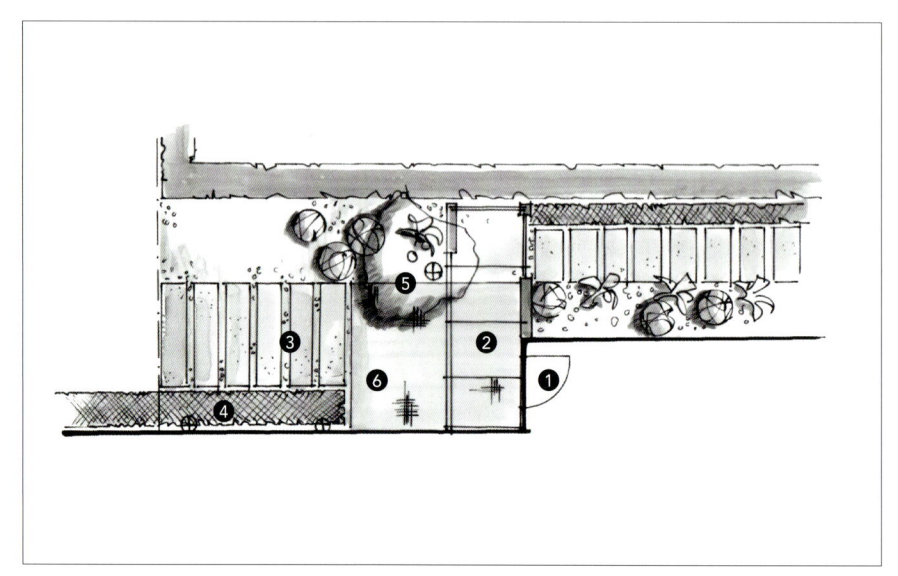

GRUNDRISS

PLAN
1 Hauseingang
2 Glasvordach auf Sicht-
  betonwänden
3 Bodenplatten
4 Bambus-Hain
5 Zierahorn
6 Schwebendes Podest,
  Gitterrost

1 Edles Material: der Fächer-Ahorn als „Türwächter" und das puristisch gestaltete Türschild ergänzen sich perfekt.

2 Schlichte Großformat-Platten aus Beton führen in gerader Linie zum Haus, begleitet von einer Reihe aus Bambus (*Fargesia murielae* 'Simba') – im Zentrum: der rotlaubige mehrstämmige Fächer-Ahorn (*Acer palmatum* 'Fireglow').

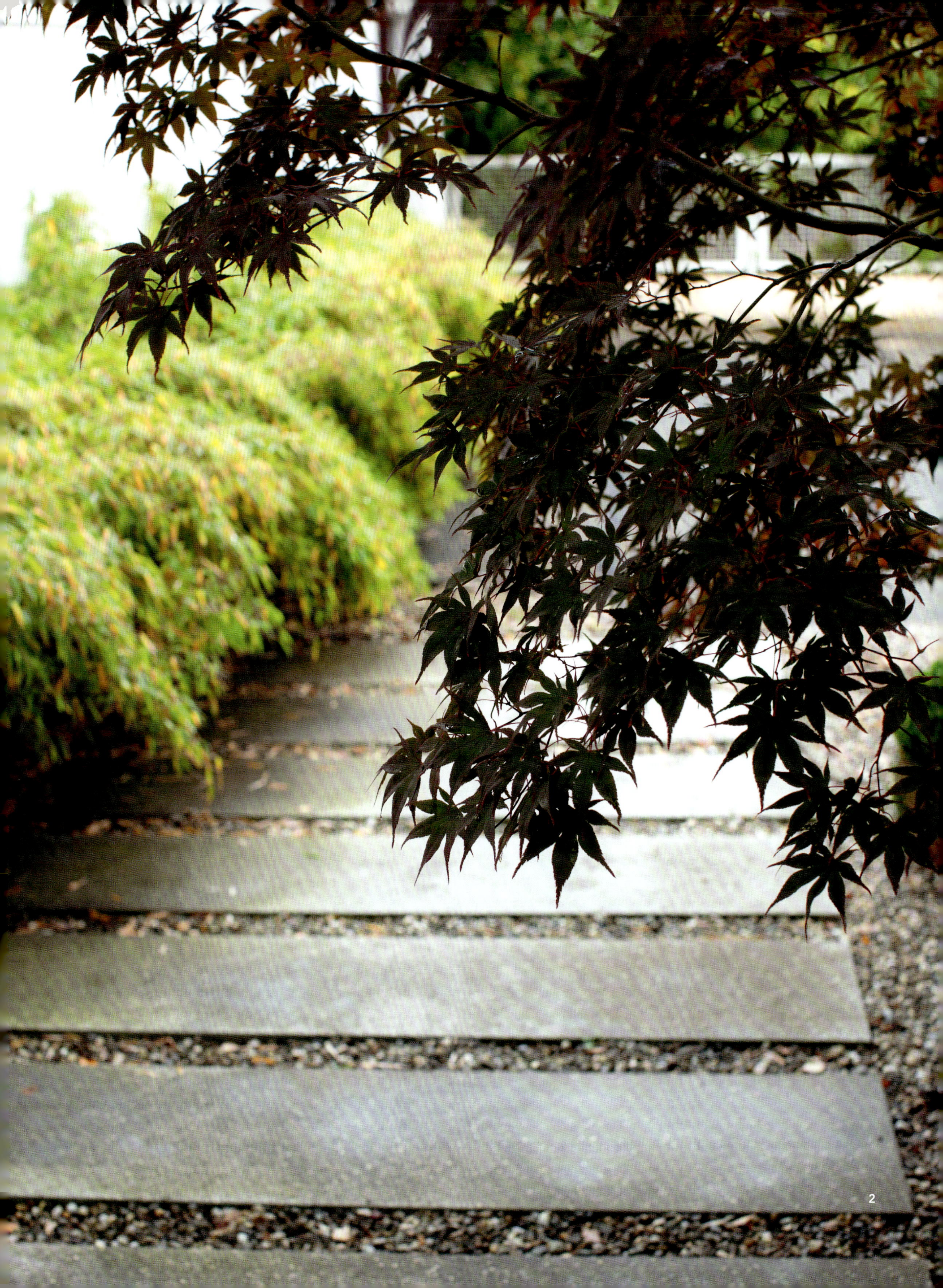
2

„Die Proportionen sind gelungen – das war gar nicht so einfach, hier die richtigen Größen zu wählen."

CLAUDIA HETZEL-ZINK

Der Eingang ist die Visitenkarte des Hauses – hier wird man empfangen, hier bekommt man den ersten Eindruck vom Haus und seinen Bewohnern. Doch wie sollte ein Hauseingang gestaltet sein? In jedem Fall einladend, denn durch diese Türe geht man meist mehrmals am Tag.

In diesem Fall war der Eingangsbereich von der Straße her nach hinten versetzt und so versteckt, dass man kaum wahrnahm, dass es hier zum Haus ging. Doch eine Verlegung des Eingangs kam für die Familie nicht infrage. Schließlich war die Stadtvilla aus den 50er-Jahren das Elternhaus, das so belassen werden sollte. Es ging also bei der Umgestaltung auch darum, mit der Bausubstanz sensibel umzugehen.

In enger Zusammenarbeit mit der Innenarchitektin arbeitete Claudia Hetzel-Zink ein Konzept aus, das den Hauseingang stärker betonen sollte. Hier kam für sie nur eine schlichte gerade Linienführung infrage. Sie wählte großformatige Betonplatten, die zum Haus führen, um den schmalen, langen Eingang optisch großzügig zu gestalten. Die Oberfläche der Betonplatten ist sandgestrahlt und harmoniert glänzend mit dem Kies (Rheinriesel) zwischen den Platten und Pflanzflächen. Ein Gitterrost schwebt über der bepflanzten Kiesfläche, der mit Barfußgitter belegt ist.

Zentrum des Eingangs bildet ein rotlaubiger, mehrstämmiger Ahorn *(Acer palmatum* 'Fireglow'), der den gesamten Eingangsbereich überspannt und das Auge ganz automatisch auf den Eingang lenkt. Hier musste Claudia Hetzel-Zink erst Überzeugungsarbeit leisten, denn einen Baum vor der Haustür konnte sich die Familie zuerst gar nicht vorstellen. Doch mittlerweile sind sie glücklich über ihren „japanischen Türhüter", der im Wandel der Jahreszeiten den Eingangsbereich mit stimmungsvollen Bildern schmückt: er bezaubert mit seinem Schattenwurf, wenn Mittags die Sonne in den Eingangsbereich scheint. Er malt herrliche Herbstbilder auf Kies, Betonplatten und Gitter, wenn seine goldgelben oder roten gezackten Blätter fallen.

Seitlich entlang der Garagenwand führt eine Reihe Bambus wie ein „grüner Trichter" elegant zur Haustüre und deckt gleichzeitig die Garagenwand ab. Einzelne Buchsbäume und Funkien bieten zurückhaltendes, aber unterstützendes Grün. Hier finden auch Geräusche statt, wenn der Wind durch die Bambushalme streicht. So bleibt es lebendig, trotz klarer Formensprache.

Zwei versetzt angeordnete Sichtbetonmauern tragen zum einen das Glasvordach und bilden zum anderen einen Gartenzugang, der zwischen den Mauerscheiben unsichtbar wird und nicht vom Blick auf die Haustür ablenkt. Der Plattenbelag führt in schmaler Variante in den hinteren Gartenteil. Die Bepflanzung mit einer Bambushecke läuft ebenfalls in den Gartenbereich weiter. Ein kleines Gitterpodest mit Stufen erlaubt den seitlichen Zugang zum Garten.

Jetzt wirkt der Hauseingang mit seiner puristisch eleganten Gestaltung einladend. „Die Proportionen sind gelungen – das war gar nicht so einfach, hier die richtigen Größen zu wählen", zieht Claudia Hetzel-Zink Bilanz. Und die Familie? Sie freut sich jeden Tag, wenn sie nach Hause kommt und von dem Eingangsbereich empfangen wird.

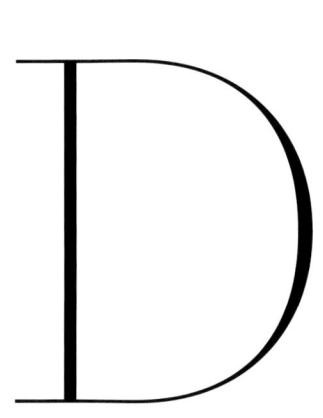

Einladend: Der Eingang wurde durch die Bepflanzung, den verzinkten Gitterrost und die gerade Linienführung des Weges stärker betont und wirkt nun für sich.

GÄRTEN DES JAHRES — Franz Kösters — PROJEKTE

Erinnerung an alte Gräfte

LAGE DES GARTENS
Garten Haus Osthoff; Dülmen, Nordrhein-Westfalen

GRÖSSE DES GARTENS
2.800 m²

PLANUNGSBÜRO
Franz Kösters, Dipl.-Ing. Innenarchitekt

1

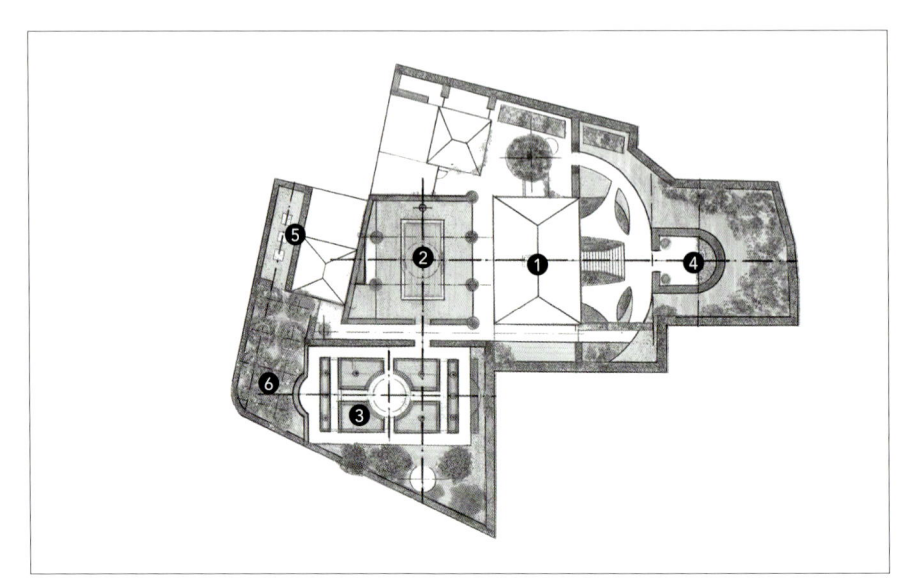

GRUNDRISS

PLAN
1 Herrenhaus
2 Teichgarten mit Seerosenbecken
3 Buchsbaum-Parterre
4 Grünes Liguster-Heckenzimmer
5 Kräutergarten mit Hochbeeten
6 Sitzplatz unter Platanen-Baumgruppe

1 Das denkmalgeschützte Herrenhaus des ehemaligen Ritterguts Osthoff spiegelt sich im rechteckigen Teich.

2 Die Achse Teichgarten/Vorhof mit schnurgeraden Kieswegen und immergrünen Buchskugeln, dazwischen lockern Farne und *Hosta* die strengen Linien auf.

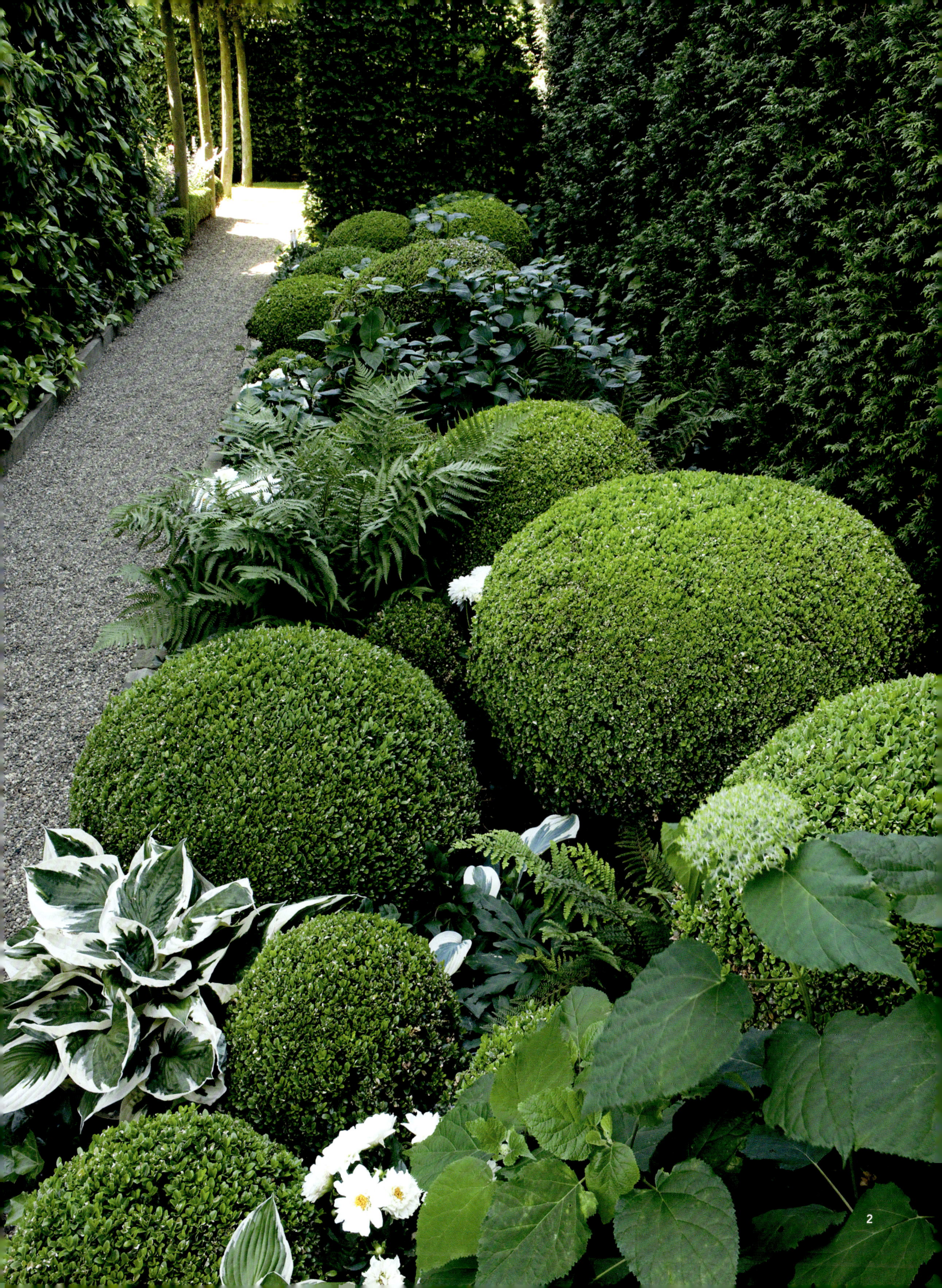
2

Barocke Pracht im Buchs-
baum-Parterre, im Zentrum
thront eine Tonvase.

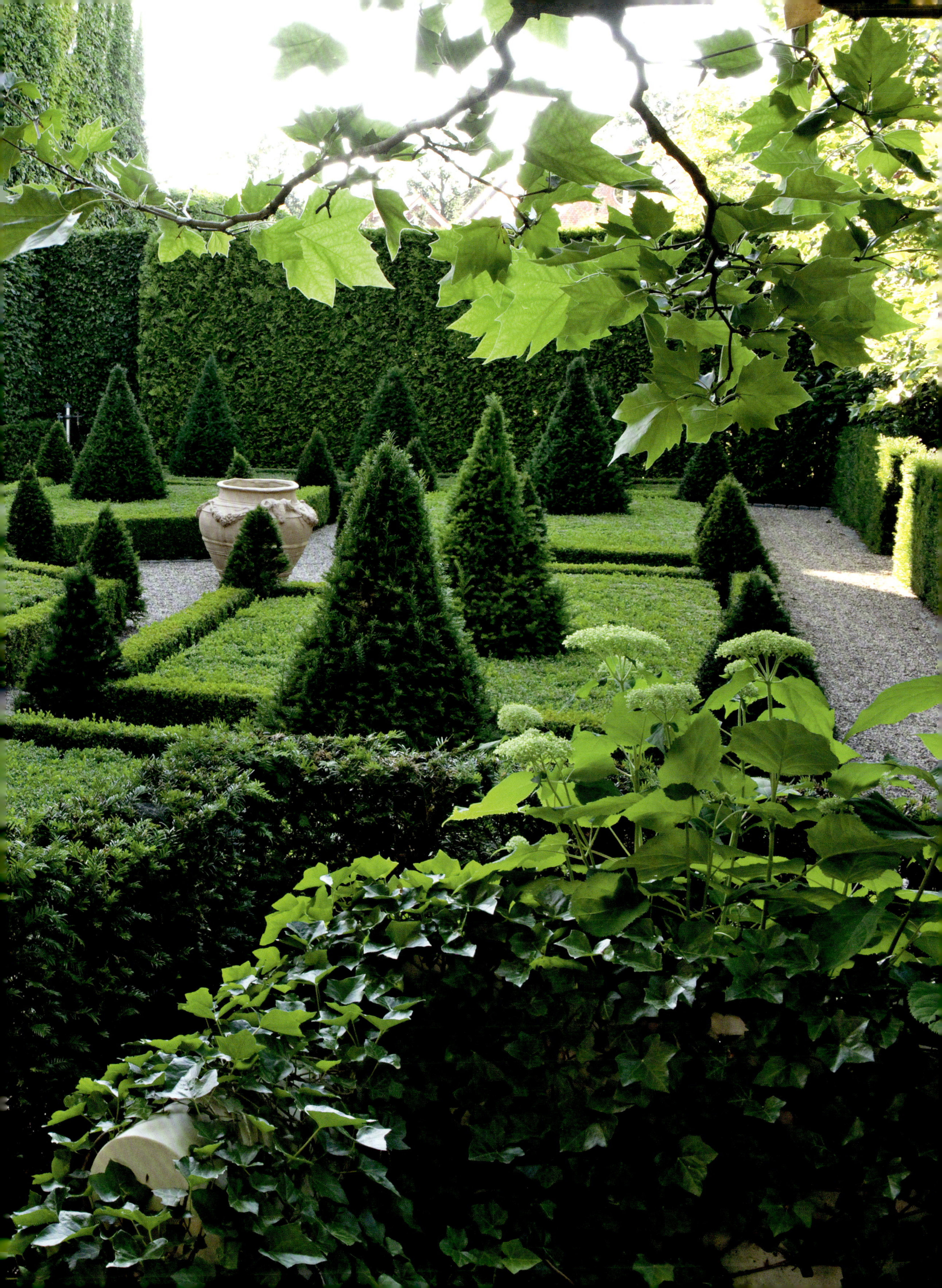

GÄRTEN DES JAHRES — Franz Kösters — PROJEKTE

3 Durch Hecken und Spalierbäume entstehen eigene Gartenräume, die Weitläufigkeit suggerieren. Hier befinden wir uns im Vorhof mit Rosenbeeten und ihren Begleitstauden.

4 Im Kräutergarten: Die quadratischen Beete sind mit Buchs und Flechtzaun doppelt eingefasst und beherbergen allerlei Kräuter, wie Salbei oder Bohnenkraut.

„Es ist eine Hommage an die alte Struktur des Hauses, eine Erinnerung an die alten Gräfte, die einst das Haus umgaben."

FRANZ KÖSTERS

186
187

D

Das Herrenhaus aus dem Jahre 1737 ist das einzig erhaltene Gebäude des ehemaligen Ritterguts Osthoff. Früher einmal war der rechteckige Backsteinbau im westfälischen barocken Baustil von Gräften (westfälische Bezeichnung für Wassergraben), von landwirtschaftlichen Nebengebäuden und großzügigen Ländereien umgeben. Doch dann wurden große Teile des Areals verkauft und darauf Einfamilienhäuser errichtet. Schließlich war von dem historischen Anwesen nur noch das Herrenhaus auf einem 2.800 m² großen Wiesengrundstück übrig. Für das denkmalgeschützte Haus wurde eine würdevolle und optisch angemessene Abgrenzung zum Neubaugebiet ringsum unbedingt nötig.

Innenarchitekt Franz Kösters entwickelte in Zusammenarbeit mit dem Architekten Prof. Harald Deilmann (1920–2008) ein Konzept, welches die verbliebene Wiese, passend zum Haus, in einen streng formalen barocken Garten umwandelte. Keine einfache Sache, war doch der Grundriss des zerrissenen Grundstücks kompliziert. Es galt, Grundstrukturen mit Hecken, Spalierbäumen und Platanen zu schaffen und sinnvolle Haupt- und Nebenwege anzulegen. Sie überraschen mit interessanten Blickachsen und suggerieren Weitläufigkeit, wie es einem solchen Herrenhaus anstehen würde.

Zwei Blickachsen wurden festgelegt und die Gesamtfläche in sechs Gartenräume aufgeteilt: ein Vorhof mit begrünter Freitreppe und Heckenzimmer, ein Innenhof mit Brunnen und Kastanie als Hofbaum, ein Teichgarten mit Seerosenbecken, ein Buchsbaum-Parterre mit Pavillon, ein Sitzplatz mit Dachplatanen und ein Kräutergarten.

Im Seerosenteich spiegelt sich das alte Herrenhaus mit seinem Umhang aus Wildem Wein. Der Teich selbst greift die rechteckige Form des Hauses auf. „Es ist eine Hommage an die alte Struktur des Hauses, eine Erinnerung an die alten Gräfte, die einst das Haus umgaben", schwärmt Franz Kösters.

Das Pendant zum rechteckigen Seerosenteich bildet eine Ligusterhecke in Hufeisenform (Grünes Liguster-Heckenzimmer), das sich die jetzigen Hausherren einfallen ließen. „Hier herrscht fast schon eine sakrale Atmosphäre – wie in alten Burgmauern", findet Kösters.

Der Garten berührt in seiner Eigenwilligkeit. Er spielt mit gewissen Zufälligkeiten, ist aber im Grunde sehr diszipliniert, etwa in der bewussten Beschränkung auf einige wenige Arten, insbesondere auf Immergrüne. Selbst im Sommer lebt der Garten vor allem von den unterschiedlichen Grüntönen, der geschnittenen Struktur, der Geometrie. Mit den Hecken wurden Gartenräume und eine gewisse Privatheit geschaffen. Da Hecken im Ort an der Grenze nicht über 1,50 m sein dürfen, wurden dahinter zusätzlich noch Spalierbaum-Reihen gepflanzt.

In den letzten Jahren hat sich die Vegetation prächtig entwickelt. Der Garten hat nun die ersehnte Optik mit einer gewachsenen alten Struktur erlangt, die dem historischen Haus entspricht. Er mutet jetzt wie eine Parkanlage um das Herrenhaus an, die Gartenräume selbst vermitteln ein tiefes Gefühl der Geborgenheit.

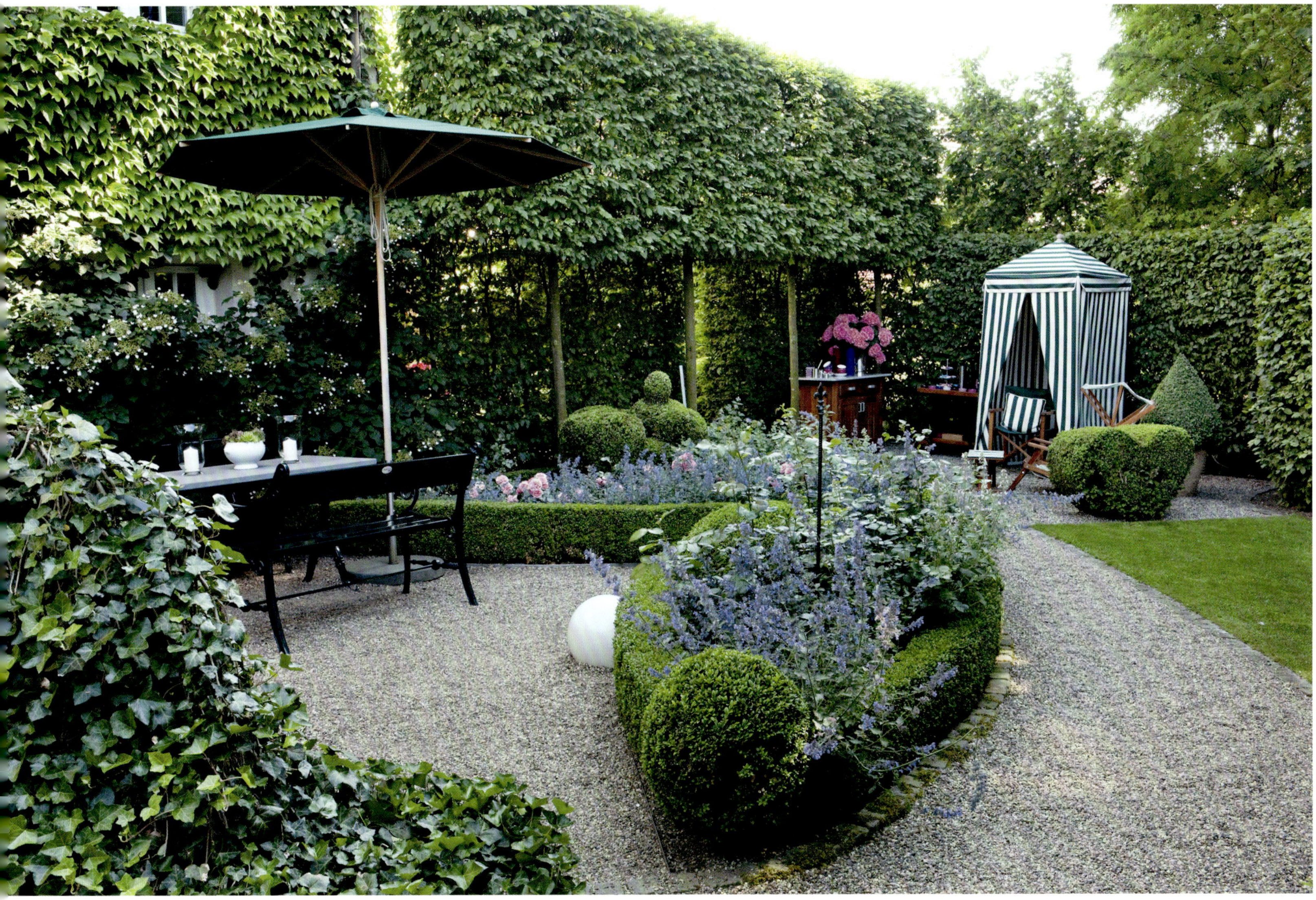

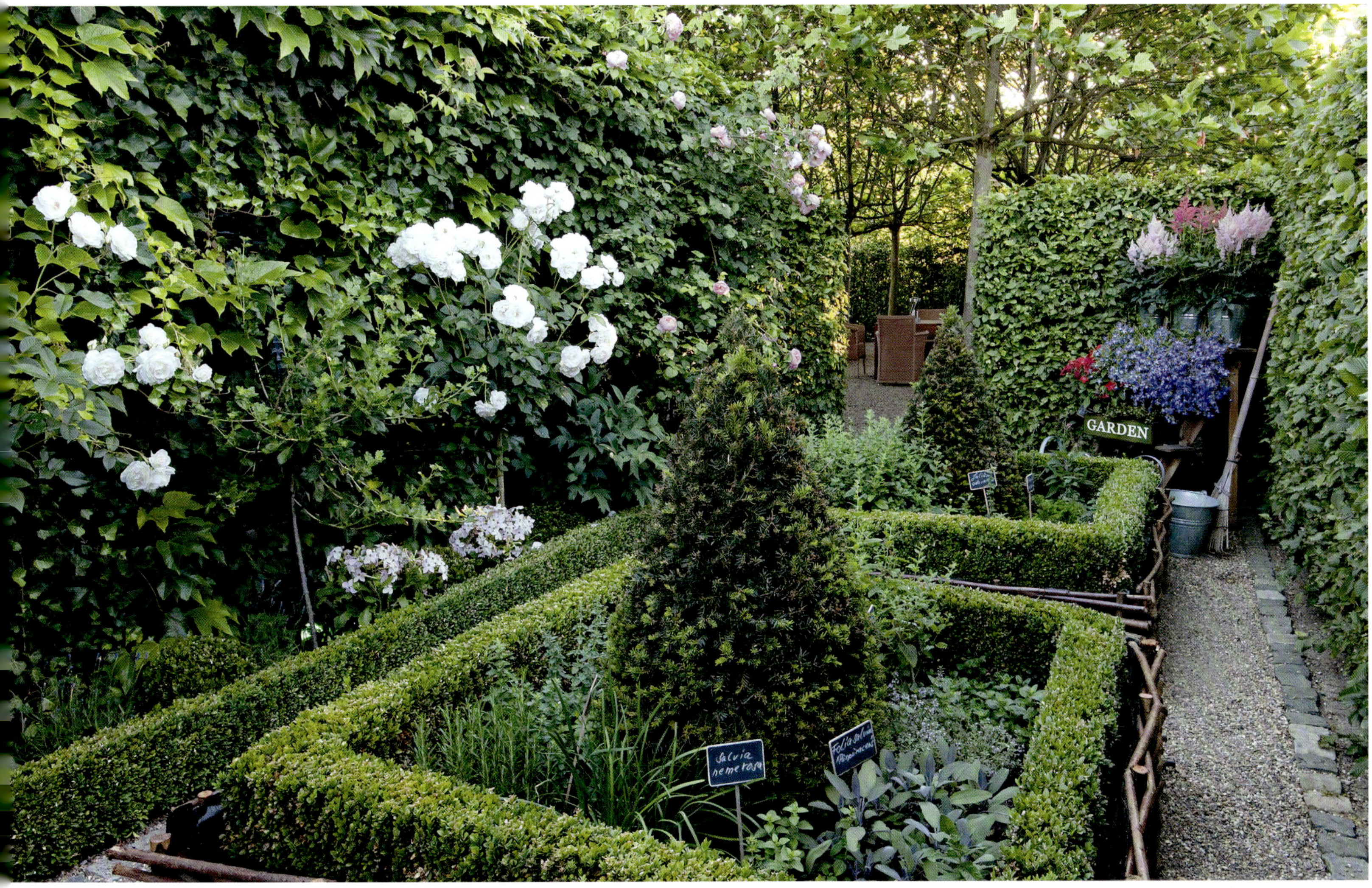
GARDEN
Salvia nemerosa

Kochen unter freiem Himmel

LAGE DES GARTENS
Die moderne Wohnküche im Freien; Jüchen, Rheinkreis Neuss, Nordrhein-Westfalen

GRÖSSE DES GARTENS
175 m²

PLANUNGSBÜRO
Gartenplus – Die Gartenarchitekten

1

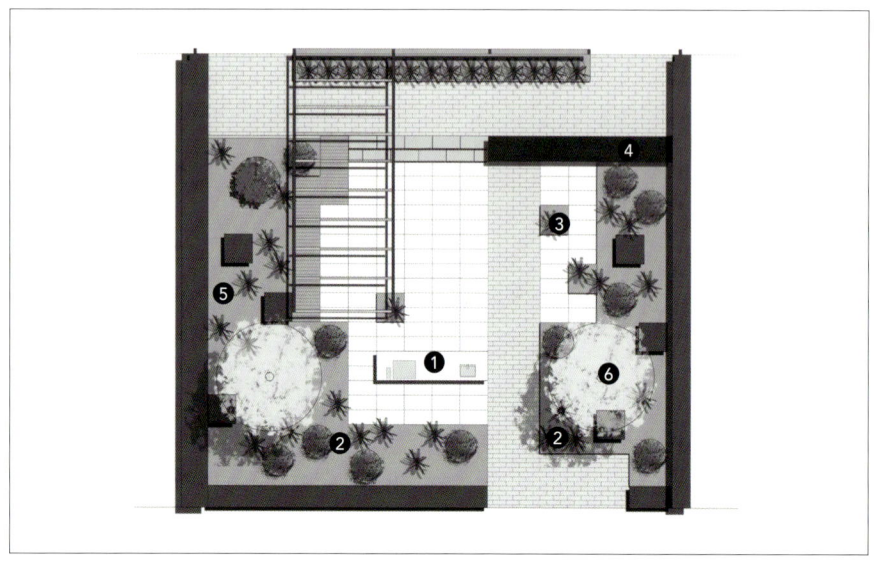

GRUNDRISS

PLAN

1 Küchenblock
2 Kräuter in Staudenpflanzung
3 Quadratische Beete mit Phlomis russeliana
4 Pinkfarbene Mauer
5 Sonniges Staudenbeet
6 Zierapfel

1 Den Duft würziger Kräuter in der Nase, kocht es sich im Freien besonders kreativ.

2 Puristisch in der Form, edel und funktional im Design: die Freiluftküche ist mit einem Edelstahlkochfeld und einem ebensolchen Spülbecken ausgestattet.

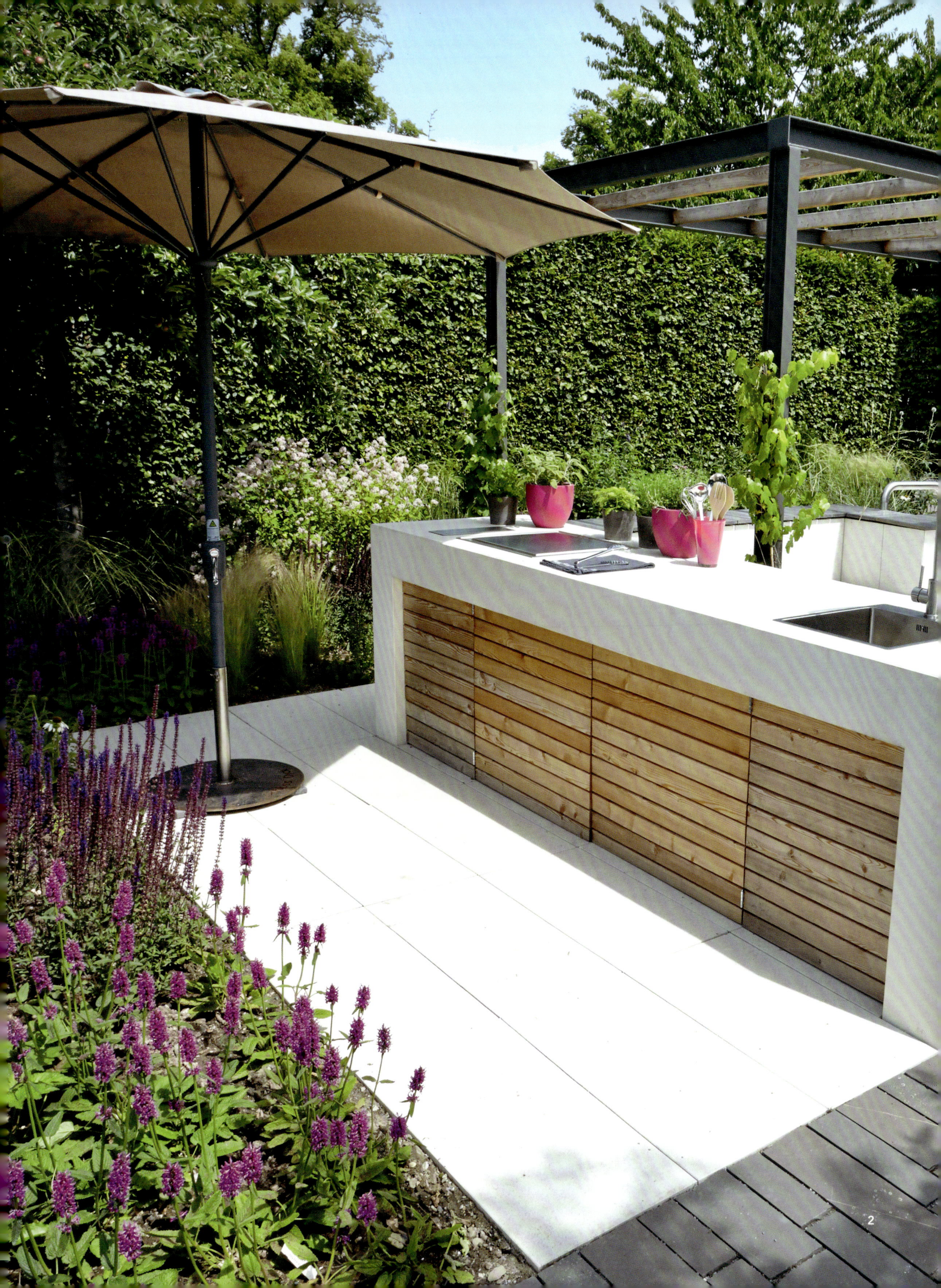

2

GÄRTEN DES JAHRES — Gartenplus — PROJEKTE

3 Passend zum Küchenblock: die Terrasse aus Betonsteinpflaster, die sich deutlich vom Weg aus Bergischer Grauwacke abhebt.

4 Pink bringt Pepp in den Gartenraum – die Mauer dient gleichzeitig als Theke. Die Bepflanzung aus Thymian und Blumen-Dost *(Origanum Laevigatum*-Hybride 'Herrenhausen') im gegenüberliegenden Beet greift die Farbe auf.

190
191

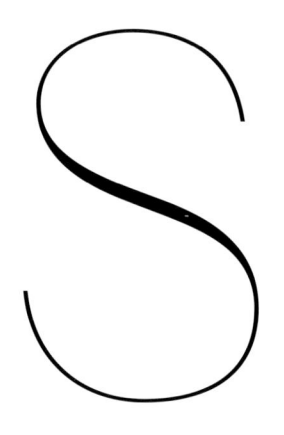

Für Bernd Franzen ist die „Küche unter freiem Himmel" ein neues Trendthema: „Gefragt ist alles, was ein Urlaubsgefühl im Garten vermittelt, ob es das Wohnzimmer im Freien mit Lounge-Möbeln oder der Wellness-Bereich mit Pool und Außensauna ist", ist er überzeugt.

Das Grillen wird ja schon lange jeden Sommer im Garten zelebriert – mittlerweile ein Massenphänomen – doch die luxuriösere Variante kann man hier bestaunen: Der Küchenblock aus schlichtem sandfarbenem Sichtbeton mit einem Kochfeld aus Edelstahl (Teppan-Yaki-Kochfeld) und einem ebensolchen Spülbecken ist ein echter Hingucker. Darüber kommt am besten noch eine Pergola, die beim Kochen vor zu starker Sonne schützt. Was ließen sich hier wohl für wunderbare Gerichte kreieren, wenn man beim Kochen den Duft des würzigen Rosmarins in der Nase hat?

Klar, eine Küche im Garten setzt mit der Zeit Patina an – doch das ist durchaus so gewollt. Denn damit passt sie hervorragend zu den Wegen, Terrassen und Beetflächen. Diese orientieren sich in ihrer Geradlinigkeit an dem quadratischen Grundriss der Fläche und an der Linearität der 3 m hohen Hainbuchenhecken, die den kleinen Gartenraum einfassen. Einer der Hauptwege des Parks führt unmittelbar auf den Eingang des Gartenzimmers zu und bietet einen Blick auf eine pinkfarbene Mauer. „Sie ist sehr markant im Hintergrund und gibt dem Gartenraum Pepp, ist aber auch funktional, denn sie kann als Theke genutzt werden", erklärt Landschaftsarchitekt Franzen. Hinter dieser Mauer liegt ein Bereich, der um 30 cm erhöht wurde und über Stufen erreichbar ist, sodass ein Terrassenraum auf zwei Ebenen entsteht. Die Abdeckung der Mauer, die beiden Stufen und die Wegeflächen wurden aus Bergischer Grauwacke hergestellt – ein quarzitischer Sandstein aus dem Bergischen Land – übrigens härter als Granit. Durch die gebrochenen Kopfseiten der einzelnen Pflastersteine entstehen größere Fugenanteile, die im Laufe der Zeit begrünen, sodass eine natürliche Patina entsteht. Der erdfarbene Naturstein harmoniert bestens mit der sandfarbenen glatten Terrassenoberfläche der Betonsteinplatten, die auch an trüben Tagen das Gartenzimmer aufhellen.

Natürlich gehören zu solch einer Wohnküche im Freien auch Pflanzen, denn ohne Pflanzen – kein Garten: drei Eibenquader im Verbund mit Bart- und Säckelblume *(Caryopteris; Ceanothus)* bilden das pflanzliche Gerüst, das vor allem im Winter durch seine klare Grafik ins Auge fällt. Im Frühjahr erfüllen Zwiebelblüher den Gartenraum mit Leben. Stauden und Gräser sorgen für abwechslungsreiche Gartenbilder, während die Küchenkräuter in den drei quadratischen Terrassenbeeten nicht nur Zierde, sondern auch Gaumenschmaus sind.

S

Schloss Dyck, eines der bedeutendsten Kulturdenkmäler des Rheinlands, gilt seit Langem als Zentrum für Gartenkunst. Bekannt ist das Wasserschloss vor allem für seinen malerischen Englischen Landschaftspark, doch kann man sich dort auch Anregungen und Gestaltungsideen für den eigenen Hausgarten holen. Gleich hinter den Pavillons im Eingangsbereich warten 15 Themengärten, eingebettet zwischen Hecken und Obstbäumen, auf ihre Entdeckung. Einen dieser Schaugärten hat Landschaftsarchitekt Bernd Franzen mit seinem Team gestaltet, der auf ca. 200 m² einen „Küchengarten" zeigt – und das ist ganz wörtlich zu verstehen, denn hier steht tatsächlich eine Küche.

Für Bernd Franzen und sein Team ist die „Küche im Freien" ein neues Trendthema im Garten.

TEAM GARTENPLUS:
SIMON LEUFFEN (LI),
BERND FRANZEN (MITTE),
SEBASTIAN SPITTKA (RE)

GÄRTEN DES JAHRES — Horeis + Blatt — PROJEKTE

Am Meer der Erinnerung

LAGE DES GARTENS
Garten am Zwischenahner Meer;
Bad Zwischenahn-Dreibergen,
Niedersachsen

GRÖSSE DES GARTENS
4.000 m²

PLANUNGSBÜRO
Horeis + Blatt
Partnerschaft

1

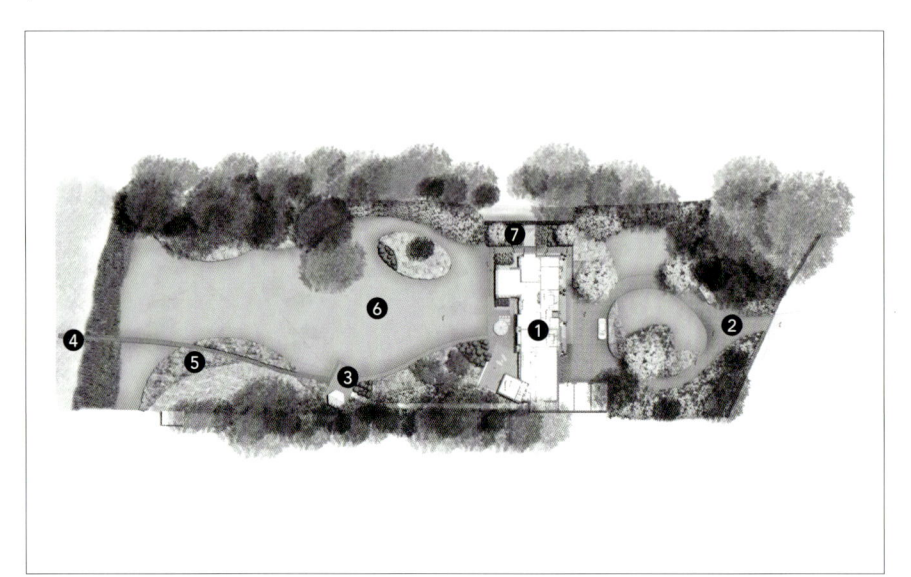

GRUNDRISS

PLAN
1 Wohnhaus
2 Umfahrt
3 Holzdeck
4 Steg
5 Stauden
6 Rasenfläche
7 Brunnengarten

1 Der Brunnengarten verbindet den vorderen mit dem rückwärtigen Garten, der eine Überraschung bereit hält.

2 Alles im Fluss: der geschwungene Weg führt an Staudenbeeten mit wogenden Gräsern vorbei zum Sitzplatz am Holzdeck und mündet schließlich in den Steg, der ein Stück ins Meer hinausführt.

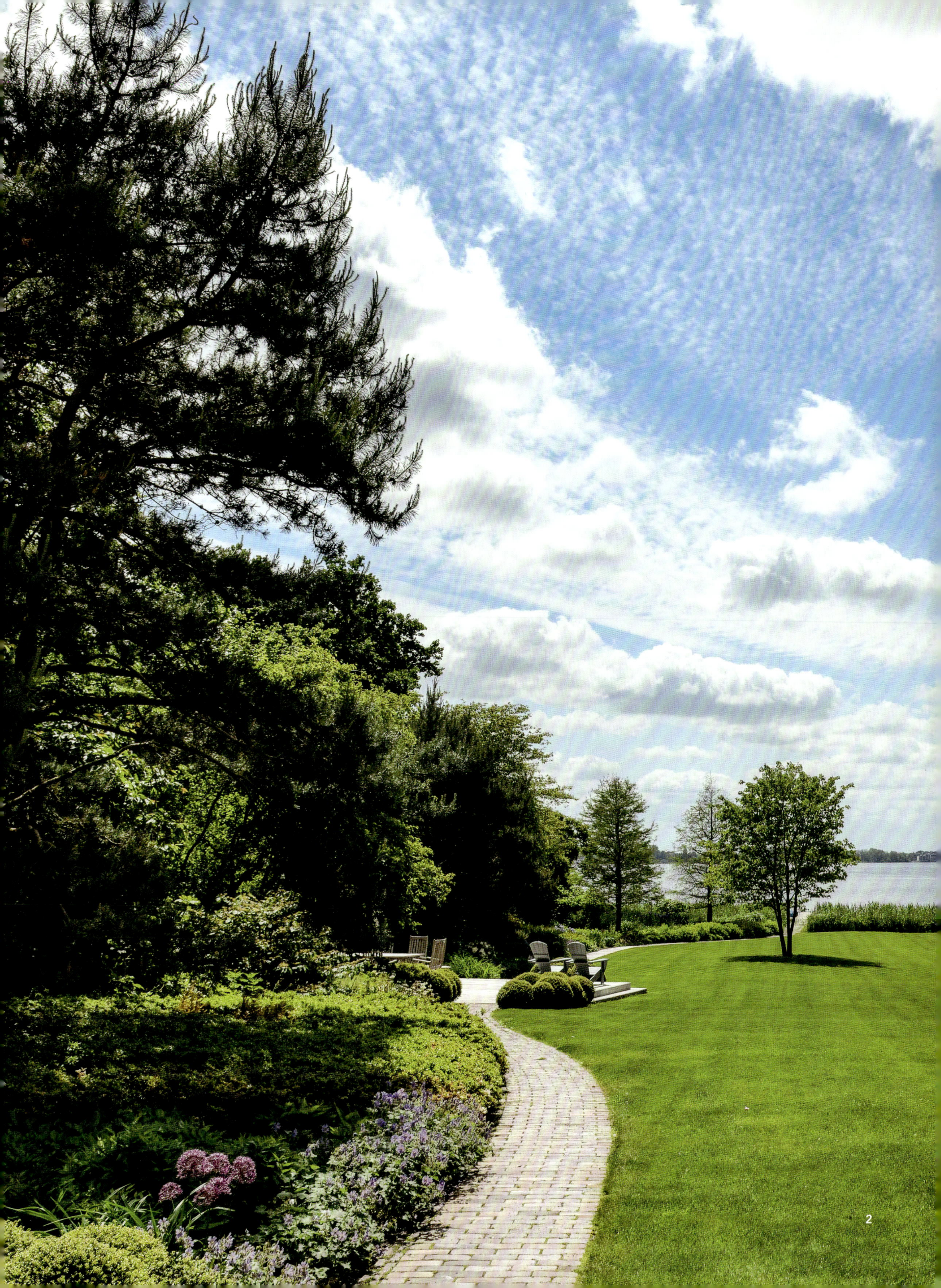

2

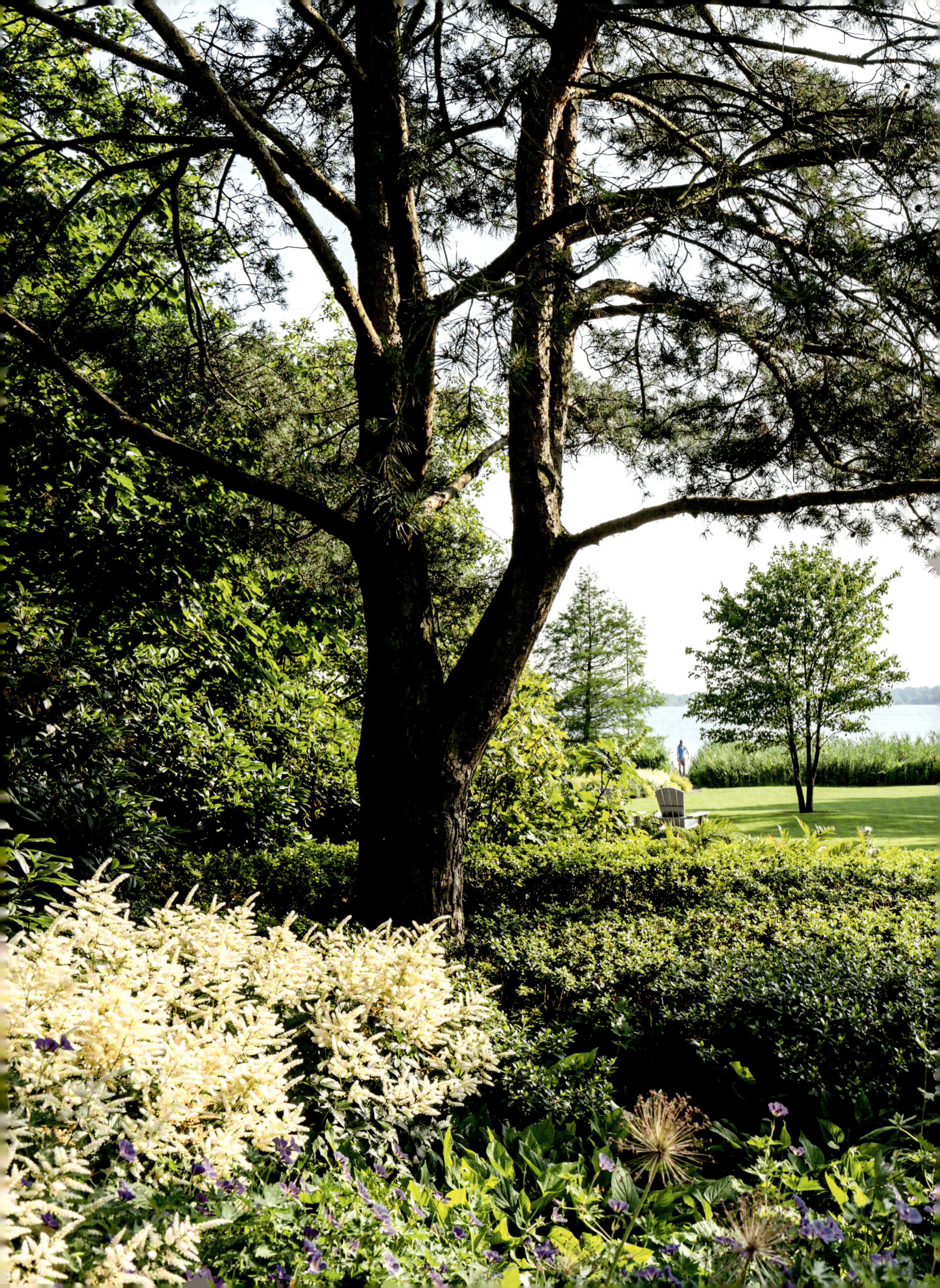

Landschaftspark in vollkommener Schönheit – großzügig, weitläufig und mit spannenden Blickachsen auf das angrenzende Zwischenähner Meer gestaltet.

GÄRTEN DES JAHRES Horeis + Blatt

Besondere Orte aus Kindertagen haben etwas Magisches. Wenn wir uns an sie erinnern, tauchen sofort bestimmte Bilder in unseren Köpfen auf. Manche sind schon etwas verblasst, andere sehen wir direkt vor uns, wenn wir die Augen schließen. Wie schön, solche Orte tatsächlich wiederzufinden – etwa in einem Garten.

B

„Bilder wurden wiederhergestellt, das war eine sehr spannende, intensive zwischenmenschliche Arbeit."

NIELS BLATT

Landschaftsarchitekt Niels Blatt hat in vielen Gesprächen den Erinnerungen des Bauherrn an den Garten seiner Kindheit nachgespürt. Im Gedächtnis gebliebene, wichtige Orte des Verweilens wurden dabei neu gestaltet, Bäume gesetzt und Gehölz-Kulissen strukturiert. Dabei wurde der alte klassische Garten umgestaltet, wobei mit dem Vorhandenen der Vorfahren behutsam umgegangen wurde.

Das Grundstück liegt an der Nordseite des Zwischenahner Meers, das übrigens kein Meer, sondern ein See ist – aber in Norddeutschland ist ja dafür auch das Meer die See. Der Garten selbst ist eingewachsen, und mit seiner Bepflanzung und den Materialien, wie etwa den Klinkern für die Terrasse am Haus, typisch ammerländisch, könnte so nicht 1:1 auf andere Orte übertragen werden. Der vordere Teil mit der Umfahrt zeigt sich funktional, soll den Besucher willkommen heißen. Der seitliche Brunnengarten ist Ruhepunkt und gleichzeitig Ziel der Blickachse aus dem Esszimmer des Hauses. Felsenbirnen *(Amelanchier)* bilden ein Dach vor einer immergrünen Eibenhecke, Stauden und Hortensien verleihen dem Gartenraum Farbe. Vom Brunnengarten gelangt man in den hinteren Teil des Gartens und erlebt dort eine Überraschung: plötzlich öffnet sich der Blick weit auf das Zwischenahner Meer – der Garten wird zum Teil des Meers: „Wenn im September die Nebelschwaden vom See auf das Grundstück niedergehen, verschmelzen Wasser und Grundstück miteinander," schwärmt Niels Blatt. Hier kann man auf dem Holzdeck zur Ruhe kommen, sich zurückziehen – ein Kraftort. Daher hat Blatt den Blick über das Zwischenahner Meer auch gestärkt.

Mit seinen weichen, fließenden Formen nimmt der Garten die Dynamik des angrenzenden Meers auf. Der geschwungene Wegeverlauf mündet im Steg über dem Meer, er fließt durch Staudenbeete in den Farben Weiß, Blau und Violett. Gräser unterstützen diese Dynamik, wenn sie sich im Wind wiegen. Die Gehölze geben dem Garten seinen parkähnlichen Rahmen. Bewusste Öffnungen gestatten einen Blick zum Haus und dem Meer. Die neuen Gruppen von Rhododendren untermalen die Kulisse, geben Halt in Augenhöhe und schließen den Garten. Buchsbaum-Gruppen in Wellen- und Kugelform sind großflächig gepflanzt – Korallenriffen im Meer gleich. Sie bieten Sichtschutz und ein immergrünes Gerüst für die Beete in den Wintermonaten.

So entstand ein offener, mit ruhigen Formen gestalteter Garten voller Erinnerungen und einigen neuen Ansätzen. „Bilder wurden wiederhergestellt, das war eine sehr spannende, intensive zwischenmenschliche Arbeit", zieht Niels Blatt Bilanz. Der Garten lebt weiter – und er wird sich wohl weiter entwickeln, denn alle zwei bis drei Monate kommen Bauherr und Landschaftsarchitekt erneut zusammen, um zu überlegen, ob alles noch stimmig ist. Es wird wohl eine Lebensaufgabe.

PROJEKTE

3 Ein Kraftort: Platz nehmen, auf die Weite des Zwischenahner Meers blicken und neue Kraft tanken!

4 Schöner kann eine Zufahrt kaum gestaltet sein — sie wirkt einladend und natürlich. Der Weg selbst ist — typisch ammerländisch — mit Klinkern befestigt.

Leben auf allen Ebenen

LAGE DES GARTENS
Hausgarten; Neumarkt i.d. Oberpfalz, Bayern

GRÖSSE DES GARTENS
1.750 m²

PLANUNGSBÜRO
Garnhartner + Schober + Spörl Landschaftsarchitekten BDLA Stadtplaner

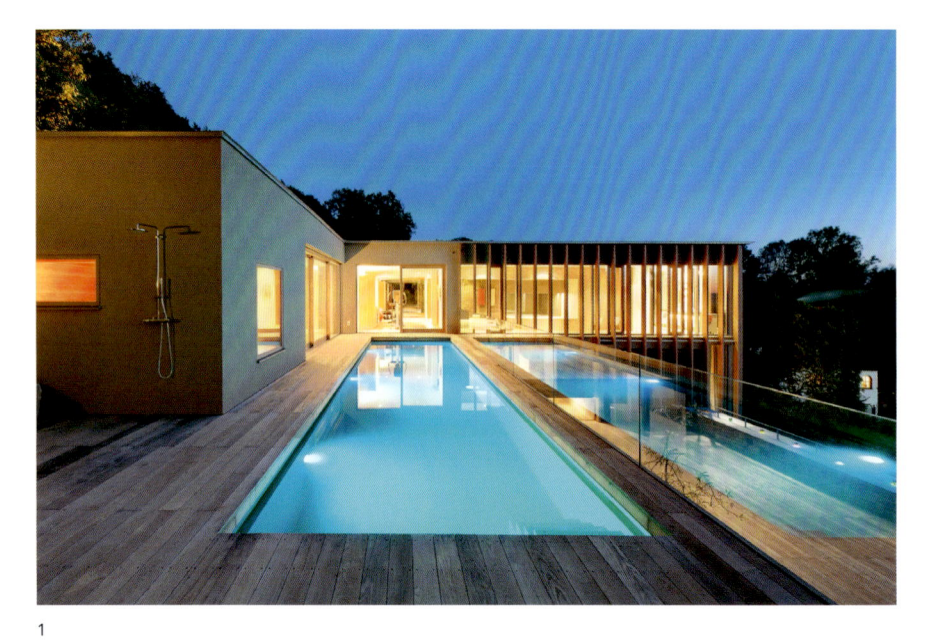

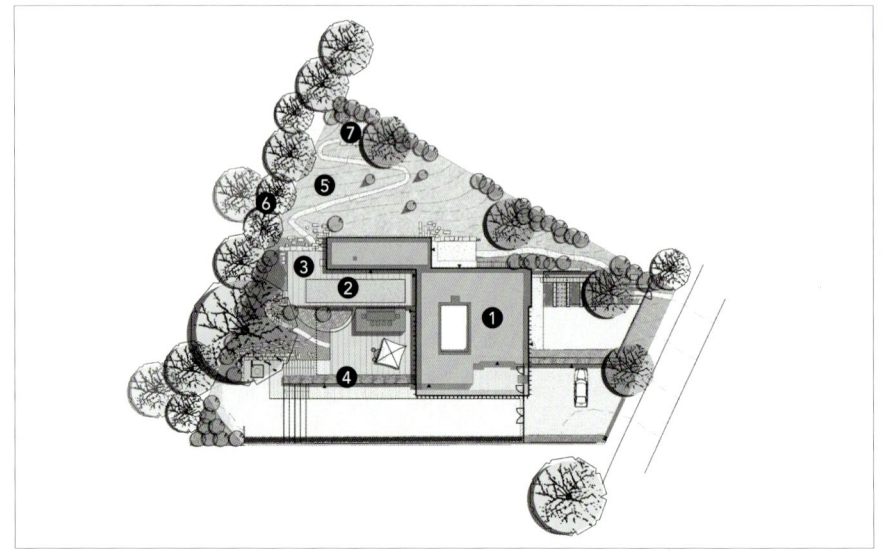

GRUNDRISS

PLAN
1 Wohnhaus
2 Pool
3 Holzdeck
4 Mauer mit Natursteinverkleidung
5 Kalkmagerrasen
6 Eichen-Kiefern-Wald
7 Sitzplatz

1 Formalität in Reinform: Haus und Pool, beides äußerst modern und großzügig bemessen.

2 Garten und Haus mit der umgebenden Natur zu verbinden, war Landschaftsarchitekt Josef Garnhartner ein Anliegen. Rasenstufen führen auf die nächsthöhere Ebene. Der Eichen-Kiefern-Wald bietet Haus und Garten einen natürlichen Windschutz.

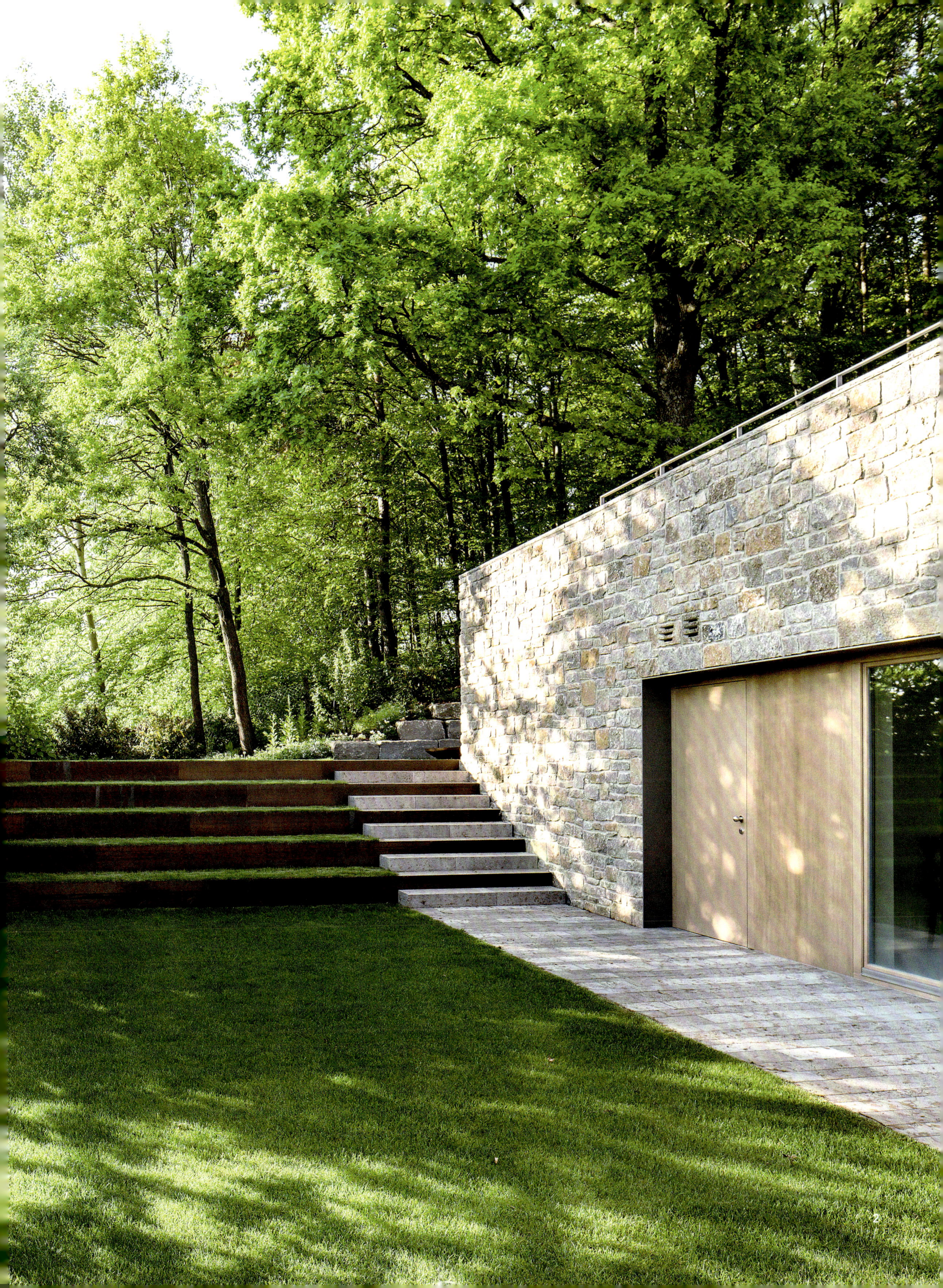

GÄRTEN DES JAHRES — Garnhartner — PROJEKTE

„Die Trockenwiesen ergeben einen schönen Gegensatz zur architektonischen Gestaltung des Hauses."

JOSEF GARNHARTNER

Für Landschaftsarchitekt Josef Garnhartner war es ein Anliegen, Garten und Haus mit der umgebenden Natur zu verzahnen und die Innen- und Außenräume harmonisch miteinander zu verflechten. Gleichzeitig war die steile Hanglage – es sind immerhin 13 m Höhenunterschied – eine große Herausforderung. Dazu kam die unausgewogene Relation zwischen dem sehr großen Gebäude mit drei Wohnebenen und dem im Verhältnis dazu kleinen Garten mit ebenso schwierigen Übergängen. „Wir waren aber frühzeitig involviert und konnten gemeinsam mit dem Architekten das Konzept für den Hanggarten entwickeln", sagt Josef Garnhartner.

Durchlaufende Mauern aus Kirchheimer Muschelkalk bilden Terrassen; Wege und Stufen sind aus dem gleichen Material gefertigt. Die dadurch entstandenen Ebenen erfüllen verschiedene Funktionen: im Erdgeschoss liegt der Eingang und der Gästetrakt, der in den Hang hineingebaut wurde. Dieser Ebene ist eine kurzgeschorene Rasenfläche für Spiele und Feste zugeordnet. Rasenstufen auf einer Zwischenebene unter der Eiche vermitteln zur Hauptebene im 1. Obergeschoss, dem Bereich mit Essen und Wohnen. Hier wurde der Bezug zwischen innen und außen durch die raumhohe Verglasung besonders herausgearbeitet – an der Westterrasse lässt sich sogar die ganze Glasfront wegschieben, sodass ein nahtloser Übergang zum großzügigen Holzdeck mit überdachtem Sitzplatz entsteht. Ein Sitzsockel mit geschwungener Form führt zum Fußweg in das 2. Obergeschoss mit Swimmingpool und Fitnessebene. Wer hier im großzügigen Becken schwimmt, hat einen herrlichen Blick auf den Waldrand und die Stadt.

Die Garage auf der Ostseite ist in den Hang gebaut, darüber befindet sich ein Übergang mit Dachgarten, der Platz für ein Gemüsebeet und ein Spalier mit Weinreben lässt. So werden alle Ebenen ganz spezifisch genutzt – bis auf den obersten Hangbereich, der als Teil der umgebenden Landschaft naturnah belassen wurde. Dort gedeiht der für die Gegend typische artenreiche Kalkmagerrasen mit vereinzelten Säulen-Wacholdern *(Juniperus communis)*. Ein einfacher Schotter-Trampelpfad führt zu diesem höchsten Punkt mit Aussichtsplatz. Für Josef Garnhartner ist dies ein besonders gelungener Abschluss: „Die Trockenwiesen ergeben einen schönen Gegensatz zur architektonischen Gestaltung des Hauses."

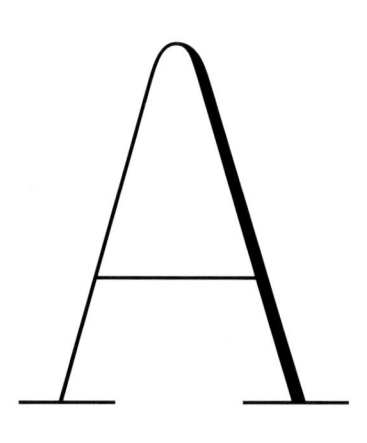

A

Am Ortsrand von Neumarkt auf einem steilen Südwest-Hang liegt dieser Garten auf vier Ebenen, der zu einem mächtigen Neubau gehört. Von hier oben hat man einen fantastischen Blick in die umgebende Landschaft mit ihren Kalkmagerrasen und Schafweiden bis hinunter auf die Stadt im Tal. Direkt unter dem modernen Gebäude befindet sich ein bäuerliches Anwesen mit Obstbäumen. An der Nordseite sorgt ein Eichen-Kiefern-Wald für natürlichen Windschutz.

3 Ganze 13 m Höhenunterschied galt es bei diesem Grundstück in exponierter Hanglage zu überwinden.

4 Ein Schotter-Trampelpfad führt zum höchsten Punkt des Gartens, auf dem extensiver Kalkmagerrasen mit den typischen trockenheitsliebenden Arten (etwa Wacholder) wachsen darf.

3
4

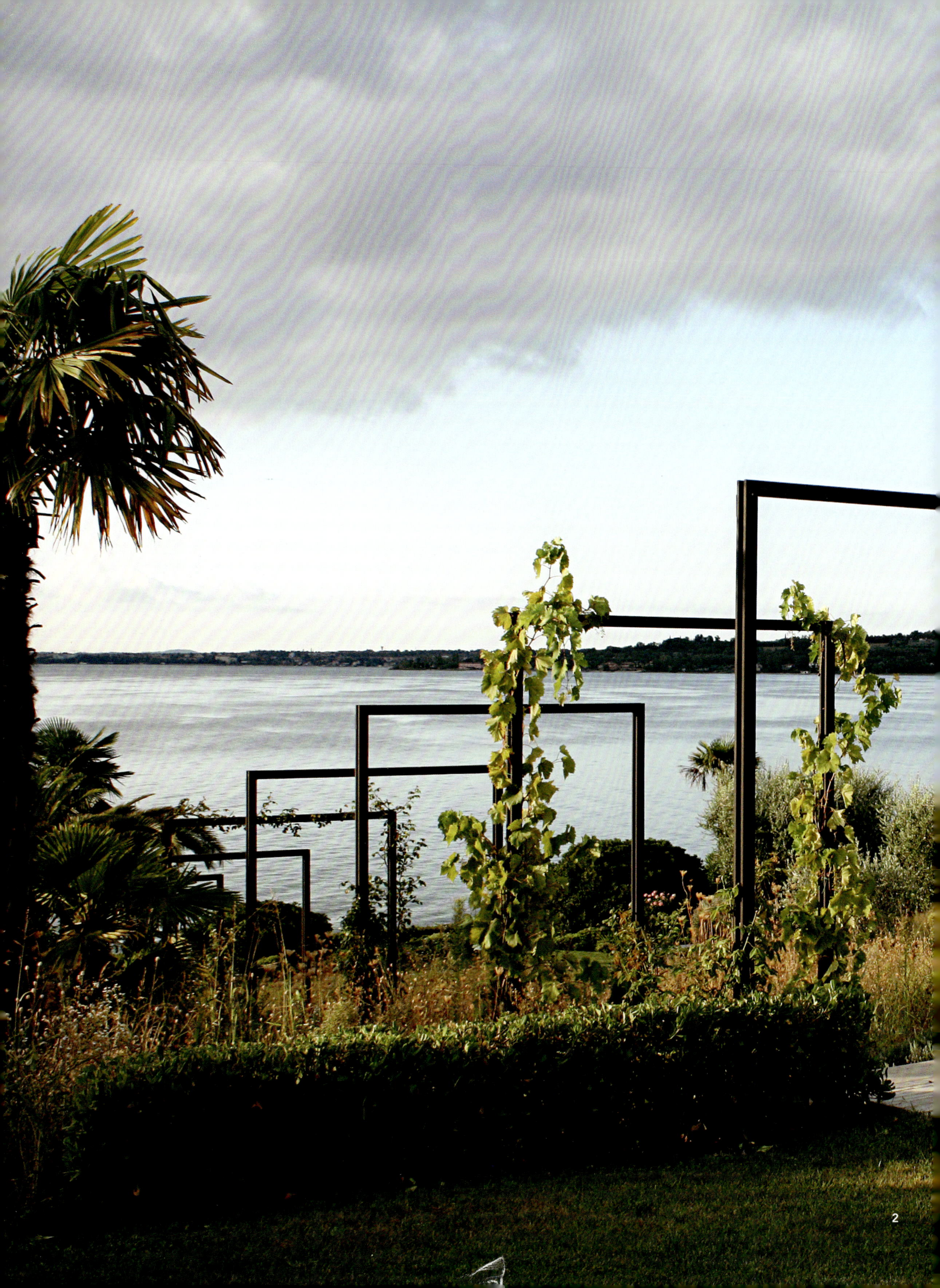

2

GÄRTEN DES JAHRES — Anita Fischer — PROJEKTE

sans-souci — auf Italienisch!

LAGE DES GARTENS
Garten am See; Südwestlicher Gardasee, Norditalien

GRÖSSE DES GARTENS
2.650 m²

PLANUNGSBÜRO
Anita Fischer Landschaftsarchitektin

1

PLAN
1 Wohnhaus
2 Küchengarten
3 Weg mit Rankbögen
4 Darsena mit Seeterrasse
5 Autochthone Wiese
6 Stauden und Gräser
7 Hecken- und Lavendelbänder

GRUNDRISS

1 Blaue Stunde: Schwimmen im Pool, den See im Blick, die Weite des Himmels über sich – was könnte schöner sein?

2 Treppen, mit Rankbögen überspannt, führen den Hang hinab zur Darsena (Bootsgarage) und der dortigen Dachterrasse.

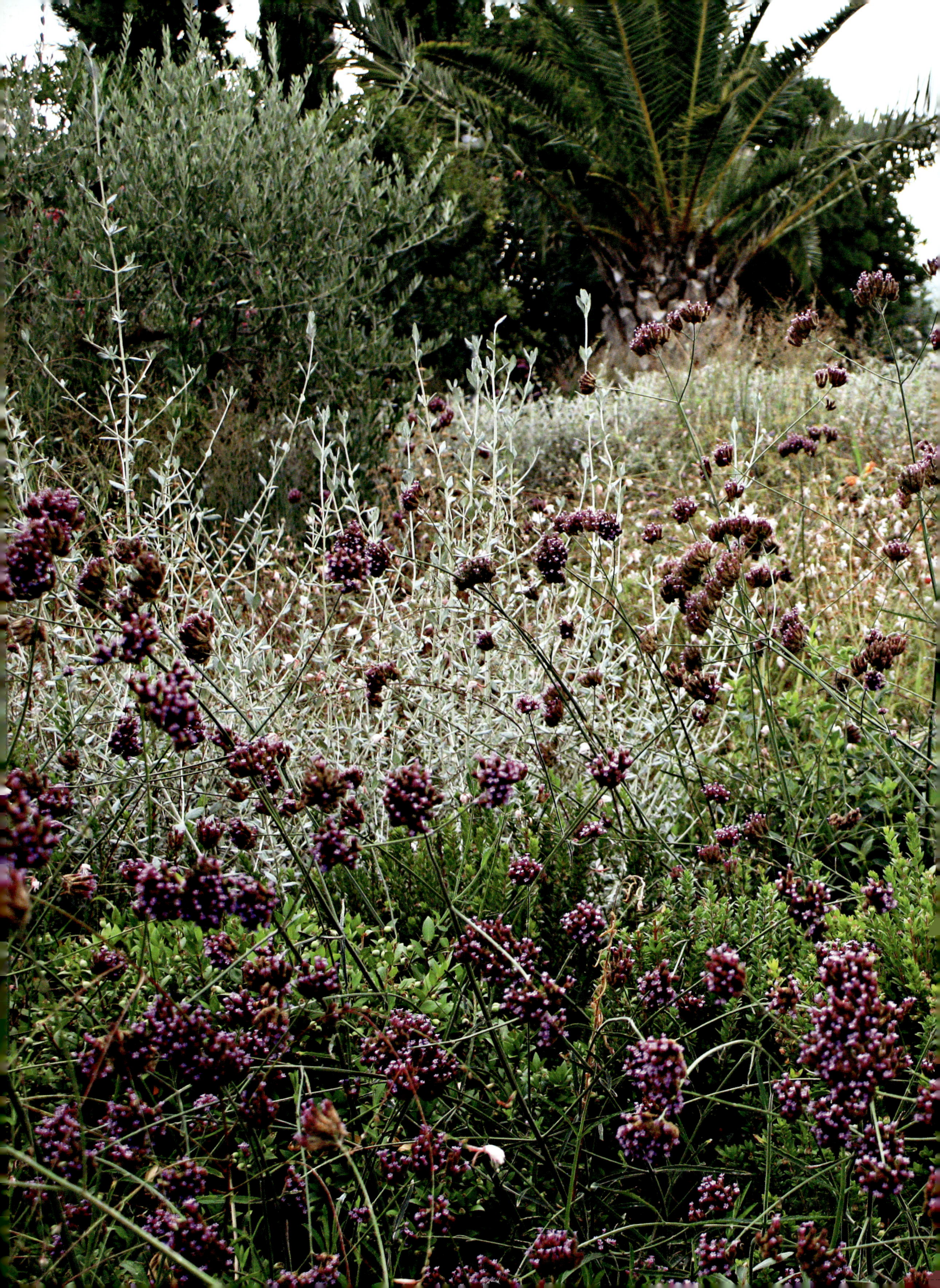

Der geschwungene Rasenweg führt vom Haus an einer naturnah gestalteten Staudenpflanzung vorbei und hinunter zur Darsena.

3
4

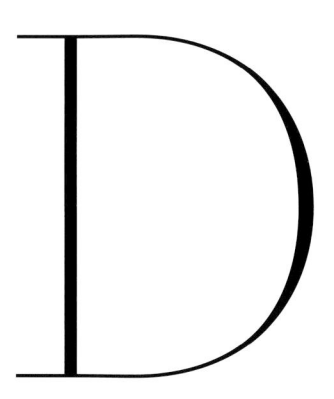

GÄRTEN DES JAHRES — Anita Fischer — PROJEKTE

D

Der Gardasee ist mit seinem milden Klima und der mediterranen Vegetation aus Schirmpinien, Zypressen und Olivenhainen Sehnsuchtsort und Wahlheimat vieler Deutscher. Entsprechend gefragt sind die Grundstücke am See. Doch gerade der Uferbereich ist ein sensibler Raum – wer hier plant und baut, muss Rücksicht auf die Natur nehmen, muss sich bei der Gestaltung von der Kulturlandschaft des Gardasees beeinflussen lassen. Daher war es für Landschaftsarchitektin Anita Fischer auch „Verantwortung und Freude zugleich", an einem solchen Ort einen Garten planen und umsetzen zu dürfen.

Der 2.650 m² große Garten liegt am südwestlichen Ufer des Sees. Er erstreckt sich von der Straße im Nordwesten bis an die Grundstücksmauer der Uferpromenade im Südosten und überwindet dabei 13 Höhenmeter. Frühzeitig war Anita Fischer beim Neubau des Wohngebäudes involviert und konnte rechtzeitig ihr Gestaltungskonzept einbringen: in der Nähe des Wohnhauses ist der Garten intensiv gestaltet, im Übergang zum See dagegen extensiv, um einen sanften Übergang in die Landschaft zu schaffen. Von nahezu jeder Stelle des Gartens genießt man dank Hanglage den Blick auf den See. „Es ist Erholung pur – alle Mühsal fällt von einem ab", beschreibt Anita Fischer ihr Gefühl in diesem Garten.

Nahe am Haus liegt der sonnige Nutzgarten mit Gemüse-, Kräuter- und Blumenbeeten. Das Gelände ist zur Straße hin mit zwei Mauern in Sitzhöhe terrassiert: auf der oberen Ebene befindet sich eine Wiese mit Feigen, Mispeln und Aprikosen. Auf der Terrasse, die an den Nutzgarten angrenzt, gedeihen besondere Olivenbäume, die vom Gardasee stammen. Eine Treppe führt nach unten auf die Hauptterrasse mit Schwimmbecken und Rasenfläche. Diese Ebene ist mit einer niederen Mauer eingefasst, für die der gleiche nussbraune Travertin aus der Region verwendet wurde, wie schon für das Pflaster, die Terrasse und den Bodenbelag des Hauses. So verschmelzen Haus und Garten zu einer großzügigen Einheit.

Zum See hin ist das Grundstück naturnah mit Olivenhainen und einer zauberhaften Wiese aus Skabiosen *(Scabiosa)*, Witwenblumen *(Knautia)*, Hirtentäschel *(Capsella bursa-pastoris)*, Glockenblumen *(Campanula)*, Orchideen und Schachbrettblumen *(Fritillaria)* gestaltet. Dafür wurde eigens autochthones Saatgut besorgt und auf den Rohboden ausgebracht. Die Wiese wird nur einmal im Jahr Ende August gemäht. „Selbst am Ende des Sommers erscheint sie noch reizvoll mit ihren Samenständen und den Gräsern", findet Anita Fischer.

Der Hang an der Südseite ist ebenfalls mit Oliven bepflanzt und mit geradlinig und wellenförmig geschnittenen Heckenstreifen aus Klebsamen *(Pittosporum tobira)*, Myrte *(Myrtus communis)*, Baum-Gamander *(Teucrium fruticans)* und Lavendel *(Lavandula angustifolia)* strukturiert. „So saust der Hang nicht nach unten ab, das Auge kann sich an der Bänderung aus den geschnittenen Hecken festhalten", erklärt die Landschaftsarchitektin. Breite Bänke aus Lärchenholz ruhen auf Findlingen, die beim Bau zutage gefördert wurden – sie bieten einen gemütlichen Sitzplatz, bezaubernder Seeblick inklusive.

Zum Nachbarn im Süden schirmt eine Bepflanzung aus Granatäpfeln *(Punica granatum)*, Oleander-Sträuchern *(Nerium oleander)*, Erdbeerbaum *(Arbutus unedo)* und Myrten ab. Davor wetteifern Stauden um die meisten Insektenbesucher. Ein Rasenweg schwingt sich durch die hohen Stauden hinab zur Darsena, der Bootsgarage mit Seeterrasse. Von hier geht es nach einem Tag auf dem See über einen Treppenweg mit Rankbögen in Begleitung hoher Palmen wieder hinauf zum Haus.

„Der Garten spiegelt mit all seinen Elementen das Idealbild dieser südlichen Landschaft wider. Er ist Erholung pur – alle Mühsal fällt dort von einem ab."

ANITA FISCHER

---

3 Leichtigkeit und Vergänglichkeit – was für eine schöne Mischung: luftig leichte Lampenputzer-Gräser, dazwischen filigranes Patagonisches Eisenkraut, das selbst nach der Blüte eine Augenweide ist.

4 So attraktiv kann ein Nutzgarten sein: nahe am Haus werden Gemüse, Kräuter und Blumen in rechteckigen Beeten kultiviert.

Farbenfroher Familiengarten

LAGE DES GARTENS
Sonniger Staudengarten; Lüneburg, Niedersachsen

GRÖSSE DES GARTENS
1.230 m²

PLANUNGSBÜRO
Zinsser KG

1

PLAN
1 Wohnhaus
2 Terrasse
3 Staudenbeet
4 Spielbereich der Kinder
5 Nischen-Sitzplatz

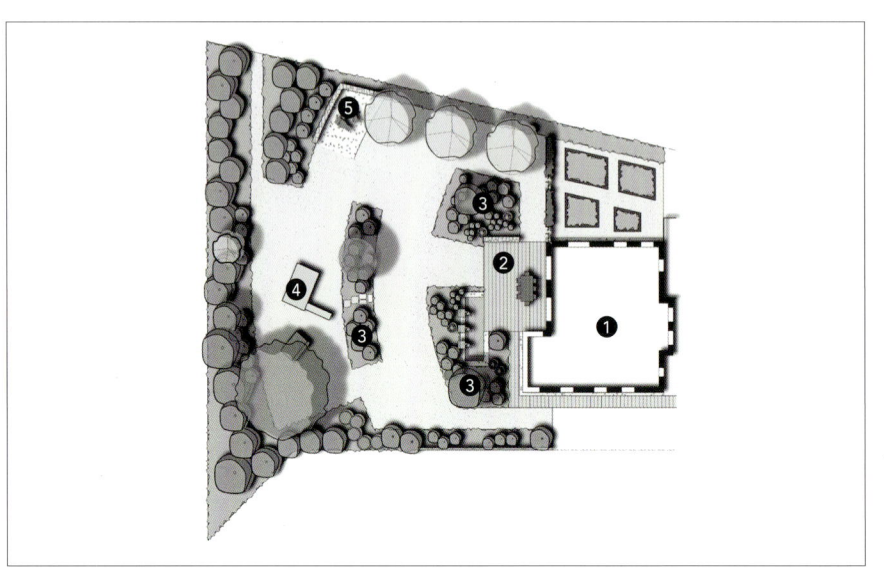

GRUNDRISS

1 Ein länglicher Streifen aus Gräsern, Stauden und kleinen Gehölzen trennt den Spielbereich der Kinder von der Terrasse ab.

2 Was für eine Farbe! Die dunkelvioletten Blüten des hohen Steppen-Salbeis leuchten unwiderstehlich und zeichnen sich durch eine lange Blütezeit aus.

3 Zu jeder Jahreszeit prächtig: auch im Spätsommer und Herbst hat der Staudengarten noch viel zu bieten, etwa mit der Fetthenne (Sedum telephium 'Herbstfreude').

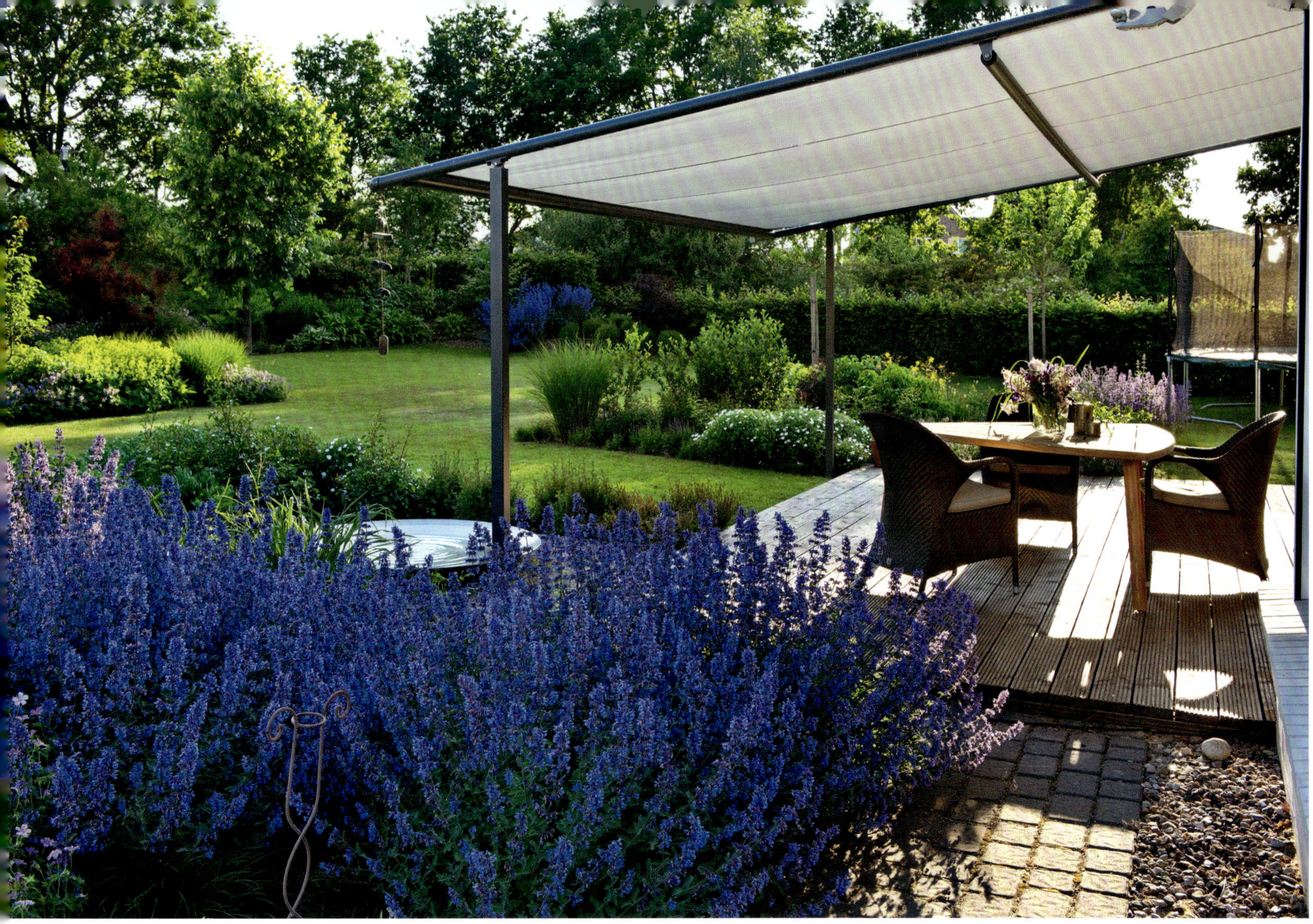

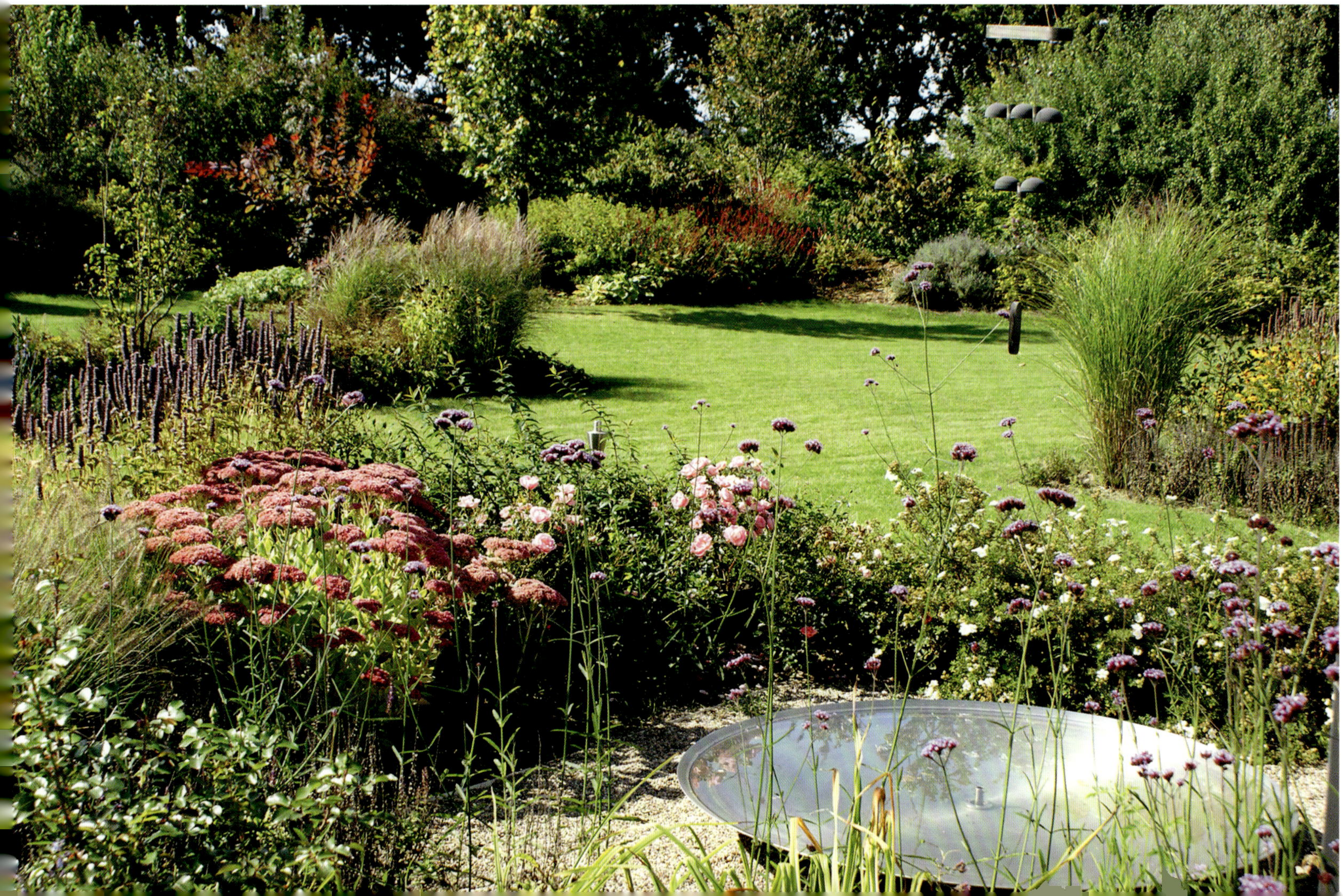

GÄRTEN DES JAHRES · Zinsser · PROJEKTE

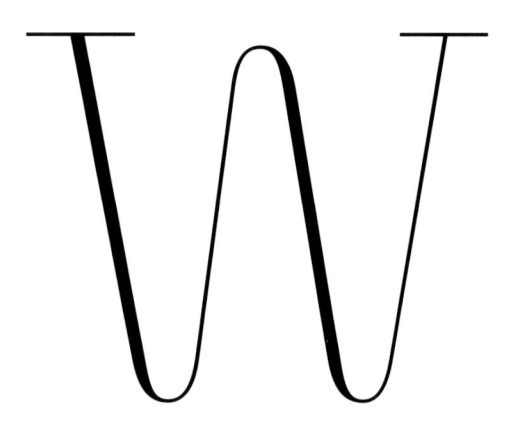

W

Was für einen Garten braucht eine Familie mit Kindern? Ganz einfach – viel Platz zum Toben und Spielen, aber auch Raum für Muße und den Genuss der Natur. In Neubaugebieten wirken die Grünanlagen meist ziemlich kahl und leer, mit einer öden Rasenfläche, die von der unvermeidlichen Thujenhecke umzingelt wird.

Dass es auch ganz anders geht, zeigt dieses Beispiel eines gelungenen Familiengartens, der voller Leben steckt. Hier steht nicht etwa teures Material und exotisches Gehölz im Vordergrund – es sind die Stauden, die eindeutig die Hauptrolle spielen und für faszinierende und abwechslungsreiche Stimmungsbilder sorgen. Was für eine Fülle an Formen und Farben!

Der Neubaugarten der Familie war bereits mit einer Bepflanzung an den Gartengrenzen bestückt, auch die Pflasterung war schon vorhanden. Was fehlte, war der richtige Pepp! Der immerhin über 1.200 m² große Garten musste strukturiert und unterteilt werden. „Ich habe keine rechtwinklige Gestaltung angestrebt, aber doch eine sehr geordnete Raumaufteilung", sagt Gartenarchitektin Christine Schaller. Grundidee war, die Beetlinien wie Sekanten zu ziehen, um eine gute Breitenwirkung der Pflanzung von der Terrasse aus zu erzielen. Die üppigen Beete sind bis zur Gartengrenze in drei Staffelungen angelegt, sodass es für den Betrachter immer wieder neue Stauden-Schönheiten zu entdecken gibt – etwa von der gemütlichen Holzterrasse aus, die von zweien dieser Beete, randvoll mit Schönheiten, flankiert wird. Sie bieten einen kleinen Ausschnitt aus der immensen Vielfalt der Stauden, darunter die Mexiko-Nessel *(Agastache rugosa* Hybride 'Blue Fortune') mit duftenden Blüten und Blättern, die Kurzspornige Garten-Akelei *(Aquilegia caerulea* 'Black Barlow') mit nahezu schwarzen gefüllten Blüten oder die Glockenblume *(Campanula poscharskyana* 'Blue Grown') mit ihren lila Blütensternen. Dazwischen ragen die dunkelvioletten Blütenstände des Ziersalbeis *(Salvia nemorosa* 'Caradonna') und die violetten Kerzen des Purpur-Ziests *(Stachys monnieri* 'Humello') auf.

Ein länglicher Streifen aus Gräsern, Stauden und kleinen Gehölzen schirmt den Spielbereich der Kinder vom Terrassenbereich ab. Trotzdem müssen sie keine Umwege gehen – der direkte Weg ist für Kinder meist der beste, daher führen Trittsteine durch die Bepflanzung direkt zu Rutsche und Schaukel. Am hinteren Ende des Gartens versteckt ein schräg angelegtes Beet einen Zugang zum Garten. Hier ist Platz für eine ruhige Sitzecke mit Blick zum Haus. Highlight und Anziehungspunkt, nicht nur für die Kinder, ist das Wasserspiel: eine flache, runde Edelstahlschale auf einer quadratischen Fläche aus Rundkies, die die üppige Staudenpracht etwas auf Distanz hält.

„Ich habe keine rechtwinklige Gestaltung angestrebt, aber doch eine sehr geordnete Raumaufteilung."

CHRISTINE SCHALLER

Unumschränkter Anziehungspunkt ist das Wasserspiel: eine flache, runde Edelstahlschale auf einer quadratischen Fläche.

Ein Stadtgarten in Hamburg

LAGE DES GARTENS
Villengarten Rothenbaumchaussee, Hamburg

GRÖSSE DES GARTENS
890 m²

PLANUNGSBÜRO
WES Landschafts-Architektur mit Maxie Strauch Gartenarchitektur

1

PLAN
1 Wohnhaus
2 Vorgarten
3 Terrasse mit Sitzstufen
4 Ovales Wasserbecken
5 Ziergräser und Rispen-Hortensien (Hydrangea paniculata)
6 Sitzplatz unter altem Baumbestand

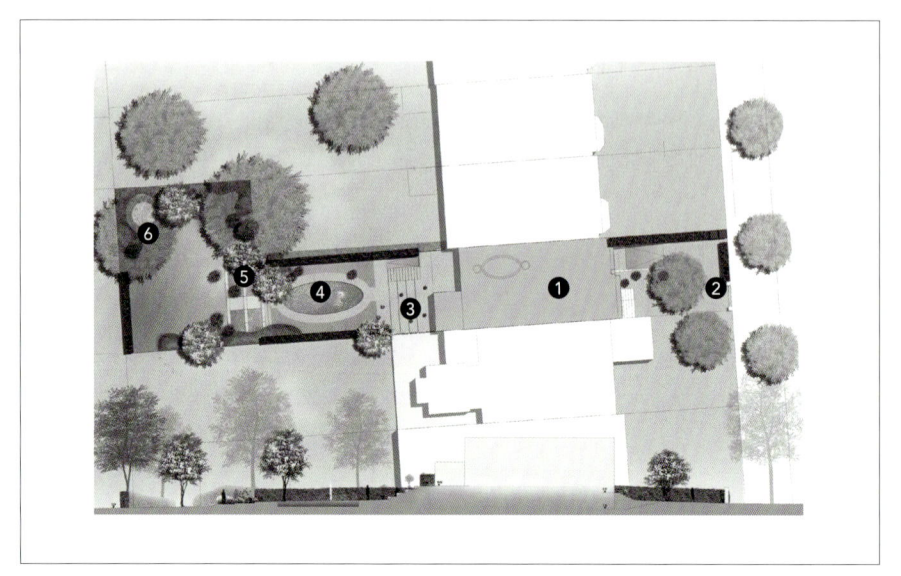

GRUNDRISS

1 Kunst im Garten – das Grün wird zur perfekten Bühne für die Skulpturen.

2 Ein Staudenbeet mit Gräsern und Hortensien setzt jahreszeitliche Akzente.

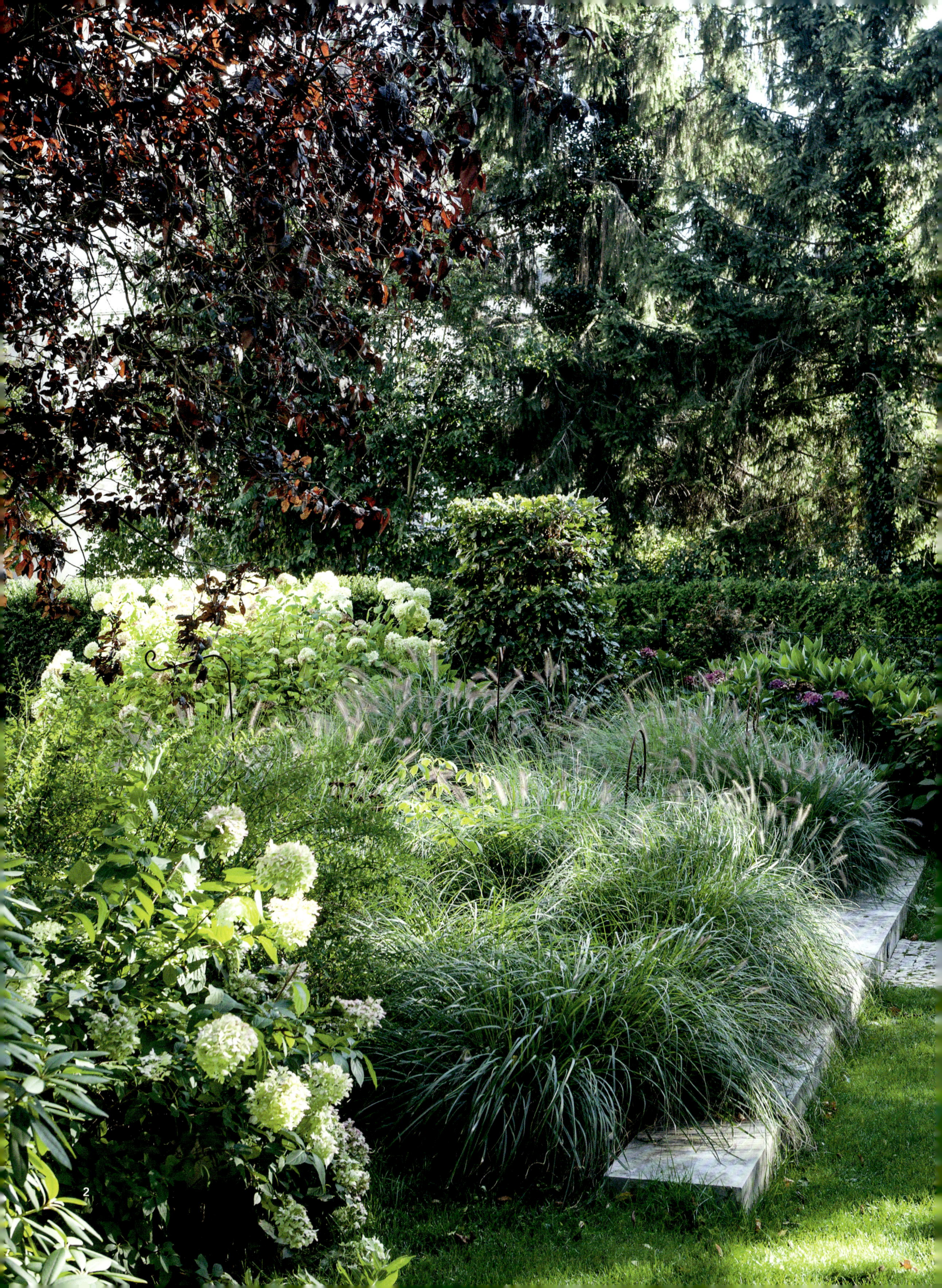

2

Kleine Fontänen verleihen dem Wasserbecken eine klassische Note, Wasserstrahlen können in Form einer Parabel zugeschaltet werden.

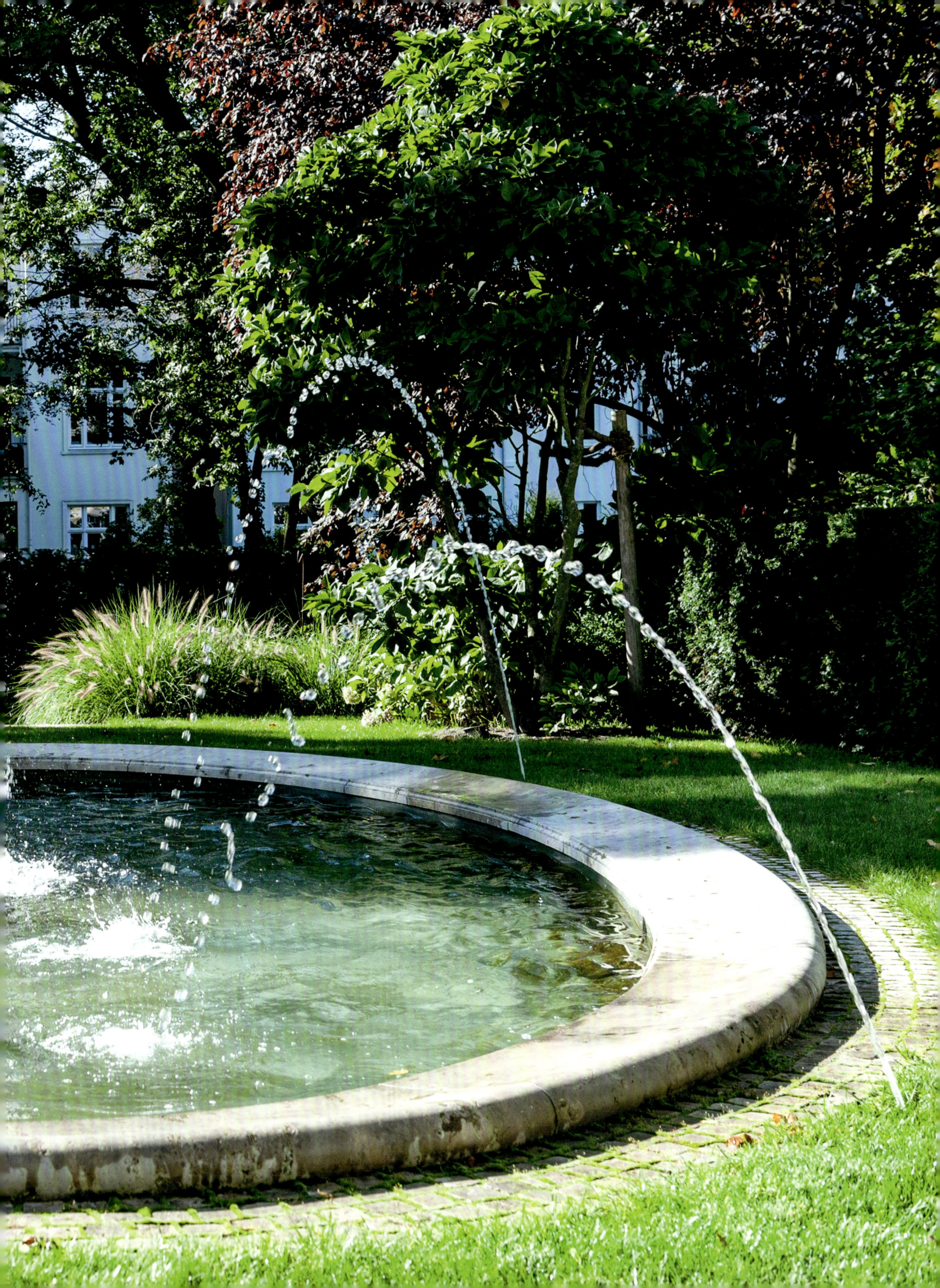

„Die ovale Form lässt das Becken wie ein Medaillon im Rasen wirken. Formgeber war der Deckenspiegel des Esszimmers."

MAXIE STRAUCH

Der Garten gliedert sich in einen vorderen und einen hinteren Bereich. Der Eingangsbereich zur Straße zeigt sich puristisch und wird von Eiben- *(Taxus)* und Rotbuchenhecken *(Fagus)* gerahmt. Malerische Felsenbirnen und eine duftende Stern-Magnolie *(Magnolia stellata)* unterbrechen das schlichte Pflaster aus Quarzit.

Der hintere Garten steht in Kontrast zum Eingangshof und ist mit einem Wasserparterre und angrenzender Rasenfläche bewusst repräsentativ gestaltet. „Die ovale Form lässt das Becken wie ein Medaillon im Rasen wirken. Formgeber war der Deckenspiegel des Esszimmers", erklärt Landschaftsarchitektin Maxie Strauch. Kleine Fontänen verleihen dem Wasserbecken eine klassische Note. Wasserstrahlen können in Form einer Parabel zugeschaltet werden.

Durch den neuen Anbau (Wintergarten mit bodentiefen Fenstern) ist auf der Terrasse eine Nische entstanden. Statt einer Hecke schirmt eine Sicherheitsglasscheibe mit Lichtbrechung zur nahen Nachbarschaft und deren Terrasse ab. Das spart Platz. Außerdem greift das Material den Farbton der Wasserspiegelung auf und eignet sich bestens als Hintergrundfarbe für die Skulpturen der Hausherrin, die im Garten aufgestellt sind. Vier tiefe Sitzstufen terrassieren die Schräge zum Garten. An warmen Sommertagen werden dort einfach Kissen aufgelegt und zu Sitzplätzen umfunktioniert. Seitlich führen zwölf Stufen in den Garten. Sitzstufen und Wassermedaillon sind aus Dolomit, der farblich bestens zur Fassade des Hauses passt.

Das Rasenparterre erhielt einen scharf geschnittenen Heckenrahmen als Sichtschutz zu den benachbarten Gärten. Ziergräser und Rispen-Hortensien *(Hydrangea paniculata)* trennen den Wohngarten vom hinteren Bereich, dem Rückzugsort. Hier herrscht eine ganz andere Atmosphäre: am Sitzplatz in der Nische fühlt man sich unter den großen Eschen, Eichen und Ahornbäumen der Nachbargrundstücke eher wie in einem Park. Wegen des mächtigen Baumbestands hat Maxie Strauch nur wenige, aber ästhetisch wertvolle Gehölze wie Magnolien, viele Hortensien in Sorten und einen Tulpenbaum *(Liriodendron tulipifera)* gesetzt, die den Lauf der Jahreszeiten verdeutlichen. „Der Garten ist aber vor allem eines ... Bühne für fein platzierte Skulpturen der Bauherrin", sagt die Landschaftsarchitektin.

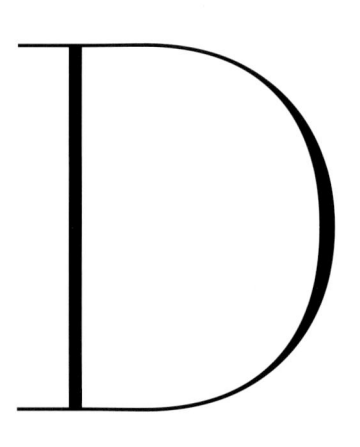

D Das Stadthaus aus dem frühen 20. Jahrhundert im typischen Baustil des Hamburger Gründerzeitquartiers wurde modernisiert. Der Garten kam an zweiter Stelle, er sollte der Villa einen repräsentativen Rahmen verleihen. Die Familie mit vier Kindern wünschte sich vor allem eine große Terrasse gleich am Haus und dazu eine Wasseranlage als gestalterischen Mittelpunkt. Für die Kinder sollte es viel Platz zum Spielen auf einer ausreichend große Rasenfläche geben.

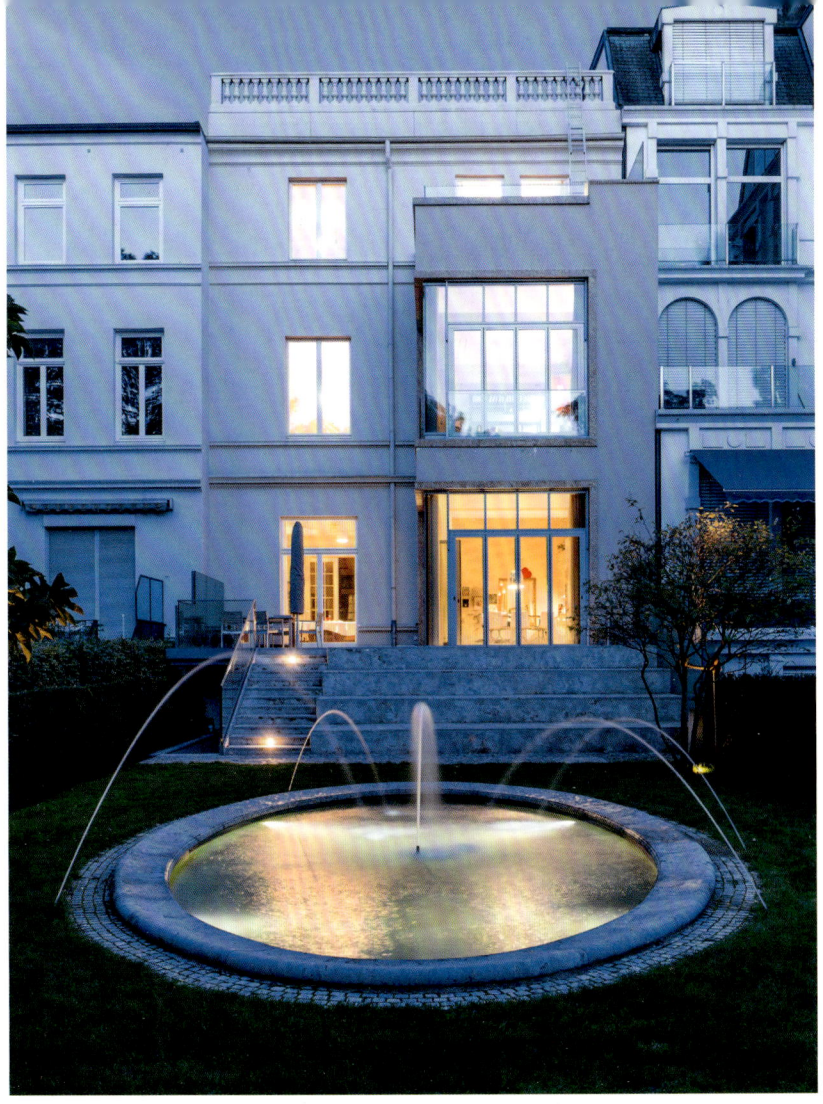

3 Das repräsentative Wasserparterre passt zum Hamburger Stadthaus.

4 Eine weich geformte Hecke aus Buche rahmt den hinteren Teil des Gartens.

5 Im Schatten der großen Bäume der Nachbargärten wartet ein schattiger Sitzplatz.

Karibische Gefühle im Oberland

LAGE DES GARTENS
Reihenhausgarten in Schaftlach; Landkreis Miesbach, Bayern

GRÖSSE DES GARTENS
140 m²

PLANUNGSBÜRO
Fuchs baut Gärten GmbH – Gärtner von Eden

1

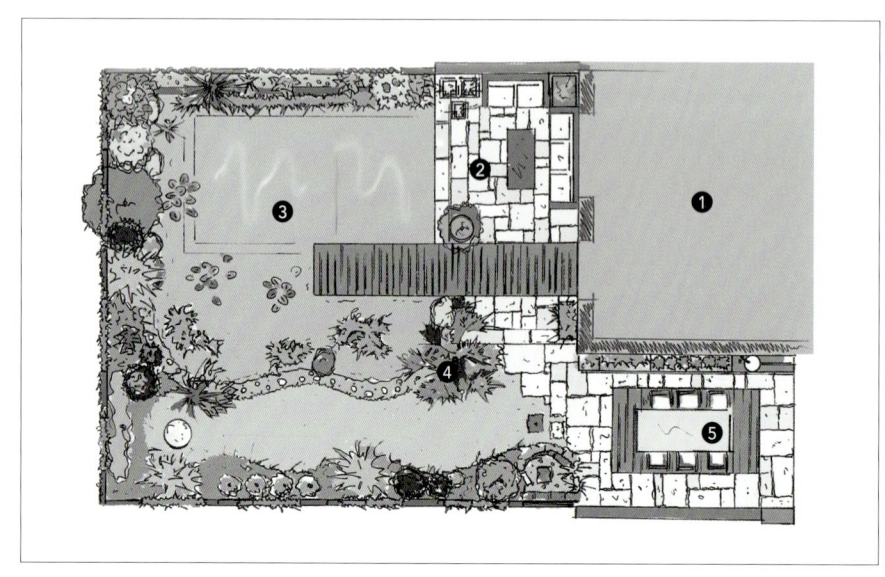

GRUNDRISS

PLAN
1 Wohnhaus
2 Terrasse
3 Schwimmteich mit Schwimm- und Regenerationszone
4 Hanfpalme (Trachycarpus)
5 Sitznische mit weinroter Mauer

1 Exotische Urlaubsinsel mitten im oberbayerischen Dorf – auch das kann man aus einem Reihenhausgarten machen.

2 Geschützt in einer Nische lädt die Sitzecke zum Verweilen ein. Besonderer Blickfang: eine 5 m hohe Hanfpalme.

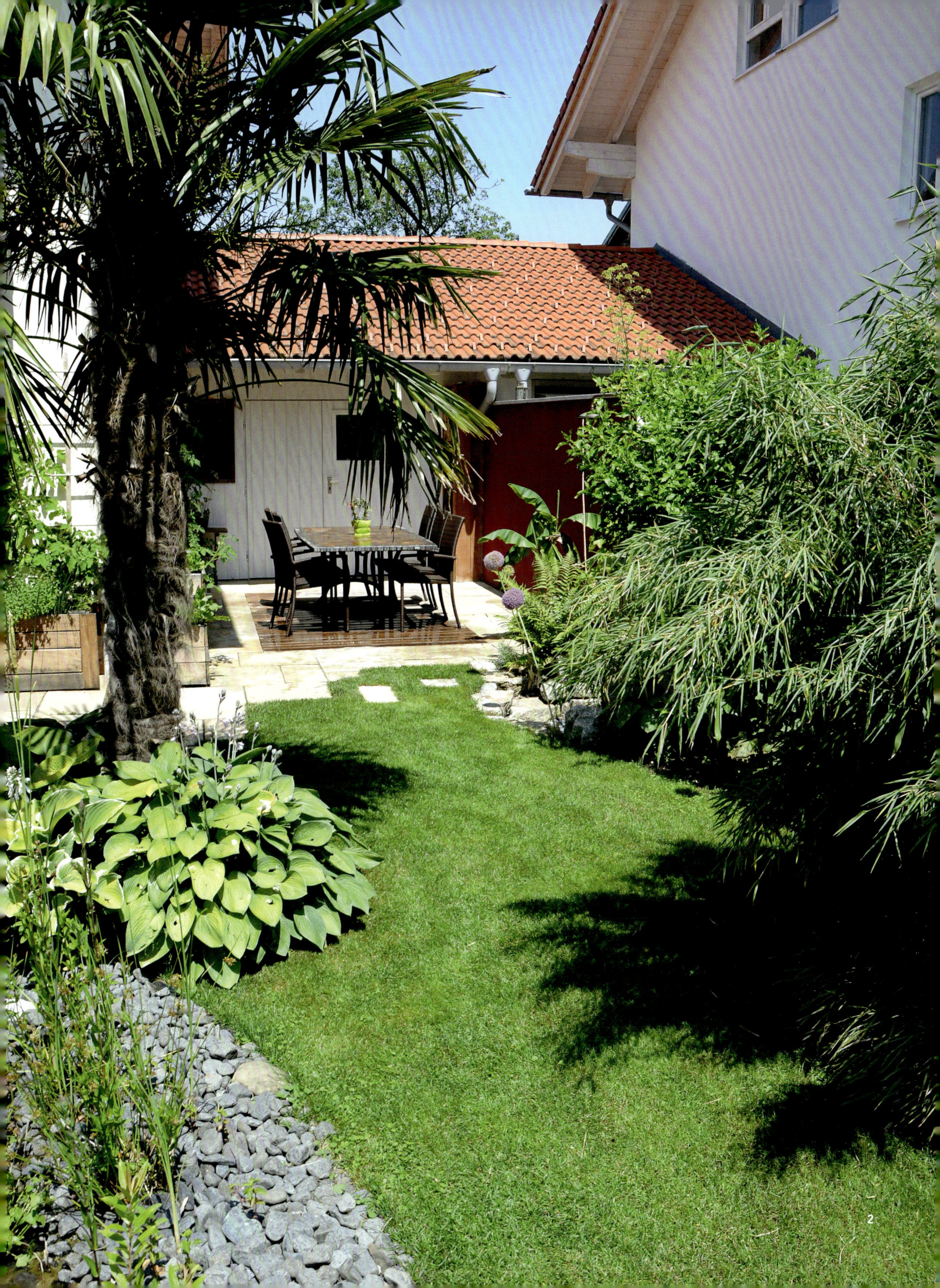
2

3 Im Teich kann man dank Gegenstromanlage sogar richtig schwimmen. Pflanzen wie die hohe Hanfpalme, Chinaschilf *(Miscanthus)* oder *Hosta* versprühen ihr exotisches Flair am Pool.

4 Garantiert barfuß-freundlich: der Steg aus dem tropischen Hartholz Ipe hat mittlerweile ein natürliches schönes Grau angenommen. Sein Vorteil: Es schiefert kaum. Vorn im Bild: Zitronenbäumchen im Topf.

Ursprungsidee war, Wasser zum bestimmenden Element des Gartens zu machen. Statt der üblichen paar Quadratmeter Rasen beherrscht nun ein formaler Schwimmteich die Szenerie. Er besteht aus zwei Zonen, dem eigentlichen Schwimmbereich und der Zone mit den Pflanzen, die zusammen mit dem Sandfilter das Wasser reinigen. Ein Karbonator saugt Bodenluft an und stabilisiert so den ph-Wert des Wassers. An der tiefsten Stelle misst der Teich immerhin 2 m. Dank Gegenstromanlage kann man darin sogar richtig schwimmen.

„Die Ursprungsidee war, Wasser zum bestimmenden Element des Reihenhausgartens zu machen."

JAN VANDEBOTERMET

An warmen Sommertagen vermittelt das türkisfarbene Wasser zusammen mit der Bepflanzung ein Urlaubsgefühl – für Jan Vandebotermet und seine Frau, die gern Fernreisen unternehmen, der perfekte Ort, um nach getaner Arbeit zu entspannen. Der Steg aus dem tropischen Hartholz Ipe führt den Holzbelag vom Wohnzimmer weiter über den Schwimmteich. Das Holz, das mittlerweile ein natürliches schönes Grau angenommen hat, schiefert kaum – für Barfußgeher angenehm. Auch die Terrasse passt zum bajuwarischen Karibiktraum – wenn schon kein Sandstrand, dann zumindest warmer Sandstein als Belag.

Ungewöhnliche Wege hat Jan Vandebotermet auch bei der Auswahl der Bepflanzung eingeschlagen. Er hat Pflanzen, die aus anderen Gärten entfernt wurden, in seinen Garten aufgenommen, päppelt sie wieder auf. Pflanzen mit exotischem Charakter wie Funkien *(Hosta)*, Bambus, Chinaschilf *(Miscanthus sinensis)* oder Chinesischer Blumen-Hartriegel *(Cornus kousa* var. *chinensis)* hüllen den Pool in einen weichen grünen Rahmen. Die 5 m hohe Hanfpalme *(Trachycarpus)* ist in diesem Garten nur logische Konsequenz. Sie ist der Blickfang für den Essbereich, der in einer seitlichen Nische im Schutze einer dunkelrot gestrichenen Wand untergebracht ist. Damit die Palme die strengen schneereichen Winter des bayerischen Oberlands auch übersteht, bekommt sie in der kalten Jahreszeit ein eigenes Häuschen. Dann hält sie es auch einmal bis -17° C aus. Problematischer sind da schon die kalten eisigen Winde. Gegen die hilft der Haselnussflechtzaun, der den kleinen Garten zusammen mit einem efeubewachsenen Stabgitterzaun umgibt. „Der Zaun ist ganz gut, da wir mit dem Garten aus der Reihe tanzen und nicht so zum oberbayerischen Ortsbild passen. Er bietet aber auch Sichtschutz für den Pool", sagt Jan Vandebotermet schmunzelnd. Er, der sonst repräsentative Gärten im Tegernseer Tal plant und umsetzt, hat sich hier sein kleines persönliches Urlaubsparadies geschaffen – durchaus mit einem Augenzwinkern.

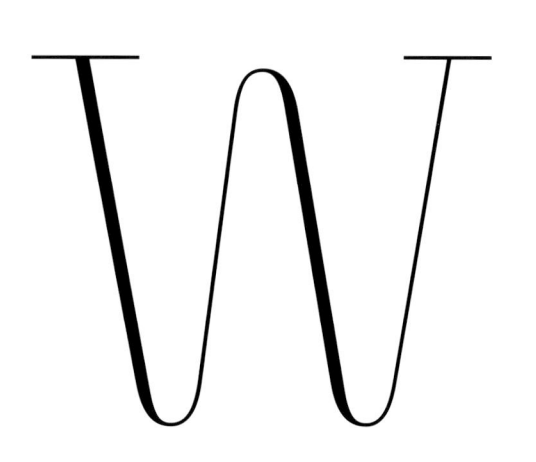

Wie sieht ein durchschnittlicher Reihenhausgarten aus? Ein Rasen, dazu eine Hecke, um ein wenig Privatsphäre auf der Terrasse genießen und sich vom allzu nahen Nachbarn abgrenzen zu können. Dass es auch ganz anders geht, zeigt der gerade einmal 140 m² große Garten von Jan Vandebotermet, der in Belgien Landschaftsarchitektur studierte.

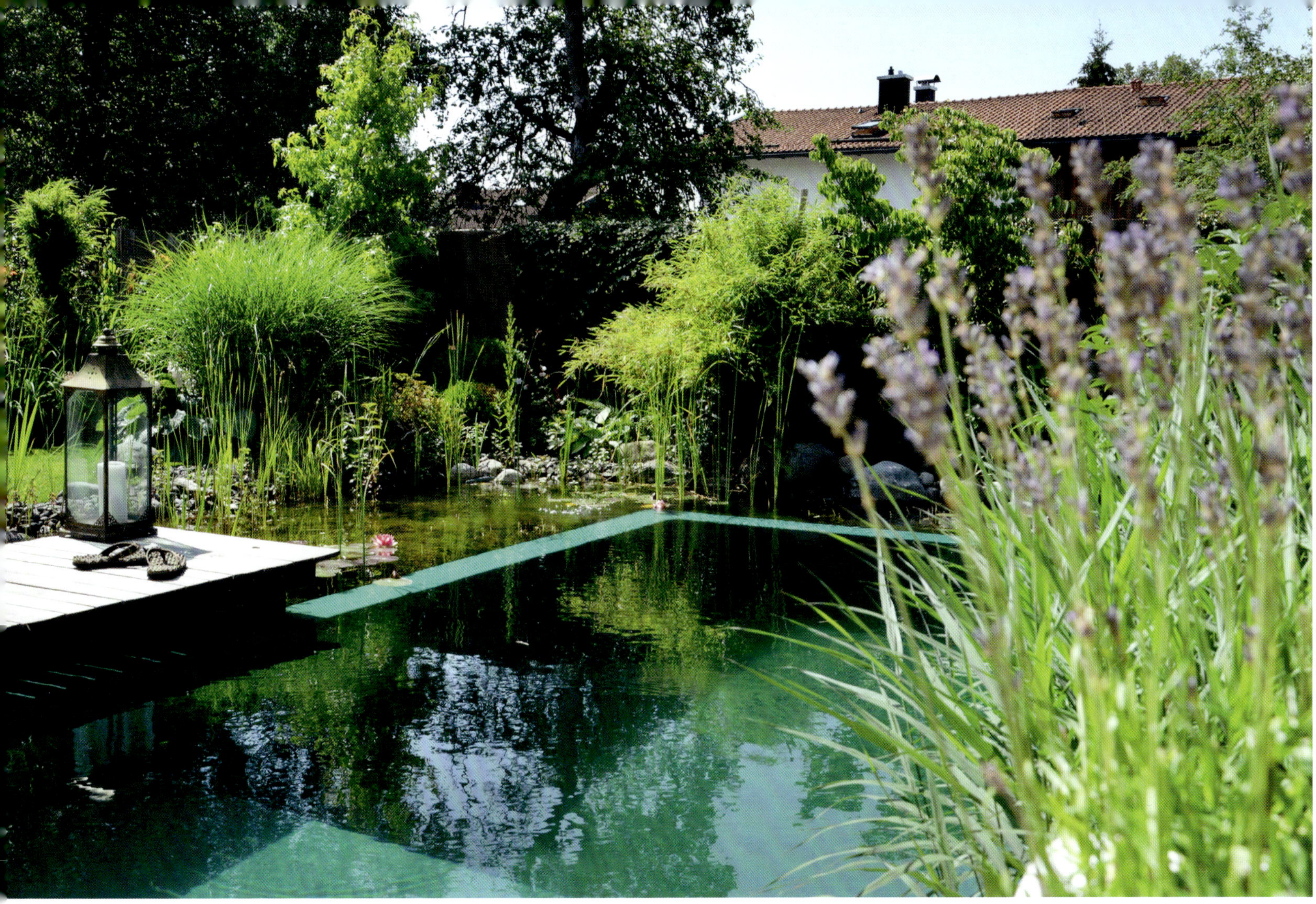

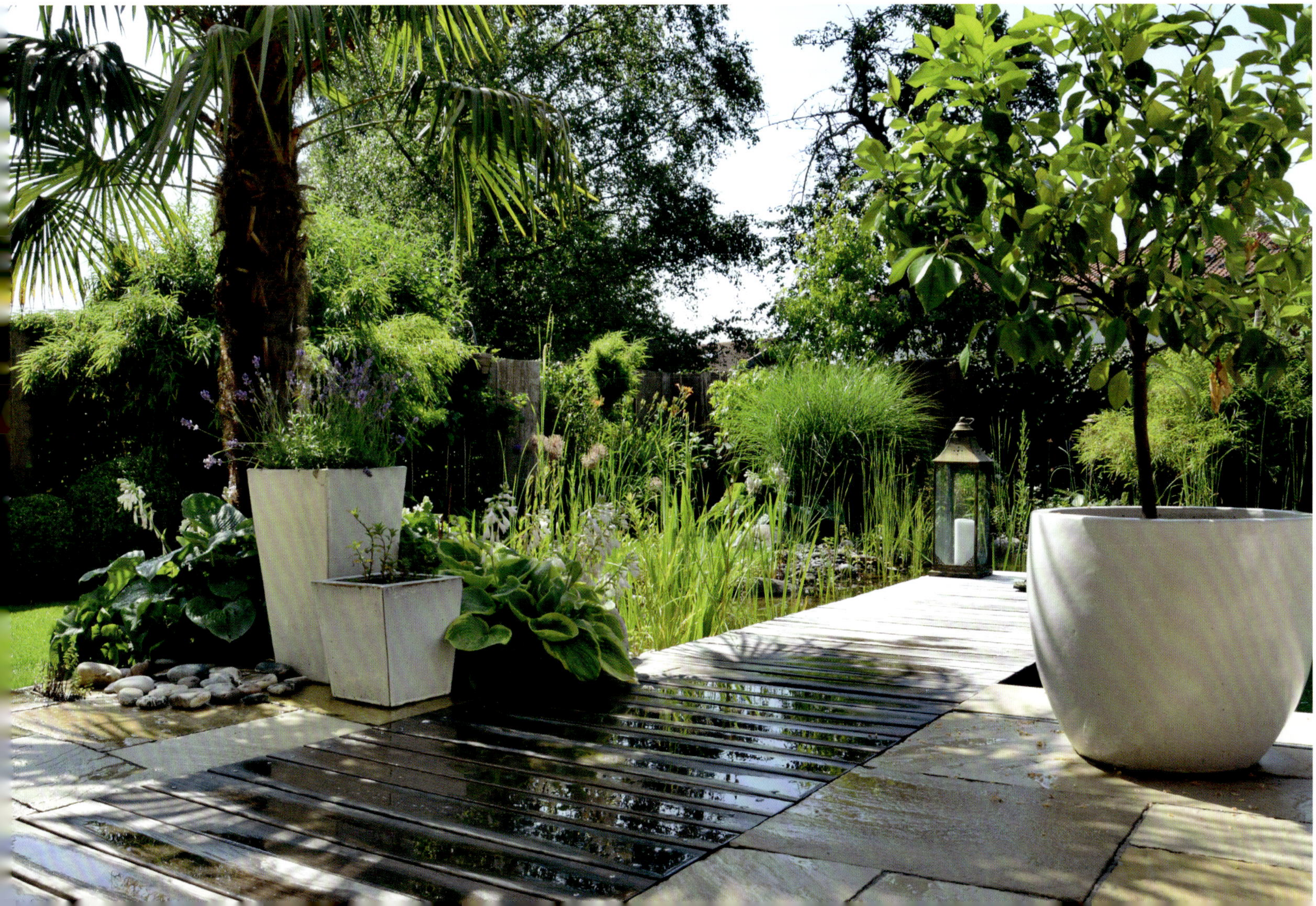

Dorothee Marx

Mediterane Lebens- art im Wienerwald

LAGE DES GARTNES
Ein Garten zum Verweilen; Wolfsgraben im Wienerwald, Österreich

GRÖSSE DES GARTENS
2,4 ha

PLANUNGSBÜRO
Dorothee Marx Garten- und Landschaftsplanung

1

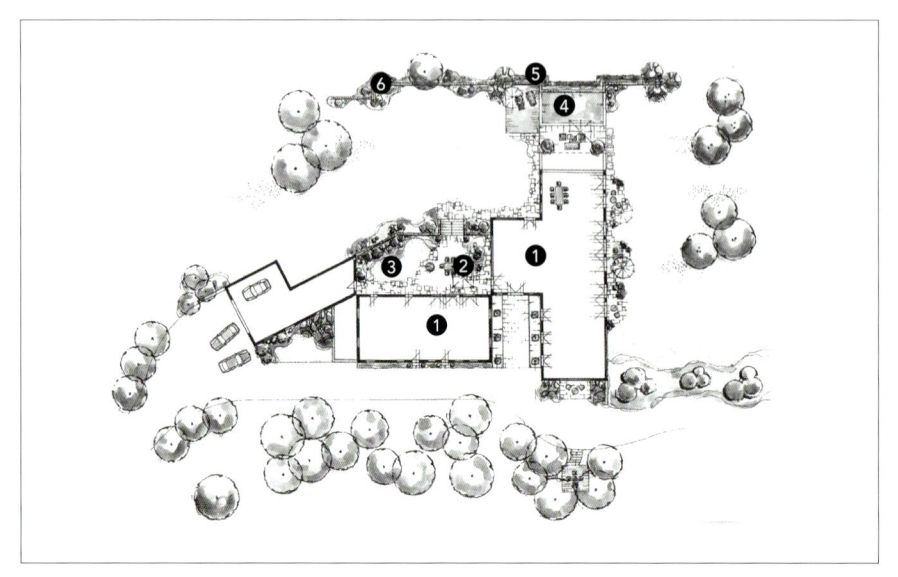

GRUNDRISS

PLAN
1 Wohnhaus
2 Atrium-Bereich
3 Brunnen
4 Pool mit Holzdeck
5 Natursteinmauer
6 Hortensien, Rosen, Stauden

1 Über 2 ha galt es hier nach und nach zu gestalten.

2 Der Atrium-Bereich direkt an der Küche ist der erklärte Lieblingsplatz der Familie.

3 Hochbeete einmal anders: Hier sind sie aus Corten-Stahl gebaut – garantiert langlebig!

Blindtext erbare Heiterkeit hat meine ganze Seele eingenommen, gleich den süßen Frühlingsmorgen, die ich mit ganzem Herzen genieße.

Ein gutes Stück geht es durch den Wald auf einer grob geschotterten Straße leicht bergab, dann plötzlich taucht unvermutet das Anwesen auf einer Waldlichtung mitten im Wienerwald auf: ein altes Steinhaus mit großzügigem Anbau, dazu Wiesen mit Obstbäumen, Hochbeete, Natursteinmauern, ein Teich, ein Brunnen, ein Pool, ja sogar ein Platz zum Boule spielen. Ein wenig erinnert das steinerne Haus mit seinen leuchtend blauen Lavendelbändern vor Wärme speichernden Natursteinmauern an das mediterrane Südfrankreich.

„Wir haben unterschiedliche Aufenthalts- und Nutzungsbereiche eingerichtet und die verschiedenen Ebenen miteinander verbunden."

DOROTHEE MARX

Platz gibt es hier reichlich – insgesamt sind es 2,4 ha! Zudem weist das Grundstück zwischen Waldrand und dem Eingang des Hauses einen Höhenunterschied von nahezu 8 m auf. Diese Dimensionen waren eine echte Herausforderung, sodass der Garten auch nicht in einem Zug entstand, sondern in Etappen über vier Jahre umgesetzt wurde. Begonnen hat Garten- und Landschaftsplanerin Dorothee Marx mit den Flächen nahe am Haus. Das alte Steinhaus und der im rechten Winkel angebaute Neubau haben ihren Eingang auf der ersten Ebene des Grundstücks. Auf die zweite Ebene des Gartens gelangt man über eine großzügige Terrasse mit Außenpool aus dem 1. Stock des Neubaus oder aber über die Treppenanlage der Natursteinmauern, die das Gelände abstützen. So entstand ein geschütztes Atrium direkt an der Küche, das zum erklärten Lieblingsplatz der Familie avancierte. „Dann kamen immer weitere Flächen hinzu. Wir haben unterschiedliche Aufenthalts- und Nutzungsbereiche eingerichtet und die verschiedenen Ebenen miteinander verbunden", erklärt Dorothee Marx ihr Konzept.

Mit dem Bau der Natursteinmauern aus Waldviertler Granulit wurden im gesamten Garten große ebene Rasen- und Pflanzflächen gestaltet. Die befestigten Flächen sind mit unterschiedlich großen Natursteinplatten aus hellem Sandstein sowie Thermoesche hergestellt. Teils sind die Natursteinflächen nicht mit geraden Kanten verlegt, sondern so, dass sie in die Rasenflächen übergehen.

„Eine besondere Herausforderung war, all diese Gartenbereiche miteinander zu verbinden, um nicht nur eins an das andere zu reihen, sondern so zu gestalten, als wären sie ein Ganzes", erklärt Dorothee Marx. Das verbindende Element sind dabei die Pflanzen – verschiedene Leitpflanzen ziehen sich durch die gesamte Bepflanzung des Grundstücks, kehren in den unterschiedlichen Nutzungsbereichen immer wieder. Auch die Farbauswahl unterliegt einer bewussten Beschränkung: die Farben Grün, Weiß, Lila-Blau und Pink-Rosa beherrschen den Garten. Im Sommer verändern weißblühende Schneeballhortensien, bodendeckende Rosen und Blaurauten, Salbei und Lavendel mit ihren Blautönen das Erscheinungsbild des Gartens. Im Herbst sorgen dann Fetthennen *(Sedum telephium* 'Herbstfreude') und weiße Japan-Anemonen für das herbstliche Gartenbild. Das immergrüne Gerüst bilden Buchskugeln, Kirschlorbeer-Otto Luyken und Gruppen aus Säuleneiben. Ein Teil des Grundstücks ist für Streuobst und Blumenwiesen reserviert. Weich und harmonisch gestaltet sich der Übergang zum Wald – Hecken aus Weißdorn, Wildrosen, Schneeball, Hartriegel *(Cornus)* und Pfaffenhütchen *(Euonymus)* sorgen für einen naturnahen Waldrand, wie man ihn sich nur wünschen kann.

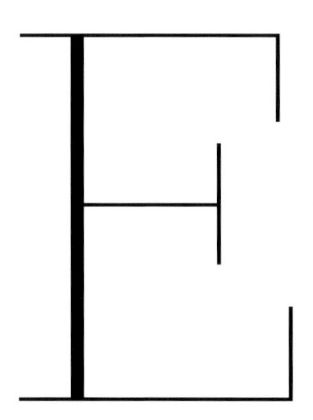

4 Üppige Schneeballhortensien und Rosenbüsche schmiegen sich an die Mauern, die die Wärme des Tages speichern.

5 Mit dem Bau von Natursteinmauern aus Waldviertler Granulit wurden im gesamten Garten große ebene Rasen- und Pflanzflächen gestaltet.

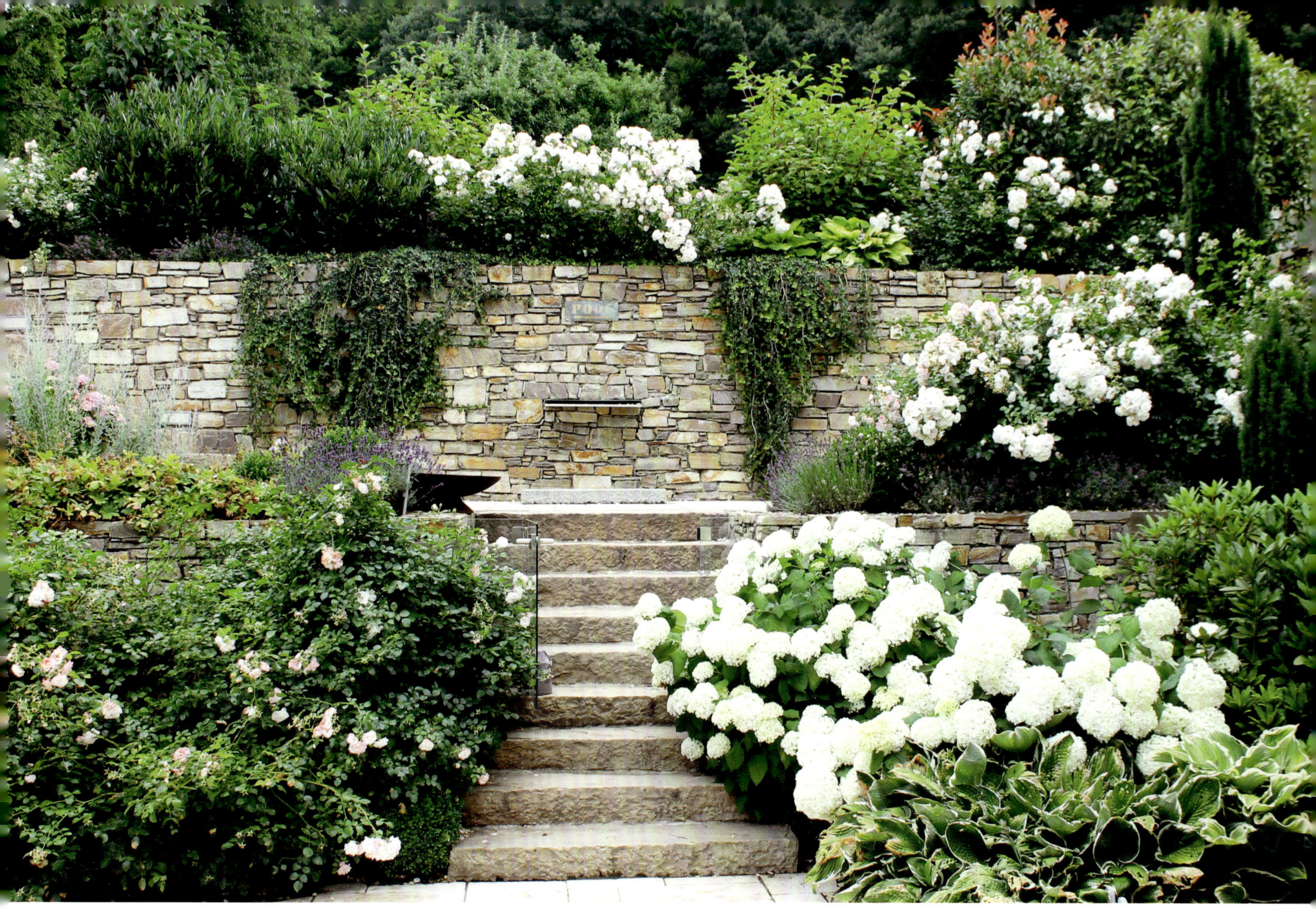

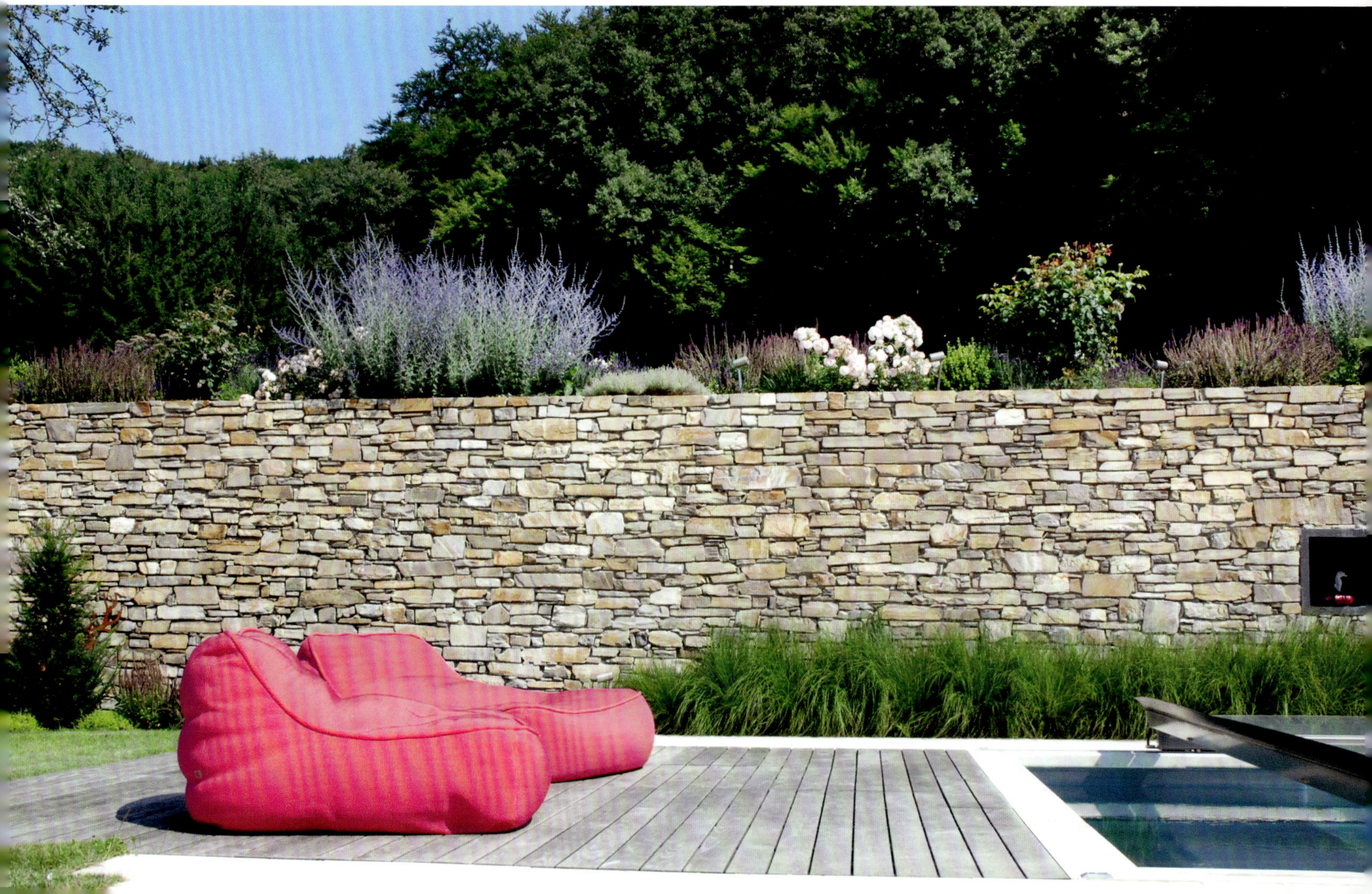

GÄRTEN DES JAHRES raderschall PROJEKTE

Idealbild einer voralpinen Landschaft

LAGE DAS GARTENS
Hof Bärgiswil, Merlischachen, Schweiz

GRÖSSE DES GARTENS
13.700 m²

PLANUNGSBÜRO
raderschallpartner ag landschaftsarchitekten bsla sia

1

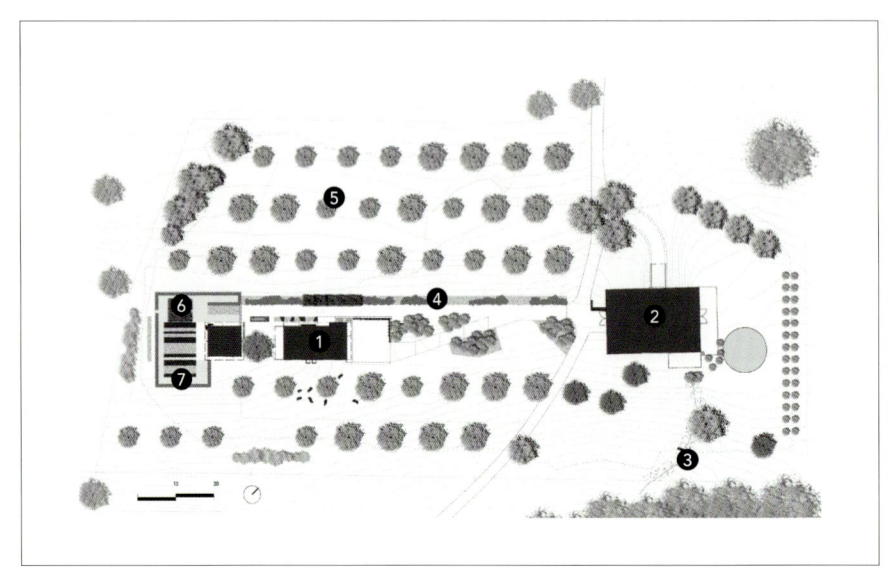

GRUNDRISS

PLAN
1 Wohnhaus
2 Stall, Scheune
3 Bachlauf
4 Kornelkirschen-Hecke (Cornus mas)
5 Obstwiese
6 Linden-Karée
7 Staudengarten mit Blutbuchenhecke

1 Eine Hecke aus Kornelkirschen begleitet den Weg zum neuen Wohnhaus.

2 Die Lage bietet fantastische Ausblicke auf die Schweizer Alpen und den See. Die weiche organische Wellenform der Eibenhecke ahmt die Landschaft nach und hält den Blick auf den See frei.

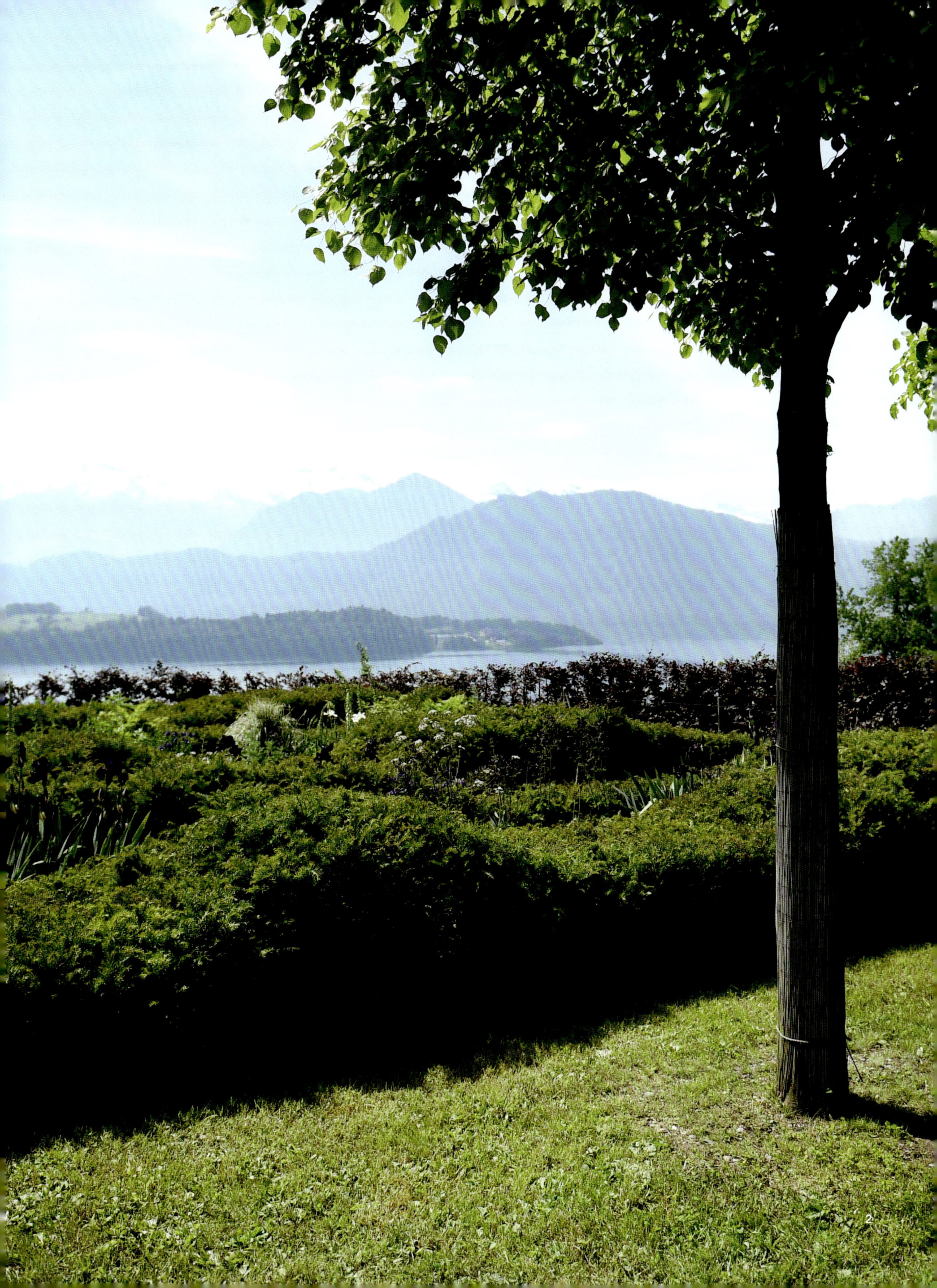

3 Eine rotlaubige Buchenhecke fasst den intensiv gestalteten Staudengarten ein. Vier geschnittene Linden im Karée sind dort postiert.

4 Zwischen Wohnhaus und Schuppen plätschert ein Brunnen. Herbst-Anemonen (Anemone japonica) verleihen dem Gartenhof mit ihren edlen weißen Blütenschalen Eleganz.

M

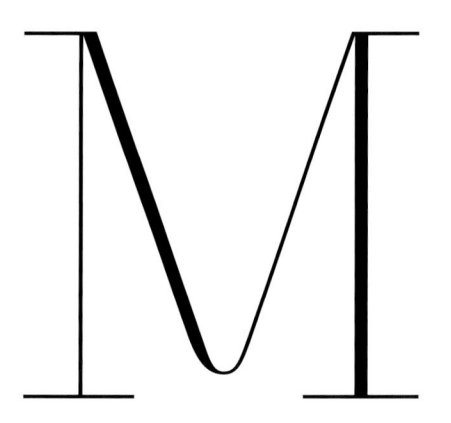

Meist bieten Landschaften im Alpenraum so fantastische Ausblicke, das man dem nicht viel entgegensetzen muss. Das gilt auch für die Gegend um den Vierwaldstätter See. Dort liegt an einem Hang am nördlichen Seeufer der ehemals landwirtschaftlich genutzte Hof Bärgiswil, ganze 13.700 m² groß ist die dazugehörige Parzelle. Das Wohnhaus aus den 70er-Jahren wurde abgebrochen und durch einen Neubau an anderer Stelle ersetzt, Stall und Schuppen umgebaut. So war die Gelegenheit da, Hof und Garten neu anzulegen und auf dem weiten Wiesengrundstück einen Hochstamm-Obstgarten anzupflanzen. Die weitläufigen Wiesen sind nun mit Kern- und Steinobstarten bepflanzt und werden biologisch bewirtschaftet.

„Die landschaftliche Gesamtanlage einer „ornamented Farm" verdichtet sich in der Nähe des Wohnhauses zu Garten- und Hofräumen".

ROLAND RADERSCHALL (LI) UND
SIBYLLE AUBORT RADERSCHALL (RE)

Landschaftsarchitekt Roland Raderschall und sein Team arbeiteten dazu das Konzept aus, das verschiedene gärtnerische Intensitäten vorsieht. Es orientiert sich an einer „ornamented farm", die sich in der Nähe des Wohnhauses zu Garten- und Hofräumen verdichtet. Der Begriff stammt aus der Gartenbaukunst und bezeichnet eine Strömung des 18. Jahrhunderts, landwirtschaftlich genutzte Bereiche mit dem dekorativen Garten zu einer Einheit zu verschmelzen. Städter verklärten damals das Leben auf dem Land; Künstler malten idealisierte Parklandschaften mit weidenden Schafherden. „Die Idee war, den Garten unmerklich in die umgebende Landschaft einzugliedern und eine verfeinerte Agrarlandschaft mit Obstwiesen zu schaffen, die aber trotz aller Idylle professionell bewirtschaftet wird", erklärt Roland Raderschall.

Den Auftakt des Ensembles bildet eine Dreiergruppe aus Linden, die an der Einfahrt bei der Scheune stehen und einen markanten Ankerpunkt in der Landschaft bilden. Südöstlich der Scheune vermittelt eine Eichen-Gruppe zum nahen Waldrand. Unterhalb der Scheune ist der Boden wegen des abfließenden Quellwassers so feucht, dass der Bachlauf mit Nässe liebenden Stauden bepflanzt wurde. Hier gedeihen Wiesen-Iris *(Iris sibirica)*, Sumpfdotterblume *(Caltha palustris)*, Echtes Mädesüß *(Filipendula ulmaria)* und Bach-Ehrenpreis *(Veronica beccabunga)*. „Es ist ein übersteigertes Bild eines Bachlaufs, blütenreicher, staudenreicher", sagt Roland Raderschall. Auf dem Weg Richtung Wohnhaus steigern sich die gärtnerischen Elemente, verdichten sich. Auf der linken Seite säumen Haine aus Vogelbeeren *(Sorbus aucuparia)* und Kornelkirschen *(Cornus mas)* den Weg, auf der rechten Seite begleiten ihn wolkenförmig geschnittene Kornelkirschen. Der Hauseingang schließlich wird von einer Reihe geschnittener Winter-Linden *(Tilia cordata)* in Vierergruppe flankiert. Im Gartenhof zwischen Wohnhaus und Schuppen plätschert ein Brunnen, beschattet von einer frei wachsenden Linde. Über zwei Stufen gelangt man in den Staudengarten hinauf, dem gärtnerischen Höhepunkt. Die üppigen Rabatten sind monochrom angelegt, nach Blütenfarben in Gelb-Orange, Schwarz-Purpur, Weiß und Blau sortiert. Vor dem Wohnhaus „beweidet" eine Gruppe Eiben-„Schafe" die Obstwiese.

Das Zusammenspiel der verschiedenen Elemente mit unterschiedlicher gärtnerischer Intensität ist gelungen. Manche Bereiche sind fast unberührt, etwa bei der Scheune – andere Gartenteile in Hausnähe sind dagegen intensiv gestaltet. Die Grenzen bilden der Haselstrauch-Tunnel am nordöstlichen Rand der Parzelle und die Wildhecken aus Feldahorn, Wildrosen, Schneeball und Pfaffenhütchen – sie gehen nahtlos in die Landschaft über.

Herrhammer

Naturnaher Genießer-Garten

PROJEKTE

LAGE DES GARTENS
Familiengarten mit Schwimmteich; Kißlegg, Bayern

GRÖSSE DES GARTENS
1.500 m²

PLANUNGSBÜRO
Dipl. Ing. Elke Zimmermann, ausgeführt von Herrhammer GbR – Gärtner von Eden

1

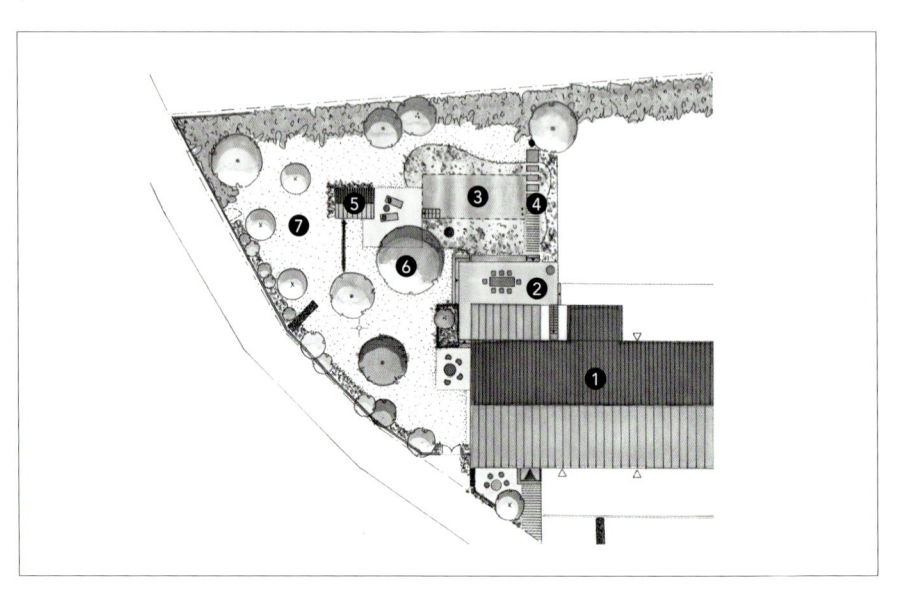

GRUNDRISS

PLAN
1 Wohnhaus
2 Holzterrasse
3 Schwimmteich mit Schwimm- und Regenerationszone
4 Trittsteine Muschelkalk
5 Badehaus
6 Walnussbaum (Juglans regia)
7 Wiesenfläche mit Obstbäumen

1 Naturnah: der Schwimmteich wurde so gestaltet, dass er zur Landschaft und dem ehemaligen bäuerlichen Anwesen passt.

2 Idylle am Teich: das Holzdeck aus Thermo-Esche kragt leicht in den Schwimmteich aus, der aus einem Schwimmbereich und einer Regenerationszone besteht. Im Vordergrund: ein Quellstein.

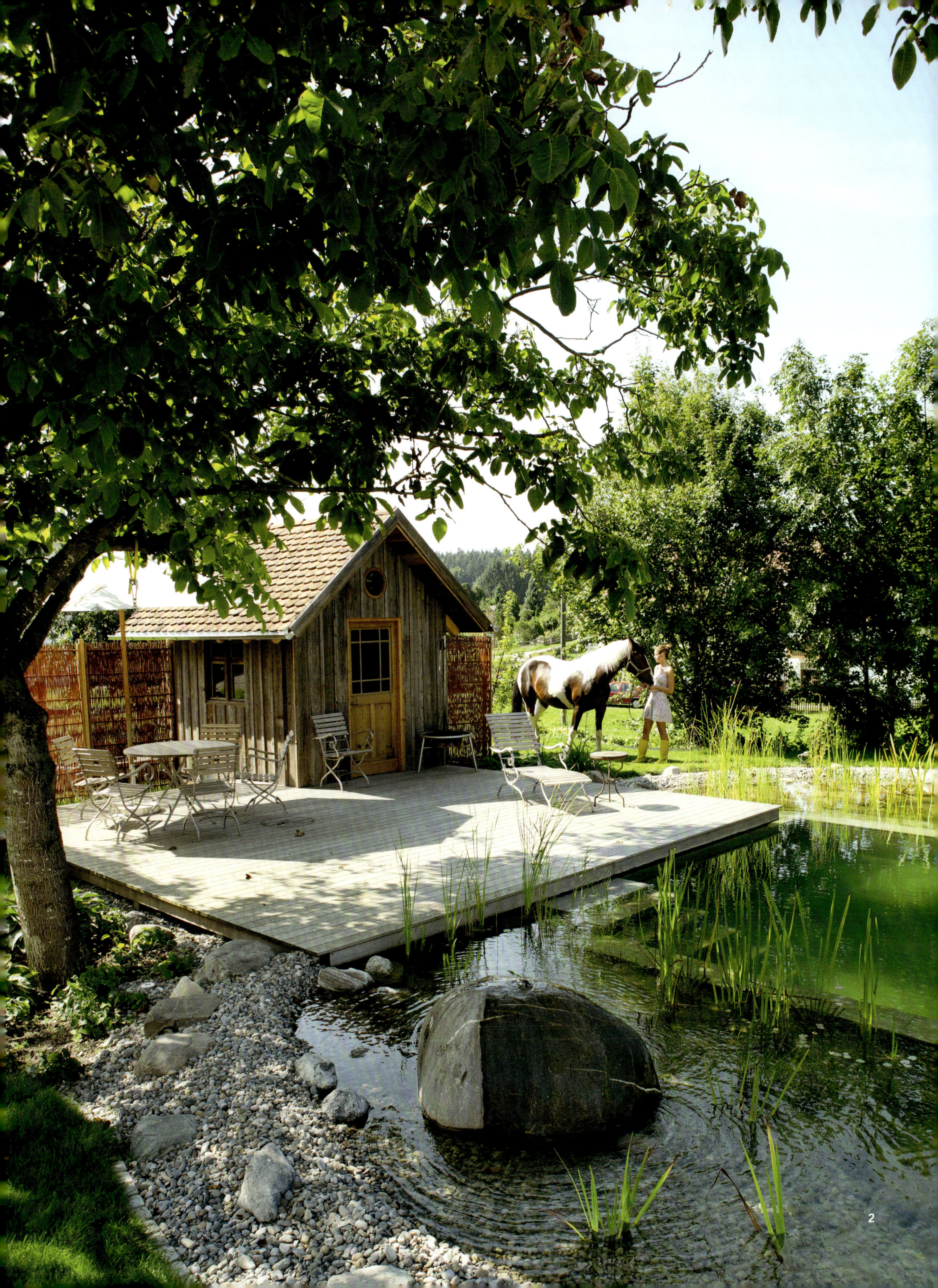
2

3
4

GÄRTEN DES JAHRES — Herrhammer — PROJEKTE

3 Das Badehaus wurde aus alten Materialien gebaut, selbst die ehemalige Haustüre des alten Bauernhauses hat hier eine neue Aufgabe in alter Funktion gefunden.

4 Direkter Weg: Stufen aus Kalk führen am Rande des Schwimmteichs direkt in den hinteren Gartenteil.

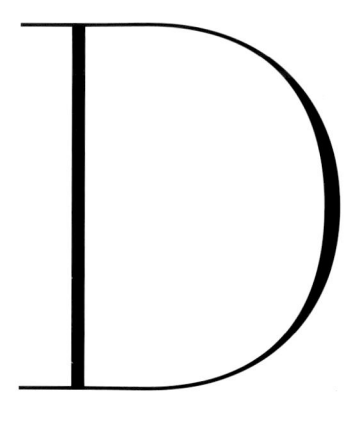

Zu dem ehemals bäuerlichen Anwesen mit Pferdestall und angegliederten Pferdekoppeln gehört ein etwa 1.500 m² großer Garten. Entstanden ist daraus ein naturnaher Genießer-Garten mit Schwimmteich, der zum Haus und der Landschaft passt. „Klare Linien bestimmen das Grundstück. Diese schnörkellose Linienführung wird vom ca. 100 m² großen Schwimmteich, den Holzterrassen und den Stegen aufgegriffen", erklärt Gartenbaumeister Jörg Singer. Der Schwimmteich ist in die umgebende Landschaft ganz natürlich integriert und vom Haus und Wintergarten aus gut zu sehen, nach außen jedoch mit Hecken vor neugierigen Blicken geschützt. Wiesenflächen mit neu gepflanzten Obstbäumen grenzen an den Teich und leisten dem schon vorhandenen schönen alten Zierapfel *(Malus)* und dem mächtigen Walnussbaum *(Juglans regia)* Gesellschaft.

Das Badehaus am Teich bildet das Gegenstück zum Bauernhaus – es ist ausschließlich aus historischen Materialien gebaut, alte Ziegel, ja selbst die ehemalige Haustür des Wohnhauses kamen hier zu neuen Ehren. Der Teich selbst ist nach dem „Biotop"-System gebaut und besteht aus einer Schwimm- und einer Regenerationszone mit Quellstein. Im Regenerationsbereich wird das Wasser mit speziellen Wasserpflanzen, Sanden und Kiesen aufbereitet, die wie ein natürlicher Filter wirken. Ein Pumpsystem sorgt dafür, dass möglichst viel Wasser durch den Pflanzenfilter strömt und gesäubert wird, sodass immer glasklares Wasser zur Verfügung steht. Eine Holzterrasse aus Thermo-Esche sowie Stufen und Sitzsteine aus gesägtem Muschelkalk laden zum Sonnenbaden ein, wenn man vom Element Wasser genug hat. Das zweite Holzdeck kragt leicht in den Teich aus und besteht, wie die Hauptterrasse, aus Thermo-Esche. Von hier aus steigt man in den Schwimmbereich. Trittstufen führen am Rand des Gewässers von der Terrasse direkt in den hinteren Gartenteil.

Auch in der Bepflanzung spiegelt sich der ländliche Charakter wider. In den Wiesen und Beeten gedeihen Tulpen, Zierlauch, Maiglöckchen und Narzissen. Beet-, Strauch- und Kletterrosen feiern den Allgäuer Sommer und verbreiten ihren edlen Duft. Beerensträucher ducken sich hinter dem Kastanienzaun, während Eibenhecken den soliden immergrünen Rahmen schaffen.

„Klare Linien bestimmen das Grundstück. Diese schnörkellose Linienführung wird vom ca. 100 m² großen Schwimmteich, den Holzterrassen und den Stegen aufgegriffen."

JÖRG SINGER (OBEN)
ELKE ZIMMERMANN (UNTEN)

D

Der Blick schweift vom Haus über den Teich und die angrenzenden Wiesen bis zum nahen Wald. Beschaulich ist es hier in dem kleinen Weiler mit gerade einmal fünf Höfen – eine traumhafte Ferienlandschaft in der Nähe des Bodensees. Wer hier wohnt, braucht nicht mehr in den Urlaub fahren, insbesondere nicht, wenn er vor der Haustür seinen eigenen Schwimmteich hat. Doch der muss zur Umgebung passen, muss, wie der übrige Garten auch, ein selbstverständlicher Teil der Landschaft sein – so wie in diesem Fall.

GÄRTEN DES JAHRES Petra Pelz PROJEKTE

Ganz großes Kino

LAGE DES GARTENS
Privatgarten;
Rethmar,
Niedersachsen

GRÖSSE DES GARTENS
1.100 m²

PLANUNGSBÜRO
Petra Pelz
Freie Landschaftsarchitektin

1

GRUNDRISS

PLAN
1 Wohnhaus
2 Terrasse Klinker
3 Teich
4 Schafweide
5 Gräser und Stauden
6 Kastanie (Aesculus hippocastanum)
7 „Naturkino"

1 Ein Garten wie ein Wohnraum, inmitten opulenter Bepflanzung, hat sich Petra Pelz für das neue Haus geschaffen.

2 Gräser sollten in keinem Garten fehlen – sie wirken mit ihrer Struktur bis in den Winter hinein. Orient-Lampenputzergras und Japanisches Blutgras besitzen zum Beispiel unterschiedliche Wuchsrichtungen und Blattfarben und bilden so einen anmutigen Kontrast zueinander.

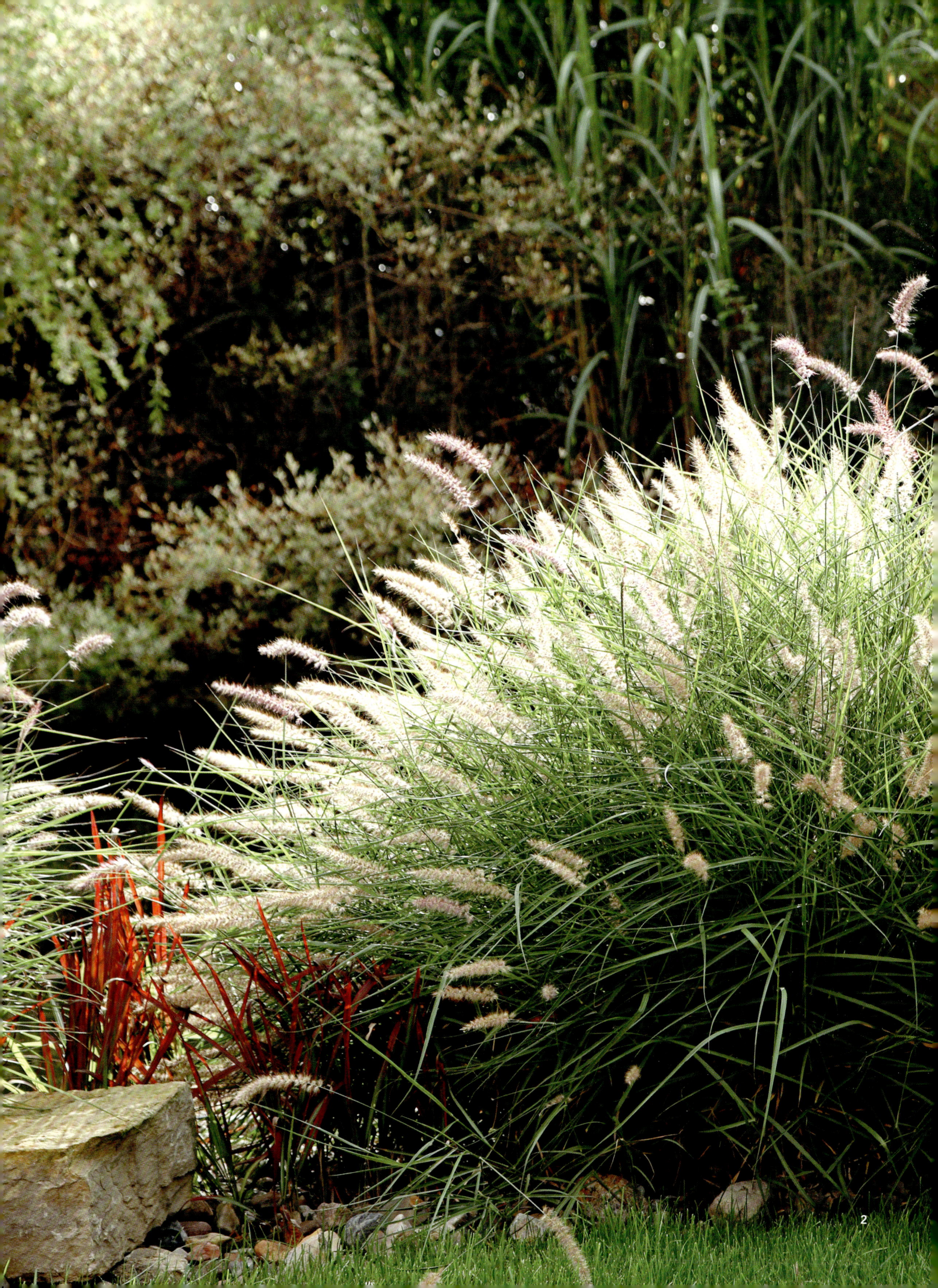
2

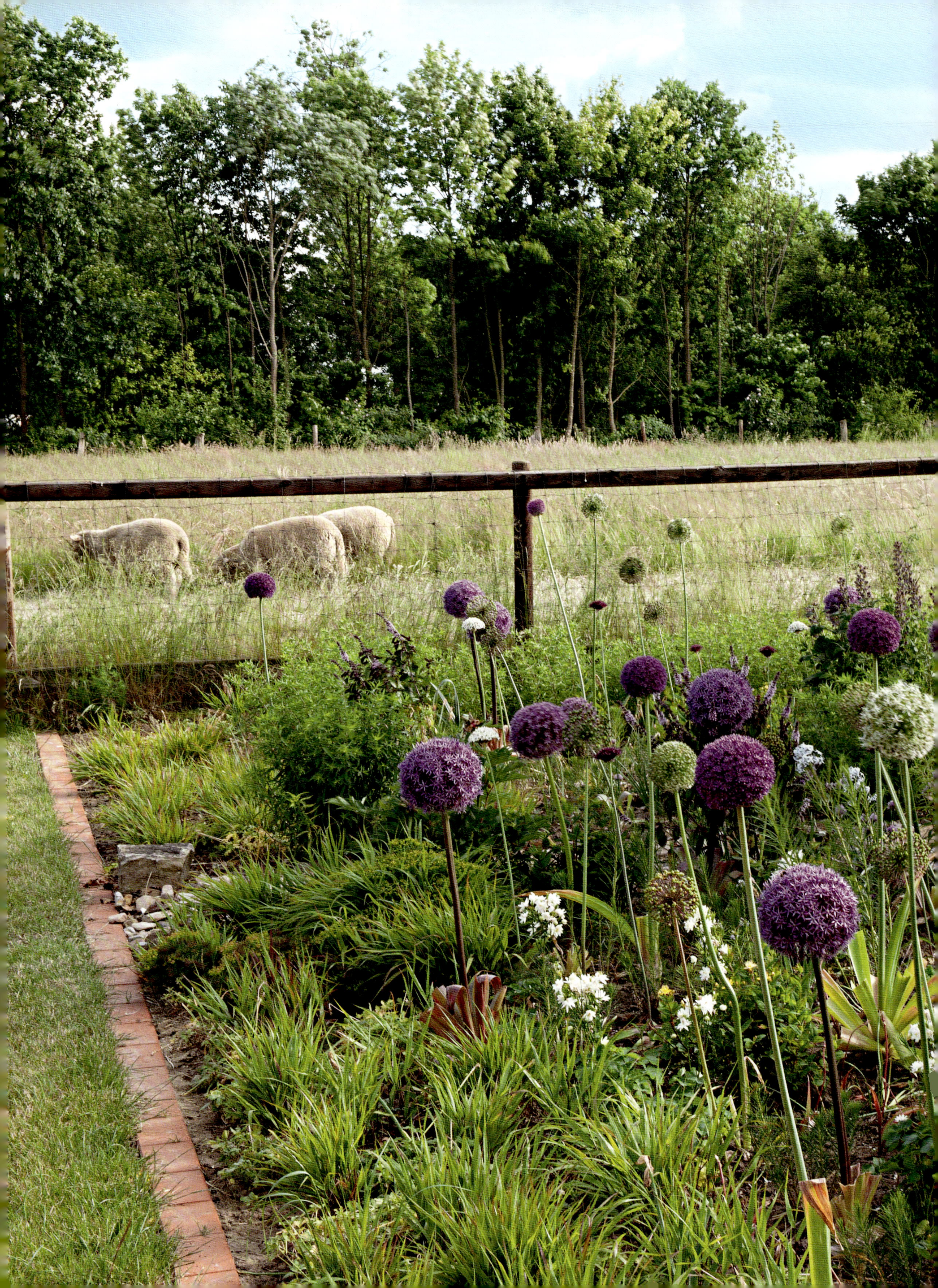

Friedliche Nachbarn – der Garten grenzt an eine Schafweide. Die flächige Bepflanzung nimmt diese Umgebung auf und ist mit Zierlauch und verschiedenen Gräsern bepflanzt. Der kleine Weg (rechts im Bild) führt zu einer Kastanie.

3 Das „Naturkino" – die Sichtschutzwand aus Trespa-Platten mit eingebautem Fenster – gewährt ungewöhnlichen Durchblick auf üppige Pflanzenschönheiten.

4 Bewegung und Struktur – zwei gestalterisch wertvolle Merkmale der Gräser (hier z.B. Federborstengras) und zarter Stauden wie dem Patagonischen Eisenkraut.

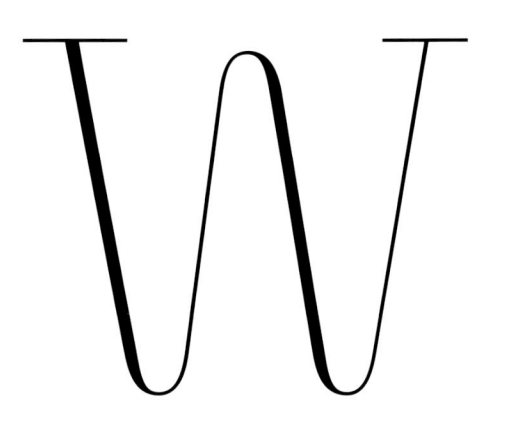

Wo laufen die besten Filme aller Zeiten? Im eigenen Garten – zumindest wenn man es wie Petra Pelz versteht, mit Stauden und Gräsern meisterhafte Bilder zu erzeugen. Sie hat sich im neuen Garten ihr eigenes „Naturkino" geschaffen, in dem Pflanzen die Hauptrolle spielen und für gute Unterhaltung sorgen.

Doch als die Landschaftsarchitektin mit ihrem Lebenspartner in das Backsteinhaus im ländlichen Rethmar zog, bot der etwa 1.100 m² große Garten noch keine lohnenswerten Bilder, vielmehr war er ohne jegliche Struktur, bestand lediglich aus einer großen Rasenfläche, einem umpflanzten Teich, einer Kastanie und einem Bambus. „Wie auf einem leeren Blatt Papier war scheinbar vieles möglich. So begannen wir im Frühjahr 2014 das Grundstück umzugestalten", erzählt Petra Pelz.

Entstanden ist ein Garten wie ein „Wohnraum im Freien", inmitten opulenter Gräser und Stauden, die – in ihrer typischen Handschrift – in großzügigen Gruppen gepflanzt und in der Höhe gestaffelt sind. Mittelpunkt des Gartens bildet die Achse von Terrasse zu Terrasse durch die Küche und den Wohnbereich. Am Ende dieser Achse steht an der Grundstücksgrenze das „Naturkino" – eine Sichtschutzwand mit eingebautem Fenster, die den Blick auf die üppige Bepflanzung dahinter freigibt.

Da der Garten anfangs fast leer war, pflanzte Petra Pelz einige Gehölze, die das Grün gliedern. Bäume und Sträucher wurden so platziert, dass sie bewusst den Blick verstellen, um räumliche Tiefe zu erzeugen. „Tritt man aus der durch üppige Bepflanzung geschaffenen Enge, öffnet sich plötzlich der Blick in die Weite auf die angrenzende Schafweide und den Mittellandkanal", beschreibt Petra Pelz die Wirkung.

Am Weg sind Granitblöcke als Sitzgelegenheit angeordnet, die zusammen mit geschnittenen Eiben-Blöcken einen Würfel bilden – dahinter ist jeweils Blumen-Hartriegel (*Cornus kousa* 'White Fountain') gepflanzt. Diese markante Gruppierung bildet das Rückgrat des Gartens und bleibt in der Form konstant. Sie steht in Kontrast zur überbordenden Stauden- und Gräserfülle, die sich mit den Jahreszeiten ändert. „Das Wilde, Dynamische wird durch die Heckenblöcke mit ihrer ruhigen, statischen Struktur eingefasst", erklärt die Landschaftsarchitektin. Die Beete sind dicht bepflanzt, 6–8 Pflanzen hat sie pro Quadratmeter gesetzt, um geschlossene Bestände zu erhalten, denn „das macht weniger Arbeit als ein Rasen". Zwischen Gräsern und Stauden hat Petra Pelz 5.000 Blumenzwiebeln gesetzt. Kugellauch ragt mit seinen auffallenden lila Blütenbällen auf schlanken hohen Stielen zwischen Stauden und Gräsern hervor. Dazwischen zeichnen sich die weinroten Halbkugeln des Granat-Kugellauchs (*Allium atropurpureum*) ab, der in steppenartiger Bepflanzung besonders attraktiv wirkt. Dabei spielen nicht unbedingt Farben die Hauptrolle – es sind vielmehr die Formen und Strukturen, welche das Aussehen der Pflanzen die meiste Zeit des Jahres bestimmen. Dass Gräser mit ihrer Formenvielfalt und Eleganz eine Bereicherung für jeden Staudengarten sind, stellt Petra Pelz meisterhaft unter Beweis: Blattschöpfe mit sanft überhängendem Wuchs tragen Transparenz, Leichtigkeit und Bewegung in den Garten, dazu passen die lockeren Blütenrispen der Dreiblattspiere (*Gillenia trifoliata*) und die luftig leichten Blütenschirmchen des Patagonischen Eisenkrauts (*Verbena bonariensis*).

„Das Wilde, das Dynamische wird durch die Heckenblöcke mit ihrer ruhigen, statischen Struktur eingefasst."

PETRA PELZ

Richtung Schafwiese wird die Bepflanzung extensiver und vernetzt so den Garten mit der Landschaft. Unterschiedliche Stimmungen entstehen, wenn der Nebel über dem Mittellandkanal hängt und die Grenzen zwischen Garten und Landschaft aufhebt. Oder wenn der Frost die Strukturen der Gräser und abgestorbenen Blütenstände mit einer Eisschicht sauber herausarbeitet. Oder wenn Tau und Regentropfen auf den Ähren des Diamant-Reitgrases (*Achnatherum brachytricha*) wie kleine Edelsteine funkeln. Oder wenn die Märzsonne die ersten Frühjahrsblüher wie Narzissen und Krokusse an die Oberfläche lockt – im Naturkino von Petra Pelz läuft jeden Tag ein anderes spannendes Programm.

GÄRTEN DES JAHRES Petra Hirsch PROJEKTE

Ein Garten mit Schwung

LAGE DES GARTENS
Garten mit Schwung; Königstein im Hochtaunus, Hessen

GRÖSSE DES GARTENS
1.700 m²

PLANUNGSBÜRO
Petra Hirsch Gartenplanung

1

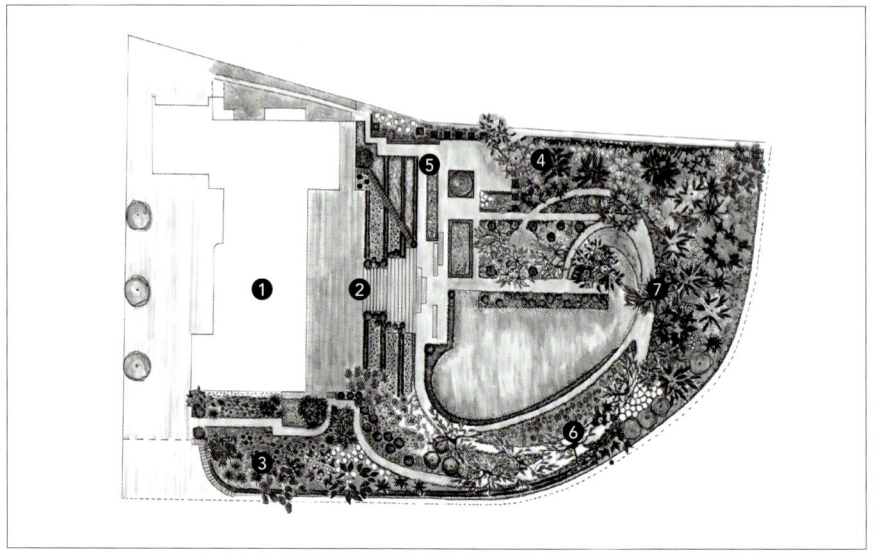

GRUNDRISS

PLAN
1 Wohnhaus
2 Terrasse
3 Roter Vorgarten
4 Magnoliengarten
5 Französischer Garten
6 Geschwungene Wege mit Hänge-Hainbuche (Carpinus betulus 'Pendula')
7 Sitzplatz mit Europäischer Lärche (Larix decidua)

1 Schwungvoll: Buchs fasst die gepflegte Rasenfläche in einem weiten Bogen ein, welche die Villa mit der großzügigen Treppenanlage richtig zur Geltung bringt.

2 Die Mittelachse wird auf der einen Seite von einer Rabatte Hochstammrosen gesäumt; auf der anderen Seite: der „Magnoliengarten" mit üppiger Staudenbepflanzung. Dank Hanglage hat man vom Wohnhaus und Garten einen freien Blick auf die Burg Königstein.

2

GÄRTEN DES JAHRES — Petra Hirsch — PROJEKTE

3 Die geschwungenen Wege erschließen immer weitere Gartenräume. Hier kann man herrlich unter Hänge-Hainbuchen wandeln und immer wieder Neues entdecken.

4 Ein Ort der Muße – wer hier am Wasserspiel Platz nimmt, kann bei Rosen- und Lavendelduft abschalten.

242
243

„Die Dynamik des Gartens kommt in der Wegeführung zum Ausdruck und korrespondiert mit der Energie und Lebensfreude der Bauherrin."

PETRA HIRSCH

Gartenplanerin Petra Hirsch sah ihre Aufgabe darin, den Garten an das Haus anzubinden und die Höhenverhältnisse des Hanggartens zu überwinden. Die Terrasse wurde dazu proportional zu Haus, Garten und zur Höhendifferenz gestaltet und in den Garten mit der Sichtachse zur Burg eingebunden.

Petra Hirsch plant in Atmosphären, denkt in Bildern: „Wie sieht der Garten im unterschiedlichen Licht der Tageszeiten aus, wie im Ablauf eines Jahres?", überlegt sie. Und natürlich sollte man auch Lebensstil und Lebenskultur der Bewohner in der Gestaltung wiederfinden. Für ihr Konzept der schwungvollen Wege hat sie sich beispielsweise von der Form des Gartens, aber auch vom Temperament der Auftraggeber inspirieren lassen. „Die Dynamik des Gartens kommt in der Wegeführung zum Ausdruck und korrespondiert mit der Energie und Lebensfreude der Bauherrin", sagt die Gartenplanerin. Die Wege verbinden und erschließen die unterschiedlichen Gartenräume, trennen sie aber auch voneinander, damit die Bereiche einzeln wahrgenommen werden können.

Der „Rote Vorgarten" bildet das „feurige" Entree – die Gartenplanerin konnte das Paar davon überzeugen, dass die Farbe Rot im Garten eine tolle Wirkung haben kann. Jetzt leuchten die Blätter des Roten Blumen-Hartriegels *(Cornus florida* 'Rubra') mit denen des Roten Fächer-Ahorns *(Acer palmatum* 'Bloodgood') um die Wette, nur noch übertrumpft von den schwarz-roten Blüten der Beetrose 'Lavaglut'. Vom Eingang führt der Weg zur großzügigen Terrasse, oder man biegt seitlich ab und wandelt unter pittoresk geschnittenen Hänge-Hainbuchen *(Carpinus betulus* 'Pendula') zum „Rosengarten". Der Schwung der Wege führt einen dann zur Mittelachse des Gartens mit einer Bank, über die sich eine schräg gewachsene Lärche *(Larix decidua)* beugt. Dahinter erstreckt sich der asiatisch gestaltete Bereich, in der die Sammlung Japanischer Ahorne des Paars geschickt integriert wurde. Vom Sitzplatz hat man einen schönen Blick auf die Villa mit der großzügigen Treppenanlage und der Hangbepflanzung. Die Mittelachse wird von einer Rabatte Hochstammrosen der Züchtung 'Schneewittchen' betont, deren blendendes Weiß in Gesellschaft von Buchs und Katzenminze *(Nepeta x faassenii)* besonders hervorleuchtet. Nahe am Haus befindet sich schließlich der „Französische Garten", der mit quadratischen Säulen aus geschnittener Hainbuche *(Carpinus betulus)* räumlich abgegrenzt ist. „Er ist formal mit rechtwinkligen Beeten angelegt, um die schräg stehende Mauer an der Terrasse einzubinden", erklärt Petra Hirsch. Dort sitzt man geborgen unter dem Blätterdach des großen Fächer-Ahorns *(Acer palmatum)*, lauscht dem Geplätscher des Brunnens, atmet den Duft des Lavendels ein und fühlt sich einfach nur glücklich und entspannt. Trotz seiner Fülle an Pflanzen strahlt der Garten Ruhe aus, macht gleichzeitig aber auch neugierig, all die unterschiedlichen Gartenräume zu erkunden.

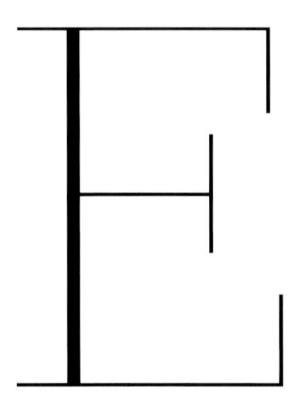

Eine Villa aus den 1960er-Jahren auf einem Hügel des Hochtaunus mit freiem Blick auf die Burg Königstein – schöner könnte die Lage kaum sein. Doch der Garten passte nicht zum Wohngebäude, war unsachgemäß gepflegt. Nun sollte möglichst rasch ein Außenbereich her, der zum eleganten Haus passt, inklusive Sichtschutz zur Straße und den Nachbarn.

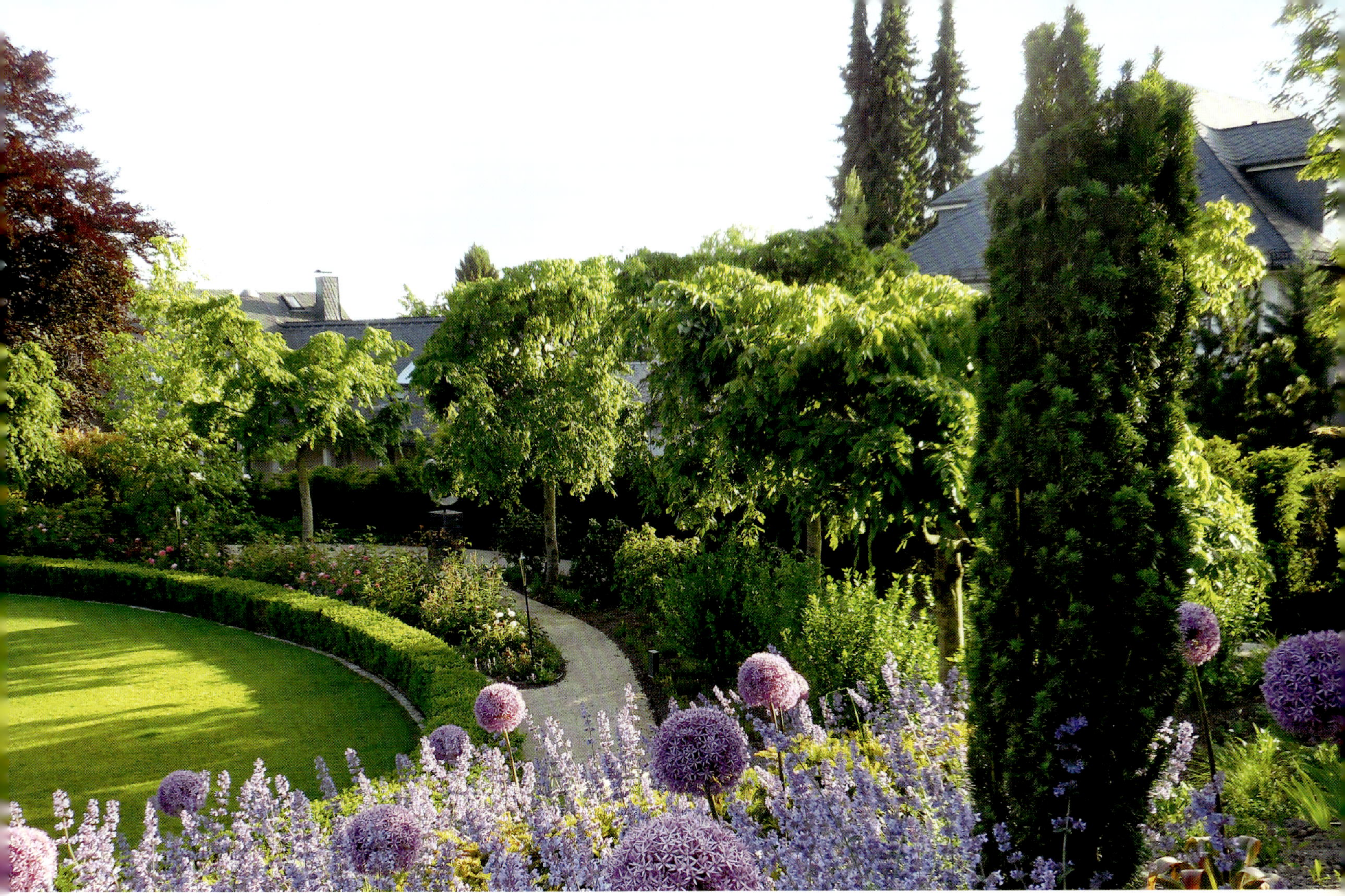

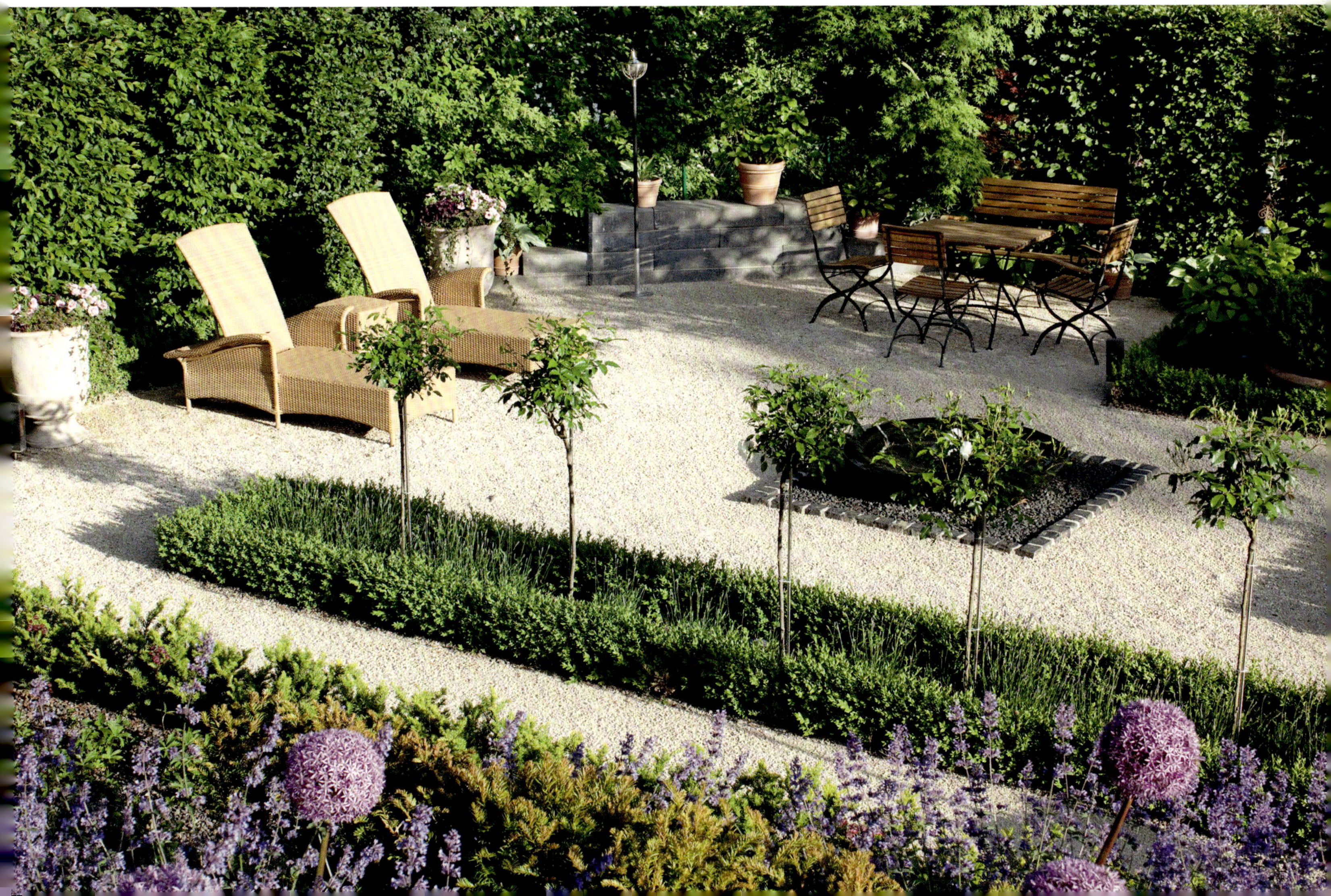

Wohlfühl-Garten für eine Bauhaus-Villa

LAGE DES GARTENS
Wellness- und Naturgarten; Innenstadt Wunstorf

GRÖSSE DES GARTENS
600 m²

PLANUNGSBÜRO
Birgit Hammerich, Landschaftsarchitektin

1

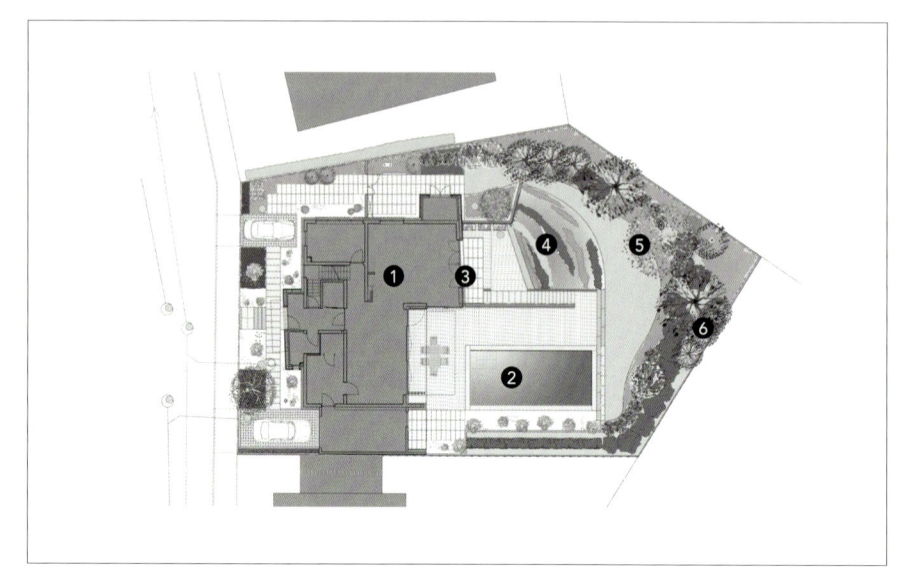

GRUNDRISS

PLAN
1 Wohnhaus
2 Pool mit Sonnendeck-Holzterrasse
3 Wellnessbereich
4 Böschung, bepflanzt mit Gräserstreifen, Bodendeckern
5 Abendplatz mit Hausbaum Tulpenbaum (Catalpa bignonioides)
6 Eibe (Taxus baccata)

1 Enge Beziehungen: das Holzdeck um den Pool geht nahtlos in den Wohn- und Essbereich über.

2 Willkommensgruß: kleine Eibenhecken fassen einen üppigen Strauß Hortensien (Hydrangea paniculata 'Limelight') im Vorgarten ein.

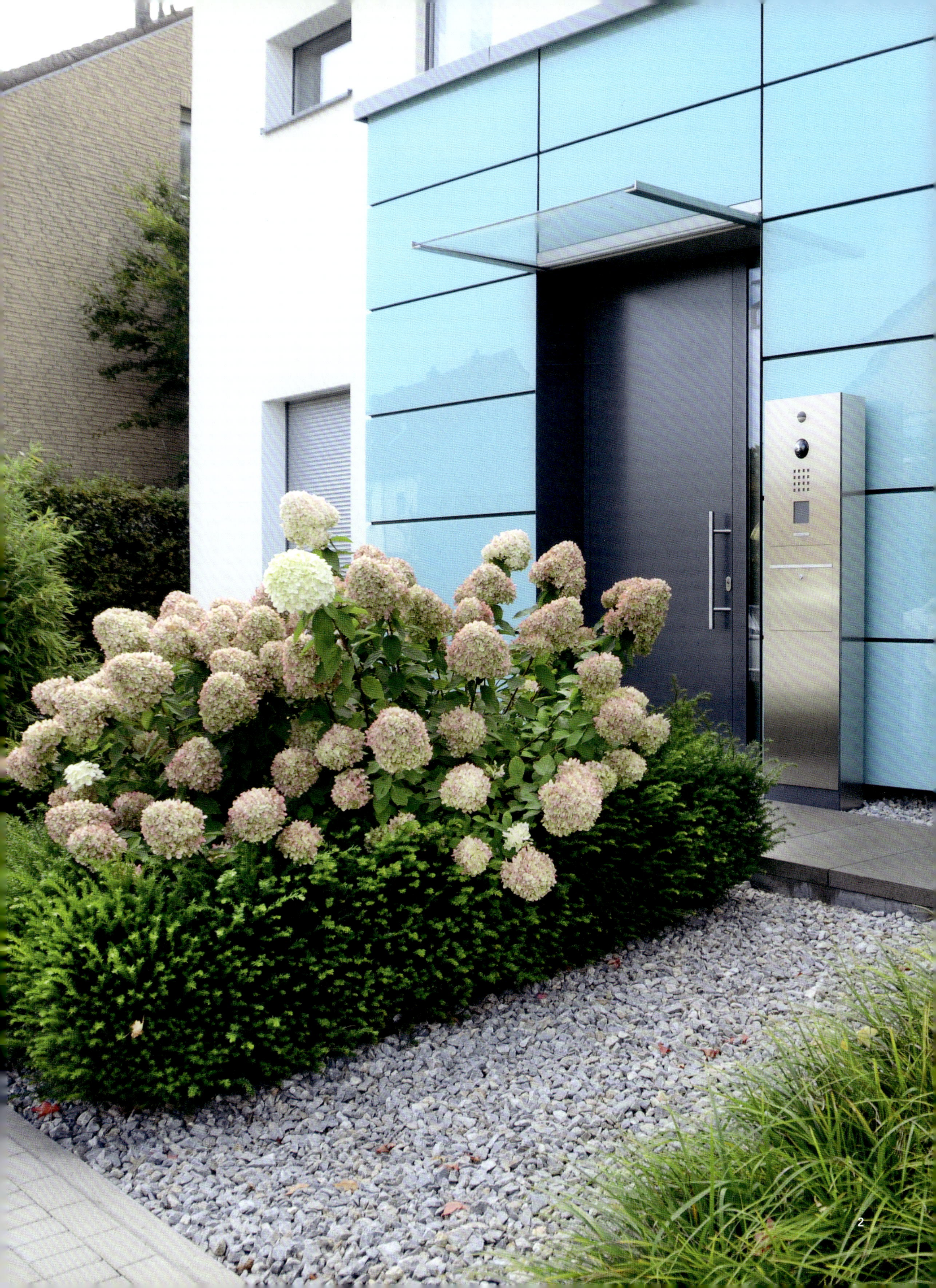

2

3
4

„Der Garten ist die grüne Kulisse für die Bauhaus-Villa im dichtbebauten Wohngebiet und bietet Privatheit und Naturnähe."

BIRGIT HAMMERICH

„Wellness" zu Hause und den Blick in einen natürlich anmutenden Garten, in dem das ganze Jahr über etwas blüht, wünschten sich die Bauherren zu ihrer neuen Bauhaus-Villa. Das Grundstück ist mit 600 m² eher klein, das berufstätige Paar wollte aber in seinem gewohnten Stadtteil bleiben, der in einem dichtbebauten Wohngebiet am Rande der Innenstadt liegt.

Zum Entspannen brauchen beide Ruhe und Erholung, dazu gehört für sie ein Pool und ganz viel Privatheit. Daher sollte Landschaftsarchitektin Birgit Hammerich einen kleinen Gartenraum schaffen, der alles bietet, was zum Entspannen und Genießen nötig ist. Außerdem galt es, die Natur mit abstrakten Mitteln auf diesem engen Raum erlebbar zu machen, gleichzeitig aber auch einen Rahmen für die moderne Architektur zu schaffen. Innen und außen miteinander zu verbinden, war der Wunsch bei Küche und Essraum. Von dort führt der Blick direkt auf das Holzdeck am Pool, das wie ein Schiffsdeck aus hochwertigem Hartholz gearbeitet wurde. Das große Holzdeck geht nahtlos in den Essraum über. Eine Schiebetür öffnet sich zur Küche und macht den Wohnraum zum Außenraum.

Exakt geschwungene Formen und strukturreiche Bepflanzung schaffen einen Übergang von der strengen geradlinigen Architektur zu dem klaren und dennoch strukturreichen naturnahen Garten. Da Fitnessraum und Sauna im Keller liegen, wurde ein Senkgarten geschaffen, von dem man direkt ins Freie treten kann. Besonders im Winter bietet dieser Bereich mit Whirlpool eine geschützte „Wellness-Oase". Durch den Senkgarten entstand ein Hang, der mit Gräsern bepflanzt wurde und an eine Dünenlandschaft erinnert. Lavendelsträucher stehen dort warm und geschützt und können ihren beruhigenden Duft entfalten. Die in Bändern gepflanzten Gräser setzen sich in der Fläche fort – das erzeugt Weite und räumliche Tiefe.

Wegen der gläsernen Struktur des Hauses spielt der Garten das ganze Jahr hindurch eine wichtige Rolle. Hauptdarsteller der grünen Kulisse sind Trompetenbäume *(Catalpa)*, Blumenhartriegel *(Cornus)* und ein knorriger Zierapfel *(Malus)*. Dazu wurden urwüchsige alte Gehölze wie Eiben als immergrüne Struktur im Garten neu gesetzt. Damit der Garten gleich nach etwas aussieht und einen in den Proportionen angemessenen Rahmen erhält, wurden große Bäume ausgewählt und mit einem Kran über das Haus in den Garten gehievt. Weiße Blüten des Riesenlauchs *(Allium-*Hybride 'Mount Everest'), Blütentuffs der Schnee-Hainsimse *(Luzula nivea)* und Blütenbälle der Schneebälle und Ballhortensien *(Hydrangea aborescens* 'Annabelle') schaffen Leichtigkeit und Licht. Die Rispen-Hortensie 'Limelight' *(Hydrangea paniculata)* blüht gar bis in den November hinein und verabschiedet das Gartenjahr mit ihren rosa-grünen Blütenbällen.

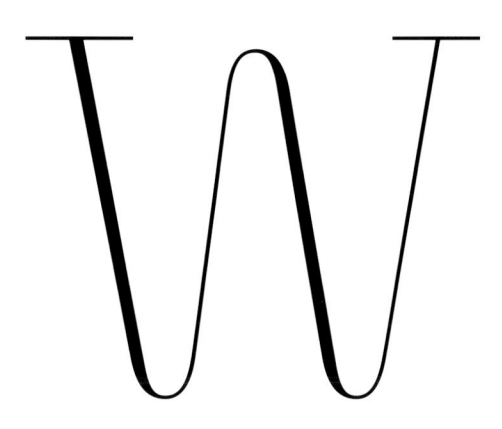

3 Weiß blühende Gehölze und Stauden bringen Leichtigkeit und Licht in den Garten. Der Zierapfel zaubert ländliches Flair dazu; die Erdbeeren als Unterpflanzung bieten Vitamine zum Naschen.

4 Über den Senkgarten gelangt man zum Fitnessraum. Der Hang ist mit Gräsern bepflanzt und erinnert an eine Dünenlandschaft.

GÄRTEN DES JAHRES — Esken & Hindrichs — PROJEKTE

Für Ästheten und Genießer

LAGE DES GARTENS
Privatgarten; Rheinland, Nordrhein-Westfalen

GRÖSSE DES GARTENS
685 m²

PLANUNGSBÜRO
Gartenplan Esken & Hindrichs GmbH
Gärtner von Eden

1

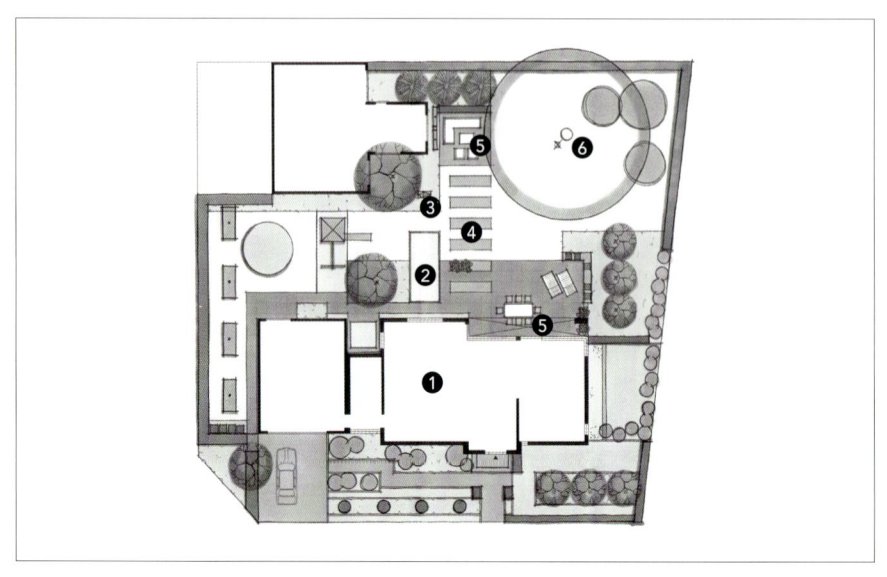

GRUNDRISS

PLAN
1 *Wohnhaus*
2 *Wasserbecken aus Corten-Stahl*
3 *Skulptur*
4 *Trittplatten*
5 *Sitzplatz*
6 *Walnussbaum* (Juglans regia)

1 Ins rechte Licht gerückt: Die Wasseroberfläche ist auf der Höhe des Beckenrands spiegelglatt, sodass sich der Fächer-Ahorn dort in Ruhe spiegeln kann.

2 Gelungene Mischung aus Ästhetik- und Genießergarten mit klaren Linien, umgeben von einem schützenden grünen „Mantel".

3 Quadratischer Freisitz: Einladende Sitzecke im hinteren Gartenbereich. Im Vordergrund: *Iris*, im Frühjahr eine Augenweide.

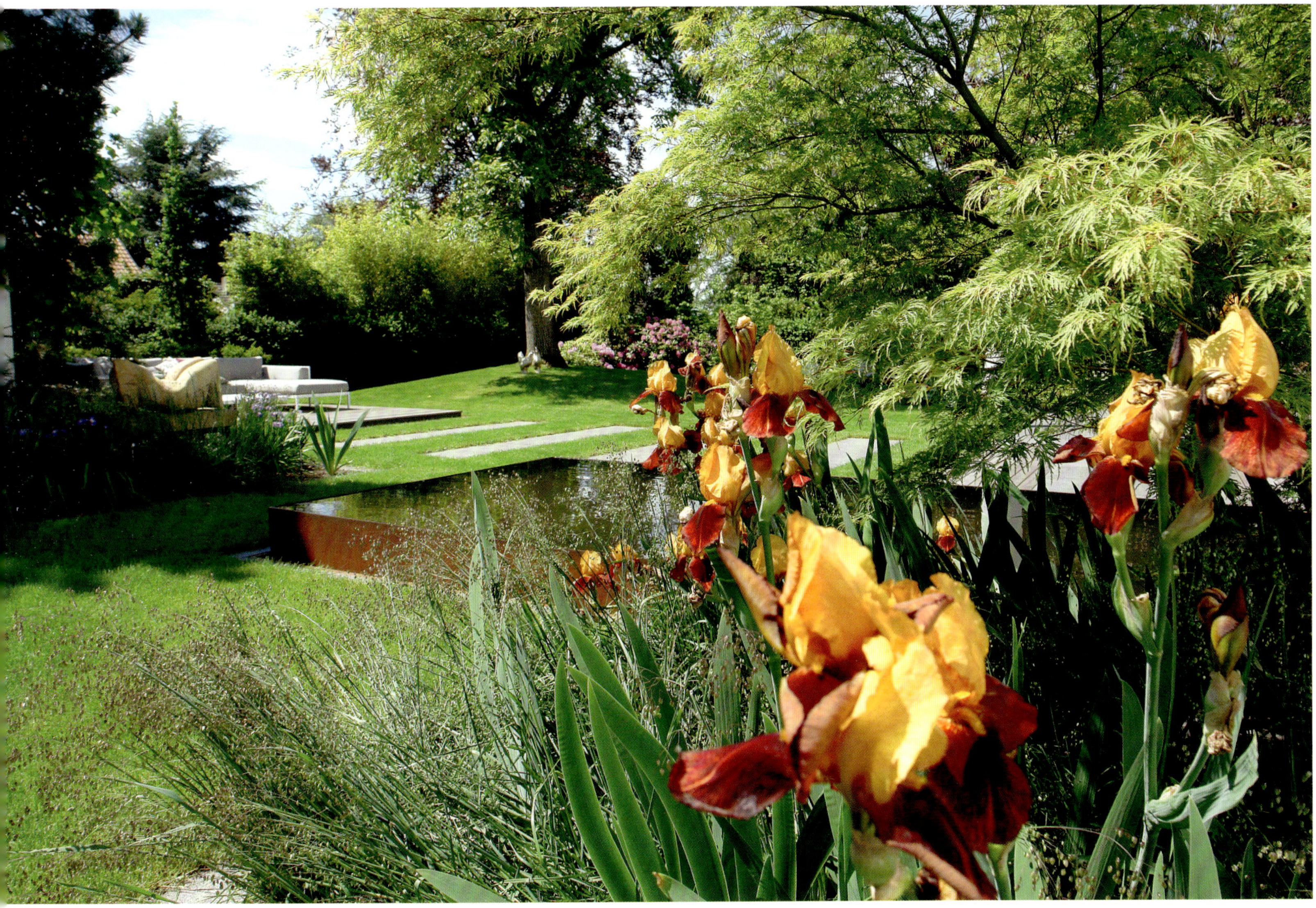

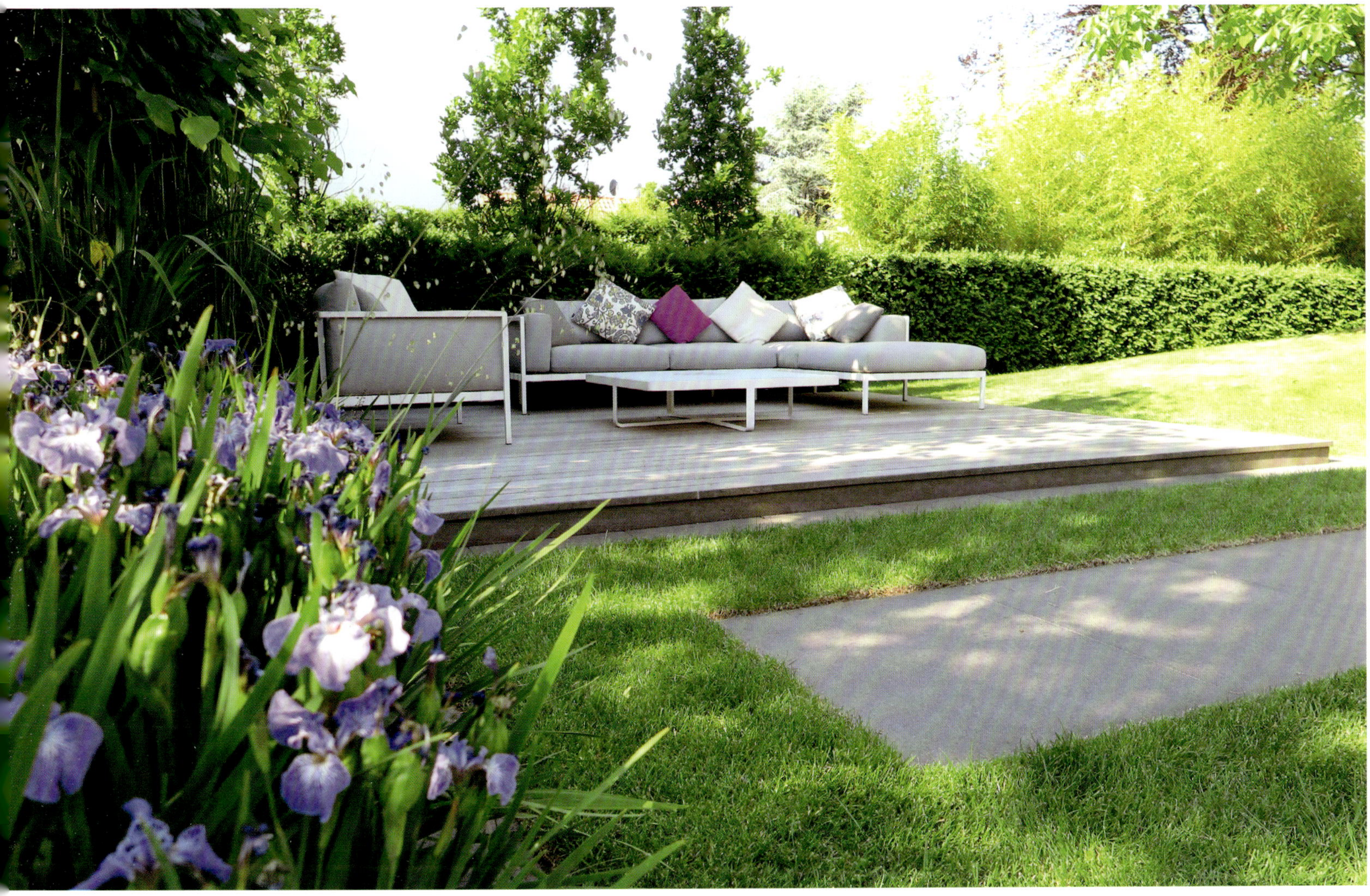

GÄRTEN DES JAHRES — Esken & Hindrichs — PROJEKTE

4 Eine Skulptur ist in der gleichen Blickachse wie das Wasserbecken positioniert.

5 Die Sitzbereiche sind mit Trittsteinen verbunden, in denen sich die Materialien der beiden Sitzplätze wiederfinden.

250
251

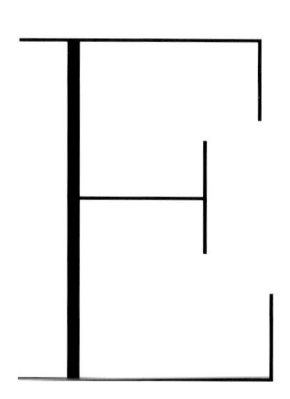

> „Der alte Walnussbaum darf nach wie vor für sich wirken. Er steht ohne weitere Gestaltungselemente mitten im Rasen und besticht allein durch seine reine Präsenz."
>
> JÖRG ESKEN

Eine gewisse Grundstruktur war mit dem großen Walnussbaum in der Gartenmitte, den Kastenlinden an der Grundstücksgrenze und einer Blutpflaume *(Prunus cerasifera* 'Nigra') an der Terrasse bereits vorhanden. Was dem Garten fehlte, waren klare Strukturen und ein Gesamtkonzept. Er glich eher einem dendrologischen Sammelsurium, hatte keine klare Aussage. Gefragt war deshalb eine Gestaltung, die zur Architektur des Hauses passt und gleichzeitig die vorhandenen Bäume miteinbezieht.

Gartengestalter Jörg Esken hat daraus eine gelungene Mischung aus Ästhetik- und Genießergarten mit klaren Formen und Linien gemacht. Sein Konzept sah vor, die zentrale Blickachse aus dem Haus heraus aufzugreifen und fortzuführen, die sich durch die bodentiefe Fensterfront zur Gartenseite hin ergibt. Dahinter befindet sich der Lieblingsaufenthaltsbereich der Familie. Schaut man vom großen Esstisch jetzt in Richtung Garten, fällt der Blick auf ein formales Wasserbecken aus Corten-Stahl mit einer Besonderheit: die Wasseroberfläche steht spiegelglatt auf der Höhe des Beckenrandes, sodass kontinuierlich Wasser gleichmäßig nach außen über den Rand in eine im Boden eingelassene Fuge läuft. Das erzeugt herrlich abwechslungsreiche Spiegelbilder, die man bequem vom Tisch aus genießen kann. In der gleichen Blickachse ist eine Skulptur positioniert, die der Familie sehr am Herzen liegt

Zweiter Wunsch der Familie waren einladende Sitzbereiche für den Aufenthalt im Freien. Direkt am Haus entstand eine großzügige Terrasse aus großformatigen schwarzen Granitplatten, die im Eckbereich durch eine Sitzmauer aus dem selben Material gerahmt wird. Im hinteren Gartenbereich befindet sich ein quadratischer Freisitz aus Bangkirai-Holz mit gemütlichen Lounge-Möbeln, der einen Blick auf das Haus bietet. Die Sitzbereiche sind mit Trittsteinen verbunden, in denen sich beide Materialien wiederfinden. Dadurch ergibt sich eine zweite spannende Blickachse durch den Garten.

Größere Säuleneichen *(Quercus robur* 'Fastigiata'), Spalier-Linden *(Tilia)* und eine Solitär-Kiefer *(Pinus)* betonen die Blickachsen und schließen gleichzeitig unerwünschte Blicke aus. Bäume, die bereits im Garten standen, wurden so geschickt integriert, dass kein Unterschied zwischen „Alt und Neu" zu erkennen ist. „Es wirkt wie eine grüne Umarmung – der Garten ist für die Familie behüteter geworden", findet Jörg Esken.

Formale Beete mit einer kleinen Auswahl an Stauden, Bodendeckern und Gräsern ergänzen die Gehölzpflanzung. Zwiebelblumen nehmen mit ihrer Farbe Bezug auf die Inneneinrichtung und halten den Spannungsbogen zwischen innen und außen aufrecht. Der alte Walnussbaum mitten im Rasen darf nach wie vor für sich wirken – er besticht allein durch seine mächtige Gestalt. Bodenstrahler rücken ihn im Winter und in den Abendstunden ins rechte Licht und betonen seinen ehrwürdigen Charakter.

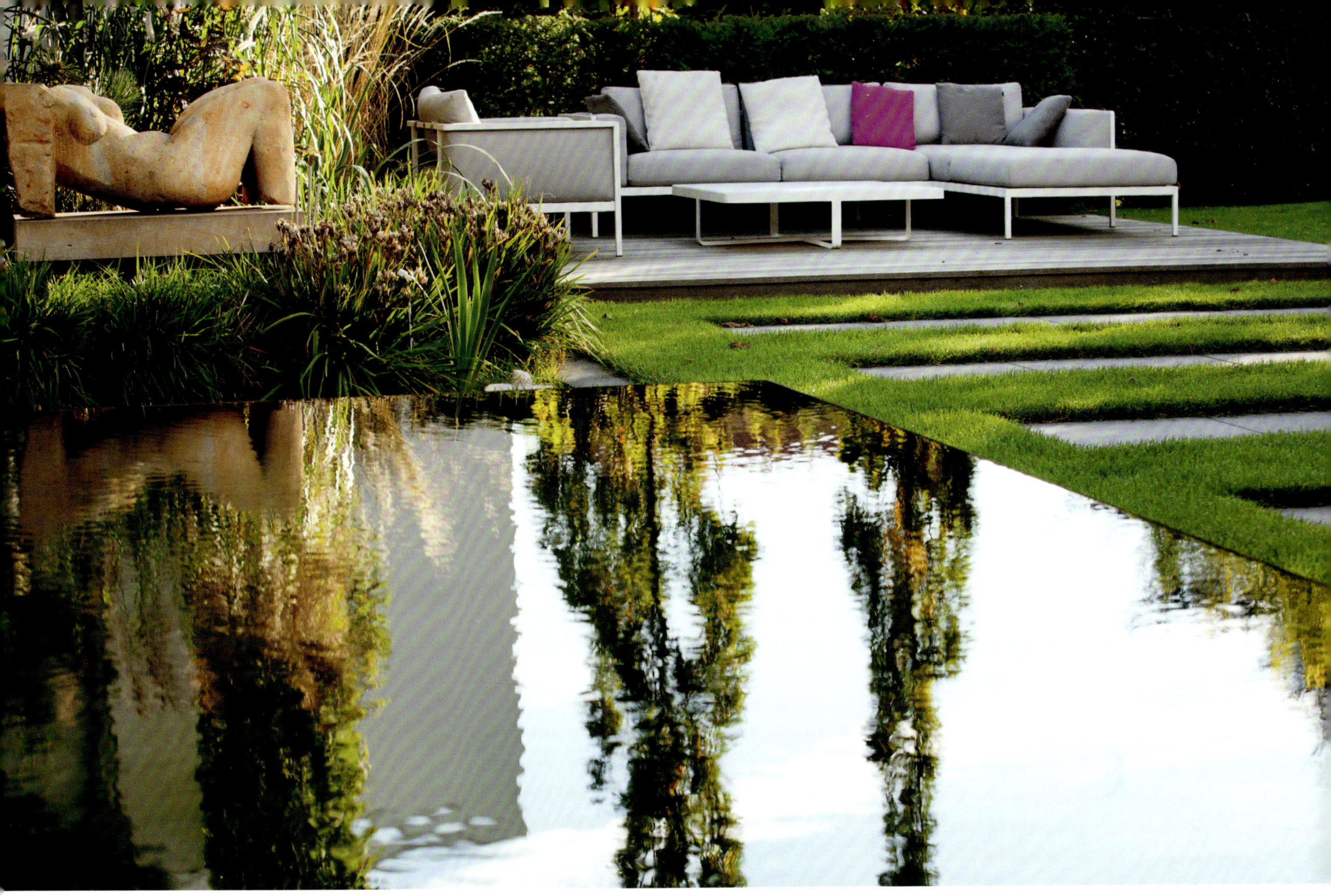

4
5

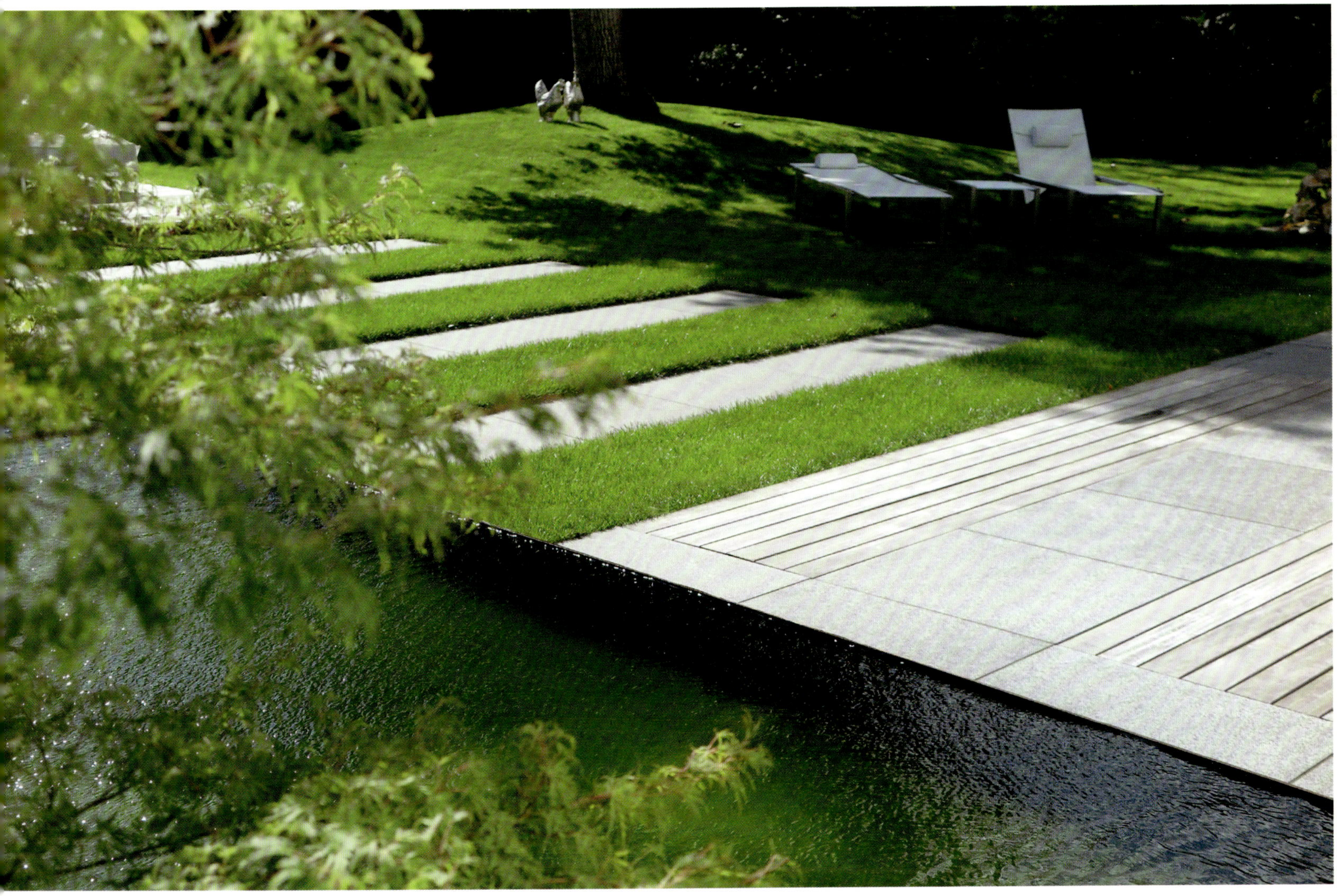

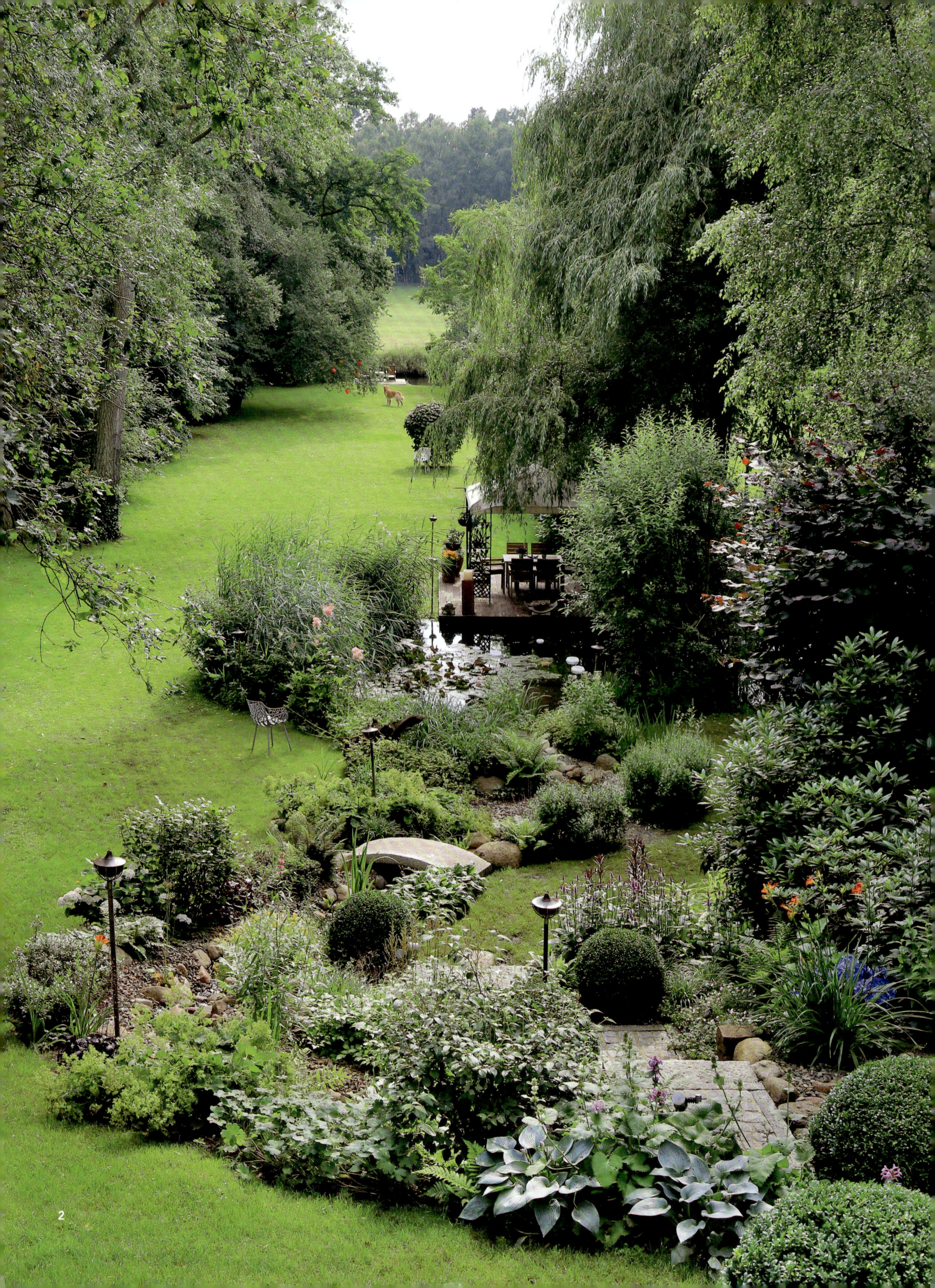

Ideale Verschmelzung mit einer Auenlandschaft

LAGE DES GARTENS
Hang-Grundstück an einer Flussaue; Deutsch Evern, Niedersachsen

GRÖSSE DES GARTENS
3.000 m²

PLANUNGSBÜRO
Zinsser KG

1

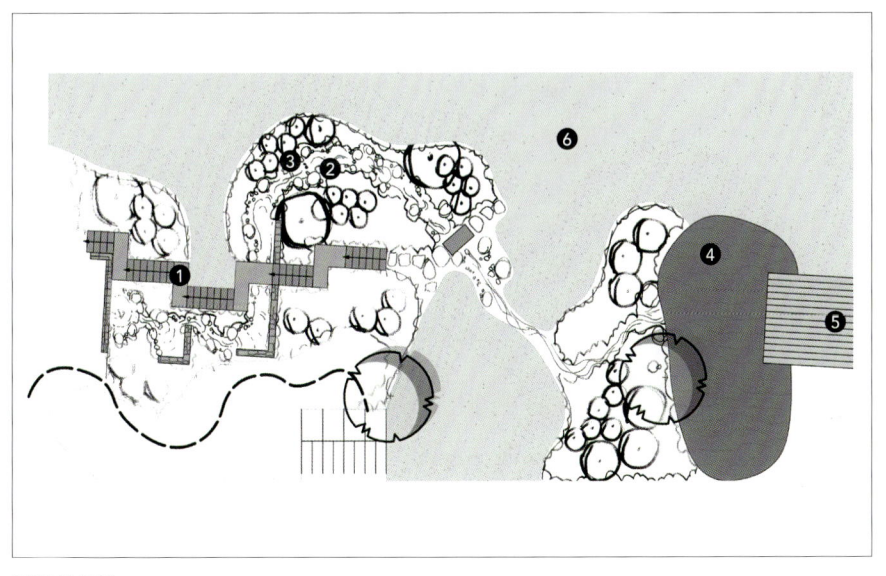

GRUNDRISS

PLAN
1 Treppenanlage
2 Bach
3 Staudenbepflanzung mit Buchskugeln
4 Teich
5 Holzdeck
6 Rasenfläche

1 Sitzplatz in der Auenlandschaft: der Garten geht fließend in die natürliche Umgebung über.

2 Mit dem alten Baumbestand erinnert der Garten an eine Parklandschaft.

Ein langes, abfallendes Grundstück mit Blick in die grandiose Auenlandschaft, aber ohne Anbindung an diese – das war die Ausgangslage. Gefragt war ein sanfter Übergang zwischen dem modernen Haus mit großer Glasfront oben am Hang und dem langgestreckten Grundstück, das sich bis zu einem kleinen Flüsschen hinabzieht. Bestimmt wird das Gartenbild durch große Baumveteranen, welche die großzügige Rasenfläche flankieren und aus dem immerhin 3.000 m² großen Garten fast schon einen kleinen Park machen.

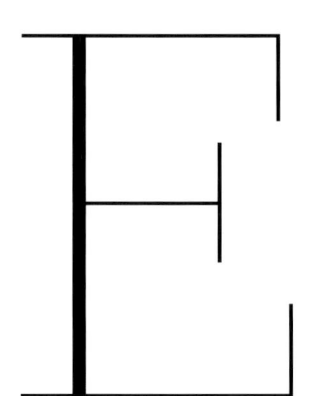

„Die Linienführung des Bachlaufs sollte nicht nur schüchtern auf der rechtsseitigen Treppenseite verlaufen, sondern großzügig auch auf den Rasenhang übergreifen."

CHRISTINE SCHALLER

Um den Garten mit weichen Übergängen an die Landschaft anzubinden, wurde ein kleiner Bach angelegt. Er ist in die Treppenanlage aus hellem Granit integriert, die vom Haus kommend, an einer Seite durch den Garten bis hinab zum Holzdeck führt. „Die Linienführung des Bachlaufs sollte nicht nur schüchtern auf der rechtsseitigen Treppenseite verlaufen, sondern großzügig auch auf den Rasenhang übergreifen", erklärt Gartenarchitektin Christine Schaller. Die Treppe selbst bildet nicht etwa eine gerade Linie – das würde die langgestreckte Form des Grundstückes betonen –, sie ist vielmehr mit versetzten Treppenabsätzen so gestaltet, das sie einen Abschnitt des Bachlaufs begleitet. Buchsbaum-Kugeln geben jedem der Treppenabsätze immergrünen Halt. Heide-Findlinge und regionale Flusskiesel fassen den Bachlauf ganz natürlich ein, der immerhin einen Höhenunterschied von 5 m überwindet. Viele kleine Becken mit Überlauf sorgen dafür, dass dort auch Wasser steht, wenn die Pumpe einmal nicht läuft. Die begleitenden Stauden sind so gewählt, dass es dort nicht nur hohe aufrechte Strukturen gibt, wie es häufig an Gewässern zu sehen ist, sondern auch viele breit- und großblättrige Blattschmuckstauden, wie etwa Purpurglöckchen (Heuchera) und Funkien (Hosta). Den Abschluss des Bachs bildet ein Teich, der von Mädesüß (Filipendula rubra) und Schwertlilien (Iris), den typischen Vertretern feuchter Standorte, eingerahmt wird. Ein Holzdeck mit Pavillon steht für Mußestunden im Sommer bereit, den Schatten dazu spendet eine alte Trauerweide. Schneeball (Viburnum) und Federbusch (Fothergilla major) tragen im Herbst warme Farben in den Garten. Immergrüne, allen voran die Buchsbaum-Kugeln, Azaleen und Rhododendren bilden das winterliche Gartengerüst.

Durch die geschwungene Form des Bachlaufs geht der Garten jetzt ganz selbstverständlich in die Auenlandschaft über. Übrigens ist so ein langer Bachlauf etwas Besonderes in der Lüneburger Heide – hier sucht man sonst vergeblich nach einem stärkeren Gefälle.

3 Versetzte Treppen führen vom Haus den Hang hinab, begleitet von einem mäandrierenden Bach, der schließlich im Teich am Holzdeck mündet. Die Treppenanlage aus hellem Granit wird mit Buchskugeln und Blattschmuckstauden wie Hosta akzentuiert.

4 Der Wind in der Weide: das einladende Holzdeck am Teich markiert den Endpunkt des kleinen Bachlaufs.

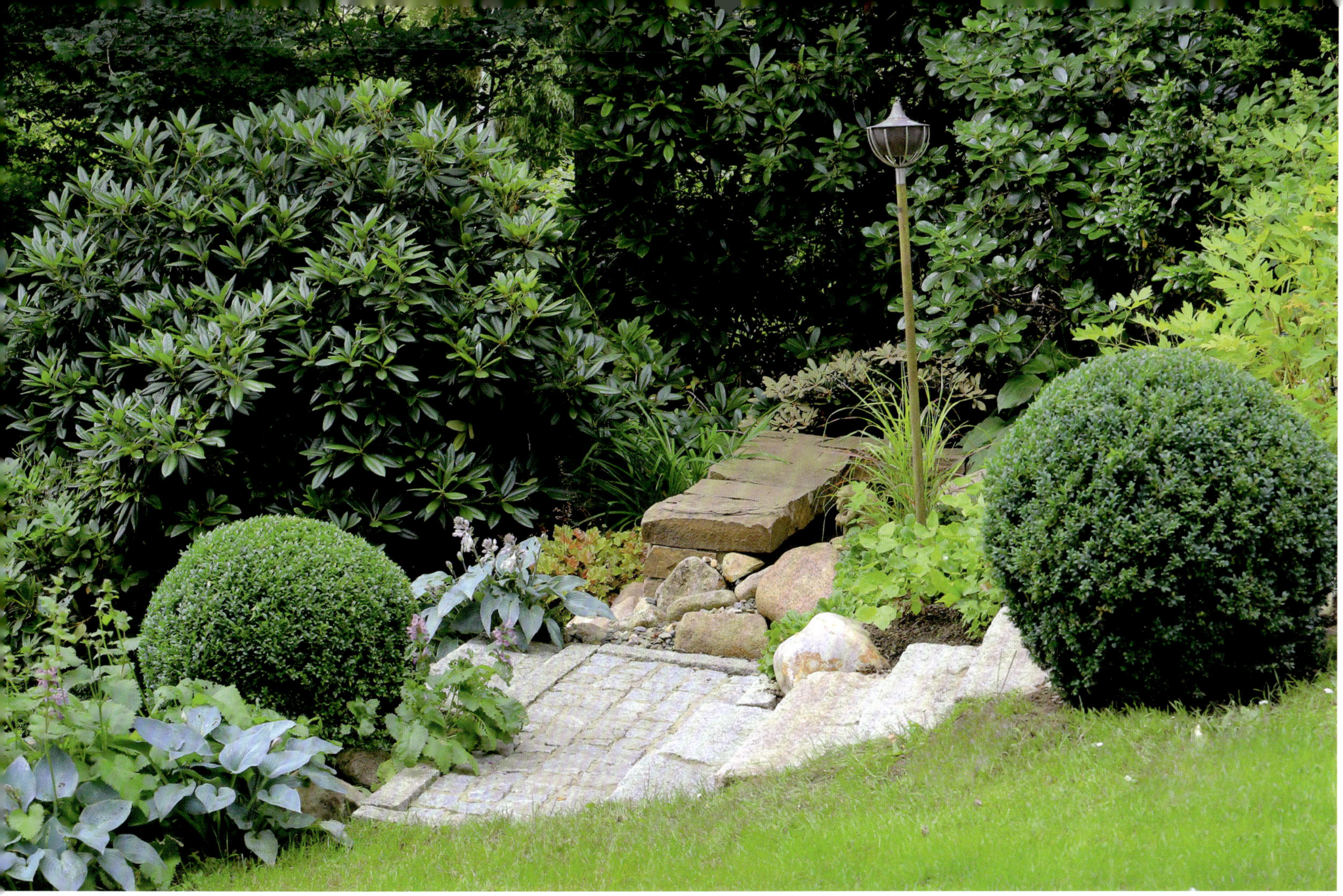

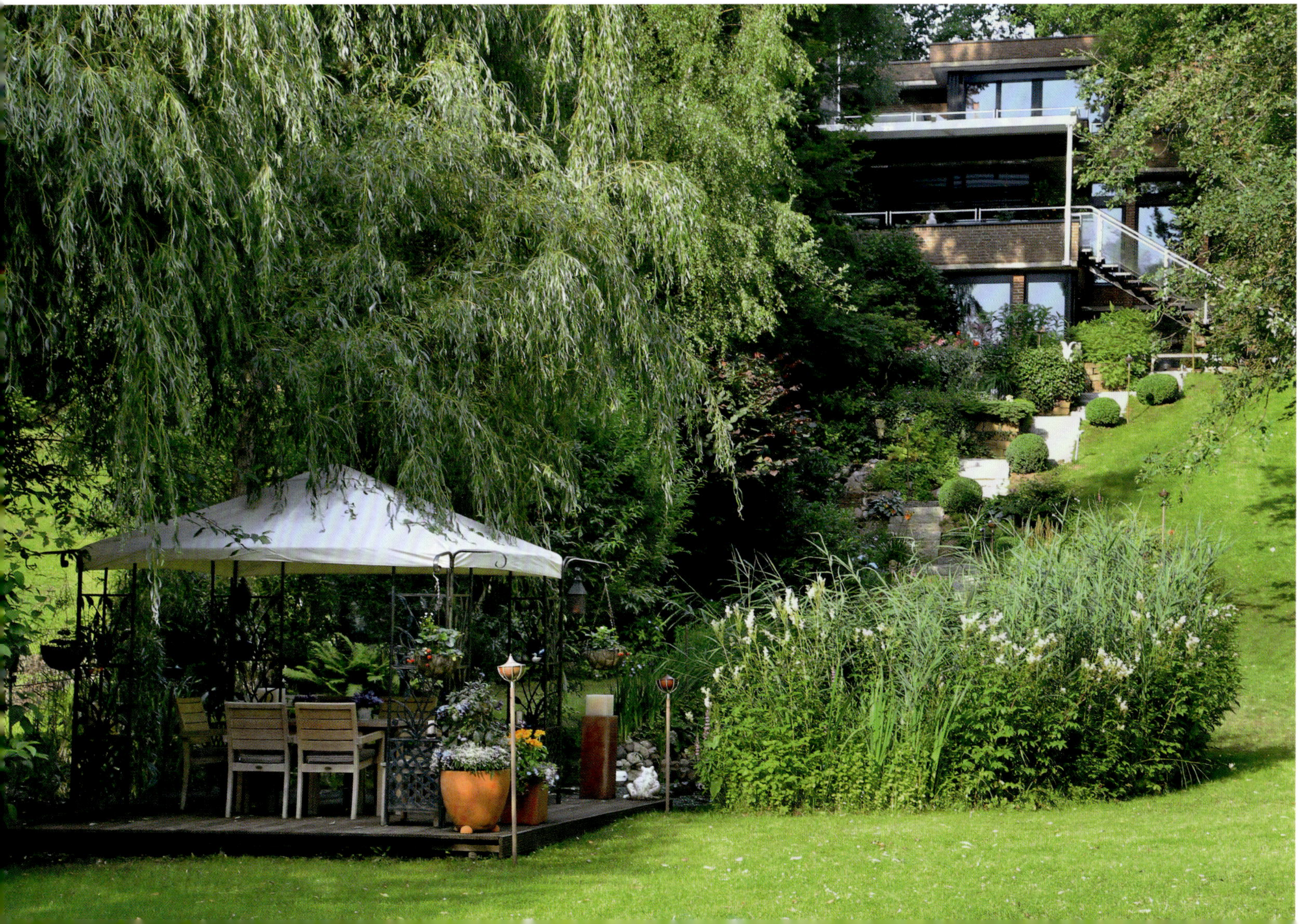

GÄRTEN DES JAHRES   Albrecht   PROJEKTE

Die erträgliche Leichtigkeit des Garten-Seins

PROJEKT
Gartenneuanlage; Bamberg, Bayern

GRÖSSE DES GARTENS
871 m²

PLANUNGSBÜRO
Garten und Landschaftsbau Albrecht – Gärtner von Eden

1

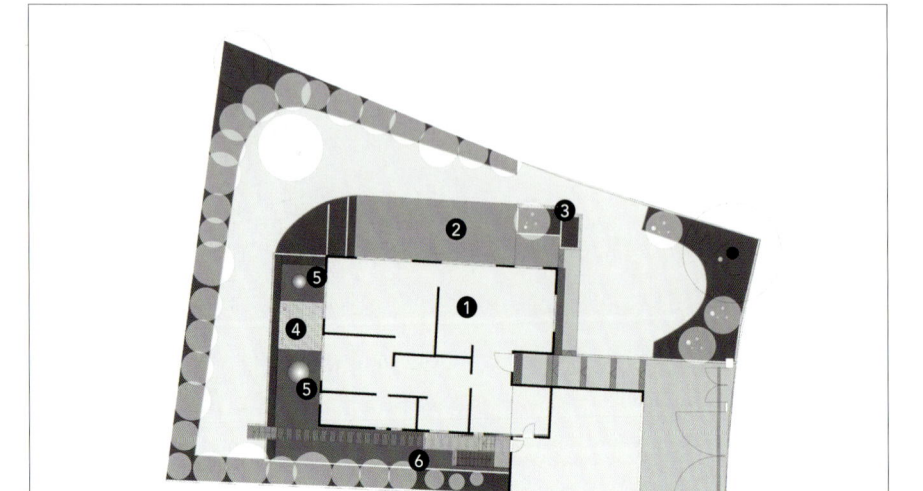

GRUNDRISS

PLAN
1 Wohnhaus
2 Terrasse
3 Kräuterhochbeet
4 Holzterrasse
5 Wasserschale auf Basaltschotter
6 Pflanzstreifen mit Sträuchern

1 Minimalistisch, klare Linien und reduzierte Farben – so präsentiert sich dieser Hanggarten.

2 Die kleine Holzterrasse garantiert Ruhe und Entspannung. Den Rahmen gibt eine niedrige Betonwand vor, deren strenge Linie durch buschige Gräser und Zierlauch gemildert wird.

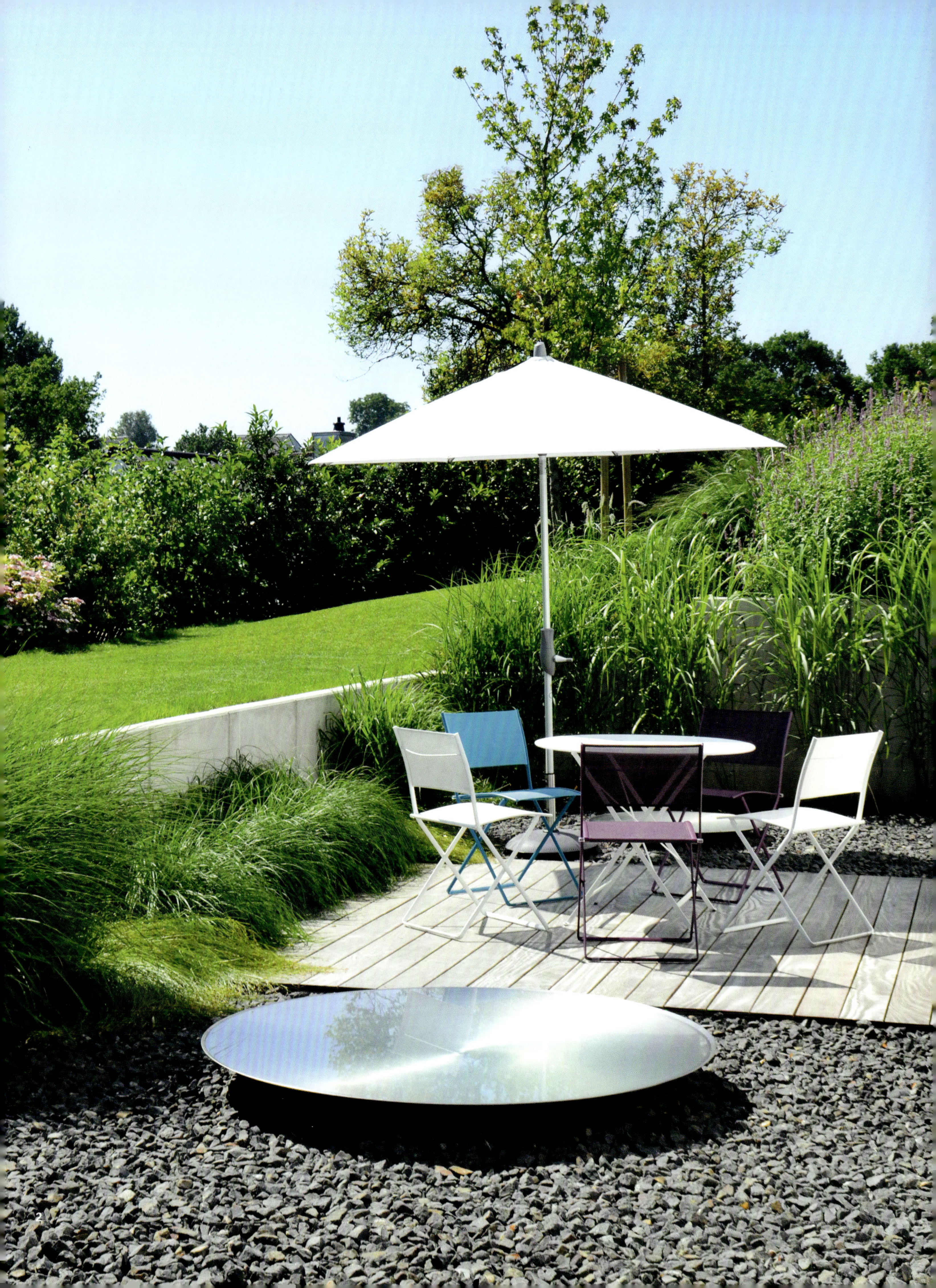
2

GÄRTEN DES JAHRES — Galabau Albrecht — PROJEKTE

E

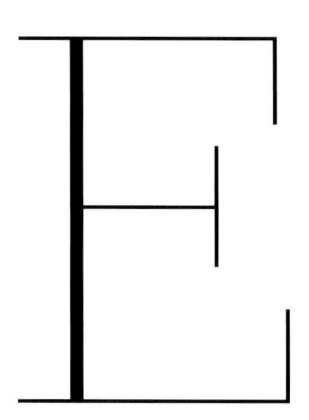

Eine Baulücke im Altbaubestand der Weltkulturerbe-Stadt Bamberg wurde mit einem Neubau geschlossen. Der alte Garten war verwachsen, ungepflegt, roch modrig feucht. Die Familie wünschte sich eine helle, eine luftige Umgebung für das weiße Haus, die vor allem offen und großzügig sein sollte.

„Innen- und Gartenarchitektur sollten zu einer harmonischen Einheit verschmelzen, der konzeptionelle Ansatz der Architektur in den Garten getragen werden."

KRISTINA LEHMANN

Das Wohnhaus in Hanglage befindet sich auf dem höchsten Punkt des Grundstücks, das zu beiden Seiten hin abfällt. Die Innenarchitektur ist puristisch, jedoch mit edlem Material und Details ausgestattet. „Innen- und Gartenarchitektur sollten zu einer harmonischen Einheit verschmelzen, der konzeptionelle Ansatz der Architektur in den Garten getragen werden", erklärt Kristina Lehmann. Daher sah das Konzept der studierten Landschaftsarchitektin zur formalen Architektur des Wohnhauses auch einen minimalistischen Garten mit klaren Linien, Rechteckflächen und reduzierten Farben vor.

Der Garten ist in zwei Bereiche untergliedert: in eine großzügige Terrasse im vorderen Teil mit viel Platz für einen übergangslosen Ess- und Liegebereich und in einen intimeren kleinen „Senkgarten" mit Holzterrasse im hinteren Bereich. Großformat-Platten aus Beton unterstreichen die Weiträumigkeit der großen Hauptterrasse. „Es ist eine übergangslose Spiegelung des Innenraums", sagt Kristina Lehmann. Gräserstreifen und ein Kräuterhochbeet in Küchennähe geben Sichtschutz und schirmen zur Straße hin ab. Schöner Hingucker: ein Blumen-Hartriegel *(Cornus kousa var. chinensis* 'Milky Way') mit cremefarbenen, breiten Hochblättern.

Der hintere Bereich mit der kleinen Holzterrasse garantiert Ruhe und Entspannung. Den Rahmen gibt eine L-förmige niedrige Betonwand vor, deren strenge Linie durch buschige Gräser und Zierlauch gemildert wird. Die Höhe der Wand ist so gewählt, dass man im Sitzen auf die obere Bepflanzung sehen kann: auf Bambus, Gräser und Sträucher, die hauptsächlich in dezentem Blau, Violett und Weiß blühen. Zwei kleine runde Wasserschalen aus Edelstahl spiegeln den Himmel und die Pflanzen wider. Sie sind in den grauen Basaltkies eingebettet, der in schönem Kontrast zum warmen Holzton der Terrasse steht. Beton-Blockstufen führen aus diesem „Senkgarten" auf die Rasenfläche hinaus.

Beide Terrassen werden durch ein üppiges Staudenbeet miteinander verbunden, das bogenförmig mit einem Roststahlband eingefasst ist. Auch hier ist die Bepflanzung bewusst zurückhaltend. Im Frühjahr setzen die Blütenkugeln des Zierlauchs *(Allium-*Hybride) Akzente, später bestimmen Gräserstreifen das Gartenbild. Dem Staudenbeet gegenüber zettelt ein Amberbaum *(Liquidambar styraciflua* 'Worplesdon') vor der dunkelgrünen Kulisse der Kirschlorbeerhecke ein Farbspektakel in tiefem Orange und Gelb an und wetteifert mit den goldgelben Blättern der Himalaya-Birken *(Betula var. jacquemontii)* im Eingangsbereich um den schönsten Herbstschmuck.

3 Betonblockstufen führen in den „Senkgarten" mit der kleinen Holzterrasse hinab.

4 Zur formalen Architektur des Hauses passt der minimalistische Garten mit Rechteckflächen wie der großen Terrasse aus Betonplatten im Großformat.

5 Hell, freundlich und luftig wirkt die Umgebung des Hauses – so wie es sich die Familie gewünscht hatte.

Cornelia Merkamp

Kloster-Kräuterkunde

LAGE DES GARTENS
Kräutergarten des Geistlichen Kulturellen Zentrums Kloster Kamp; Kamp-Lintfort, Nordrhein-Westfalen

GRÖSSE DES GARTENS
540 m²

GARTENKONZEPT
Cornelia Merkamp

1

PLAN
1 *Eibenhecke* (Taxus baccacta)
2 *Kräuterbeete*
3 *Wege und Flächen aus Perlkies*
4 *Berg-Ahorn* (Acer pseudoplatanus)
5 *Quellbrunnen*

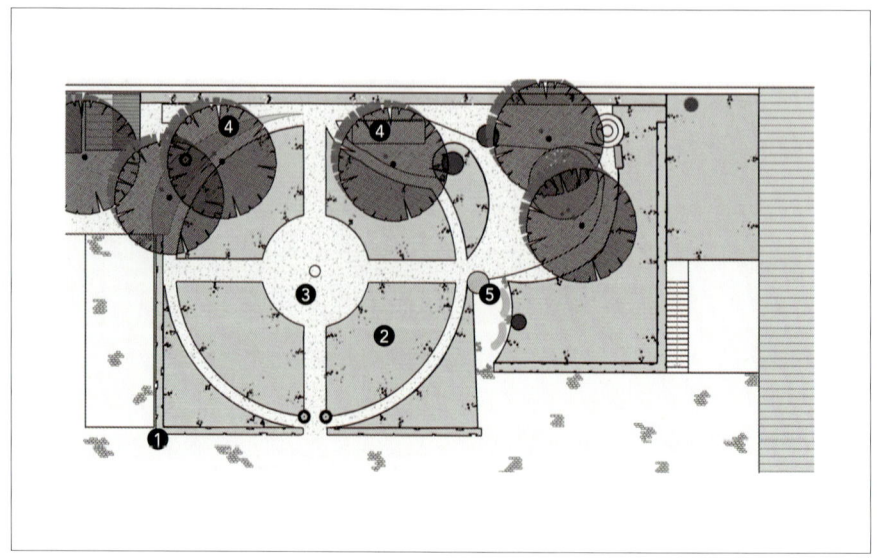

GRUNDRISS

1 Hinter schützenden Mauern gedeihen Kräuter aus der Apotheke der Natur.

2 Den Duft der Kräuter genießen, innehalten, zur Ruhe kommen – wenn das nicht Balsam für die Seele ist!

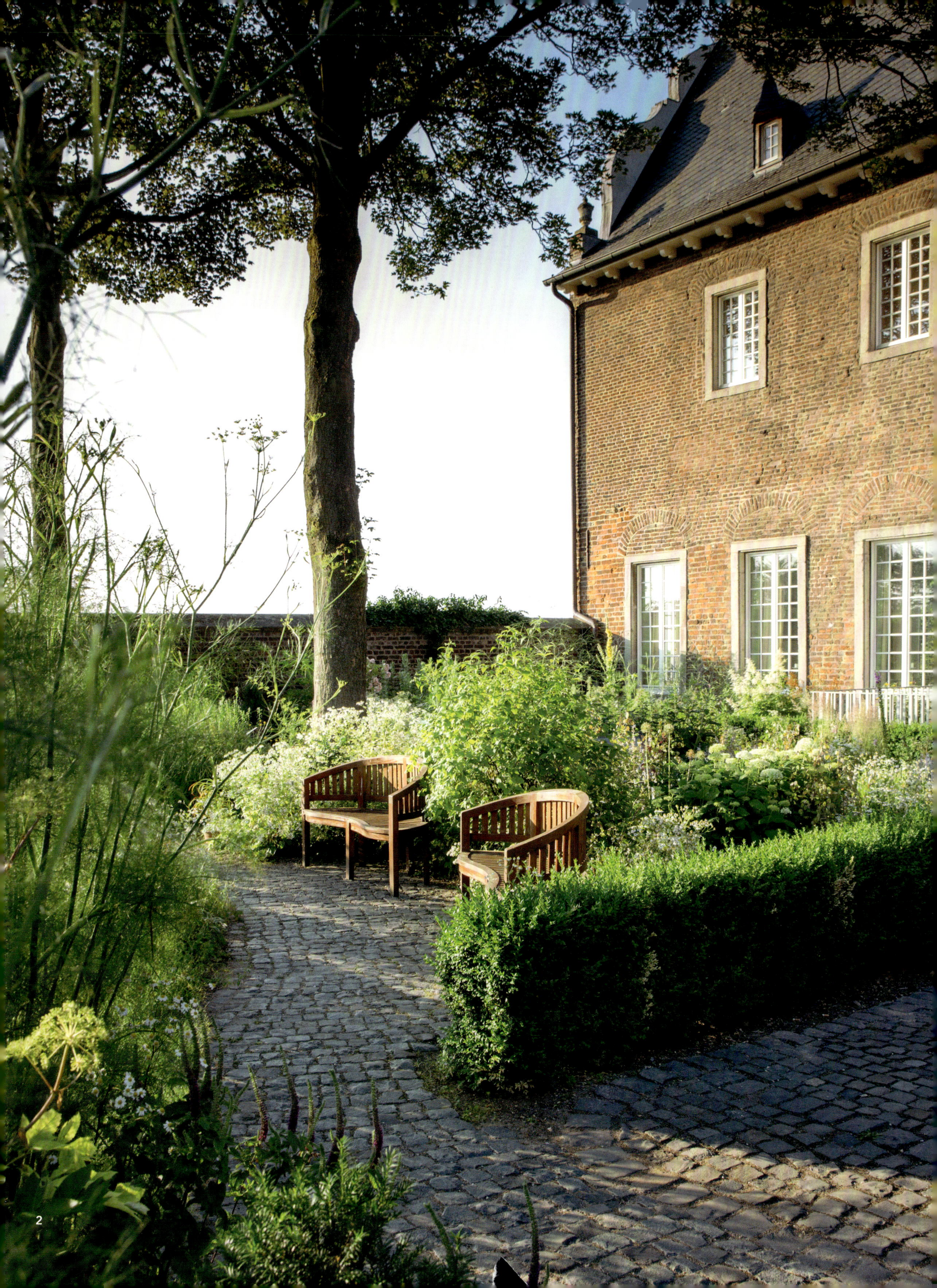

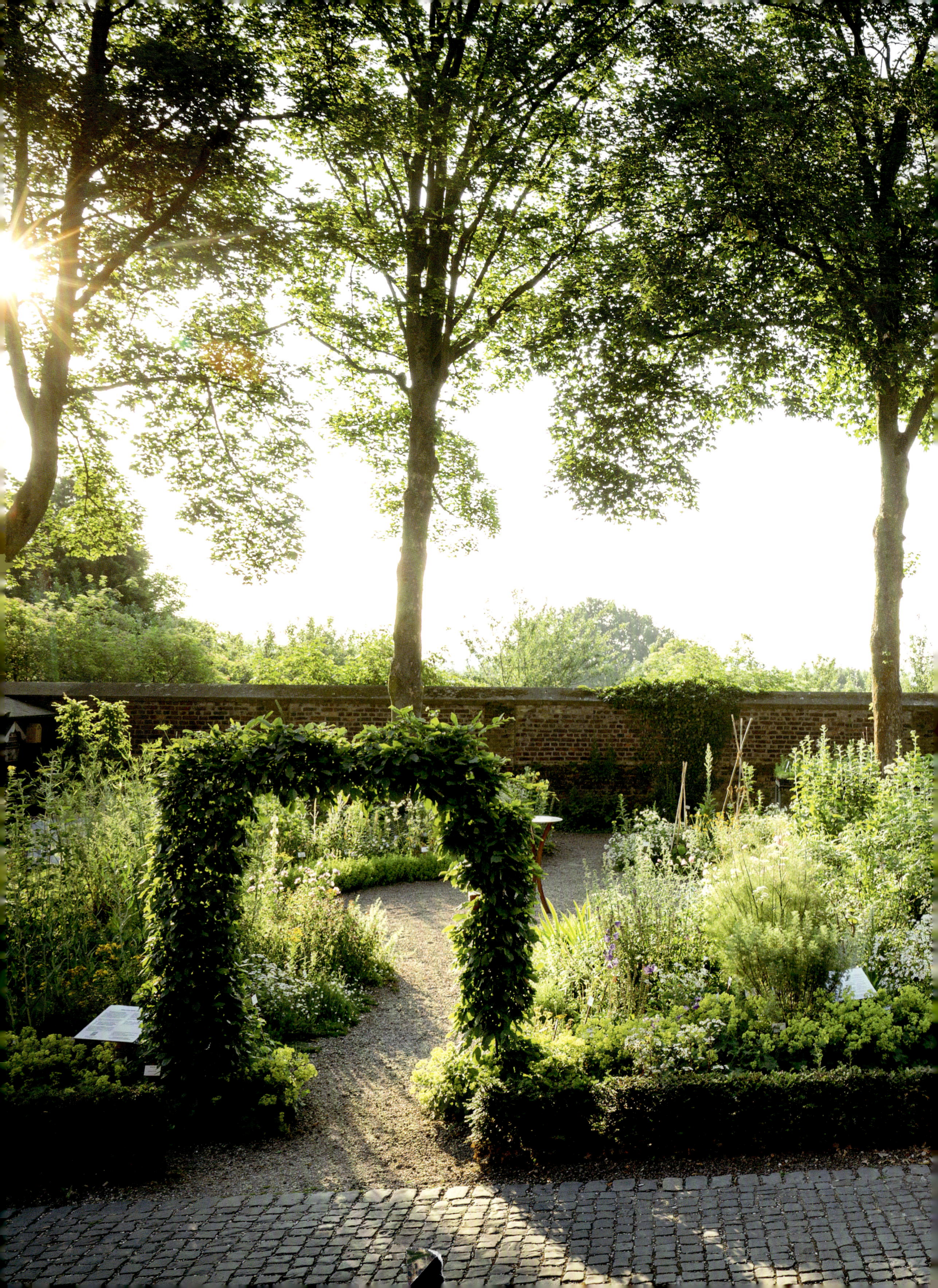

Willkommen im Kräutergarten: Wer durch den Bogen aus Hainbuche geht, betritt das Reich der Kräuter und Stauden. Hohe Ahornbäume flankieren im Halbrund die Anlage.

Würz- und Heilkräuter der Volksheilkunde bilden natürlich auch die Grundlage für diesen duftenden und blühenden Kräutergarten, der in der Tradition alter Klostergärten gestaltet ist: die kreuzförmig angelegten Wege aus Perlkies gliedern den Garten in vier Bereiche, welche die Pflanzen beherbergen. Im Zentrum steht aber kein Brunnen, wie sonst üblich, sondern ein eiserner Tisch, dessen Linien den Gartenplan erklären. Das „Wort" steht im Mittelpunkt – und tatsächlich, wenn die engagierten Mitarbeiter dort sind, liegt ein Nachschlagewerk über Kräuter auf dem eisernen Tisch. Tafeln mit Einführungstexten und botanischen Angaben geben einen Einblick in die Naturheilkunde. „Der Kräutergarten beschäftigt sich mit Gartenkultur – wir wollen den Menschen die Anlage solcher Gärten wieder nahebringen", erklärt Gärtnerin Cornelia Merkamp, die das Gartenkonzept erstellte und den Kräutergarten mit sechs ehrenamtlichen Helfern pflegt.

In dem Hortus zwischen historischen Mauern herrscht eine ganz besondere Atmosphäre: friedlich ist es hier, ruhig, ein Ort der Erholung und Meditation, der Würde des Ortes angemessen. Es ist aber auch ein sinnlich erfahrbarer Garten, denn die Schönheit der Kräuter und deren Wohlgeruch sprechen die Sinne direkt an. Die Arten- und Sortenvielfalt zeugt vom Anspruch des Kräutergartenteams: heimische Wildkräuter, Heilpflanzen (Hildegard von Bingen zugeschrieben), klassische Heilpflanzen der Klosterheilkunde, Küchenkräuter, Bienenweiden und historische Heilpflanzen, die heute vorwiegend als Zierpflanzen genutzt werden, wetteifern hier um Schönheit und Wohlgeruch. Bei Besuchern besonders beliebt ist die „vordere Probier-Reihe" mit Schokoladenminze, Lakritz-Tagetes und Zitronen-Verbenen – es ist eben ein sehr lebendiger Klostergarten, dessen Besuch übrigens frei ist.

„Der Kräutergarten beschäftigt sich mit Gartenkultur – wir wollen den Menschen die Anlage solcher Gärten wieder nahebringen."

CORNELIA MERKAMP

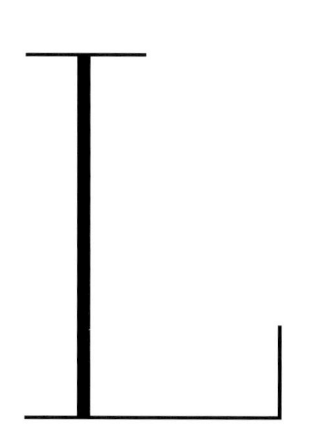

Landschaftlich reizvoll liegt das Kloster Kamp auf einem eiszeitlichen Hügel, dem Kamper Berg. Die Klosteranlage wurde 1123 von Zisterziensermönchen gegründet und war damit die erste auf deutschsprachigem Boden. Der Orden hatte einst bei der landwirtschaftlichen und gartenbaulichen Entwicklung des Niederrheins eine bedeutende Rolle gespielt. Bekannt ist die Klosteranlage vor allem für ihren Barock- und Terrassengarten, doch beherbergt sie noch weitere Gartenschätze, wie etwa den Kräutergarten an der Chorraum-Seite der Abteikirche. Dieser ganz besondere Garten wurde 2012 auf Betreiben einer privaten Initiative wieder angelegt, die damit eine alte Tradition zum Leben erweckte. Denn zu einem Kloster gehörte traditionell ein Klostergarten mit Heil- und Gewürzpflanzen. In den Klöstern wurde das Wissen um die Heilkraft der Pflanzen bewahrt, hier wurden Kräuter kultiviert, um damit Beschwerden zu lindern, aber auch Speisen und Getränke zu würzen und damit bekömmlicher zu machen.

3 Im Mittelpunkt des Kräutergartens steht das Wort in Form eines eisernen Tischs, dessen Linien den Gartenplan erklären.

4 Darf ich vorstellen? *Satureja montana*. Tafeln helfen den Besuchern, die Kräuter mit ihrem Namen kennenzulernen.

5 Einheit: Kloster und Kräutergarten bilden wie in alte Zeiten ein harmonisches Gesamtbild.

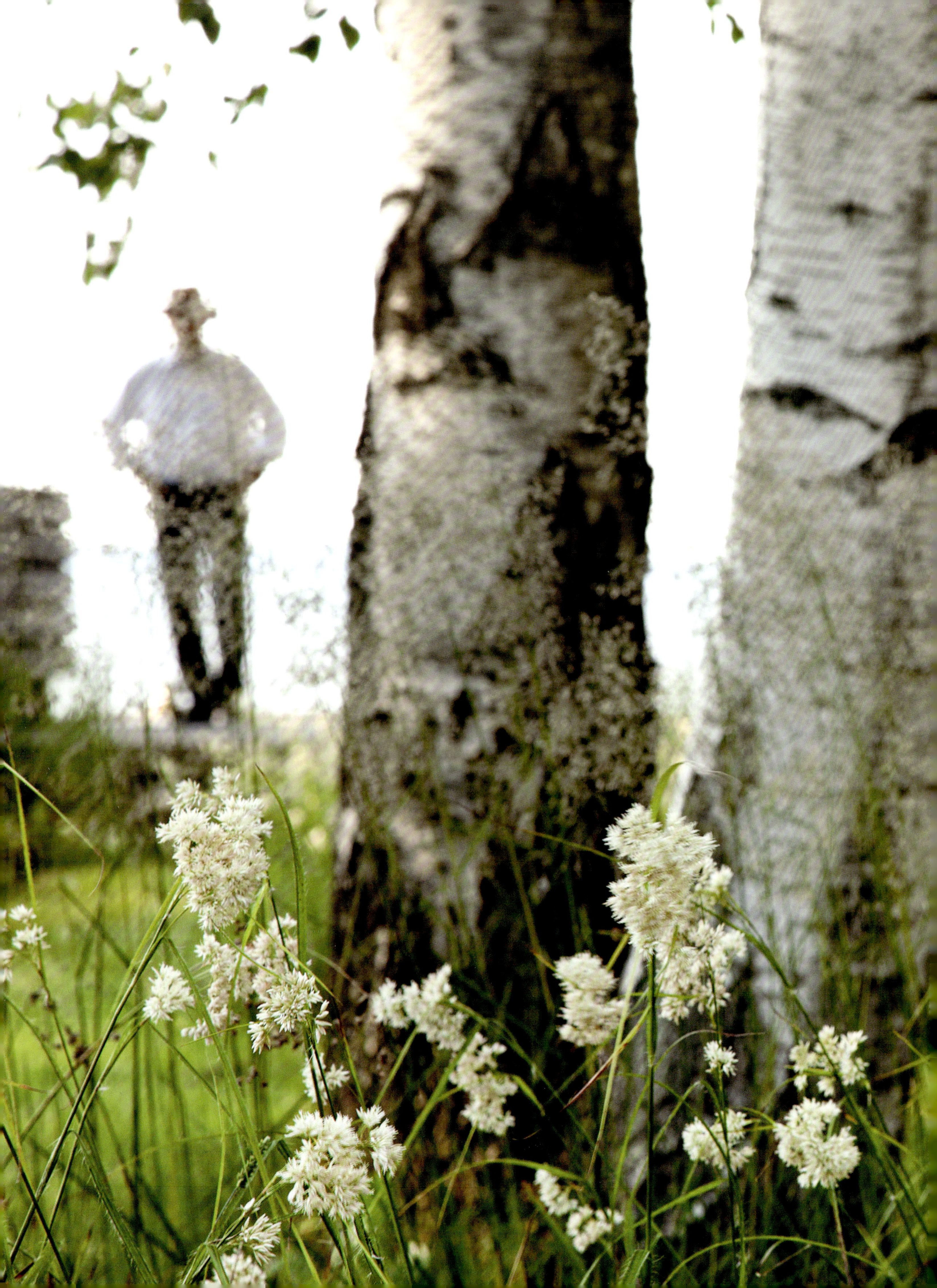

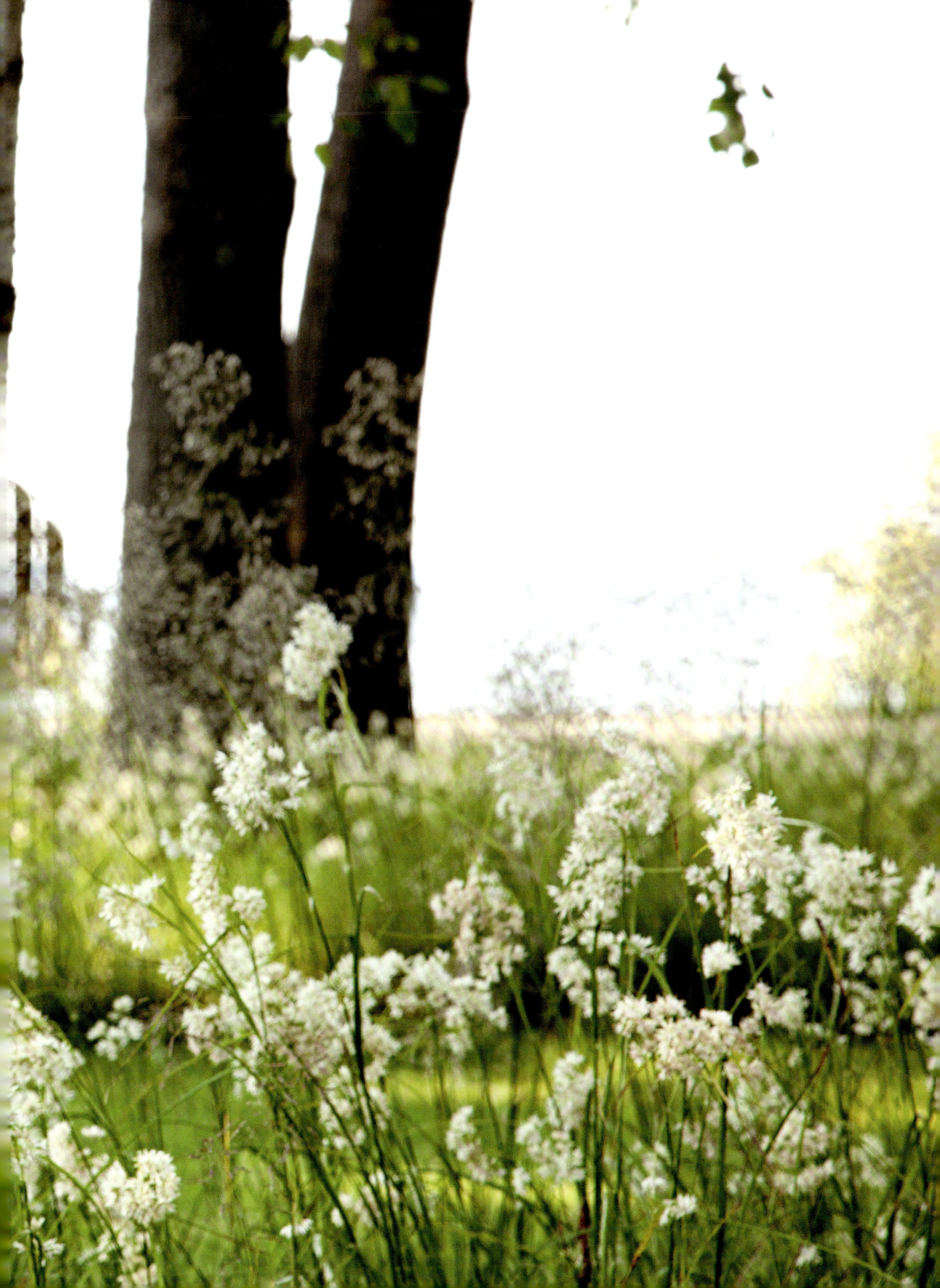

ADRESSEN
UND BILDNACHWEISE

3:0 Landschaftsarchitektur -
Gachowetz Luger Zimmermann OG,
Technisches Büro für
Landschaftsarchitektur
Nestroyplatz 1/1, A-1020 Wien
Tel. +43/0/1/96 90 662
office@3zu0.com
www.3zu0.com
Fotos: Hertha Hurnaus Photography
Seite 162–167

A/D

Abrahamse, Martin P.,
Landschaftsarchitekt BSLA
Frohburgerstrasse 32, CH-4132 Muttenz
Tel. +41/0/61/461 75 50
Fax +41/0/61/711 44 77
E-Mail: info@abrahamse.ch
Web: www.abrahamse.ch
Fotos: Börje Müller Fotografie, Basel;
KOFOT Andreas Kofler, Bubendorf
Seite 84–87

Design Associates GmbH
mit Buk-GaLaBau
Winterstraße 4, 81543 München
Tel. +49/0/89/66 10 80
Fax +49/0/89/66 10 90
mail@design-associates.de
www.design-associates.de
Fotos: Hans Kreye, Sebastian Kolm, München
Seite 6; 24–31; 266–267 sowie Vorsatz u. Nachsatz

droll & lauenstein
Landschaftsarchitekten
Wirtsgrund 24, 96450 Coburg
Tel. +49/0/9561/33 2 20
info@gartendesign-lauenstein.de
www.gartendesign-lauenstein.de
Fotos: Gartenfoto.eu,
Martin Staffler, Stuttgart
Seite 120–125

E

Erni Gartenbau & Planung AG
Seestrasse 32, Ch-8598 Bottighofen
Tel. +41/(0)71 677 11 66
info@erni-gartenbau.ch
www.erni-gartenbau.ch
Fotos: Erni Gartenbau & Planung AG,
Bottighofen, Schweiz
Seite 126–129

F

Fautz die Gärten, Axel Fautz GmbH
Biengener Allee 20, 79189 Bad Krozingen
Tel. +49/(0)7633/92 70 0
Fax +49/(0)7633/92 70 70
info@fautz-diegaerten.de
www.fautz-diegaerten.de
Fotos: Auslöser Fotodesign Kai-Uwe Wudtke,
March-Buchheim
Seite 158–161

Fischer, Anita, Landschaftsarchitektin
Obere Domberggasse 7, 85354 Freising
Tel. +49/(0)8161/81887
info@anitafischer-landschaftsarchitektin.de
Fotos: Anita Fischer; Christopher
Bradley-Hole, Richmond
Seite 202–207

Flora Toskana, Hilde-Lena Burke
Blöckhorn 1, 22393 Hamburg
Tel. +49/(0)40/601 71 30
info@tt-burke.de
www.tt-burke.de
Fotos: Miquel Tres Fotografia
Seite 130–133

Freiraumplanung Preuß
Glatzer Straße 21, 69124 Heidelberg
Tel. +49/(0)6221/354 46 36
info@freiraum-preuss.de
www.freiraum-preuss.de
Fotos: Uwe Rieger, Neckargmünd
Waldhilfsbach
Seite 106–111

Freiraumplanung Sigmund Freier
Landschaftsarchitekt bdla Jörg Sigmund,
Dipl.-Ing. (FH)
Mörikestraße 35, 72661 Grafenberg
Tel. +49/(0)7123/97 38 00
info@fp-sigmund.de
www.fp-sigmund.de
Fotos: ExitUnit Werbung
(Oliver Freudenmann), Pfullingen
Seite 154–157

Fritschy, Frank,
Garten- und Landschaftsarchitektur
Kapellenhostraße 58, 47574 Goch
Tel. +49/(0)2827/92 42 19
frankfritschy@t-online.de
www.frankfritschy.de
www.villerthegarden.com
Fotos: Marion Nickig Fotodesign, Essen
Seite 78–83 und 48

Fuchs baut Gärten GmbH – Gärtner von Eden
Schlegldorf 91a, 83661 Lenggries
Tel. +49/(0)8042/91 45 40
info@fuchs-baut-gaerten.de
www.fuchs-baut-gaerten.de
Fotos: Jan Vandebotermet (Garten in Schaftlach);
Klas Stöver, Lenggries (Garten in Waakirchen)
Seite 168–171; 218–221

G

Garnhartner + Schober + Spörl
Landschaftsarchitekten BDLA Stadtplaner
Böhmerwaldstraße 42, 94469 Deggendorf
Tel. +49 (0)991/40 28
Fax +49 (0)991/46 33
info@gs-landschaftsarchitekten.de
www.gs-landschaftsarchitekten.de
**Fotos: Fotografie Petra Kellner, Amberg;
Fotografie Erich Spahn, Regensburg;
Privataufnahmen des Büros
Seite 198–201**

GartenLandschaft Berg & Co. GmbH
Wachtelweg 21, 53489 Sinzig-Westum
Tel. +49 (0)2642/90 29 70
Fax +49 (0)2642/90 29 79
info@gartenlandschaft.com
www.gartenlandschaft.com
**Fotos: Volker Michael, Baesweiler;
Marion Nickig Fotodesign, Essen
Seite 134–139**

Gartenplan Esken & Hindrichs GmbH –
Gärtner von Eden
Stöcken 10, 42799 Leichlingen
Tel. +49 (0)2175/88 97 90
Fax +49 (0)2175/88 97 9 22
info@gartenplan.de
www.gartenplan.de
unter Zusammenarbeit mit cbplan landschafts-
architektur, Constanze Gericks,
www.cbplan.net
**Fotos: Gartenplan Esken & Hindrichs
Seite 248–251**

Gartenplus – die Gartenarchitekten
Schloss Dyck 1, 41363 Jüchen
Tel. +49 (0)2182/828 86 95
Franzen@Gartenplus.com
www.Gartenplus.com
**Fotos: Metten Stein + Design GmbH & Co. KG,
Overath (Paul Schmitz Fotografie)
Seite 188–191**

Garten- und Landschaftsbau Albrecht –
Gärtner von Eden
Im Maintal 5, 96173 Unterhaid
Tel. +49 (0)9503/50 46 880
info@gaertner-albrecht.de
www.gaertner-albrecht.de
**Fotos: Galabau Albrecht
Seite 256–259**

Gartenwerk sander schumacher gmbh.co.kg
Garather Schlossallee 22, 40595 Düsseldorf
Tel. +49 (0)211/700 42 85
Fax +49 (0)211/700 42 55
mail@gartenwerk-duesseldorf.de
www.gartenwerk-duesseldorf.de
**Fotos: Anna Schwartz Fotografie
Seite 70–73**

Grimm garten gestalten
Obere Grießwiesen 38, 78247 Hilzingen
Tel. +49 (0)7731/82 28 170
info@grimm-garten.de
www.grimm-garten.de
**Fotos: gegenlicht: Fotografie Martin Maier,
Wahlwies
Seite 140–143**

H

Haidvogel, Doris, DI, Landschaftsarchitektin
Josefstädterstraße 11/30, A-1080 Wien
Tel. +43 (0)664/45 000 94
Fax +43 (0)664/77 45 000 94
office@haidvogl.com
www.haidvogl.com
**Fotos: Newman & Co fotografie &
bildkonzept KG; Lukas Dostal Fotografie;
Doris Haidvogel & Jakob Dunkl
Seite 172–177**

Hammerich, Birgit, Landschaftsarchitektur
Mühlenhof 2, 31535 Neustadt
Tel. +49 (0)5032/80 00 200
Fax +49 (0)5031/80 00 205
hammerich@gartenkultur.de
www.gartenkultur.de
**Fotos: Clemens Born, Hannover;
Birgit Hammerich
Seite 244–247**

Herrhammer GbR – Gärtner von Eden
Laubachweg 5, 88178 Heimenkirch
Tel. +49 (0)8381/940 650
mail@herrhammer-gaerten.de
www.herrhammer-gaerten.de
unter Zusammenarbeit mit
Dipl.-Ing. Elke Zimmermann
Itzlings 15, 88145 Hergatz
Tel. +0049 (0)8385/92 17 95
**Fotos: Fotodesign Singer, Friedrichshafen
Seite 230–233**

Hirsch, Petra, Gartenplanung
Freiherr-von-Ickstatt-Straße 16 b
65817 Eppstein
Tel. +49 (0)6127/90 54 0
Fax +49 (0)6198/58 660 10
info@petra-hirsch.de
www.petra-hirsch.de
**Fotos: Marion Nickig Fotodesign, Essen;
Petra Hirsch
Seite 240–243**

Hölzl, Helene
Weingartenweg 5, I- Andrian
Tel. +39 (0)333 240 7026
h@helenehoelzl.com
www.helenehoelzl.com
**Fotos: Anneliese Kompatscher Photographie,
Glonn
Seite 148–153**

Horeis + Blatt Partnerschaft
Sonneberger Straße 13, 28329 Bremen
Tel. +49 (0)421/43 08 49 0
mail@hb-la.de, www.hb-la.de
**Fotos: Ferdinand Graf von Luckner Fotografie,
Hamburg
Seite 192–197**

ADRESSEN
UND BILDNACHWEISE

I/J

Inspired by Nature, Büro Icking
Walchstadter Straße 39, 82057 Icking
Tel. +49 (0)8178 90 53 67
kontakt@inspiredbynature.de
www.inspiredbynature.de
Fotos: Friedhelm Hellenkamp
Seite 102–105

Janssen, Helmut, GmbH & Co. KG,
Garten- und Landschaftsbau
Carl-Zeiss-Straße 49-51, 72770 Reutlingen-Betzingen
Tel. +49 (0)7121 / 51487-0
Fax +49 (0)7121 / 51487-20
info@janssengarten.de
www.janssengarten.de
Fotos: Helmut Janssen GmbH & Co. KG
Seite 144–147

Jensen Landschaftsarchitekten,
Inhaber: Sebastian Jensen
Walderseestraße 61, 22605 Hamburg
Tel. +49 (0)40 82 49 29, Fax +49 (0)40 82 45 81 garten@
hamburg.de
www.jensen-landschaftsarchitekten.com
Fotos: Büro Jensen
Seite 116–119

K/L

KLAK Gartenmanufaktur Landschaftsarchitektur Bauststraße 14, 84437 Reichertsheim
Tel. +49 (0)8073 91 64 88
info@klakquadrat.de
www.klaklandschaftsarchitektur.de
Fotos: André Hellberg
Seite 98–101

Koch & Koch Gartenarchitekten
Türkenstraße 4a, 82396 Pähl
Tel. +49 (0)8808 92 13 13
AK@Koch-Koch.de
www.koch-koch.de
Cover und Fotos für das Projekt:
Anke Wragge, Bad Zwischenahn
Seite 32–39

Kösters, Franz, Dipl.-Ing. Innenarchitekt
Ohner Weg 18, 48431 Rheine
Tel. +49 (0)5971 139 11
Fax +49 (0)5971 80 26 199
Franz-Koesters@t-online.de
www.franz-koesters.de
Fotos: Gary Rogers Fotojournalist, Hamburg
Seite 182–187

LAMPEvier Architekten und Ingenieure,
Landschaftsarchitektur
Scheffelstraße 53, 76135 Karlsruhe
Tel. +49 (0)721 97 670 34
Fax +49 (0)721 97 670 36
info@lampevier.de
www.lampevier.de
Fotos: Daniel Vieser, Architekturfotografie,
Karlsruhe
Seite 50–55

M/N

Mann Landschaftsarchitektur,
Dipl.-Ing. Tobias Mann
Marktstraße 14, 36037 Fulda
Tel. +49 (0)661 380 785 40
Fax +49 (0)661 380 785 49
kontakt@mann-la.de
www.mann-la.de
Fotos: Dipl.-Des. Jörg Behrens, Erfurt
Seite 88–91

Marx, Dorothee, Garten- und Landschaftsplanung Dörflergasse 4, 2500 Baden bei Wien
Tel. +43 (0)676 45 10 120
dorothee.marx@aon.at
Fotos: Dorothee Marx
Seite 222–225

Merkamp, Cornelia, Baumschulistin,
Kräuterpädagogin, Gartenkonzept und
Ausführung Kräutergarten Kloster Kamp
Pappelweg 7, 47647 Kerken
Tel. 0049 (0)28 33 62 35
Kraeuterei-Merkamp@web.de
www.kloster-kamp.eu
Blog: hortuslavendula.blogspot.de
Fotos: Sibylle Pietrek Photography, Düsseldorf
Seite 260–265

neuland gmbh
Trattenegg 11, A-4707 Schlüßlberg
Tel. +43 (0)650 61 41 248
info@neu-land.at
www.neu-land.at
Fotos: neuland gmbh
Seite 74–77

O/P

Orel + Heidrich Landschaftsarchitekten
Hauptstraße 30, 91074 Herzogenaurach
Tel. +49 (0)9132 750 48 27
info@orel-plus-heidrich.de
www.orel-plus-heidrich.de
Fotos: Christine Blei Photography, Nürnberg/
Foto Gertrude Heider, Erlangen
Seite 14; 16–23

Petra Pelz Freie Landschaftsarchitektin
Elfz-Weg 31, 31319 Sehnde
Tel. +49 (0)5138 709 76 60
info@la-pelz.de
www.la-pelz.de
Fotos: Petra Pelz; Gary Rogers Fotojournalist,
Hamburg; Stafan Schulze, media designstudio,
Hannover
Seite 234–239

Pfrommer + Roeder
Freie Landschaftsarchitekten BDLA
Humboldtstraße 6, 70178 Stuttgart
Tel. +49 (0)711 96 00 30
kontakt@pfrommer-roeder.de
www.pfrommer-roeder.de
Fotos: Atelier Schlecker, Achim Birnbaum, Stuttgart
Seite 56–59

R / S

**raderschallpartner ag l
andschaftsarchitekten bsla sla**
Bruechstrasse 12, Postfach 310, CH-8706 Meilen
Tel. +41 (0)44 925 55 00
Fax +41 (0)44 925 55 01
info@raderschall.ch
www.raderschall.ch
Fotos: Wuhrman Garten AG, Samstagern;
raderschall ag
Seite 226–229

Röde, Brigitte, Planungsbüro Garten und Freiraum
Jakobusstraße 36, 50767 Köln
Tel. +49 (0)221 979 414 90
Fax +49 (0)221 979 414 97
buero@brigitte-roede.de
www.brigitte-roede.de
Fotos: Marion Nickig Fotodesign, Essen; Brigitte Röde
Seite 64–69

Scholtissek Landschaftsarchitekten
Domherrengäßchen 1, 65343 Eltville
Tel. +49 (0)6123-1670
info@scholtissek-la.de
scholtissek-landschaftsarchitekten.de
Fotos: Marion Nickig Fotodesign, Essen
Seite 92–97

Zink, Claudia, Büro für Freiraum- und Gartenplanung
Obertorstraße 2, 89537 Giengen an der Brenz
Tel. +49 (0)7322-133 28 82
Fax +49 (0)7322-93 30 90
garten@claudiazink.de
www.claudiazink.de
Fotos: Claudia Hetzel-Zink;
Marion Nickig Fotodesign, Essen
Seite 178–181

Zinsser KG, Geschäftsführer: Stefan Schaller
Ebstorfer Straße 27, 29525 Uelzen
Tel. +49 (0)581-22 67
Fax +49 (0)581-14 226
www.zinsser-garten.de, info@zinsser-garten.de
Fotos: Annette Timmermann; Zinsser KG;
Gärtner von Eden
Seite 112–115; 208–211; 252–255

*Die Pläne und Porträtaufnahmen wurden
freundlicherweise von den Planungsbüros und
Gartenbaubetrieben zur Verfügung gestellt.*

W / Z

**WES LandschaftsArchitektur
mit Maxie Strauch Gartenarchitektur**
Jarrestraße 80, 22303 Hamburg
Tel. +49 (0) 40-278 41-0
hamburg@wes-la.de, www.wes-la.de
Fotos: Die Hoffotografen, Oskar Luckner, Ulrich Timm,
Ferdinand Graf von Luckner
Seite 212–217

WKM Weber Klein Maas Landschaftsarchitekten,
Clarissenstraße 63, 40549 Düsseldorf
Tel. +49 (0)211-59 88 91-0
Fax +49 (0)211-59 88 91-20
wkm@wkm-la.de
www.wkm-la.de
Fotos: Andreas von Einsiedel; WKM
Seite 40–47

Wolff, Manuela, Landschaftsarchitektin
Am Breitle 2a, 86156 Augsburg
Tel. +49 (0)821/240 18 39
Fax +49 (0)821/240 18 38
info@manuelawolff.de
www.manuelawolff.de
Fotos: Helfried Prünsler, Augsburg
Seite 60–63

IMPRESSUM

© 2016
Verlag Georg D.W. Callwey
GmbH & Co. KG
Streitfeldstraße 35,
81673 München
www.callwey.de
E-Mail: buch@callwey.de

Bibliografische Information der
Deutschen Nationalbibliothek
Die Deutsche Nationalbibliothek
verzeichnet diese Publikation
in der Deutschen Nationalbiblio-
grafie; detaillierte bibliografische
Daten sind im Internet über
<http://dnb.d-nb.de> abrufbar.

ISBN 978-3-7667-2204-1

Das Werk einschließlich aller
seiner Teile ist urheberrechtlich
geschützt. Jede Verwertung
außerhalb der engen Grenzen
des Urheberrechtsgesetzes
ist ohne Zustimmung des Ver-
lages unzulässig und strafbar.
Das gilt insbesondere für Ver-
vielfältigungen, Übersetzungen,
Mikroverfilmungen und die Ein-
speicherung und Verarbeitung
in elektronischen Systemen.

Projektleitung:
Tina Freitag,
Konstanze Neubauer

Lektorat:
Konstanze Neubauer,
Waakirchen

**Umschlaggestaltung,
Layout und Satz:**
Heike Czerner, Regensburg
cezet-design.de

Druck und Bindung:
optimal media GmbH,
Röbel / Müritz

Printed in Germany